全国普通高等学校人文社会科学重点研究基地
北京师范大学史学理论与史学史研究中心　主办
中文社会科学引文索引（CSSCI）来源集刊

史学理论与史学史学刊

JOURNAL OF HISTORICAL THEORY AND HISTORIOGRAPHY

2020年上卷(总第22卷)

杨共乐　主编

社会科学文献出版社
SOCIAL SCIENCES ACADEMIC PRESS (CHINA)

卷首语

杨共乐

本卷系《史学理论与史学史学刊》2020年上卷，总第22卷。本卷设立“纪念白寿彝先生逝世20周年”“新时代中国特色历史学基本理论问题研究”“中国古代史学研究”“中国近现代史学研究”“外国史学研究”“学科建设研究”“当代史学评论”“会议综述”等栏目，刊发22篇文章。

白寿彝先生是北京师范大学史学理论与史学史学科博士点的创建者，是我们的学科奠基人。他逝世于2000年3月21日，今年是他逝世20周年。为了缅怀他的学术业绩，本卷特设“纪念白寿彝先生逝世20周年”栏目，刊登3篇论文。许殿才教授的《白寿彝先生关于历史文学的论述》对白先生的历史文学思想进行了深入阐释，指出白先生非常重视历史文学，善于挖掘和总结中国的历史文学遗产，提出历史撰述的六字要求——准确、凝练、生动。王东平教授的《白寿彝先生与中国民族史教育》论述了白先生的民族史教育思想：早在新中国成立之初，白先生敏锐地指出大学中国通史课程教学中民族史内容的缺失，呼吁课程建设要重视中国民族史的研究和讲授；白先生把中国民族史教育置于重要的位置，对其意义和价值，做了深刻的阐释，表现了史学家的远见卓识。曲柄睿博士的《白寿彝先生的〈史记〉研究——

兼论〈项羽本纪〉之设立》论述了白寿彝先生的《史记》研究成果，并在白先生提出的司马迁设立《项羽本纪》缘由观点的启发下，发现项羽之楚与怀王之楚各有纪年的事实，指出司马迁设立《项羽本纪》，目的在于尊重项氏之楚的法统，以之作为秦汉间纪年的依附对象。

瞿林东先生是国家社科基金重大项目“新时代中国特色历史学基本理论问题研究”主持人，他的《说创造性转化与创新性发展——关于历史学学术体系构建的一点思考》可以说为这一项目的研究开了题。他认为，创造性转化与创新性发展，是构建新时代中国特色历史学学科体系、学术体系、话语体系中的关键步骤之一。这一方法论的本质要求，是激活史学遗产中那些优秀部分，使其融入当今史学之中，获得新的生命力，为丰富和推动史学发展而发挥积极作用。李珍研究员作为这个项目的成员，对人类命运共同体理念的历史底蕴做了挖掘和阐释，指出世界大同、天下一家的中国古代政治理想，与人类命运共同体气息相通，体现了中国将自身发展与世界发展相统一的全球视野、世界胸怀和大国担当。以和为贵、不畏强暴的辩证和平观，为在推动构建人类命运共同体时站稳立场，处理好人类共同利益和维护我国核心利益的关系，提供了思想依据。

在“中国古代史学研究”栏目，汪高鑫教授的《先秦诸子天人观的思想特色》分析了儒、墨、道的天人观，认为它们虽然各有特色，但都有重视人的倾向。马新月的《论中晚唐史学通识思想的发展》认为中晚唐通史著作日益增多，是这一时期通识意识的发展的结果。而中晚唐史学通识思想的兴起与当时的社会变革以及求通的学术思潮有着密切的关系。中晚唐史学通识思想对宋以后的通史撰述亦产生了一定的影响。申慧青的《柔远与慕华——简论北宋与高丽的史学交流》通过对北宋与高丽间史学交流活动的梳理，探讨宋丽之间的史学活动对两国的史学发展的推动作用，以及政治活动对史学发展与文化交流的双向影响。张秋升教授和张博阳的《从〈资治通鉴〉的用辞看司马光的正统观》认为司马光在《资治通鉴》中将王朝的正统性分成了十多个等级，通过君主在世时的不同称谓、去世时的不同用辞和不同的战争书写方式来体现。“相对正统”是司马光对中国古代正统观念的独特贡献，不讲“华夷之辨”也是其正统思想的一大特色。《资治通鉴》中体现的正统观与其正统“理论”之间存在一定的矛盾。王记录教授的《易学与顾炎武的历史哲学》认为，顾炎武汲取《周易》的思想精髓，把“变通”与“适时”结合起来，认为“适时而变”是推动社会发展的重要手段；顾氏生当明清易代之际，特殊的历史环境成就了他“随时变易，与世推移”的历史哲学，为中国传统思想宝库增添了智慧。冀震宇的《康熙的史学活动与史学思想》论述了康熙皇帝的史学修养和对史书编修的干预，以及由此反映出的史学思想。认为以史资政是康熙对历史的基本认识，重视君主在历代兴衰治乱中的作用是康熙历史盛衰论的核心。在历史编纂学方面，康熙游走于直书与曲笔之间，表现出明显的二重性。孙广辉的《清代史官选任制度探析》对清代史官的构成、选任方法、史官管理做了考察，认为清朝的史官选任制度呈现出灵活而多元、满人主导与英才汇聚、强化政治与体现皇权意志的特征。清朝的史官制度承袭了某些前代史官制度，但更加完善。王安琪的《学问的起点：戴震早期知识来源》研究的是乾嘉考据学大师戴震成名前的学业状况。戴震是一位商贩之子，出身寒微，学问起点并不高。徽州本土的百科全书式的日用字书，当地乡贤编纂的识字、正音的启蒙读物，是他早期的知识来源。

在“中国近现代史学研究”栏目，庾向芳的《汤象龙经济史学思想探析》认为，汤象龙在20世纪30年代以全球视角审视中国经济史学，为经济史学开创了研究方法与学术规范，其经济史学思想立意高远，为中国近代经济史学科开辟了道路。戴磊的《史地教育委员会与抗战时期的史学》论述了成立于抗战时期的史地教育委员会对史学建设的贡献，主要表现在加强与学人之间的合作、组织编纂《中国史学丛书》、举办史地学术演讲周、建立中国史学会等。同时又指出，史地教育委员会也是国民政府教育部在战时领导和控制史学界的重要工具。梁艳玲的《刘大年对西方史学思想的认识与评论》探讨了刘大年对西方史学思想的态度：刘大年在强调唯物史观对历史研究指导作用的同时，对西方现代史学各流派中的合理因素并不排斥，而是具体分析，倡导批判地吸纳。这种态度有益于中国马克思主义史学的丰富和发展。

在“外国史学研究”栏目，武晓阳的《近五年来我国的世界上古中世纪史研究》从政治史、经济史、文化与社会史、史学与理论研究、比较研究、学术史以及国外优秀成果的翻译和介绍等方面评述了近五年来中国的世界上古史、中世纪史研究成果。

在“学科建设研究”栏目，邹兆辰教授的《从耿淡如到张广智——西方史学史学科建设的代际传承》论述了复旦大学西方史学史学科建设的历程，认为复旦大学历史系的西方史学史学科由耿淡如开辟出基业，其弟子张广智完成了学科体系的建设。复旦学人编撰了具有自身特色、全国高校适用的教材及多卷本的学术专著，开展了相关重要课题的研究，形成了高标准的学科人才培养机制，展现了西方史学史学科建设的代际传承。胡小溪和李凯的《中华民族认同与历史学科课程思政建设——以中国古代史课程为例》认为，历史学科课程是思想政治教育的重要阵地。北京师范大学中国古代史相关课程搭建了中国古代史的演进框架，以统一多民族国家的巩固与发展为核心，突出中国制度文化特征，深入探究历史发展的规律，并捕捉历史、史学与史家蕴含的特定的爱国主义价值观，帮助学生建立起历史知识结构，并强化中华民族的认同感。

周文玖教授的《学术道德两纯粹——读乔治忠编〈杨翼骧文集〉》，通过阅读新近出版的《杨翼骧文集》，论述了杨翼骧先生“成一家之言”的史学史成就、精湛的研究生培养思想以及学问道德两纯粹的高尚追求，对杨先生的高贵品质和富有魅力的人格表达了钦敬之情。陈涛的《〈青藏高原历史文献集成〉（第一辑）的编选特色与学术价值》评述的是张双智、杜常顺主编的《青藏高原历史文献集成》。该书共78册，约1700万字，内容涉及地理、物产、政治、军事、经济、宗教、民俗、语言等领域，是一套丰富而详实的大型基础性文献汇编。

许洪冲的《“2019年史学理论与史学史国际学术研讨会”综述》，比较全面地反映了北京师范大学史学理论与史学史研究中心于2019年12月中旬召开的国际学术研讨会情况。本次会议，学术信息量大，一定意义上反映了2019年度史学理论和史学史研究的最新成果。许洪冲（博士研究生）参加了会议筹备和各项会务安排，所做之综述，条理清晰，概括准确，评论平实，值得一读。

本卷既有著名学者倾心奉献的文章，也有年轻学子精心打造之作；既有对老问题研究的深化，也有对学术新领地的开辟。论题范围广，内容厚重，有些论文显然是作者多年辛勤探索的结晶。我们倡导求真扎实的学风，鼓励研究新问题，尝试新方法，大胆进行学术创新。发表高质量文章，为我国史学理论与史学史学科的发展和繁荣添加动能和助力，是本刊一贯的追求。

目录

·纪念白寿彝先生逝世20周年·

·新时代中国特色历史学基本理论问题研究·

·中国古代史学研究·

·中国近现代史学研究·

·外国史学研究·

·学科建设研究·

·当代史学评论·

·会议综述·

CONTENTS

Summary on Symposium

纪念白寿彝先生逝世20周年

白寿彝先生关于历史文学的论述

许殿才
（北京师范大学历史学院、史学理论与
史学史研究中心，北京　100875）

摘　要： 白寿彝先生把历史文学作为史学研究的重要领域。他这里说的历史文学是指历史著述中的文学表述。他认为历史叙述能力是史才的重要表现，史学工作者必须有文学修养。白先生论述重视历史文学是中国史学的优良传统。《左传》《史记》《资治通鉴》等史学名著在写人物、写战争、写语言等方面取得了杰出的成就，是古代史学的重要遗产。白先生重视历史教育，认为历史书写直接关系到史学功能的发挥。他把历史书写的要求概括为“准确、凝练、生动”六个字。

关键词： 白寿彝　史学　历史文学　历史教育

恩师白寿彝先生离开我们二十年了。二十年来先生关心的史学史学科建设有了很大进展，史学史研究事业取得了很多新的成就。抚今追昔，我们不能忘记先生在这一领域筚路蓝缕，以启山林之功。挖掘、继承、发扬光大他留给我们的宝贵史学遗产，是对他老人家最好的纪念，对于推进当前的史学史研究，也不无意义。

缅怀师恩之际，再次认真品读先生有关史学史研究的论著，又一次受到深深的教育。更深地体会到：他的理论主张和研究成果，具有学科建设的开拓意义；他的理论思考和史学方法，对我们今天的研究工作，仍有现实指导意义；他的研究实践，对我们有直接有益的示范作用；他提示的一些问题，还值得我们进一步深入挖掘、探究。

一

白先生在史学史研究领域留下的理论遗产和研究成果是丰富的、多方面的。历史文学是他倡导研究的一个重要领域。关于历史文学，他有学科意义及内涵外延的理论阐述，有对传统史学叙事理论的阐述，也有对史学名著叙事成就的解剖分析。学习借鉴先生的研究成果，对于今天的史学建设，具有启发意义，对于更好发挥史学社会功能，也会有所帮助。

20 世纪 60 年代初，在提倡百花齐放的背景下，白先生曾形象地把史学遗产研究归结为几个花圃："对史学基本观点的研究应该是第一个花圃。……史料学遗产的研究和历史编纂学遗产的研究，是紧紧靠近第一个花圃的两个近邻花圃。……历史文学遗产的研究，可以另辟一个花圃了。……第五个花圃是关于各个历史问题的前人已有成果的研究。……第六个花圃是对于史学家和史学著作的研究。"[①] 此外，他还强调要研究历史启蒙书的遗产。这六个花圃和历史启蒙书遗产中，后三个实际上是史学遗产中需要重点关注的几大方面，而前四个则具有学科分类意义。改革开放以后，白先生明确了它们是史学的四大分支。1981 年在《史学史研究》上连续发表的四篇"谈史学遗产答客问"中，他分别对这四个方面遗产做了深入细致的论述。1986 年出版的《中国史学史》第一册的《叙篇》中，他明确表述："史学的任务是研究人类社会发展过程及其规律。它的范围可以包括历史理论、史料学、编纂学和历史文学。……历史理论、史料学、历史编纂学和历史文学，都是史学内容的构成部分。"[②] 白先生对史学四个分支学科的界定，是很有意义的，明确了史学史研究工作的基本着力点，使史学史研究工作得以系统、科学、全面地展开，也使四个分支学科获得独立发展空间，从而推动了史学史学科在科学化道路上前行的脚步。

近年来，史学史研究取得了丰富的成果。相对历史理论、史料学（历史文献学）和历史编纂学来说，应该说历史文学领域的研究工作还有些薄弱。这与历史文学应有的地位是不相称的，对于传统史学的研究工作是有缺失的，对于整体认识传统史学成就也是有影响的。因此，重温先生关于

① 白寿彝：《谈史学遗产》，《白寿彝文集》，《中国史学史论》卷，河南大学出版社，2008，第 57 ~ 63 页。

② 白寿彝：《中国史学史》第一册，上海人民出版社，1986，第 11 ~ 29 页。

历史文学的理论思考，学习他研究传统史学著作历史文学成就的成果，很有必要。

白先生在对历史文学的论述中首先明确它的基本概念："历史文学至少可以有两种含义。一种含义，是指用历史题材写成的文学作品，如历史小说和历史剧。"这是文学工作者的领域。另一种含义"是指历史著作中对历史的文字表述。"[①] 这是白先生提示我们关注的史学工作，也就是作为史学重要门类的历史文学。这两个含义反映了历史与文学有着密不可分的内在联系，所以白先生反对从不同学科角度把它们截然分开，但又明确告诉我们："历史文学作为对历史的文字表述，这跟历史题材的文学作品，有性质上的不同。"[②] 领会了这一点，也就明白了白先生为什么把这门学问称为历史文学，而没有使用历史叙事之类的名目。对此，他有详细的说明："就文学而论，它可以包含两种历史文学，一种是用历史题材写的文学作品，其中允许有为了艺术上的需要而进行的虚构。又一种历史文学，是有一定艺术水平的历史记述。就史学而论，只要你写史书，就必须进行文字上的表述，因而在文字上需要下一番功夫，这是不言而喻的。所以无论就文学方面或就历史方面说，二者既有区别，又有联系，这是不好截然分开的。"[③] 使用"历史文学"这个名词，可以更清楚地认识历史叙事成就的由来与关键，也方便对与史学有密切联系的相关文学问题的观照，从而对传统史学有更全面的认识与理解。这体现了白先生理论思维的辩证特点。

把历史文学作为一门学问，有坚实的学术基础。从学术渊源上说，中国史学从发轫之时起，文就是构成史的要素，或者说是史的表现手段。《礼记·经解》说："属辞比事，《春秋》教也。"又说："属辞比事而不乱，则深于《春秋》者也。"比事指的是史事安排，属辞则指文字表述。《春秋》以笔法森严而产生无可替代的历史影响，正是文行于史的范例。孟子在讨论《春秋》时有一段著名的话说："其事则齐桓、晋文，其文则史。孔子曰：'其义则丘窃取之矣'。"[④] 把史学分成事、文、义三大块。这是最早的对史学构成的明白表述。孔子修《春秋》，孟子从史学意义上对

① 白寿彝：《谈历史文学——就史学遗产答客问之四》，《白寿彝文集》，《中国史学史论》卷，第127～128页。

② 白寿彝：《中国史学史》第一册，第28页。

③ 白寿彝：《中国史学史》第一册，第28页。

④ 《孟子·离娄下》，《十三经注疏本》，中华书局，1980。

《春秋》做分析，对后来史学的面貌有决定性的影响。中国史学发展过程中，文作为史的要素发挥着至关重要的作用。正如白先生所论："治史必须具有文学修养。孟子说《诗》亡而《春秋》作。章学诚也说：不懂《诗》的赋、比、兴，就不懂《春秋》的'春王正月'。从史学传统看，文史是一脉相通的。搞历史，不但要有史学修养，而且应该有好的文学修养。"①

对于如何看待文史不分家问题，处理好史与文的关系，白先生有深入的思考和精彩的论述，他说："文史不分家，是在我们民族文化发展不太高的时候，因为那时候没有分家的必要。文史不分家的基本情况是：文在历史外很难写出别的东西，而历史嘛，在文里面占最大的分量，随着社会的发展，在意识形态领域里的越来越多，后来逐渐地文史就分了家。由文史不分家，到文史分家，我们说这是个进步现象、必然现象。但是进步不应该到此为止，还应该有第二次的进步。第二次的进步是既分家而又不分家，我们应该进步到这个程度。第二个不分家，跟第一个不分家不一样。第一个不分家，是因为文化不发达而不分家。第二个不分家，是分家的发展。文离不开史、史离不开文，但主要地是有文有史，或以文为主，或以史为主，既有分家的相对独立性，又有不分家互相辅助补充的作用。从我们搞历史工作的人来讲，还是应该以历史为主。既是一个历史工作者，当然是应以历史为主，但不能不要文学。"② 我们要看到在学科上文史有分途发展的必要，有各自发展的广阔空间。我们也要看到文史不分家是一种学术联系，二者有互相浸润的关联，割裂二者必然产生严重后果。白先生对于这种文史之间有分有合的关系，把握得恰到好处。如前所述，他称这一领域为历史文学，最根本的考虑，就是文史之间的紧密联系。也正是在这个名目里，包容了他对文史联系的诸如"文中见史"等类重要问题的很多思考。而这对全面认识和发展史学，扩大历史研究领域是大有好处的。

作为杰出史家，白先生论述史学问题，有览古察今的特点。他善于从古人那里吸收营养，而有针对性地剖析现存问题。在改革开放初期发表的重要文章《关于史学工作的几个问题》中，他主要谈的是现实的学风问题。对此，他就刘知幾所言才、学、识和章学诚所言史德，分别展开了论

---

① 白寿彝：《谈中国史学传统问题》，《白寿彝文集》，《中国史学史论》卷，第 80 页。

② 白寿彝：《关于建设有中国民族特点的马克思主义史学的几个问题——1983 年 4 月 6 日在陕西师范大学历史系的讲话》，《白寿彝文集》，《历史教育 · 序跋 · 评论》卷，第 167 ~ 168 页。

述。他认为史才包含两个内容，一是历史文学，二是历史编纂。历史叙述能力是史才的外在表现，不只是把史实清楚展示出来，更要通过叙述使读者对所述之事有更深刻的认识和理解，直至举一反三，对当时的社会环境、世道人心有深入的了解，收到约其文辞而指博的效果。他列举《左传》《史记》《三国志》《资治通鉴》等书中叙事的成就，结合当时历史论著中存在的问题，详细说明了历史表述的重要性。让我们真切看到了在史学中文学表述的重要性。他还说："历史文学是史学中应有的一个组成部分。希望受到史学界的广泛重视。目前，史学界不大重视文风的状况，应当有所改变。"① 为了让人们更好理解文史关系，他特别提示："中国史学史上，有些史学家因追求文字上的华丽，以至失掉了历史的真实，这并不是因为他过于讲究历史文学，而是因为他没有尽到历史文学的应有职责。"②

白先生论述学术问题，往往让人有高屋建瓴之感。他从历史学科建设角度，摆放历史文学的位置。说："我们要把历史科学这个工具掌握起来，要有深刻的理论分析，但决不能不要求文字上能善于表述。文字作为宣传的手段，比口头的讲解要更广泛、更持久。文风问题还是当前很重要的问题。"③ 他认为加强史学工作者的文学修养，是建设新史学的重要方面："一个学历史的人，不管是学中国历史的，还是外国历史，都应该学习文学。不懂得文学，工作上是会感到很大局限的。我们常常听见人们议论说历史书写得干巴巴的，没什么意思。这跟他本身历史知识有关，也跟表述方式及表述能力有关。这一点，我看是建设我们新史学很主要的一个方面。"④ 把历史文学与史学建设的关系说得很透彻。这个说法是很有道理的。

二

如何从史学史角度研究历史文学遗产，为当代史学发展提供有益借

---

① 白寿彝：《〈史学概论〉任务和基本内容》，《白寿彝文集》，《历史教育·序跋·评论》卷，第412页。

② 白寿彝：《中国史学史》第一册，第28页。

③ 白寿彝：《谈历史文学——就史学遗产答客问之四》，《白寿彝文集》，《中国史学史论》卷，第132页。

④ 白寿彝：《关于建设有中国民族特点的马克思主义史学的几个问题——1983年4月6日在陕西师范大学历史系的讲话》，《白寿彝文集》，《历史教育·序跋·评论》卷，第168~169页。

鉴，白先生认为可以从四个方面展开工作。他说：首先是要“……从大史学家的作品中直接研究这样的优良传统，这是研究历史文学遗产的一个方面。”此外，“我们还可以从史学评论著作，如《史通》、《文史通义》等书中研究关于历史文学的理论和经验。也可以从史学家对文学家和文学作品的评述如各史文学家传所表达的，研究史学家对文学的观点。还可以从文学评论家，如刘勰《文心雕龙》等书，研究他们对写历史的看法。这是关于历史文学遗产的另外三个方面。”① 这是统领全局的整体考量。为我们开展这一领域的研究工作，拓宽了道路，提供了清晰的思路和有益的指导线索。从后来的研究工作看，白先生在前两个方面做了更多的探索和挖掘，剖析了一些历史文学领域的重要问题，为我们继续深入研究奠定了基础，也做出了示范。

白先生对于上面所提到的第二个方面，即从古代《史通》《文史通义》等史学评论著作中研究关于历史文学的理论和经验，有深入的研究和探讨。他善于吸取刘知幾、顾炎武、章学诚等名家史学思考中的精华，并加以创造性的发挥，在史学研究中提出新的见解。他关于史文繁简的阐释，关于司马迁寓论断于序事的深入分析等，都是这方面成功的范例，也是研究白先生关于历史文学论述中，不可缺少的内容。对于第三个和第四个方面，他也提出过一些看法，有继续研究和展开的余地。限于篇幅，笔者拟另撰文对这些问题专门做更详尽的论述。这里只就他所说的第一个方面，即他对古代优秀史著叙事成就的研究，谈些粗浅的体会。

对于传统史著叙事成就的分析，在他的史学史研究中，占有很大的比重。换言之，历史文学一直是他史学史研究的重点。在这方面，他写过《司马迁寓论断于序事》《〈资治通鉴〉写战争》等多篇专论史学叙事的文章。在他撰写的《史学史教本》《中国史学史》第一册等专著中，对史家史著叙事成就的分析都占有相当大的篇幅。这在他同期和近年的史学史研究论著中，都是不多见的。这是由史学名著本身成就特点决定的，是由传统史学的著述要求与审美情趣决定的，也是由先生独到眼光决定的。

在《中国史学史》第一册中，对于《春秋》的评述，他用了两个专题，其中一个专题介绍成书的一般情况，另一个专门分析“属辞比事”。他指出：“……可以用较少的文字表达出较多的历史情况。这就是所谓‘约其文辞而指博’。这是《春秋经》在史书编撰上的贡献。”对于《公羊

① 白寿彝：《谈中国史学传统问题》，《白寿彝文集》，《中国史学史论》卷，第63页。

传》和《穀梁传》，他在介绍二传的形成、二传的大一统思想、二传的史料价值之外，用三个专题分别解说二传对《春秋》在表述上的说明、二传的文风和二传史论，都是历史文学的内容。他说："二传在辞汇的选用和表述的形式上，每一个字，都要求得很严格，要求准确和凝练。它们对于《春秋》在这方面可能是求之过深，但它们所体现的这种准确、凝练的文风，是中国史学史上的好传统。"他说："二传所写的这些历史人物，都是两千几百年的古人，却好象是在我们面前讲话，笔锋是那样地简朴、清新，没有装点，使人有一种亲切之感。文中有些语句，再三重复，并不使人感到多余。这种文风，在后来的史书中是很少见的。"他还说："象这样把一些史事联系起来加以分析，在战国时期的史论中，是比较少见的。"① 这些论述抓住了研究对象的特点，揭示出其取得史学成就的关键。对于人们从史学发展过程中反观这些著作的价值，从而为整体认识中国史学提供了有益的启示。

在传统史学中叙事表现如何，一直是评判史著优劣的重要尺度。白先生这样的做法和他所表达的见解，合于传统史学状况的客观实际，也合于史学史发展对史学史研究的学术要求，表明白先生对传统史学的认识是全面的、准确的、深入的，在史著优长的分析上，是能抓住要害的。

对传统史学的叙事成就，白先生指出在几个方面有突出表现。他说："咱们的历史学家对历史的文字表述，有优良的传统。特别是写人物、写语言、记战争、表世态，都有独到的地方"。②

他论说在这几个方面，《史记》都是做得最好的，是古代史著中的典范。对于写人物，他列举《史记》中不少篇章，说它们"都写得特别的精彩，使读者如见其人，如闻其声"。他举出《郦生陆贾列传》中，郦生见刘邦的一段描写，说："这里写了沛公和郦生之不同性格、不同的作风，不同的语言和神情，以及会见前后沛公在态度上的很大变化。写得是很成功的。"③ 他还指出成功史著对于文学的影响，说："《史记》善于描写人物，它所塑造的信陵君、侯嬴、廉颇、蔺相如、荆轲、项羽、韩信、樊哙、周亚夫、汲黯、李广等形象，为后人留下了深刻的印象。他在文学上

① 白寿彝：《中国史学史》第一册，第222~225页。

② 白寿彝：《谈历史文学——就〈谈史学遗产〉答客问之四》，《白寿彝文集》，《中国史学史论》卷，第128页。

③ 白寿彝：《谈历史文学——就〈谈史学遗产〉答客问之四》，《白寿彝文集》，《中国史学史论》卷，第128页。

为传记文学开辟了天地。"①

他在主编的《史学概论》中，总结《史记》，"在这方面的突出成就，不只是如实记述了历史人物的功过。而且，第一，写出了这些人物的性格特点，向读者打开了他们的内心世界；第二，通过对历史人物的表述，反映了有关的历史问题，有时还是重大的问题；第三，在表述上采用了多种的形式。"② 对于《史记》在这些方面的写作成就，白先生在很多著述中做过大量的分析和阐述。从《史学概论》的叙述中，就可以看出他研究的深入和阐述的准确。

对于写出人物性格特点，展示人物内心世界，书中以刘邦、项羽为例，揭示"在司马迁的笔下，这两个人各有各的面貌，各有各的腔调。司马迁写刘邦，写他的豁达，他的知人善任，写他从早年一直到做了皇帝，都脱离不了一副无赖汉的习气"。他列举司马迁笔下刘邦的种种无赖行为和刘邦在关键时刻从善如流的表现，说："司马迁对这一类细节，多写在别人的传记里，而把刘邦的功业写在本纪里。把这些记载合起来看，刘邦这个有作为而免不掉无赖汉习气的皇帝跃然纸上。"他说项羽"在司马迁的笔下，是一个少有大志，要学万人敌，而且力能扛鼎，才气过人的人；他有军事上的组织能力，带着一支战斗力很强的武装，但因眼光短浅，刚愎自用，不能提拔人，不能信任人，而终至于失败"。"司马迁笔下，项羽是个英雄。他同情项羽，惋惜项羽。"他摘出《项羽本纪》中垓下突围的一段描写，说："这生动地写出了一个'自矜功战，奋其死智'，'身死东城，尚不觉悟'的一个特定的英雄形象。"③

揭示《史记》通过人物描写反映社会风气，典型地反映了白先生善读书，能小中见大，举一反三的特点。他说："《史记》在不少地方，通过对历史人物的描绘，而且往往是在细节的描绘中，去反映一定时期的政治风气，政治问题。"他以《万石张叔列传》中对石氏一门数位尸位素餐者的生动描写为例，说明："文中写了石建、石庆那样恭谨的细节，但并不只是在写他们两个人，而是要通过这些去揭露当时官场中的一种恭谨自保、讲究做官的政治风气。象这样的人，从不在朝廷上公开说出自己的意见，从不提出关系国计民生的主张，却反而受到皇帝的亲近尊礼，长期地做大

① 白寿彝：《中国史学史教本初稿》，《白寿彝文集》，《中国史学史教本初稿·〈史记〉新论·中国史学史（第一册）》卷，第46页。

② 白寿彝主编《史学概论》，宁夏人民出版社，1983，第198页。

③ 白寿彝主编《史学概论》，第199～202页。

官以至当上丞相。可见，文章写这些恭谨的细节，实际上是写当时官场的腐烂风气。”[①] 这样锐利的眼光是让人佩服的，这种深挖内蕴的方法是值得倡导的。

对于写人物的多种方式，书中分析了两两对比的写人方法。他说：“如《萧相国世家》和《淮阴侯列传》，《李将军列传》和《卫将军骠骑列传》等，都可对照着看。《项羽本纪》和《高祖本纪》也是可以对着看的一例。”他说：“在司马迁写的合传中，也有不少细节上的对照。”这里，他举的是《刘敬叔孙通列传》中两个人见刘邦时穿衣服的例子。刘敬将见刘邦时，穿着羊裘，引见人让他换一下衣服，他说：“臣衣帛，衣帛见，衣褐，衣褐见，终不敢易衣。”而叔孙通见刘邦时，穿着儒服，因“汉王憎之，乃变其服，服短衣，楚制”，引得“汉王喜”。白先生说：“这两个小故事生动地写出了两个人的不同的品质和不同的作风。”史著中这种写人的方法是值得提倡的。白先生这样的例证、这样的分析也是引人入胜的。

白先生肯定了《史记》成功撰写人物的历史影响。他说：“《史记》中所写的人物，有很多成功之作，对后来的历史传记的发展，也对小说和剧本的发展，有很大的影响。”[②]

对于写战争，白先生指出：“《左传》、《史记》、《资治通鉴》都是以写战争著名的。”[③] 在写法上白先生分析了它们各擅胜场。

《史学概论》中说：“《左传》着意去写春秋时期关系霸权争夺和大国间政治地位变化的战争。……它善于把战争跟政治联系起来，注意战略思想的记载、战略思想对战役的指导作用。”针对春秋时期的特点，他指出《左传》写战争有大处落墨的史家眼光，对战略思想关乎战役胜负有明白的认识。这应该是成功写战争的根本保证。白先生还说《左传》：“善于写战争的性质，敌对双方的特点，从而生动地写出战争全貌。有时是通过细节的描写，不加任何阐明，就表达出来双方胜败的原因。”他举《左传》对齐晋鞌之战的记述说明：“鞌之战用了一千六百多字，写出战争的前前后后，是很出色的历史记载。”其中“有一段写战役的本身，……只用了一百几十个字，就写出了当时战场上的气氛，写出了齐侯的骄傲轻敌和晋

① 白寿彝主编《史学概论》，第 204 页。

② 以上引文均见白寿彝主编《史学概论》，第 205 页。

③ 白寿彝：《谈历史文学——就〈谈史学遗产〉答客问之四》，《白寿彝文集》，《中国史学史论》卷，第 130 页。以下行文，《资治通鉴》统一简称《通鉴》。

统帅内部的团结和沉着，不用再说什么话，就把当时在战场上决定胜败的重要原因表达出来”。他还举《左传》记齐鲁长勺之战的例子，分析说：“作者用简炼的文字，把鲁国在这次战争中以弱胜强的原原本本都写出来。作者注意到了战争的条件，注意到了士气的重要，还注意到战争发生过程中敌情的变化和需要采取的相应措施。这说明作者在军事知识方面是有素养的，这是他写好战争的一个主要条件。”①

白先生说：“《史记》继承了《左传》写战争的传统，并且有所发展。它善于把写战争跟写人物结合起来：在战役中写人物，写人物的谋略、作风在战争中的作用。”② 他赞赏司马迁笔下的巨鹿之战，“写出了项羽的威武、风度、对敌的决心和震慑人心的胆力，给人以深刻的印象”③。他举《李将军列传》中李广与士兵关系的描写，论述：“这些记述，看来与战争无关。其实，司马迁正是通过对李广跟士卒这种密切关系的描写，揭示了他在对匈奴的大小七十余战中威镇匈奴的一个重要原因。”白先生特别说明：“这是通过战争以外的事情来写战争，手法是高明的。”这里我们也看出白先生对史学记述的理解确有过人之处。

对于《通鉴》写战争，白先生总结：“就不同的情况而有不同的写法。写赤壁之战，着意写战略思想。写淝水之战，着意写谢安的凝静对敌和及时挫败敌人的锐气，是以战略与战术并重。写梁韦叡救钟离和西魏韦孝宽守玉壁，又都详于攻守之状，其情态有如图绘。”④

在《通鉴》中，他选取两段战争记述做透彻的分析。对于唐元和年间的淮西之役，他评述：“《通鉴》在这里写了李愬麻痹敌人、逐步削弱敌人以至最后消灭敌人的战略，和他收伏降人，不矜小胜、不恤小败、外示松懈、乘虚奇袭的战术……用李愬的现成的语言来作为行动的说明或概括。《通鉴》写这一战争，似更有独胜之处。”他特别欣赏雪夜袭蔡州的一段描写，引用书中对当时情景的生动描绘，评说：“李愬的智勇严整跟吴元济的颟顸，在这里恰恰可以作个对照。风雪、黑夜、鹅鸭声、鸡鸣以至吴元济的高卧和笑，似乎都在证明李愬战略上的胜利。”他认为：“这是《通

① 白寿彝：《中国史学史》第一册，第 234 页。

② 白寿彝主编《史学概论》，第 208 页。

③ 白寿彝：《谈历史文学——就〈谈史学遗产〉答客问之四》，《白寿彝文集》，《中国史学史论》卷，第 130 页。

④ 白寿彝：《〈资治通鉴〉写战争》，《白寿彝文集》，《历史教育·序跋·评论》卷，第 454 ~ 455 页。

鉴》中很耐玩诵的一篇传记。《左传》中似见不到这样的情景。”① 他特别提议：“我看还应该把它推荐给大学历史系学生，请他们好好诵读欣赏。”②

对于《通鉴》写赤壁之战，他指出：“最大特点，在于紧紧地捕捉住关键问题而从容不迫地写出来。”他说战前曹操和刘备的态度是早已决定了的，所以局势发展的关键在于东吴的态度。“因此，史家应该着力的地方并不在于号称水步军80万的曹兵，而在于最多也只能宣称10万人的东吴。《通鉴》正是在这个地方着力的。”“怎样看东吴的态度呢？主要是看它的决策即它明确了什么样的战略思想。……《通鉴》写这次战争的全部过程，约用了两千二三百字，而用于写决策的过程就占了一千六百字光景。这正是大处落墨，写的正是这次战争最重要的问题。不要看做这是简单的口舌上的论争，这却正对着战局的胜败起着决定性的作用的。”“《通鉴》也写了交战情况，并且写得生动。但在全部记述中，这反而不是最重要的。因为当时的东吴，没有轻敌的问题，没有不讲究战术的问题。尽管战局的结果还要看交战的情况，《通鉴》却自有它的一个权衡。”白先生接着说：“今天我们写战史，决不能满足于一个一个战事发展过程的记述。但必须有这样的记述，这也就有必要来学习、吸取并发展《通鉴》这种写法的优点。”他又说：“把《通鉴》所记战事汇集起来，加以研究，当对我们如何写战争史，可以有所启发。”③ 在这里，我们一次又一次地看到白先生的史学研究随时关注现实史学发展的优长。

白先生习惯于结合社会和历史的发展状况，看待史学具体问题和史学的发展。他说：“《左传》所记战事，如所谓五大战役，也都是交战不及一日，规模很有限，远不像《通鉴》所记战事规模之大。在记述本身方面，尽管《通鉴》上承左氏，实比《左传》有很大的发展。”④

对于写语言、写辞令，白先生说：“《左传》、《国语》、《战国策》都是大量地记录语言的书。《左传》所记各种辞令，不亢不卑，柔中有刚，是极好的。《国语》说理，指陈形势，战国游士纵横驰骋，又各有特色。

① 白寿彝：《〈资治通鉴〉写战争》，《白寿彝文集》，《历史教育·序跋·评论》卷，第455～456页。

② 白寿彝：《谈历史文学——就史学遗产答客问之四》，《白寿彝文集》，《中国史学史论》卷，第131页。

③ 白寿彝：《〈资治通鉴〉写战争》，《白寿彝文集》，《历史教育·序跋·评论》卷，第454～455页。

④ 白寿彝：《〈资治通鉴〉写战争》，《白寿彝文集》，《历史教育·序跋·评论》卷，第454页。

这些，在后来的史书里都几乎难以看到。”[①] 他认为《国语》《左传》和《战国策》都有很高的成就。

对此，他还是以时代为背景入手分析。他说：“春秋时期，有一种讲究辞令的风气。”[②] “孔子说：‘不学诗，无以言。’又说：‘诵诗三百，授之以政，不达。使于四方，不能专对。虽多，亦奚以为？’孔门有四科，语言是其一。战国间，游士以游说取卿相。孟子也说到跟大人物谈话时应注意的风度。这可见，重视语言有一个古老的传统。《左传》等史书在语言表述方面的成就，是这个古老传统的反映。”[③]

对《左传》写辞令的成就，白先生用两个例子说明。一是刘知幾推重的“吕相绝秦”的一篇话。赞赏在吕相奉晋君之命，对秦晋关系表示决绝态度的一番谴责对方的话中，“肯定了对方的旧恩，列举了对方背信弃义的事实，雍容大雅，没有一点咒骂，没有一点火气，措词委婉有致，又有很强的说服力”。另一个是郑国子产出使晋国受到冷遇后，用语言折服对方大臣，使晋君幡然改过的事例。白先生说：“这一篇话，写出了子产辞令之美、子产辞令的政治效果，写出了晋国君臣对辞令的重视。这不只是写辞令，而且是写子产，写春秋时期某些贵族的风貌。”白先生把思路扩展开来，进一步论述：“《左传》之写历史人物，不象它写辞令那样受人重视，其实在他写辞令的时候，没有不是写人物的。”[④] 此语可以说深契《左传》作者之心，是深得史学三昧的表现。

白先生论述：“《战国策》在表述方面有不同于《左传》的成就。它善于写辩士的说词，能以生动的语言，酣畅淋漓地铺陈形势的利害，说得情理并茂，打动人主。在史事的叙述上，写得有声有色。”他挑出《齐策》对冯谖言行的记述和《赵策》中所记触詟说赵太后之事，解说：“触詟能利用对方的弱点，逐步深入地说服赵太后，使赵太后接受她原来极力反对的意见。冯谖看准了孟尝君好客的宽容作风，以适当的方式，争取个人地位的改善，并敢按着自己的见解，作出孟尝君很不乐意的事，但却终于取得了对孟尝君有利的效果，从而也取得了孟尝君深厚的信任。孟尝君跟食

① 白寿彝：《谈历史文学——就史学遗产答客问之四》，《白寿彝文集》，《中国史学史论》卷，第129页。

② 白寿彝：《中国史学史》第一册，第234页。

③ 白寿彝：《谈历史文学——就史学遗产答客问之四》，《白寿彝文集》，《中国史学史论》卷，第129~13页。

④ 白寿彝：《中国史学史》第一册，第236页。

客间的关系，赵太后跟左师触詟的关系，都从有关人物的言谈中很自然地体现出来。”白先生论定：“《战国策》对于传播战国时期的时代气息，是作得很成功的。”①

纵观白先生对古代史学叙事成就的研究、阐释。我们可以有这样的体会：

一，他对史学的性质、内涵，特别是对史学应有的表现力和表现方式有很深的理解和体会，对传统史学的成就与特点有很深的认识，对中国古代史学发展全局有整体的认识和准确的把握。这可以说是过人的史识为过人史才的展开，提供了必要的前提。对于史学大家来说，这也许是共有的特质。但在白先生身上，我们有更深的体会。

二，他善于结合社会历史特点，结合史学发展的历史过程，看待个别的史学现象；能在社会历史变化和时代要求的横向背景，和史学纵向发展的总相之下，阐释史学成果的社会与史学意义。这是他一向强调的理论主张，也是他在研究中一直努力践行着的。在他对史学名著叙事成就的分析上，这一点得到充分展现。这样的思维方法对我们是很有启发意义的。

三，他提出的问题、指出的优点、论证的理由都很有说服力，找出的例证都很典型。他还善于举一反三，从作者的叙述中，挖掘出深刻的内涵，体味到弦外之音。这反映了他眼光的独到和思维的缜密。而这正是深厚功力的体现，是对史学深刻理解的外在表现。

四，他的论述从容不迫、娓娓道来，其中有理性分析，也有直观感受。史学名著本身有把人带入其境的魅力，他的分析能让你进一步亲切地体会这种身临其境的感觉。他让你感受了名著的魅力，又让你领会了所以让你入迷的道理。他在教你学会读书，读出味道。通过结合原著学习白先生的论述，可以培养对史学工作的浓厚兴趣，从而更喜爱自己的史学工作；可以通过学会读书，增长史学工作的本领；可以扩展开来，学会体味人生、观察社会，增益智慧。

三

白先生晚年特别关注历史教育问题，强调史学要发挥应有的社会功能。他把历史的表述，作为历史教育的至关重要环节。几乎在每篇谈论历

① 白寿彝：《中国史学史》第一册，第265页。

史教育的文章中，都特别强调要写好历史书，写好历史文章。他说："写历史书，就是让我们的研究工作产生更大的社会效果，让我们把所理解的历史方面各种研究结论传达给群众，使更多的读者能读到我们的书，能发生更多的作用。"要让历史书产生更好的效果，让人们爱看，首先要有内容，但"有内容还要善于表达。首先要写得准确，其次要写得生动。能达到这两点，对于我们历史学的推广有很大的好处。"① 他还说："不学好语文，就不能普及历史知识，不能普及历史教育。……历史工作者，要用丰富的历史事实来教育广大人民，让他们对人类的历史前途有更深刻的了解。这是我们历史工作者的神圣责任。要普及历史知识，就要写大、中、小各类的书。高深的、浅显的都要写。写出来就是要给人看的，是要提高大家的认识、丰富大家的历史知识与文化生活的。如果你写得不通顺、不明确、不系统、不生动，别人就会不愿意看。所以，要把文章写得别人愿意看、喜欢看，这很重要。"② 关注历史教育，强调发挥史学的社会功能，盯住的是历史学学科的根本价值。在历史教育中强调一定要把史书写好，写得让人爱看，又抓住了史书发挥应有功能的关键。

怎样才能把历史书写好，把历史知识准确宣达出去呢？白先生说要学好史学，提高历史见识，要有材料，有见解，还要讲究文字表述的技巧："写历史文章，写历史书，要写得让人家爱看，这不是个简单的问题。不只是写文章的技巧问题，主要还是史学、史识问题，是不是掌握了大量材料，是不是把材料融会贯通、提高了。这样，确实提出了新的问题，让人家对你提出的问题有了理解，有说服力，能让人家信任，是首要的。没有这一点，你在字句上再斟酌也不行。但是，光有前面的功夫，你表达不出来，还是不行。你有材料，有见解，能够表达出来，让人家爱看，这就又上升了一步。这不单纯是个技术问题，但有技术问题，不注意技术问题也是不行的。"③

他从科学性和艺术性两方面说明史书的文字写作要求："写史书，还有一个文字上的问题。在科学性上，史书的文字要在确切上下工夫，要能

① 白寿彝：《关于建设有中国民族特点的马克思主义史学的几个问题》，《白寿彝文集》，《历史教育·序跋·评论》卷，第 168 页。

② 白寿彝：《关于历史学习的三个问题》，《白寿彝文集》，《历史教育·序跋·评论》卷，第 37 页。

③ 白寿彝：《关于史学工作的几个问题》，《白寿彝文集》，《历史教育·序跋·评论》卷，第 186 页。

确切地反映历史真实。在艺术性上，史书应该写得生动，写得使人读着有兴趣，读后有印象，使人爱读。当然，能写得确切，就算不错了，而确切未必就生动。但我们应当努力，既要确切，又要生动。”他提出在这方面，应当从传统史学中吸取营养：“对于史书的文字上的要求，我国有很久的优良传统，有很好的成就，也提出过一些问题，可以供我们考虑和借鉴。”说到这里，他又一次强调：“历史文学是史学中应有的一个组成部分，希望受到史学界的广泛重视。目前，史学界不大重视文风的状况，应当有所改变。”①

在《中国史学史》第一册的《叙篇》中，他对历史表述的基本要求做出了总结性的概括：“把我国的历史文学的优良传统总结起来，我想最值得注意的是这样的六个字：准确、凝练、生动。准确，是恰如其分地反映……历史的真实面貌。这一方面需要理解历史的本身，另一方面，要有表述的才能。史学工作者要想做到这一点，须有长期的努力。要随时注意观察社会现象，注意史学名著中表述的典范，还要在文字使用上进行反复推敲。凝练，是能用简练的方式表述比较丰富的内容。刘知幾说‘叙事要用晦’，大概就是这个意思。凝练须有准确做基础。做不到准确，就不会做到凝练的。生动就更不容易，需要对表述的对象有更深的理解，也需要作者更有才华”。② 这是每个史学工作者都应置诸座右的经典论断。如果每位史家在历史著述中，都能有“准确、凝练、生动”三条标准的自觉要求，我们的史学面貌定会大大改观。

值得特别说明的是：白先生在历史行文方面为我们做出了榜样。他的文风清新、质朴，明白如话，又富含意蕴，耐人寻味。读懂他的文章的人都会有这样的感受。对此，瞿林东先生有更深的体会，表达了深一层的认识：“白寿彝先生在学风和文风上的身体力行，为后学树立了楷模。”“他本人在这方面的修养、造诣和所达到的境界，尤其值得我们深思和学习。”③

为了史学的繁荣发展，他非常重视历史人才的培养。而在历史人才培养方面，他特别强调要学会写文章，要加强语文方面的训练。对于历史系

① 白寿彝：《〈史学概论〉的任务和基本内容》，《白寿彝文集》，《历史教育·序跋·评论》卷，第412页。

② 白寿彝：《中国史学史》第一册，第28～29页。

③ 瞿林东：《白寿彝先生的学术思想和史学成就》，《瞿林东文集》第9卷《白寿彝与20世纪中国史学》，北京师范大学出版社，2017，第141页。

本科生的科研能力培养，他讲要从几个方面着手，而“首先是语文的训练。一方面要有阅读能力。要读懂我国古今各体文章，包括现代白话文，古代散文、骈文和诗、赋、词、曲。……另一方面是文字的表达能力，要能写出正确表达自己意思的文章，并且也要文理清楚，结构完整。只有在这样基础上，才可能把科学研究的文章写出来。表达能力的训练是必须通过写作来进行的。”①

关于史学工作者写作能力的培养，再引述他的一段话，也许不是多余的。在与北京师范大学史学研究所助教进修班学员的座谈中，他言辞恳切地对学员们说：“首先，要练习写文章，要学会正确地表达自己的研究成果。对所研究的问题，不要轻易做出结论。要深入，不要把局部的问题扩大成为全面的问题。要注意，根据个别的事例做出结论，是站不住脚的。评论历史事件和人物，也要分个层次，不要把话说得只求痛快，过了头。在评论某件事的时候，不要轻易地说很好或很坏，要有点分寸。其次，写文章要注意不说废话，不要扎空架子。……另外，还有摆摊子的作风，也要注意。写文章没有内容，但把摊子摆得很大，表示自己有学问。其实，这正是暴露自己没有学问，真有学问的人不这样做。这两点，一定要注意。再就是，还要注意，写文章不要怕修改，怕麻烦。文章经过多次的修改过程，往往是一个提高的过程，也是一个锻炼表达能力的过程。”② 这是他治学多年的心得体会，是一位学术大家的经验总结。这样的话，也是他对我谆谆教导的重要内容。他常向我讲起这样的话，也常常用这样的标准要求我写好文章。正因为有良师引路，愚钝如我者才能写出点看得过去的文章，在史学上出一点绵薄之力。相信每一位读懂他的这番话，并身体力行的人，也都会有自己的收获。

---

① 白寿彝：《历史学科基本训练有关的几个问题》，《白寿彝文集》，《历史教育·序跋·评论》卷，第28页。

② 白寿彝：《在史学史助教进修班座谈会上的讲话》，《白寿彝文集》，《历史教育·序跋·评论》卷，第150页。

白寿彝先生与中国民族史教育

王东平
（北京师范大学历史学院，北京　100875）

摘　要： 白寿彝先生重视中国民族史教育。新中国建立之初，白先生敏锐地指出大学中国通史课程教学中民族史内容的缺失，呼吁课程建设要重视中国民族史的研究和讲授，从而推动了大学历史教学中中国民族史教育的发展。他关注中小学历史教育中中国民族史的教育问题，强调教材的编写要重视中国民族史的内容，积极探索帮助青少年树立正确民族观的途径。白先生在论述历史教育理论时把中国民族史教育置于重要的位置，对其意义和价值，做了深刻的阐释。白先生对中国民族史教育的发展做出了重要贡献。

关键词： 白寿彝　中国民族史　历史教学　历史教育

白寿彝先生是当代著名的历史学家，也是教育家。他在六十多年的教育工作中，辛勤耕耘，勇于探索与实践，形成了丰富的历史教育思想，对当代中国历史教育的发展，做出了重要的贡献。与他在历史研究中重视中国民族史的研究一样，白先生强调历史教育中中国民族史教育的重要性，对其意义和价值，做了深刻的阐发。白先生关于中国民族史教育的论述，对于今天我们做好历史教育工作，使受教育者树立正确的民族观，自觉维护民族团结，仍具有重要的指导意义。

一　强调中国通史课程中民族史的讲授，推动大学历史教学中民族史教育的发展

1949 年 7 月，新中国成立前夕，白寿彝先生从南京来北京出席“全国

教育工作者代表会议”筹备会议，期间受聘于北京师范大学历史系。工作的变化对白先生的事业发展影响很大。“从此，白寿彝的人生道路和学术生涯都展现出了广阔的前景。”①

新中国建立伊始，百废待兴，教育事业也是如此。改革从民国时期继承下来的旧的教育制度、教育内容和教学方法，进行大规模的社会主义教育建设，培养新中国的建设人才，成为党和政府的重要工作。白先生受到新时代的鼓舞，“他一心投入到新中国的教育事业和学术建设热潮当中，开始为新中国的教育发展和学术繁荣奋力工作。”② 20 世纪 50 年代，白先生发表了多篇讨论教育教学工作的文章，这其中他特别地关注到了中国民族史的教育问题。

中国自古以来就是一个多民族的国家，各民族在中华大地上生息繁衍，共同创造了中国的历史与文明。但是，在旧史学里中国民族史长期不受重视。吕振羽先生在 1948 年出版的《中国民族简史》中指出，“我们对国内各民族，尤其对各少数民族历史和现实情况的了解，还相当隔膜”，“中国民族问题，从来还没有系统地研究过”③。学术研究的落后影响到历史教学，具体体现便是在相关课程讲授中中国民族史内容的严重缺失。新中国成立之初，情况依然如此。

白先生是新中国成立后较早呼吁重视中国民族史教育的学者之一。1950 年 6 月，白先生在参加高等教育会议期间，应《光明日报》之约，撰写了《对于大学历史课程和历史教学的一些实感》的文章。这是白先生发表的第一篇有关历史教学的文章。在这篇文章中，白先生结合自己的教学实践，谈了自己对大学历史课程的看法。当时他正在北京师范大学历史系教授中国通史课程。按照白先生的说法，新中国成立前这门课程在历史系不是一门重要的课程，讲课比较随意。新中国成立后，情况发生变化，中国通史课程成了全系最重要的课程，教师和同学都很重视。白先生在肯定这种转变的同时，指出了当时中国通史教学中存在的一些问题，他首先说到的是民族史方面的问题。白先生说：

> 我们必须首先承认一件事实，即是：我们的中国通史，一直在内容上只是汉族史；以前是这样，现在也还是这样。我们的同道朋

---

① 瞿林东、陈其泰主编《白寿彝画传》，河南大学出版社，2005，第 20 页。

② 瞿林东、陈其泰主编《白寿彝画传》，第 20 页。

③ 吕振羽：《中国民族简史》，光华书店，1948，序言第 1 页、正文第 1 页。

友，尽管在平素反对大民族主义，但一等到讲五胡十六国，讲宋辽金间的关系，讲元明和明清间的关系，你只要留心，你就会发笑，这个两千多年的老宝贝（大民族主义）便偷偷地爬到他的嘴巴上了。你如果说，他有心要夸张大汉民族，那你是冤枉好人，他绝对没有这样的意思。他在教学时所犯的这种错误，只是他的无心之误。但是，好一个无心之误呀！这是我们所应该严肃地检讨、严肃地纠正的。①

对于教学中存在的这种现象，白先生坦承，“我们尽管严肃地检讨了，尽管在讲这几段史事时严肃地纠正了过去的错误”，但是改进的效果不明显，“我们的中国通史和汉族史的分别，也还是有限得很”。白先生指出，大学教育中出现的问题，其背后反映的是学术研究的不足，正是由于“国内少数民族历史的研究还没有真正地开始”，大家不了解少数民族和民族地区，讲中国通史课的教师们才无法“把中国通史教成名副其实的中国通史”。有鉴于此，他大声呼吁，在高校历史系课程建设中，必须重视国内少数民族史的研究和强调少数民族史的讲授，两者齐头并进。他说：“少数民族史的研究和讲授，逐渐地进步了，中国通史的内容也就可以逐渐地充实了。”相反，“如果我们不在这方面着眼，仅仅在规定历史系课程时说明中国通史必须包括中国境内兄弟民族的历史，这是不够的；这只指明了一个方向，并不能解决事实上的困难”。② 白先生的看法切中了当时大学历史系中国通史课程教学的要害，他的建议为中国通史课程教学改革指明了方向。

20 世纪 50 年代，白先生发表多篇文章，阐述各民族共同创造中国历史和中华文明的思想，强调加强民族史教育的重要性，在学术界和教育界都产生了重要的影响。深入开展中国民族史的研究，加强中国通史等课程教学中民族史的内容，要在课程教学中体现各民族共同创造中国历史与中华文明的贡献，这样的认识被同行广为接受并成为共识，推动了大学历史教育中中国民族史教育的发展。

---

① 白寿彝：《对于大学历史课程和历史教学的一些实感》，《白寿彝文集》第 6 卷《历史教育·序跋·评论》，河南大学出版社，2008，第 4 页。

② 白寿彝：《对于大学历史课程和历史教学的一些实感》，《白寿彝文集》第 6 卷《历史教育·序跋·评论》，第 4 页。

二　重视中小学教材中中国民族史内容的编写，帮助青少年树立正确的民族观

作为一名教育工作者，白先生深知教育本身是一个系统工程，其中中小学教育对于培养人的价值观尤其重要。因此，白先生不仅从自己的本职工作出发，呼吁重视高等教育中中国民族史的教育问题，也同样关注中小学历史教学。20 世纪 50 年代，白先生在《光明日报》上发表多篇文章，强调在中小学历史教学中进行中国民族史教育的重要性，呼吁人们重视中小学历史教材建设中中国民族史内容的编写。

1951 年 2 月，白先生发表《本国史课本里脱漏的一节：回回民族底形成》一文，指出当时中学教材中民族史内容存在的缺失，他说："因为没有长期研究的基础，中学本国史课本里，一般缺少有关国内少数民族的篇幅。"他呼吁大家必须重视这个问题，发动更多的人进行这方面的研究。他说：

> 为了改善这种情况，单单责备编课本的人是不够的。要发动更多的人进行这方面的研究，才可以逐渐改善我们课本里在这方面的内容。在现阶段，我们需要经常地提出这方面的问题来引起大家的注意和讨论。尽管我们提出的问题和看法，是幼稚、粗疏，甚至是错误的，但只要提出来，只要大家肯加以讨论，这对于进行并提高我们在这方面的研究，总是有益的。①

统一的多民族国家是我国的基本国情。在中小学教育阶段，对学生进行中国民族史的教育，使他们正确认识中国历史上的民族关系，正确认识各民族对创造中国历史和中华文明做出的贡献，是帮助新中国青少年树立正确的民族观的有效途径，对于维护民族团结，巩固多民族国家的统一具有重要的意义。教育家的使命感使白先生深刻认识到这一点，他通过对中小学历史教材编写中中国民族史问题的关注，表达了他对中小学教学活动中民族史教育问题的重视。历史教材是历史教学的依据，白先生对中学历

① 原刊《光明日报》1951 年 2 月 17 日，收入《白寿彝民族宗教论集》时改为《中学课本中脱漏的一章：回回民族的形成》，亦载《白寿彝文集》卷 3《民族宗教论集》（上），第 85 页。

史教材编写中中国民族史内容的重视，正是抓住了问题的关键，可谓远见卓识。先生的观点对于我们今天中学历史教材的编写工作仍然具有重要的指导意义。

为了引起社会的高度重视，白先生在不同场合多次指出中小学历史课本中民族史方面存在的问题，强调民族史教育的重要性。1951 年 9 月，白先生在《论关于少数民族历史和社会情况的宣传及学习》一文中，指出了现阶段中小学教学中中国民族史教育的不足。对于少数民族历史和社会情况的宣传和学习，他说："就现在情况来讲，各级学校的课程在这方面的注意是不够的。有的有关课程还没有在这方面注意或者加以改善。举历史课程为例，现行的中小学历史课本里还存在着大民族主义残余思想的严重现象。"他严肃地批评说："这是必须克服种种困难，彻底加以纠正的。"①他为中学小学教育中民族史内容的缺失再次敲响警钟。

1952 年 4 月，白先生发表《对于改造中学本国史教本的几点意见》一文。在这篇文章中，白先生对新中国成立后新的中学本国史教本编写工作进行评论，指出存在五个方面的问题，其中第一个提到的仍是民族史的问题。他说：

> 中国史是以汉族为主的中华人民共和国各民族的历史。对于这一正确命题，我们的教本是没有处理得好的。我们新中国的民族关系已根本改变了我们对中国史上的民族斗争的看法。我们历史上的民族斗争，我们已不再认为是中国和异族之争，而是我们内部的兄弟民族之争。尽管不同的民族斗争的具体情况在历史上起了不同的作用（如吴晋之"开发"江南是推动历史前进的，所谓"五胡乱华"是拖住历史前进的），但究竟还是自己人的事情。我们的教本对这一点没有明白的认识，以致在不少的地方把"中国"和"汉族"等同起来，这恐怕是很不对的。另外，我们的教本必须说到少数民族的历史，但事实上很少做到。②

白先生认为，中学本国史教本中出现这样的问题，最大的原因仍是学

---

① 白寿彝：《论关于少数民族历史和社会情况的宣传及学习》，载《白寿彝文集》卷 3《民族宗教论集》（上），第 35 页。

② 白寿彝：《对于改造中学本国史教本的几点意见》，《白寿彝文集》第 6 卷《历史教育·序跋·评论》，第 14、15 页。

术界中国民族史研究的滞后，“少数民族的历史还甚少整理出来”。白先生提出，在目前的条件下，我们虽然不能“在民族史方面对一个教本的编者有过多的要求”，但是，我们可以要求教科书的编者“对这一个问题在书中有一个很好的交代，说明我国各民族的大致情况、民族史的重要性及目前民族史介绍之困难，并应在教本中随时吸收可能利用的民族史的材料”。[①] 白先生在指出历史教材编写中中国民族史方面存在不足的同时，也对当时条件下如何编好历史课本提出了很好的建议。

白先生在推进中国民族史研究和教材建设方面身体力行。前文提到，他在《光明日报》上发表了《本国史课本里脱漏的一节：回回民族底形成》一文，运用马克思主义理论，对回族形成的历史进行系统深入的讨论。他撰写此文正是为了配合当时的中学历史教学。根据当时的课程安排，中学本国史的教学中要讲元史，在讲授元史部分时，回族的历史应该提到，但是由于回族历史的研究没有基础，一般课本里就不提它或很少提它，因为这个原因白先生遂有此文。除此之外，20 世纪 50 年代，白先生还撰写了《回回民族的新生》《回回民族的形成和初步发展》等论著，参加了国家组织开展的全国少数民族社会历史调查，担任回族社会历史调查组的负责人之一。白先生的上述工作，既推进了回族史的研究，也为历史教学中涉及回族史内容的讲述，提供了学术支撑。

三　阐述历史教育理论中中国民族史教育的重要性，丰富了历史教育理论的内涵

作为一个史学工作者，同时又是教育工作者，白先生非常重视历史教育理论的思考，做了许多重要的论述。在白先生的历史教育思想中，他把中国民族史教育置于重要位置，对其意义和价值进行了深刻的阐发。需要指出的是，白先生主张“历史教育，在历史教学以外，还可以有各种方式”。[②] 因此，他讨论的历史教育，并不限于学校的历史教学活动，还包括社会教育等形式。白先生对历史教育中中国民族史教育重要性的阐发体现在以下三个方面。

---

① 白寿彝：《对于改造中学本国史教本的几点意见》，《白寿彝文集》第 6 卷《历史教育·序跋·评论》，第 15 页。

② 白寿彝：《在历史教学研究会成立大会上的书面讲话》，《白寿彝文集》第 6 卷《历史教育·序跋·评论》，第 61 页。

（一）将爱国主义思想教育与少数民族史结合，深化爱国主义教育的内容

1951 年 3 月，白先生在《光明日报》上著文，针对当时正在进行的爱国主义思想教育工作提出建议。他说：

> 我作为一个历史教师，同时又作为少数民族中的一个成员，愿在这里提出一个问题，就是爱国主义思想教育和少数民族史结合的问题。我个人认为，这种结合是完全必要的；现在提出这个问题，也是完全必要的。①

白先生从四个方面进行了阐述。第一，国内各少数民族都具有悠久的历史。“各民族共同创造中华民族的全世无匹的悠久的历史，这是我们中华人民所应该引以骄傲的。这份骄傲，比单独地对汉族历史悠久的骄傲，是更有充足的理由的。”② 第二，国内各少数民族在中华民族历史创造的过程中有特殊的贡献。他运用生动的事例进行论证，指出：“我们的历史教师，把少数民族的特殊贡献尽量地适当地指出来，让广大群众都认识到中华民族所由构成的各民族都是具有高度智慧的民族，这对于民族自尊自信心的建立是更有力的。”③ 第三，少数民族都酷爱自由、富于革命传统。他举历史上的少数民族起义为例，认为“充分具体说明少数民族酷爱自由、坚强不屈、富于革命精神的优良传统”。又指出在抗日战争、人民解放战争以及抗美援朝的战争中，各少数民族同汉族兄弟并肩作战，“说明少数民族革命传统之新的发扬”。白先生提出：“我们的历史教师们，不只要指出这些伟大的庄严的历史创造，而且要强调这些创造。这是我们确信中国人民必然胜利的坚强的根据。”④ 第四，各族人民的亲爱团结具有历史传统。他以明清时期各族人民起义为例，讲述了斗争中各族人民的联合、支

---

① 白寿彝：《论爱国主义思想教育和少数民族史的结合》，《白寿彝文集》第 3 卷《民族宗教论集》（上），第 22 页。

② 白寿彝：《论爱国主义思想教育和少数民族史的结合》，《白寿彝文集》第 3 卷《民族宗教论集》（上），第 23 页。

③ 白寿彝：《论爱国主义思想教育和少数民族史的结合》，《白寿彝文集》第 3 卷《民族宗教论集》（上），第 23～24 页。

④ 白寿彝：《论爱国主义思想教育和少数民族史的结合》，《白寿彝文集》第 3 卷《民族宗教论集》（上），第 24 页。

援，“历史教师们表扬这一光辉的传统，要使各族人民认识到，在中国共产党和毛主席领导下，各族人民的团结更大大地超过了以前的任何时代，因而更加巩固中国人民抗美援朝的必然获得决定的完全胜利的自信心”。[①]

白先生提出的爱国主义思想教育和少数民族史结合的问题，和他所主张的在历史教学活动中重视中国民族史的教育，其思想基础一致，即主张中国是中华各民族共同的家园，中华各民族共同创造中国的历史与中华文明。因此，将爱国主义思想教育和少数民族史的结合，“不只可能更宽广了爱国主义思想教育的内容，而且还深刻了、强化了爱国主义思想教育的内容”。[②] 白先生指出，这样做的意义体现在两个方面：“这一方面是通过了爱国主义思想教育，而更加巩固了各族人民的团结；又一方面是由于各族人民团结的更加巩固，而大大地提高了爱国主义思想教育的效果。”我们知道，历史教育是培养青年学子爱国主义精神的有效途径。白先生将爱国主义教育与少数民族史结合的论述，深化了爱国主义教育的内容，也必然丰富历史教育的内涵。

（二）加强中国民族史教育，破除错误的民族观，树立正确的民族思想

由于历史的原因，人们在民族问题的认识上，或多或少地受到一些错误思想的影响，这些错误思想危害到新中国民族事业的健康发展。

白先生对这个问题有清醒的认识。在1951年9月发表的《论关于少数民族历史和社会情况的宣传及学习》一文中，白先生首先分析了大民族主义、狭隘民族主义和民族虚无主义错误思想产生的历史根源及其危害。他说：“由于反人民政权长期统治的结果，国内各少数民族的历史和社会情况，不为广大的汉族人民所了解，也不为各少数民族人民相互间获得了解。”统治阶级没有设法改变这种情况，反而在各民族间日益增加隔离和分化，防止民族间相互了解的可能性，目的在于实行他们的大民族主义，可以分治各个民族，可以欺骗他们统治着的人民。在少数民族方面，“由于这种大民族主义的长期压迫，形成了狭隘民族主义思想。他们强调本民族的利益，不考虑别民族的利益；怀疑族外的人，甚至是善意帮助自己的

---

① 白寿彝：《论爱国主义思想教育和少数民族史的结合》，《白寿彝文集》第3卷《民族宗教论集》（上），第25页。

② 白寿彝：《论爱国主义思想教育和少数民族史的结合》，《白寿彝文集》第3卷《民族宗教论集》（上），第25页。

人；拒绝接受新事物，甚至是对自己有益的事物”。另外，在少数民族内部还有“一些为大民族主义的歪曲宣传所蒙蔽的人，他们看不见本民族的优点，他们把本民族的好处和坏处一齐抛掉，他们要把本民族的一切，说得一文不值。这也是大民族主义统治下的一种产物，我们可以说它是一种民族虚无主义”。[①]

白先生接着指出，这些错误思想产生的过程可以说明两个方面的问题：首先，“说明对少数民族历史和社会情况的了解，在增加国内民族的团结上，在使一个民族具有充分的自信、使它得以发挥它的积极性上，是具有何等重要的意义”；其次，“说明对少数民族历史和社会情况的了解，对于粉碎大民族主义、狭隘民族主义和民族虚无主义的残余思想上，具有何等重要的意义”。在这里，他明确提出了解少数民族历史和社会情况对于破除错误民族观、维护民族团结的重要性。白先生提出，要“培养进步的民族思想和批判落后的民族思想”，在帮助少数民族群众建设事业的发展上，在加强民族团结，巩固并发展友爱合作的民族大家庭的前途上，创造必要的条件。对少数民族历史和社会情况的宣传和学习，正是培养进步的民族思想和批判落后的民族思想的重要途径。他说道：

> 在马克思列宁主义、毛泽东思想的指导下，用各种形式宣传，并在各个不同部门组织学习关于少数民族的历史和社会情况，这正是培养进步的民族思想和批判落后的民族思想之必要的工作。[②]

少数民族的历史和社会情况的宣传和组织学习有多种形式，白先生针对不同形式的宣传教育工作的重点、步骤进行深入阐释。他以学校教育为例指出：“学校里的课程，有好几门都适合于这种工作。教材的编制上，应该在这方面有适当的处理。教师在进行教学的时候，应该把培养学生们的正确的民族思想，作为爱国主义思想教育的一个重要部分，当作一个政治任务来完成。”[③] 白先生对中国民族史教育的重视已由学校教育扩展到社会教育各方面。他的建议对于推动社会各界深入学习和宣传少数民族历

---

① 白寿彝：《论关于少数民族历史和社会情况的宣传及学习》，载《白寿彝文集》卷3《民族宗教论集》（上），第34页。

② 白寿彝：《论关于少数民族历史和社会情况的宣传及学习》，载《白寿彝文集》卷3《民族宗教论集》（上），第35页。

③ 白寿彝：《论关于少数民族历史和社会情况的宣传及学习》，载《白寿彝文集》卷3《民族宗教论集》（上），第35页。

史，了解少数民族社会情况，破除人们头脑中错误的民族观，树立正确的民族思想，发挥了积极的作用。这样的建议在今天看来仍然具有重要的意义。

（三）强调中国民族史教育是历史前途教育的重要内容

1981 年，白先生在历史教学研究会成立大会上所做的书面发言中，论述了历史教育的目的和任务，认为它包括三个层面的问题：即讲做人的道理、讲历代治乱兴衰的得失和进行历史前途的教育。关于历史前途教育，白先生首先讨论了国内民族团结的历史前途。他说："长期以来，国内各民族间有时是友好往来，互通有无，形成一体，有时是有矛盾，有斗争，甚至以兵戎相见，但总的来说，民族间的关系是越来越团结，在反帝反封建的斗争上，在新中国的建设上，越来越需要互相依存、互相支持，这是民族关系史上的主流，这是民族关系的历史前途。"① 中国是一个多民族国家，民族关系的发展与国家前途命运息息相关，白先生从中国民族关系发展规律入手论述历史前途教育，目光如炬。

同年，白先生在北京师范大学历史系 1981 届本科生毕业大会上发表讲话，再次将中国民族史与历史前途教育相联系。白先生提出了"历史教育从根本上说，是历史前途的教育"的观点，接着发问："我们祖国的前途怎么样？我们中华民族的前途怎么样？这是学历史的很重要的大问题。"② 他认为学历史，要把几千年的历史加以总结，对于观察历史前途有好处。白先生回顾了学术界关于历史上民族关系的主流问题的讨论后，指出："从几千年的发展看，将来我们民族关系的前途，会越来越好，越来越对祖国的前进贡献力量的。这是断然无疑的。"③ 他对我国民族关系发展前景的看法积极乐观，希望能够感染年青一代，提高对祖国的信心。

这一年的 10 月，白先生在武汉师范学院的讲话中在论述历史前途教育时又一次讲到中国民族史。白先生说："历史的重要责任是要进行历史前途教育，要问将来怎么办。"他仍以历史上民族关系主流问题的讨论为例。

---

① 白寿彝：《在历史教学研究会成立大会上的书面发言》，《白寿彝文集》第 6 卷《历史教育·序跋·评论》，第 64 页。

② 白寿彝：《历史工作者的光荣职责——在北京师范大学历史系 1981 届本科毕业生大会的讲话》，《白寿彝文集》第 6 卷《历史教育·序跋·评论》，第 72 页。

③ 白寿彝：《历史工作者的光荣职责——在北京师范大学历史系 1981 届本科毕业生大会的讲话》，《白寿彝文集》第 6 卷《历史教育·序跋·评论》，第 73 页。

他指出："几千年的民族历史的发展，民族之间的关系愈来愈密切，这是历史上的主流。"虽然历史上民族冲突与斗争客观存在，"但总的讲，民族关系的发展是愈来愈密切，往前看必然是更为友好、更为团结的"。他从民族关系史推开来，指出：从政治斗争、经济建设及文化领域上讲，我们克服了许多困难，取得了一步步前进的成就。历史就是曲折的，有时候会反复，有时候会倒退，但是总的倾向是愈来愈进步的。过去我们克服了很多困难，有什么理由说现在我们不能克服困难、将来不能克服困难呢？

从几次讲话中可以看出，白先生始终强调中国民族史教育是进行历史前途教育的重要内容。他认为通过中国民族史的教育，可以帮助人们正确认识统一多民族国家的形成发展的历史，正确认识历史上的民族关系，进而展望未来民族关系发展的趋向。他指出，我国几千年的历史发展过程中，各民族之间的关系越来越密切，未来的民族关系的发展必将更为友好和团结，这是我们民族关系的光明前途。白先生希望通过对民族关系历史前途的论述，帮助年青一代树立正确的历史观、民族观，使他们对国家和民族的发展前景充满信心，进而提升民族自信心、自豪感，树立远大理想，激发他们勇于担当民族振兴的重任。

今年是白寿彝先生去世 20 周年。纪念和缅怀先生的最好方式是继承和发扬先生的学术思想。白先生重视历史教育中中国民族史的教育，并对此做了深刻的阐发。继承和发扬先生的这一学术思想对于我们正确认识历史教育的内涵，做好历史教育工作，树立正确的民族观，加强民族团结，维护祖国统一，具有重要的理论和现实意义。

白寿彝先生的《史记》研究

——兼论《项羽本纪》之设立

曲柄睿

（北京师范大学历史学院、史学理论与史学史研究中心，北京 100875）

摘　要：白寿彝先生的系列《史记》研究，注重吸收前人研究成果，将史学考证与唯物史观相结合，取得了诸多成果。白先生提出《项羽本纪》的设立自有其意义，在此基础上重读《秦楚之际月表》，可以发现项羽之楚与怀王之楚各有纪年。司马迁设立《项羽本纪》，目的在于尊重项氏之楚的法统，以之作为秦汉间纪年的依附对象。

关键词：白寿彝　《史记》　《秦楚之际月表》　《项羽本纪》

白寿彝先生的《史记》系列研究包括《史记新论》及一些关于司马迁的文章①。《史记》和史学史研究者，都注意到了白先生推动相关讨论的进展，并给予肯定②。在白寿彝先生逝世二十周年之际，重新品味他的

---

① 白寿彝：《史记新论》，求实出版社，1981。白寿彝：《史学遗产六讲 附：〈史记〉新论》，北京出版社，2004；白寿彝：《司马迁寓论断于叙事》，《北京师范大学学报》1961 年第 4 期、《史学史资料》1980 年第 1 期；《司马迁与班固》，《北京师范大学学报》1963 年第 4 期；《司马迁和班固》，《史学史资料》1979 年第 2 期、《山西师范学院学报》1979 年第 3 期。

② 邹俊贤：《司马迁史学研究的重要成果——〈史记新论〉读后》，《史学史研究》1982 年第 3 期；张剑平：《略论白寿彝先生对〈史记〉的研究》，《回族研究》2002 年第 2 期；杨倩如：《白寿彝先生和〈史记〉研究》，《淮阴师范学院学报》2007 年第 6 期；朱露川：《一本常读常新的著作——读白寿彝〈史记新论〉的几点认识》，《书屋》2012 年第 6 期；赵骞：《论白寿彝先生的〈史记〉研究》，《辽东学院学报》2015 年第 6 期。此外，施丁的《白寿彝先生引读〈史记〉》（《史学史研究》2009 年第 1 期）和汪高鑫的《论白寿彝先生对汉代史学思想史的研究》（《求是学刊》2005 年第 3 期）分别从教学和研究的角度，反思了白寿彝先生在《史记》方面的精深功力。

《史记》研究，并以此为基础发现解决新问题，无疑是纪念他的一种最好方式。

一 传统研究和新理论的结合

古来研究《史记》约略有两种路径：其一是将《史记》视作保存古代史事的基本文献，重视其录史考史方面的意义，以《史记》三家注倡于先，王西江、赵瓯北、钱竹汀等随于后；其二是将《史记》视作撰述历史的文本，重视其作史评史方面的长处，以刘知幾发其端，郑樵、章学诚等继其流。约略看来，前者所重在史事，后者所重在史法，其间差异大致和今日历史与史学的区别相近。白寿彝先生的《史记》研究，历史与史学并重，史事和史法兼美，可以看作在前人工作延长线上的新创造。

之所以称之为新，是它受到了唯物史观的影响，自觉地以贯通性的视角，将理论与研究对象结合，发现了一些传统史学中的进步因素。首先便是白先生重视历史阶段的分期，关注历史考证成果对史学研究的促动。贯通的前提是承认不同历史阶段的社会环境特点及其变化。古代学者讨论《史记》，一般都从历史编纂学的角度切入，甚少注意到这本书诞生的历史社会环境。即便思考《史记》成书的历史社会环境，也只能关注汉武帝时代或汉代的历史情况，不能反思从三代到汉代的整个变化。

三代以来长期复杂的历史变迁，演变出不同的时代特点。司马迁注意到了这种变迁，把握住了相关特点，他撰述的《史记》就有了深沉厚重之感，更体现出朴素的唯物辩证思想。《史记》采用的纪传体体裁，用时间为经，人物作纬，以历史洪流作幕布，涂抹无数人物的色彩，收束千姿百态，牢笼古往今来。所谓“通古今之变”，并不是一句虚言。

古代学者能意识到历史的“变局”，但不知为何变，变向何处，如何通过史书体现变；更有甚者，还会回避变，排斥变。受到不同正统观念的影响，稍晚于司马迁的扬雄和班彪等人，已经不能体味到司马迁贯通史学的真意。扬雄作《法言》，源于“太史公记六国，历楚汉，讫麟止，不与圣人同，是非颇谬于经”[①]；班彪序《汉书》，批评司马迁“论术学，则崇黄老而薄《五经》；序货殖，则轻仁义而羞贫穷；道游侠，则贱守节而贵

① 《汉书》卷八七下《扬雄传下》，中华书局，1962，第3580页。

俗功"[①]。这些观点，有些已经受到了今日学者的批评，反而成为观测汉代历史独特发展状况的切入[②]。

在发掘《史记》关注历史变化方面做得好的古代学者是赵翼。《廿二史札记》中"汉初布衣将相之局"一节，发现春秋以前实行封建制，而战国以后有了徒步为相、白身为将的局面，知道秦汉以后是天地间一大变局，世卿世禄之制就此断绝[③]。然而赵翼只能描述变化的表象，却不能说明是封建制和帝制之间的差异，造成了变化的实质。白先生从社会性质的角度看待《史记》，认为西周以降至秦统一，历史观发生了变化，反映出阶级关系发生了变化，两处变化分别对应"天人之际"和"古今之变"。先看"天人之际"：认为天的统治是不可变、不可怀疑的，是统治阶级；认为天可变、可怀疑的是被统治阶级。当人们怀疑天的统治时，说明某个阶级或者集团的统治在动摇或者要灭亡了。再看"古今之变"：主张政权统治不变的总是快要下台的统治阶级，主张变的则是要求当权的阶级或集团[④]。这种贯通三代秦汉历史社会变迁的规律性意见，无疑更为深刻，便于今人理解《史记》的独到之处。

类似研究旨趣的形成，与白先生对史学史任务和范围的理解有关。他建议，研究史学发展的规律性，特别要注意把握唯物主义历史观和唯物主义历史观因素在史学发展中的作用，以此作为史学史的首要任务和主要范围[⑤]。他在《史记》写作背景方面的工作，就是相关倡议的一次实践。

所谓史学史研究的理论性，自然需要从历史研究的理论性中寻找。而历史研究的理论性，则建筑在历史事实考证的基础上。白先生引用了郭沫若的观点，论述殷商以降至上神和天道观的变化，以此作为《史记》历史背景的发轫。因此他关于史学史的论述，摆脱了就书言书的传统，更将清

---

① 《后汉书》卷四〇上《班彪列传上》，中华书局，1965，第1325页。这一观点，首见于《汉书》卷六二《司马迁传·赞》："论大道则先黄老而后六经，序游侠则退处士而进奸雄，述货殖则崇势利而羞贱贫"，第2738页。

② 参考胡宝国关于《史记》《汉书》籍贯的不同而论述"后战国时代"在史学史方面的反映。见氏著《汉唐间史学的发展（修订本）》"《史记》与战国文化传统"，北京大学出版社，2014，第1~8页。又见氏著《〈史记〉〈汉书〉籍贯书法与区域观念变动》，《将无同——中古史研究论文集》，中华书局，2020，第1~11页。

③ 赵翼著，王树民校证《廿二史札记校证》，中华书局，1984，第36~37页。

④ 白寿彝：《史学遗产六讲 附：〈史记〉新论》，第137~140页。

⑤ 白寿彝：《中国史学史（第一卷）》，上海人民出版社，2006，第20~29页。关于本书的相关情况，可参考拙作《温故知新与继承发展——写在白寿彝先生〈中国史学史〉（第一册）出版三十周年之际》，《史学史研究》2016年第4期。

代学者已经初步注意到的历史变化的问题，推向深入。

二 在旧学积累多处见功大

白寿彝先生在《史记新论》中提到了“司马迁寓论断于序事”，此说源自他讨论《史记》笔法的同名论文。相关表述出自《日知录》“《史记》于序事中寓论断”条[①]。尊重古人的研究成果，自然反映出他旧学积累丰厚，重视史学遗产的学术态度。但是不停留在古人的问题意识上，发乎其中，出乎其外，更是白先生论学作文的精妙所在。

顾炎武讲的“于序事中寓论断”，乃指在传记末尾，由旁人代史家下评断之语，借他人之口述史家心曲。白先生讲的“寓论断于序事”，则更归纳出其他数种情况：论断可放在篇中；借着好几个人来评论；不一定用正面的话，也用侧面的话反面的话；不光是用别人的话，更重要的是联系典型的事例[②]。

以《史记·叔孙通传》为例，司马迁通过秦诸生、鲁两生、汉高帝、叔孙通弟子等人之口，评价叔孙通实际上是个“面谀以得亲贵”的家伙。白先生认为这种表达形式加深了司马迁论点的感染力[③]。

只依赖言语表达观点，尚不能显出司马迁的功力。白先生更注意到司马迁可以在历史叙述的过程中表达论点。他强调《淮阴侯列传》是通过韩信生平，展示出楚汉对抗以及汉统治集团内部的矛盾。因为写一个人的生平，不脱离当时的局势，所以可以用代表性的历史人物去说明、论断历史问题。白先生还提到了《萧相国世家》。司马迁笔下的萧何谨小慎微，多次考虑刘邦的猜忌以避免兔死狗烹的下场。白先生评价《史记》有意将萧何与韩信对照，并写出汉高帝统治下的政治气氛[④]。

将萧何与韩信并提，言韩信将略，约略可以从《方苞集》中窥见大概，这是古已有之的成绩[⑤]。但是方苞不及萧何身后之事而纵论韩信悲剧，

---

① 顾炎武：《日知录集释》卷二六，黄汝成集释，栾保群、吕宗力校点，上海古籍出版社，2006，第1429页。

② 白寿彝：《史学遗产六讲 附：〈史记〉新论》，第210～211页。

③ 白寿彝：《史学遗产六讲 附：〈史记〉新论》，第214页。

④ 白寿彝：《史学遗产六讲 附：〈史记〉新论》，第221页、第223～225页。

⑤ 方苞：《方苞集》卷二《书萧相国世家后》《书淮阴侯列传后》，刘季高校点，上海古籍出版社，1983，第55～57页。

更只见将略而不见历史形势，又是短于白先生之处。其间差异，自是文学家与史学家着眼点之不同，更是新式历史研究与传统学术评论之不同。无论如何，白先生在旧学方面的积累，使得他考详《史记》时，能不仅仅依赖史学类文献，更可依靠文学材料，故而左右逢源，见功大。

三 本纪体例的再探讨

白寿彝先生对于前人批评甚多的司马迁为项羽立本纪一事，先声明“王迹所兴”就可以回答这个问题。因为项羽曾经号令了大半个天下，为他立本纪是自然的事情①。进而他又提到了《史记》的所有本纪：比如《五帝本纪》只写了传说，《夏本纪》《殷本纪》只写了世系。《周本纪》从周厉王开始才有年代可考。《秦本纪》《秦始皇本纪》说明历史时期的变化。《吕太后本纪》主要记宫廷和廷臣内部的斗争。针对本纪应当是编年体的说法，或者本纪只能写大事，不能写个人生活的说法，白先生更加肯定司马迁不拘一格，注重精神的实践②。

司马迁开创纪传体史书，其中各项体裁体例的写作原则，自然不能看得太实。倘若拿后代体例严整的正史比较，《史记》确有不同之处，原因在于：第一，《史记》是一部通史，它记载秦汉以前的时代，不能做到一帝一纪，否则《史记》的体量就会变得非常巨大；第二，秦汉以前的历史记录并不充足，不像后代有了起居注等文本可供史官采择，故而司马迁在有些本纪上，模糊了绝对的时间年代，也是不得已而为之。

先行材料的积累，是司马迁撰述本纪的凭借，因而《史记》体现了明显的旧有史料的叙事痕迹。据司马迁自述，《五帝本纪》撰写的主要依据是《五帝德》和《帝系姓》。司马迁没有依《世本》将黄帝归入三皇而入五帝，其理由也是经过前往空桐诸地的田野调查，发现口头传说与此两篇相合，方确定了《五帝本纪》的基本叙事模式③。本纪的设立固然有司马

---

① 白寿彝：《史学遗产六讲 附：〈史记〉新论》，第194页。

② 白寿彝：《史学遗产六讲 附：〈史记〉新论》，第196~197页。

③ 《史记》卷一《五帝本纪》，中华书局，1959，第46页。司马迁原文称长老所言黄帝、尧、舜事“总之不离古文者近是”，《索隐》正将“古文”释作《帝德》《帝系》二书，见前引第47页。《五帝德》与《帝系》见王聘珍撰《大戴礼记解诂》卷七，王文锦点校，中华书局，1983，第117~130页。三皇五帝帝系参考宋衷注，秦嘉谟等辑《世本八种》，商务印书馆，1957，第2~4页。参李学勤《〈史记·五帝本纪〉讲稿》，生活·读书·新知三联书店，2012，第16~17页。

迁的加工成分，其具体形式却不完全受司马迁掌控而是自有所本。

进而从历史编纂的角度看，《史记》的本纪包含记录一姓列王的王朝纪与单记在位君主的编年纪两类。前者以《五帝本纪》至《秦本纪》最为明显。这几篇本纪所重的并不是年代，而是帝系，而此举与周人重视血统有密不可分的关系。血缘关乎分封，必须为王朝所掌握。李零将此称为“人在族谱中的位置比他在年代中的位置还重要”①。因此王朝纪只要反映清楚帝系血脉传递的次序就可以了。《周本纪》中间以下，才逐渐有了清晰的年代记录，但年代也是附丽于王而存在的，这种做法在当时的历史记录中也比较普遍，最让人耳熟能详的莫过于《春秋》的“元年春王正月”了②。《金滕》开篇称“既克商二年”，也是以武王作为纪年的客观标准③，清华简此处直接录为“武王既克殷三年”，显系明证④。所以无论是尊重世系的王朝纪，还是世系与年岁并重的在位君主编年纪，都符合周以来的社会传统与文献传统。司马迁如是书，如是写，虽然不能被班固以降诸人认可，但确是当时的实情。从这个角度说，倒未必过于夸大司马迁的创造力，反而应该承认司马迁的文献功力。

四　再论《项羽本纪》之设立

本纪之设应纪帝王世系或者王年。白先生从事功的角度出发，肯定项羽天下共主的身份，由此可以立本纪。进一步说，之所以要为项羽立本纪，是因他作为秦楚汉之际的楚之代表，兼具法统和纪年的意义，既有帝王之实，又为纪年所系。尽管这两点都不很充分，却贯穿秦二世元年与汉元年之间，非他人可以代替。

---

① 李零：《简帛古书与学术源流》，生活·读书·新知三联书店，2008，第262页。

② 《十三经注疏·春秋公羊传注疏》，中华书局，1980，第2196页。

③ 《十三经注疏·尚书正义》，第196页。

④ 清华大学出土文献研究与保护中心编、李学勤主编《清华大学藏战国竹简（一）》，《周武王有疾周公所自以代王之志》，中西书局，2010，第158页。以王为纪年单元的方法在战国时相当普遍。如《系年》中出现的“共伯和立，十又四年……”“（宣王）立（三十）又九年，戎乃大败周师于千亩”之类。（清华大学出土文献研究与保护中心编、李学勤主编《清华大学藏战国竹简（二）》，第136页）当然，战国时期也有以特别重要大事为纪年的方法，如鄂君启节中的“大司马邵阳败晋师于襄陲之岁，夏祈之月，乙亥之日”，于省吾称此节是用战功以纪年，用祈礼以纪月。见于省吾《“鄂君启节”考释》，《考古》1963年第8期。

今日通行中华书局标点本《史记》以金陵书局刻本为底本。据张文虎《札记》，此版较各本有大修改，最主要处便是合并楚怀王所占“楚”之一行与最上“秦”之一行①。辛德勇考诸南宋绍兴初杭州刻本《史记·秦楚之际月表》在项羽分封十八诸侯时，最上一行最右一格为“义帝元年”，第二行最右一格为“诸侯尊怀王为义帝”，第三行最右一格为“项籍自立为西楚霸王”②。

表 1 南宋绍兴初杭州刻本《史记·秦楚之际月表》结构

帝系	三	徙都南郴 二	义帝元年
楚	都彭城 二	西楚王伯项籍始为天下主命，立十八王	诸侯尊怀王为义帝 九
项	都江都 二		项籍自立为西楚霸王 十七

注：最左一列为笔者所加，用以明晓各行意义。

只要对比《史记》其他诸表就能明白，表例往往以最上一栏作为帝王世系③，以明确纪年的意义④。中华书局标点本《史记》将第一、二行自“义帝元年”后合并，固然尊重了义帝作为帝系的法统，但是忽略了杭州刻本中项羽升格至“楚”一行，以霸王身份宰制天下的地位，因而便无法理解“楚”和“项”曾经各自发挥的纪年意义。

在此前的表文中，从上至下三行依次是“秦”“楚”“项”，而最初只

---

① 张文虎：《校刊史记集解索隐正义札记》卷二《秦楚之际月表》，中华书局，2012，第168页。

② 《史记》卷一六《秦楚之际月表》，文学古籍社，1955，第405页。此版《史记》为南宋绍兴初杭州刻十四行单附《集解》本，现藏国图，系杏雨书屋藏北宋刻本之覆刻本，相关考证参见尾崎康《以正史为中心的宋元版刻研究》，陈捷译，北京大学出版社，1993，第10~13页；张玉春《日本大阪杏雨书屋藏〈史记集解〉（残本）研究》，《史学史研究》2001年第3期。另一国图藏宋刻《史记》为宋绍兴淮南路转运司刻宋元明初递修本，此表格式与绍兴杭州刻本同，则宋刻本《史记》面貌应一致。辛德勇：《马王堆帛书“张楚”注记与〈史记·秦楚之际月表〉之尊汉、尊楚问题》，《出土文献》第六辑，中西书局，2015，第258~284页。

③ 《三代世表》以“帝王世国号”为第一行内容，《十二诸侯年表》和《六国年表》均以周作为第一个叙述的国家。《史记》卷一三、一四、一五，第488、512、687页。诸表中，以《三代世表》的借鉴价值最大，因为司马迁以上古帝王均为黄帝子孙，故三代世表中，既在“帝王世国号”一行表明帝位之传承，又在各帝王属中显示家族之绵延，与《秦楚之际月表》帝王身份转移，纪年主体变化有异曲同工之感。

④ 关于“项”和“楚”的区分，可参前揭辛文。辛文与本文关系密切，有兴趣读者可仔细参考，表格中第二行“王伯”辛文以为应作“主伯”，笔者以为原刻并不影响理解，无须改动。

有“秦”记为“二世元年”，“楚”和“项”只记月次，不书起元。书写起元也是历史上的大问题①。质言之，起元代表着正统，史书上记载谁的年号，以哪家帝王作为纪年标准，不仅是历史，更是政治②。《秦楚之际月表》虽然在秦二世元年至义帝元年间始终以秦朝纪年占据最上的帝系一行，但是在“楚”和“项”的部分，也并非没有表示：其一，“项”一行，在项梁起兵的第十一月，记下了“天大雨，三月不见星”；其二，“楚”一行，在楚怀王被项梁拥立后的第十三个月，记下了“二年一月”，从此改变了秦以下各家只序月数，不书年数的做法③。

记异，是史官记录的本职工作。《汉官仪》称汉代太史令“国有瑞应灾异，记之”④。汉代史料之前，更多的灾异记录则见于《春秋》与《竹书纪年》等文献⑤。刘知幾说“古之国史，闻异则书”⑥，参详周汉史实，似乎只有国家史官拥有这项权力。但是《秦楚之际月表》中又没有记载汉高祖到霸上时“五星聚于东井”的天象⑦，说明司马迁撰写此表时，很可能参考了源自项氏的文本。项氏记异既有自己的历史记录，无疑早以与秦分庭抗礼的面貌自居。

不过项氏之楚的正统性，似乎一直没有逾越怀王之楚。记录楚怀王的“二年一月”，自然表明了怀王之楚超乎一般诸侯之上。楚怀王立于秦二世二年六月，其二年一月是秦二世三年五月，因秦二世二年闰九月，所以怀王二年的开始距离他登上王位，正好经过了一年的时间。虽然怀王在位的绝对时间恰好是十二个月，但是根据秦的传统，并不以皇帝登基月份为计算起元之始，乃是人为规定十月作为起元的岁首，即法律意义上的新年。如此，《史记》只记录怀王的纪年，却并没有记录怀王的起元。值得注意的是，刘邦被封为汉王时，在汉的一行内记下了“正月”两个字。此月从

---

① 《十三经注疏·春秋公羊传注疏》，第 2196 页。

② 纪年的意义一直萦绕在古代史家心中，每每在众家建号，正朔不一时，采用哪个“标准时间”是记录历史的前提。这方面的典型代表是《三国志》和《资治通鉴》，历来多有学者讨论。建元的意义，可以参考辛德勇《建元与改元——西汉新莽年号研究》“重谈中国古代以年号纪年的启用时间”，中华书局，2013，第 2 ~ 7 页；徐冲《中古时代的历史书写与皇帝权力起源》单元一“起源”，上海古籍出版社，2012，第 1 ~ 65 页。

③ 《史记》卷一六《秦楚之际月表》，第 768 页、第 772 页。

④ 孙星衍等辑《汉官六种》，周天游点校，中华书局，1990，第 127 页。

⑤ 陈侃理：《儒学、数术与政治：灾异的政治文化史》，北京大学出版社，2015，第 11 ~ 13 页。

⑥ 刘知幾：《史通通释》卷三《书志》，浦起龙通释，上海古籍出版社，2009，第 58 页。

⑦ 《史记》卷二七《天官书》，第 1348 页。

秦历来说是自然年的一月，不过义帝一行只有一个“九”字，乃是承前标明本月是义帝二年九月。同列被分封的各家诸侯，在年表中都没有纪月的标识。再往下看，除了一些在项羽分封之前已经为诸侯的国家是连续纪月之外，项羽分封的多数诸侯在义帝元年三月时都是二月，当然到了满十二月后，各国也都开始记为“二年一月”①。如此一来，各国就都有独立纪年，但汉始终领先各国——包括项羽一个月，而始终与义帝的纪年同步。即便义帝在元年十月被项羽杀害，义帝的纪年通过汉的纪年依然延续。

怀王被项羽尊奉为义帝时不在关中而在彭城，因地域悬隔，所以过去以他名义所做的纪年仍然延续，这或许可以解释义帝元年时行内书“九”以纪月。楚制不以十月为岁首，则汉以外诸侯纪年均从一月开始也可以理解②。那么为何诸侯纪年均比义帝与汉晚一个月呢？根据《秦楚之际月表》，项羽自立为西楚霸王并且划定各国疆域在一月，而诸侯始封则到了二月③。司马迁正是利用或者制造了一个时间差，将汉的纪年向前提了一个月。相关做法应该也不是《史记》的首创，许是伴随着刘邦建立汉帝国的足迹同步完成的政治建构。

《秦楚之际月表》用上述方式表明汉王刘邦始终是义帝事业和法统的继承者和直接代表。“怀王之约”与为义帝报仇④，是刘邦攻击项羽的最主要政治资本，这一点在楚汉之际被涂抹甚厚，或许直接导致了相关历史记录的修改。

可是想要在历史记录中彻底否定项氏之楚也有难度，毕竟分封刘邦为汉王的是项羽，而且在反秦战争之初，刘邦依附于项氏。《秦楚之际月表》中各种纪年互相竞争反映了不同历史主体争夺记忆权力的胶着状态。首先，在反秦战争中，与秦二世并行纪年的是楚怀王，秦楚并大，代表了两种不同的正统。其次，项氏之楚也拥有自己的历史记录传统，怀王之楚的实质是项氏之楚，但是二者终究不同，且项氏尚未取得代替怀王的地位。灭秦之后，项氏之楚虽然成为“天下主命”，可纪年仍以义帝为尊。始终

---

① 《史记》卷一六《秦楚之际月表》，第 775 页、第 785 页。

② 《史记》卷八《高祖本纪》记载刘邦至霸上为“汉元年十月”乃是追书，但此举证明汉遵秦制以十月为岁首（第 362 页）。《秦楚之际月表》中汉之十月均作为岁首而标明改年之始，且一月均称为正月。从《月表》中各国均从一月改年来推测，楚制及其他各国并不以十月为岁首。

③ 《史记》卷一六《秦楚之际月表》，第 775 页、第 777 页。

④ 《史记》卷八《高祖本纪》，第 362 页、第 370 页。

坚持义帝纪年的是刘邦之汉，而非项羽之楚。

田余庆先生指出，《史记》在混乱中的不乱之处便是保证了楚法统的存在[①]。陈涉之楚、项氏之楚和怀王之楚中，只有项氏之楚贯穿整个反秦斗争始终，换言之项氏是楚的中坚力量。项梁击杀陈涉死后的楚王景驹而立怀王，表明项氏对楚的掌控力。从法统的角度而言，项氏是保证反秦之楚由平民王政回归贵族王政的关键[②]，有项氏方有怀王，这自然是当时人人自明的事情。项氏自立历史记录，应该是这段历史中体例最接近官方史记的文本。从纪年的角度来说，项氏或许早就有独立的纪年模式，不过是拥立怀王之后，将自己的历史记录让渡为怀王的历史记录罢了。项氏虽然和怀王争胜，其纪年被后来的汉所涂改降义帝与汉一格，但是项氏记异的情况又给出了历史本真的蛛丝马迹。

《项羽本纪》的设立，既与项氏法统有关，也与项氏纪年有关，虽然项氏始终不曾在《秦楚之际月表》中获得帝系的位置[③]，但是他们作为反秦斗争中唯一一支贯穿始终的楚国法统的代表，以及他们保有的纪年传统，使得项氏获得了无论怎样掩盖，也不能被取代的地位。或许因无法调和这种矛盾，司马迁选择在《秦楚之际月表》部分形式上尊重怀王或者义帝之楚，而在本纪部分事实上尊重项氏之楚。因为本纪标识的是帝王世系，如果在本纪中从陈涉写到怀王，则无法绕过被项梁击杀的景驹——他应该不被楚国法统所承认。与其面对这样的困境，不如直接将项氏作为楚帝系的实际代表，使之扮演起秦汉之间的历史过渡角色。

结　论

白寿彝先生的《史记》研究工作主要集中在20世纪六七十年代，虽然距今又隔了半个多世纪，读来却仍给人以启发。他将唯物史观与传统历史考证相结合，在挖掘史学遗产的基础上提出新的问题，其意义已经超出了《史记》研究本身。如果要从白先生的相关努力中汲取些经验，可以总结为以下三点。

---

① 田余庆：《说张楚——关于“亡秦必楚”问题的探讨》，《秦汉魏晋史探微》（重订本），中华书局，2011，第3页。

② 李开元：《汉帝国的建立与刘邦集团：军功受益阶层研究》，生活·读书·新知三联书店，2000，第78～82页。

③ 中华书局标点本之改动不在此列，笔者从宋本之旧。

第一，立足于历史考证的理论思辨，以理论思辨反顾历史考证。倘若白先生不能对先秦至汉武帝时代的历史有比较准确的认识，便不能由此生发出贯通性的历史观点。倘若白先生不能存有唯物辩证的理论，也很难发现先秦至汉代的历史变革的意义，也谈不上把握“通古今之变”的实质①。

第二，吸收史学遗产的积极要素，又不拘泥于前人逻辑的限制。白先生重视前人证史考史论史评史的成绩，但又能别出心裁，不落窠臼。此固是受过现代历史学训练所致，又应与他广泛阅读原始文献密不可分。今日重提尊重史学遗产，不能不强调大量阅读与原典细读的意义。

第三，以更开阔的视野考察史学史，扩大史学史的研究园地。白先生在史学史研究领域的成绩往往源于他在历史学其他领域的工作。以治政治史、民族史、文化史、文献学的眼界来治史学史，以史学史的视角来审视历史学的其他分支，是白先生做学问的长处。唯其观点灵活，变动不居，故能左右逢源，见人所未见，发人所未发。

学术进步仰赖于学术史的整理与经典文献的细读。总结白寿彝先生的学术成绩，其目的是站在巨人的肩膀上登高望远。重新回顾白先生的《史记》研究，其意义则是启发更加深入的《史记》考索。可以相信，不同时代、不同背景与不同见解的学者，都可以从白先生的《史记》研究中有所收获。

① 白先生的理论素养与中国历史研究的结合，参见白寿彝主编《中国通史》，上海人民出版社，1989，导论。

新时代中国特色历史学
基本理论问题研究

说创造性转化与创新性发展*

——关于历史学学术体系构建的一点思考

瞿林东

（北京师范大学历史学院、史学理论与史学史研究中心，北京　100875）

摘　要：创造性转化与创新性发展，是构建新时代中国特色历史学学科体系、学术体系、话语体系中的关键步骤之一。这一方法论的本质要求，是激活史学遗产中那些优秀部分，使其融入当今史学之中，获得新的生命力，为丰富和推动史学发展而发挥积极作用。这是当今史学工作者面临的一个新问题。为了探索这一关键性步骤和方法论的本质要求，本文以“重民”思想和读史“明道”为例，分别从历史理论层面和史学理论层面，作一点粗浅的说明，借以和史学界同行共同讨论，推进这一重要学术步骤的深入发展。

关键词：创造性转化　创新性发展　重民思想　读史明道

一　面临的一个新问题

构建新时代中国特色历史学学科体系、学术体系、话语体系，是构建中国特色哲学社会科学体系的一个重要方面。而中国特色哲学社会科学发

* 本文系国家社科基金“加快构建中国特色哲学社会科学学科体系学术体系话语体系”重大专项项目“新时代中国特色历史学基本理论问题研究”（项目号：18VXK006）的阶段性成果。

展的总目标要体现三个特点：一是继承性、民族性，二是原创性、时代性，三是系统系、专业性。[①] 这表明，哲学社会科学各学科，首先必须在继承性、民族性方面有所作为，因为这是“中国特色”的基本要求和主要标志。

对于历史学来说，这是面临着在新时代如何把史学遗产纳入学科体系、学术体系、话语体系建设的重大问题。运用马克思主义的立场、观点和方法批判继承文化遗产，我们讲了很多年了，也在很大程度上推动了教学和科研的发展。但是，自觉地把“遗产”纳入当今的学科体系的构建中来思考、研究，确是面临的一个新问题。

习近平主席的《在哲学社会科学工作座谈会上的讲话》指出：

> 中华文明延续着我们国家和民族的精神血脉，既需要薪火相传、代代守护，也需要与时俱进、推陈出新。要加强对中华优秀传统文化的挖掘和阐发，使中华民族最基本的文化基因与当代文化相适应、与现代社会相协调，把跨越时空、超越国界、富有永恒魅力、具有当代价值的文化精神弘扬起来。要推动中华文明创造性转化、创新性发展，激活其生命力，让中华文明同各国人民创造的多彩文明一道，为人类提供正确精神指引。[②]

这段论述表明：从重要性来看，中化文明延续着我们国家和民族的精神血脉；从研究工作来看，要挖掘和阐发中华优秀传统文化中的积极成果，使其与现代社会相协调；从方法论来看，要推动中华文明创造性转化、创新性发展而使其焕发出新的生命力。本着这样的认识，史学工作者必将自觉地把研究史学遗产同当今学科建设密切结合起来。一般说来，这种结合至少要经历三个实际步骤：第一，有系统地梳理史学遗产的存在状况；第二，从梳理过程中发现那些与当今历史学学科建设有密切关系的概念与观念及相关成果；第三，尝试着对这些概念与观念及相关成果作创造性转化与创新性发展，使其融入当今历史学学科建设中来获得新的生命力，并推动当今史学的发展。

上述三个步骤中的前两个步骤，史学界同行做了不少工作，笔者在有关论述中也讲到过一些。而关于第三个步骤，是我们面临的一个新问题，

---

① 习近平：《在哲学社会科学工作座谈会上的讲话》，《人民日报》2016 年 5 月 19 日。
② 习近平：《在哲学社会科学工作座谈会上的讲话》，《人民日报》2016 年 5 月 19 日。

需要进行新的探索。

二 关于历史理论方面的思考

对史学遗产中的优秀成果作创造性转化，是否可以作这样的理解：一是要讲清楚某一观念或某一成果所产生的历史时代与社会环境；二是要指出这一观念或成果在何种意义上可以融入当今历史学学科建设。

这里，先从历史理论方面作一点说明。《古文尚书》的《五子之歌》篇有“民惟邦本，本固邦宁”① 的说法，大意是把本（即民）稳固了，邦（指国家）才可能安宁，而人君则是这里的主体。这里，就《五子之歌》所说“民惟邦本，本固邦宁”的观念来看，是关于君、民、邦三者之间的关系：君是统治者，为了“邦”的安宁，首先要“民”稳定好。其意托名“太康失邦”，“述大禹之戒以作歌”② 等说法，后人多有异议，但其关于君、民、邦三者关系的观念，尤其是“民”的重要性，多为后人所关注。在这个观念中，“民”不是主体，君为维护“邦”的安宁而必须使“民”得以稳固而不乱。尽管如此，“民”的重要性还是凸显出来了。

在先秦思想家的论著中，这种“重民”的思想也很突出，《孟子·尽心下》这样说：“民为贵，社稷次之，君为轻。”③ 这里也是讲到君、社稷（国家）、民三者的关系，但“民”排在首位，“君”放在最后。显然，在孟子看来，三者之中，“民”是最重要的。这种“重民”思想，在司马迁《史记》及其以后的历史著作中，也多有反映，司马光的《资治通鉴》是具有代表性的著作之一。司马光在《进书表》中写道：《资治通鉴》“专取关国家盛衰，系生民休戚，善可为法，恶可为戒者，为编年一书”④。这一撰述主旨，是司马光的撰述思想的集中表述。在这里，接受《资治通鉴》的宋神宗及其统治集团为主体，而“国家盛衰”“生民休戚”是同等重要的两件大事。宋代是中国古代史学继魏晋南北朝隋唐史学发展之后继续发展时期，其达到的成就多为近人所称许。在这种学术背景下，司马光从纷繁复杂的史事中，极其鲜明地突出“国家盛衰”“生民休戚”两个重大的、根本性的问题，反映了这位史学家的深邃的历史眼光。

① 《尚书·五子之歌》，《十三经注疏》本，中华书局，1980，第156页。

② 《尚书·五子之歌》，《十三经注疏》本，中华书局，1980，第156页。

③ 杨伯峻编著本《孟子·尽心下》，中华书局，1958，第328页。

④ 司马光：《进书表》，见《资治通鉴》附录，中华书局，1956，第9607页。

类似这样的观念，在中国史学上还可以举出一些。这表明，在中国历史上，“重民”思想是有久远的传统的。尽管它产生于不同的历史时期，也有不同的表述形式，但“重民”始终占有重要的位置。不过我们也应当看到，在以往的历史上，不论是把“民”置于最重要的位置，还是把“民”视为“国本”，以及把“民”之休戚看作与“国家盛衰”同等重要之事，其中有一个政治前提也是始终存在的，即“民”是人君、君主、皇帝维护其政治统治的施政方针之一。在这种历史条件下，“重民”思想本身必然带有避免不了的历史局限性。

对“重民”思想这一历史理论方面的珍贵遗产实行创造性转化，是有条件的。这个条件就是：近代以来马克思主义传入中国，人们运用马克思主义唯物史观观察历史、研究历史并联系现实的历史运动，进而对人民在历史上的地位和人民群众创造历史的伟大作用，提出本质上的认识。1944年9月，毛泽东同志在《为人民服务》这篇著名的文章中，阐述了中国共产党为人民服务的政治观、历史观。指出：“我们的共产党和共产党所领导的八路军、新四军，是革命的队伍。我们这个队伍完全是为着解放人民的，是彻底地为人民的利益工作的。”“因为我们是为人民服务的，所以，我们如果有缺点，就不怕别人批评指出。”① 毛泽东在抗日战争胜利前夕的1945年4月所作的《论联合政府》中有这样的论断：“人民，只有人民，才是创造世界历史的动力。”② 这一论断，反映了中国共产党人运用马克思主义唯物史观从本质概括了人民群众的历史地位。1945年5月，毛泽东进而指出：“群众是从实践中来选择他们的领导工具、他们的领导者。被选的人，如果自以为了不得，不是自觉地作工具，而以为‘我是何等人物’！那就错了。我们党要使人民胜利，就要当工具，自觉地当工具。”他进而强调说：“这是唯物主义的历史观。”③ 毛泽东在一个月中间两次论述人民的作用和地位，并说这种观念是“唯物主义的历史观”，从而划清了与历史上“重民”思想的界限，确立了中国马克思主义的人民观。这表明，中国马克思主义的人民观，视人民为历史的主人，这既是传统的“重民”思想转化的条件，也是其转化的归宿。可以认为，在新的历史条件下，我们运用马克思主义人民观为武器，驱除笼罩在传统“重民”思想四周的“人

---

① 毛泽东：《为人民服务》，《毛泽东选集》第三卷，人民出版社，1991，第1004页。

② 毛泽东：《论联合政府》，《毛泽东选集》第三卷，人民出版社，1991，第1031页。

③ 毛泽东：《第七届中央委员会的选举方针》，《毛泽东文集》第三卷，人民出版社，1996，第373～374页。

君”“君主”“皇帝”的神圣光环，使其获得新生，从而丰富了中国马克思主义人民观的历史内涵。

历史的发展总是在推动着理论的发展。新中国的成立，中国人民成了国家的主人，随着社会主义建设事业前进的步伐和改革开放事业的不断扩大和深入，中国历史迈入新时代，“人民”这个伟大的名称在中国这块辽阔的、生机勃勃的土地上，再一次升华，获得更深刻、更庄严的含义。习近平在党的十九大报告中论述“新时代中国特色社会主义思想和基本方略”时指出：“必须坚持以人民为中心的发展思想”“坚持以人民为中心。人民是历史的创造者，是决定党和国家前途命运的根本力量。必须坚持人民主体地位，坚持立党为公、执政为民，践行全心全意为人民服务的根本宗旨，把党的群众路线贯彻到治国理政全部活动之中，把人民对美好生活的向往作为奋斗目标，依靠人民创造历史伟业。”① 这是当代马克思主义人民观的最新表述，是对马克思主义唯物史观的一个新发展。

当我们把问题提到当代认识的新高度时，才有可能进一步讨论和践行对史学遗产作“创新性发展”的问题。这是因为：第一，“创造性发展”，首先是明确发展的方向。所谓“方向”，一是正确性，二是时代性，把握住这两条，可以说是明确了发展方向。第二，在以人民为中心的发展思想指导下，对史学遗产中的某个命题、某种观念或某一论著作新的解说，从不同的方面对这一发展思想进行阐述，使其内涵更加丰富。如以人民为中心的发展思想表明，人民是历史进程诸因素中最重要的因素，人民的利益同国家的利益是完全一致的，从国家层面来说人民乃是国家之本，等等。是否可以认为，这是从一个方面体现了历史学学术体系构建中的继承性与民族性特点。

三 关于史学理论方面的思考

上文是从历史理论方面举例说明，这里再从史学理论方面举例说明。历史理论是人们关于客观历史运动的认识，与此不同的是，史学理论是人们关于史学这门知识或这门学科的认识，二者研究对象不同但又存在密切的联系。

---

① 习近平：《决胜全面建成小康社会 夺取新时代中国特色社会主义伟大胜利——在中国共产党第十九次全国代表大会上的报告》，《人民日报》2017 年 10 月 28 日。

中国史学遗产中蕴含着丰富的史学理论遗产。二十多年前，我们承担了《中华大典》的《历史典·史学理论与史学史分典》的编纂工作。在“史学理论总部”中，我们划分了史学功用部、史家修养部、史学方法部和史学批评部，而于各部中又各划分若干子目。应当说，这种划分是带有探索性的，比如，“史学功用部”分为史学与蓄德、史学与彰往察来、史学与惩劝、史学与资治、史学与经世、史学与明道、史学与历史等七目。其实，其中蓄德与惩劝相近，彰往察来与明道相近，资治与经世相近，这种细分只是为了便于编次罢了。

以史学理论遗产为例，我们怎么认识和践行创造性转化和创新性发展呢？就以“史学功用”来说，它所涉及的内容非常广泛，历史上这方面的名言、佳句所反映出来的观念亦时有所见。如唐太宗明确表示，“览前王之得失，为在身之龟鉴”①，“大矣哉，盖史籍之为用也”②；刘知幾指出：“史之为用，其利甚博，乃生人之急务，为国家之要道”；③ 杜佑更是明确宣示：“所纂《通典》，实采群言，征诸人事，将施有政”；④ 顾炎武引用唐人殷侑建议科举考试增设“三史”科及“三传”科之事，认为明朝“若能以此法举之，十年之间，可得通达政体之士，未必无益于国家也”⑤。王夫之进而把问题说得更为具体、明白：“盖尝论之，史之为书，见诸行事之征也。则必推之而可行，战而克，守而固，行法而民以为便，进谏而君听以从，无取于似仁似义之浮谈，只以致悔吝而无成者也。则智有所尚，谋有所详，人情有所必近，时势有所必因，以成与得为期，而败与失为戒，所固然矣。”⑥ 这一段话，对史学功用做了极好的概括。

显然，对于上述这些思想遗产，确有必要作创造性转化和创新性发展，激活其新的生命力，在当今史学发展中发挥作用。白寿彝先生在20世纪60年代至80年代，一方面谈史学遗产，一方面谈历史教育，而他的历史教育思想蕴含着一种庄严的使命意识，他的许多论述，实质上就是自觉或不自觉地在做着转化与发展工作。⑦ 今天，我们更应该高度自觉地把转

---

① 王钦若等：《册府元龟》卷554《国史部·恩奖》，中华书局，1960，第6657页。

② 唐太宗：《修晋书诏》，见宋敏求编《唐大诏令集》卷81，中华书局，2008，第467页。

③ 刘知幾：《史通·史官建置》，上海古籍出版社，2009，第281页。

④ 杜佑：《通典》，中华书局，1988，书首自序第1页。

⑤ 顾炎武：《日知录》卷16“史学”条，黄汝成集释本，岳麓书社，1994，第597～598页。

⑥ 王夫之：《读通鉴论·叙论三》，中华书局，1975，第1110页。

⑦ 参见瞿林东《史学工作者的光荣职责——白寿彝历史教育思想的使命意识》，《光明日报》2020年3月25日。

化和发展的工作做好。

这里，我们举史学功用部的一个方面即史学与明道的关系，略作分析。历代史家与学人，多有论述史学对于人们明“道”的作用和意义，重在强调史学对于人们的思想、观念、主张的影响。“道”是中国思想史上含义最复杂的概念之一。《老子》称：“有物混成，先天地生，寂兮寥兮，独立而不改，周行而不殆，可以为天地母。吾不知其名，字之曰道。”[①] 这是把“道”视为万物之本原。孔子说：“道不同，不相为谋。”[②] 显然，这里说的“道”是政治主张的意思。孟子则这样说：“得道者多助，失道者寡助。”[③] 孟子是在讲“天时不如地利，地利不如人和”时说这番话的，有学者把这里的“道”解释为孟子主张的“仁政”，意谓好的治国主张。孟子还说过：“仁也者，人也。合而言之，道也。”[④] 这同上文讲“人和”是有联系的。介于《老子》和孔孟之间的一种观点，认为：“道者，万物之所然也，万理之所稽也。”[⑤] 这表明，“道”是万事万物生成变化的法则，是无数事物生成变化的依据。关于道，还有其他一些观点，上述三种观点是比较重要的，尤其是后两种观点在史学上比较常见，应是我们关注的重点。

司马迁在《史记·太史公自序》中不止一次地讲到“道”。他在回答上大夫壶遂的问题时，说道：“夫《春秋》，上明三王之道，下辨人事之际。”他在提到孔子、屈原、左丘明、孙子、吕不韦、韩非各有著作以及“《诗》三百篇”时，认为这是“贤圣发愤之所为作也。此人皆有所郁结，不得通其道也，故述往事，思来者”[⑥]。这里说的“三王之道”，是“三王”治理社会的主张；而“不得通其道”的“道”，当是指人的社会思想或学术见解，二者有一定的相近之处。

宋代思想家、史学批评家叶适认为：“明于道者，有是非而无古今。至学之则不然，不深于古，无以见后；不监于后，无以明前：古今并策，道可复兴，圣人之志也。卓然谓王政可行者，孟子也；晓然见后世可为

① 《老子·二十五章》，《诸子集成》本，中华书局，1954，第14页。
② 《论语·卫灵公》，杨伯峻译注本，中华书局，1958，第177页。
③ 《孟子·公孙丑下》，杨伯峻译注本，中华书局，1960，第87页。
④ 《孟子·尽心下》，杨伯峻译注本，中华书局，1960，第329页。
⑤ 韩非：《韩非子·解老》，《诸子集成》本，中华书局，1954，第107页。
⑥ 司马迁：《史记》卷130《太史公自序》，中华书局，1959，第3297、3300页。

者，荀卿也。然言之易者行之难，不可不审也。”① 在笔者看来，叶适讲的前一个“道”贯通古今，指的是法则；后一个“道”指的是“圣人之志”，指的是治理社会的主张及其践行。清代思想家、史评家龚自珍极看重史学，多有这方面的评论，他在史评文章《尊史》中指出，史者之尊在于深于史而明察社会、国家，最后写道：“尊之之所归宿如何？曰：乃又有所大出入焉。何者大出入？曰：出乎史，入乎道，欲知大道，必先为史。此非我所闻，乃刘向、班固之所闻。向、固有征乎？我征之曰：古有柱下史老聃，卒为道家大宗。我无征也欤哉？”② 龚自珍提到刘向、班固，其实他比刘向、班固所论要深刻得多。他又归结到老聃，但他并非在讨论万物之本原，也不是在讨论韩非所说的“万物之所然也”。从《尊史》全文来看，龚自珍正是说的史学及其与社会之所然也的问题，即其中的法则、规律，人们为了认识这一法则、规律，首先必须研究和认识历史。从这个意义上说，《尊史》这篇短文，是一篇阐述历史哲学的大文章。

自司马迁以后尤其是两宋以后，许多史家和学人都谈到史学与明道的关系，反映了这方面的思想遗产是很丰富的。因此，我们在运用唯物史观考察它们产生的时代条件及其本来意义的基础上，对它们作创造性转化和创新性发展，也就有了更多的条件和更大的空间。在现代汉语中，“道”可以作为方向、方法、道理来理解，这同孔子、司马迁说的“道”比较相近，就是同孟子说的“道”有“仁政”或“仁”的含义（“得道多助，失道寡助”），也相去不远。毛泽东曾在1970年发表了著名的《全世界人民团结起来，打败美国侵略者及其一切走狗》（“5·20声明”），其中就引了“得道多助，失道寡助”这句名言③，给我们作“转化”“创新”工作以深刻的启示。

如前所述，古代史家与学人所言之“道”，往往带有后人所言法则、规律的含义，毛泽东在讲到认识规律的方法论时，同样给予我们极大的启示。他指出：“规律自身不能说明自身。规律存在于历史发展的过程中。应当从历史发展过程的分析中来发现和证明规律。不从历史发展过程的分析下手，规律是说不清楚的。”④ 这一论述，深刻地揭示认识历史发展过程

① 叶适：《习学记言序目》卷19《史记一》，中华书局，1977，第269~270页。

② 龚自珍：《龚自珍全集》第一辑《尊史》，上海古籍出版社，1975，第81页。

③ 参见毛泽东《毛泽东外交文选》，中央文献出版社、世界知识出版社，1994，第586页。

④ 毛泽东：《读苏联〈政治经济学教科书〉的谈话（节选）》，《毛泽东文集》第八卷，人民出版社，1999，第106页。

对于认识规律的关键作用。显然，运用这一方法论来看待史学上的“史学与明道”的种种说法，也就有了明确的方向并对其作“创造性转化”与“创新性发展”，进一步丰富当代史学理论的内涵。举例来说，龚自珍的“欲知大道，必先为史”的名言，由此而被激活获得新的生命力。

* * *

新时代中国特色历史学基本理论问题研究是一项重要的学术工程，需要史学界同仁共同致力于此，才能有所建树。这一学术工程首先要体现继承性、民族性，这是由工程的性质所决定的。而继承性、民族性的关键所在，在于对学术遗产中的优秀部分作创造性转化和创新性发展。在马克思主义唯物史观的指导下，做到并做好这方面的工作，一是要了解学术遗产的面貌，二是要对当前学术发展态势有较全面的认识，三是要对学术前景有所判断。这不是一个人的能力所能达到的，需要集体的努力和团队精神。这篇短文只是把问题提出来，用举例的方法作粗浅的说明，希望能够起到抛砖引玉的作用，经过大家共同努力，完成这一重要的学术工程。

人类命运共同体理念的中国历史底蕴*

李　珍

（中央党史和文献研究院，北京　100080）

摘　要：人类命运共同体所包含的普遍性价值理念，很大程度上来自中国悠久的历史传统，体现出鲜明的中国特色与中国风格。探讨研究历史发展大势，是中国古代史学的优良传统，也是提出人类命运共同体理念的认识基础。世界大同、天下一家的中国古代政治理想，与人类命运共同体气息相通，体现了中国将自身发展与世界发展相统一的全球视野、世界胸怀和大国担当。以和为贵、不畏强暴的辩证和平观，为在推动构建人类命运共同体时站稳立场，处理好人类共同利益和维护我国核心利益的关系，提供了思想依据。和而不同、兼容并包的传统智慧，为推动构建人类命运共同体，维护文明多样性，建设“美人之美，美美与共”的和谐世界，提供了基本原则和基本路径。

关键词：人类命运共同体　天下为公　以和为贵　和而不同

推动构建人类命运共同体，是新时代中国特色大国外交的总目标。自2012年11月，党的十八大报告首次提出要倡导人类命运共同体意识以来，这一倡议已被多次写入联合国文件，正在从理念转化为行动，成为中国引领时代潮流和人类文明进步方向的鲜明旗帜。当前，全球联动的抗疫合作，更突出彰显了这一理念的世界意义，充分说明了它在解读现实、指导

*　本文系国家社科基金“加快构建中国特色哲学社会科学学科体系学术体系话语体系”重大专项项目“新时代中国特色历史学基本理论问题研究”（项目号：18VXK006）的阶段性成果。

实践方面的强大生命力。

由一个非西方的社会主义国家所提出的全球治理理念，如此迅速地获得广泛而深远的国际认同，是不同寻常的。究其原因，这一理念所包含的普遍性价值追求，以及以“一带一路”为基本架构的强有力的现实支撑，可以说分别是理论与实践两方面的重要因素。而其中的普遍性价值理念，从其思想底蕴和思想渊源来看，很大程度上来自我国悠久的历史传统，体现出鲜明的中国特色与中国风格。这一客观事实，为新时代中国史学研究提出了崭新课题。学习习近平总书记深刻思考人类前途命运、中国和世界发展规律的立场观点方法，深入挖掘、科学阐释人类命运共同体的中国历史底蕴及其作用，是史学工作者的历史职责，也是理解、宣传、践行这一理念的必要前提。本文试对其中的荦荦大者作一概括，以就教于方家。

一　善观大势，顺势而为

观大势，谋大局，是习近平总书记反复强调的思想方法和工作方法。他指出：“认识世界发展大势，跟上时代潮流，是一个极为重要并且常做常新的课题”，“要树立世界眼光、把握时代脉搏，要把当今世界的风云变幻看准、看清、看透，从林林总总的表象中发现本质，尤其要认清长远趋势”①。对于人类命运共同体的提出与实践而言，尤其需要以对世界大势的准确判断为前提。2014 年 11 月 17 日，习近平总书记在澳大利亚联邦议会上发表讲话时明确提出，“当今世界的潮流只有一个，那就是和平、发展、合作、共赢。历史和现实都证明，顺潮流者昌，逆潮流者亡”②。这个基本判断，紧紧抓住了人类社会普遍关注的“最大公约数”，抓住了国际治理体系变革的方向与潮流，是构建人类命运共同体的倡议“一呼百应”的认识基础。

所谓“势”，一方面，指历史发展的客观趋势、走向。它由各种主客观因素综合推动形成，一旦形成就独立于人的主观愿望之外，成为影响历史进程的关键因素之一。另一方面，又是中国史家探讨历史发展动因和变化规律的重要理论范畴，是他们观察、分析、总结历史现象的基本概念之

① 习近平：《在中央外事工作会议上的讲话》，《人民日报》2014 年 11 月 30 日。

② 习近平：《携手追寻中澳发展梦想 并肩实现地区繁荣稳定——在澳大利亚联邦议会的演讲》，《人民日报》2014 年 11 月 18 日。

一。对历史大势的研究与探讨，是贯穿中国古代史学的优良传统，对中国人的历史思维、历史意识的形成发展，都有着深远影响。

早在先秦时期，孟子就提出了与人的主观愿望相对应的“时”的概念，以说明政治兴亡之故。荀子则进一步提出形、势、情三个相互关联的范畴，更为具体地探讨历史上的成败得失。司马迁撰著《史记》，就“物盛则衰，一质一文”现象的反复出现，提出了“事势之流，相激使然”[①]的认识，反映出从总体上、从变化中看待社会历史发展的突出特点，“势”从此具有了更为突出的理论色彩，朝着历史规律的方向前进了一步。其后两千年，史家们围绕治乱兴替、分封建制等问题反复争论，对“时”与“势”的理解，变得更为丰富与辩证。至唐代，柳宗元《封建论》出，把“势”作为推究人类起源、制度初创过程的一般概念，从而赋予其以历史理论的明确含义。沿着这样的思路，宋元史家对“势”的讨论进一步发展，对“势”与“人”、“势”与“时”的关系的探讨继续深入。宋人曾巩、范祖禹、苏轼，元人郝经，都各有阐发。在这些基础之上，清代王夫之提出“势”是“理”的形式，“理”是“势”的本质的辩证认识，在更高层次上对历史变化原因做出概括，使中国史家认识历史和评论史学的理论与方法达到了新的高度。[②]

从上述粗略梳理可知，中国古代史家提出、阐释“势”，虽然总体上并没有脱离“未尝离事而言理”[③]的基本思路，但在他们的观念中，对于“势”的客观存在及其重要作用，却始终有着十分清晰的认知。

近代以来，随着西方理论的传入，以及现实社会运动的迫切需要，“大势所至”不断被用来作为倡导变革、推动维新的思想理论依据。至民主革命时期，资产阶级革命家的眼光已经由中国扩展至世界，提出了“内审中国之情势，外察世界之潮流”，“兼收众长，益以新创”[④]的历史任务。孙中山先生说，“世界潮流，浩浩荡荡，顺之则昌，逆之则亡”。这里的“潮流”，就是资产阶级民主革命的世界大势，就是历史发展不可逆转的客观走向。

马克思主义传入以后，唯物史观成为中国先进分子观察世界的基本方法。毛泽东在《湘江评论》创刊宣言中说：“世界的大潮卷得更急了！洞

① 《史记》卷三十《平准书》。

② 参见瞿林东《中国古代史学批评纵横》，北京师范大学出版社，2017，第69~74页。

③ 章学诚：《文史通义》卷一《易教上》。

④ 《孙中山全集》第7卷，中华书局，1985，第1页。

庭湖的闸门动了，且开了！浩浩荡荡的新思潮业已奔腾澎湃于湘江两岸了！顺他的生。逆他的死。”① 这个“大潮”，是以“思想的解放，政治的解放，经济的解放，男女的解放，教育的解放”② 为代表的民族解放运动。正是在这个“大潮”召唤之下，无数革命先辈前赴后继，舍生忘死，承担起民族复兴的历史重任。中国共产党在成立后的近百年中，历经新民主主义革命、社会主义革命和建设、改革开放、新时代各个历史阶段，也正是有了对历史大势的科学把握，做到了顺势而为，借势而行，才能够遭受无数艰难险阻却始终百折不挠，从胜利走向新的胜利。

进入新世纪，世界发生了一系列影响全局的深刻变化。冷战结束、新科技革命兴起，世界多极化、经济全球化、社会信息化、文化多样化深入发展，都使得国际体系进入加速演变和深度调整时期，出现了“百年未有之大变局”。变局意味着机遇，也意味着风险，人类社会又一次站在了十字路口。对于这个变局，究竟应该怎么看？战争与冲突、和平与发展，究竟哪一个是未来世界图景的主要方面和可能前途？

习近平总书记立足于经济全球化的客观现实，运用马克思主义的世界历史理论，指出了当今世界相互联系的两个基本特征：一是人类交往的世界性比之过去任何时候都更深入、更广泛，各国相互联系和彼此依存比过去任何时候都更频繁、更紧密；二是全球发展的深层次矛盾日益突出。霸权主义、强权政治依然存在，保护主义、单边主义不断抬头，战乱恐袭、饥荒疫情此伏彼现，传统安全和非传统安全问题复杂交织。治理赤字、信任赤字、和平赤字、发展赤字，成为摆在全人类面前的严峻挑战。

这样的客观条件，使构建人类命运共同体具备了必要前提和现实可能。在当代，不论人们身处何国、信仰如何、是否愿意，实际上已经处在一个命运共同体中。“世界各国人民前途命运越来越紧密地联系在一起”③ 的事实，意味着人类正向着经典作家所言“自由人联合体”，即“真正的共同体”的方向迈进，这充分印证了马克思、恩格斯在《共产党宣言》中所做的科学预见。与此同时，应对全球增长、治理、发展模式所带来的一系列严重问题的需要，也使更大范围、更深层次的合作协同成为人类的必然选择，“没有哪个国家能够独自应对人类面临的各种挑战，也没有哪个国

① 《毛泽东早期文稿》，湖南人民出版社，2008，第 272 页。

② 《毛泽东早期文稿》，湖南人民出版社，2008，第 359 页。

③ 习近平：《携手建设更加美好的世界》，《论坚持推动构建人类命运共同体》，中央文献出版社，2018，第 509 页。

家能够退回到自我封闭的孤岛"[①]。显然，顺应时代发展潮流，开展全球性协作，更符合中国人民的总体利益，也更符合大多数国家和人民的共同期盼。

这些分析，说明了推动构建人类命运共同体所必需的主客观前提条件，也说明了当今世界大势形成发展的主要动力和具体表现。有了对这个大势的深刻洞察，我们就可以坚定地说，和平与发展的时代主题没有变化。只要审时度势，应对得当，经过不懈努力，人类可以避免"恶性竞争甚至兵戎相见"[②] 的灾难性危机，共同建设"持久和平、普遍安全、共同繁荣、开放包容、清洁美丽的世界"[③]，开创美好未来。

二 世界大同，天下一家

"为世界谋大同"[④]，是习近平总书记对构建人类命运共同体的初衷和目的的高度概括。2017 年，他在新年贺词中向全世界阐释了中国的"大同"主张："中国人历来主张'世界大同，天下一家'。中国人民不仅希望自己过得好，也希望各国人民过得好。……我真诚希望，国际社会携起手来，秉持人类命运共同体的理念，把我们这个星球建设得更加和平、更加繁荣。"[⑤] 世界大同，天下一家，是中国古人对理想社会的描述。习近平总书记用在这里，生动展现了中国致力于为世界和平发展做出更大贡献的崇高目标，体现了中国将自身发展与世界发展相统一的全球视野、世界胸怀和大国担当。

从文献记载来看，《礼记·礼运》最早描述了以"大道之行也，天下为公"为基本特征的"大同"理想。在这个理想社会中，没有等级差别，没有剥削压迫，人人平等，和睦相处，各安其分，各有所得。今天看来，这样的设想无疑有其局限性。它没有看到生产力发展与贫富差距、阶级分化之间的必然联系，更多地反映了从伦理角度出发，对以往原始社会的怀念和追恋。尽管如此，由于超越了所有制、阶级、国家界限，反映了人们对美好生活的普遍渴求，加之儒家思想独尊地位的确立，"大同"理想很

① 习近平：《决胜全面建成小康社会 夺取新时代中国特色社会主义伟大胜利——在中国共产党第十九次全国代表大会上的报告》，《人民日报》2017 年 10 月 28 日。

② 习近平：《携手建设更加美好的世界——在中国共产党与世界政党高层对话会上的主旨讲话》，《人民日报》（海外版）2017 年 12 月 2 日。

③ 习近平：《决胜全面建成小康社会 夺取新时代中国特色社会主义伟大胜利 ——在中国共产党第十九次全国代表大会上的报告》，《人民日报》2017 年 10 月 28 日。

④ 《习近平会见联合国秘书长古特雷斯》，《人民日报》2018 年 4 月 9 日。

⑤ 《国家主席习近平发表二〇一七年新年贺词》，《人民日报》2017 年 1 月 1 日。

快就被接受，在古代中国政治生活中产生了深远影响。这种政治目标与儒家道德观念结合起来，在国家层面表现为对王道政治的褒扬与追求，在个人层面则表现为对“天下”事务的强烈责任感与使命感。两千多年来，这两者深深融入中国人的政治理念，成为其进行政治统治、社会革新的基本价值指引。

近代以来，在各种思潮涌入、封建制度遭到激烈批判的背景下，大同思想中的积极因素依然对现实政治运动发挥着重要作用。它在不同程度上吸收了西方的自由、平等、博爱观念，成为时人力图改造社会、除旧布新的理论支撑。《天朝田亩制度》描绘了理想天国“无处不均匀，无人不饱暖”的美好场景。康有为的《大同书》则提出了“无邦国，无帝王，人人相亲，人人平等，天下为公”[①] 的建设目标。资产阶级民主革命的先行者孙中山，同样拥有一个充满道德色彩的大同理想：“用固有的道德和平做基础，去统一世界，成一个大同之治，这便是我们四万万人的大责任”[②]，“我五大种族……若能扩充其自由、平等、博爱之主义于世界人类，则大同盛轨，岂难致乎？”[③]

与古代先哲一样，近代思想家、政治家们的大同理想，也脱离了具体环境和具体条件，从而难免落入“乌托邦”式的空想。但其中所包含的公正、公平、和谐的理念和精神，也与古人一脉相承，体现了对真理的执着探索和不懈追求，与马克思主义所揭示的人类社会发展的最高阶段有很多相通之处，值得我们继承和弘扬。

正因为如此，中国人在接受了马克思主义之后，依然使用“大同”一词来指称人类社会发展的最高目标。毛泽东在青年时期，就曾借用“四海之内皆兄弟”这一古语，说社会主义“就是四海同胞主义，就是愿意自己好也愿意别人好的主义”[④]。后来，他更明确地指出，“对于共产主义社会的描绘，不是什么新的东西，是古已有之的。在中国，有《礼运·大同篇》，有陶潜的《桃花源记》，有康有为的《大同书》”[⑤]。1979 年，邓小平使用与“大同”相对应的“小康”概念，作为中国现代化的发展目标。从那以后，“小康社会”成为建设中国特色社会主义的重要阶段性目标。与

---

① 康有为：《大同书》乙部《去国界合大地》，上海古籍出版社，2009，第 60 页。

② 《孙中山全集》第 9 卷，中华书局，1985，第 253 页。

③ 《孙中山全集》第 2 卷，中华书局，1985，第 439 页。

④ 《毛泽东书信选集》，中央文献出版社，2003，第 2 页。

⑤ 《建国以来毛泽东文稿》第 12 册，中央文献出版社，1998，第 323 页。

此同时，中国共产党也继承了“以天下为己任”的责任担当。党的领袖始终认为，中国的发展与世界的发展紧密相连，世界好，中国才能好；中国好，世界才更好。“对于人类有较大的贡献”①，“为人类做更多的事情”②，是我们应当担负的历史责任。

历史发展到今天，随着多领域的交叉发展与互联互通，世界人民的联系越来越紧密，对未来生存与发展的诉求也越来越趋于一致。经济全球化和区域经济一体化的深入推进，人类在安全、环境、卫生等领域一荣俱荣、一损俱损的普遍关联，都深刻表明命运共同体已经由自然界扩展至人类社会，建立在生产力高度发达基础上的世界历史正在形成。从这个角度看，人类命运共同体的提出，恰恰反映了、推动了这一过程，为人类未来发展提供了一个统领全局的合作方案。这个方案与“世界大同，天下一家”内在气息相通，具有相同的精神底蕴和价值追求。同时，它又以马克思主义基本立场观点方法为指导，具有合规律性与合目的性有机统一、科学性与人民性有机统一的鲜明特征，因而是对大同理想的创造性发展和创新性转化。

推动人类向更好的方向发展，是所有爱好和平的人们的共同愿望。然而，在当前的国际秩序和治理格局下，人类命运共同体的实现不可能一蹴而就，必然要遭遇种种艰难曲折，经历一个漫长的历史过程。推动建设相互尊重、公平正义、合作共赢的新型国际关系，推动全球治理体系朝着更加公正合理的方向发展，都意味着国际格局、国际力量对比的巨大变化，甚至是革命性的变化。伴随着这种变化而来的，必然会是激烈复杂的各种矛盾冲突。东西方关系、南北方关系，不同社会制度、不同文化，不同国家、不同民族之间的相互关系，都会产生深刻的历史性变化。对此，习近平总书记强调指出，“我们不能因现实复杂而放弃梦想，不能因理想遥远而放弃追求”③。虽然前进道路曲折，但光明前景可期。我们要不断发展完善人类命运共同体的理念与实践，倡导、引领各国人民同心协力、同舟共济，以相互尊重、平等协商的方式，携手破解当前世界面临的共同难题。在这个过程中，依然需要中国传统的历史智慧。

需要指出的是，国外有学者注意到了人类命运共同体与中国传统政

① 《毛泽东文集》第7卷，人民出版社，1999，第157页。

② 《邓小平文选》第3卷，人民出版社，1993，第233页。

③ 习近平：《坚持和平发展道路，推动构建人类命运共同体》，《论坚持推动构建人类命运共同体》，中央文献出版社，2018，第491页。

治理念的内在关联。但是，由于对中国历史缺乏深入了解，他们在解读这种关联时，却往往失之偏颇，甚至南辕北辙。比如，有美国学者认为，中国提出的人类命运共同体理念反映了“天下观念”，体现出中国的“帝国梦”[①]。这样的认知，为“中国威胁论”提供了新的注解。事实上，中国古人的“天下”观，在相当长的历史时期内用于指称具有普遍意义的政治理念和文化追求，如“天下为公”“天下归仁”等，这里的“天下”并非明确的地理界线，更不是向外扩张的强权概念。至于常常被人诟病的“溥天之下，莫非王土”[②]，反映的则是古代中国的君臣、君民关系，也并非指对外关系的规则。在中国人的观念中，以强权争霸天下，不仅在道义上必然会陷入困境，而且在实际上也是不可能长久的。今天，我们使用“天下”的概念，自然要根据现实需要，继承和弘扬其中的积极因素，以利当今。从思想发展的客观规律看，这种继承和弘扬是自然的，也是必要的。无视这一客观规律，把中国人千百年来“以天下为己任”的责任担当意识，曲解为称霸天下的野心，是一种典型的误读与偏见。

三　以和为贵，不畏强暴

推动构建人类命运共同体，最终目的是避免人类再次陷入战争与动乱的灾难，实现世界的持久和平，“为了和平，我们要牢固树立人类命运共同体意识”[③]。为这个过程中，作为负责任的大国，中国应当以什么样的立场，遵循什么样的和平观念与各国交往？党的十九大报告明确回答了这个问题：“中国坚定奉行独立自主的和平外交政策，尊重各国人民自主选择发展道路的权利，维护国际公平正义，反对把自己的意志强加于人，反对干涉别国内政，反对以强凌弱。中国决不会以牺牲别国利益为代价来发展自己，也决不放弃自己的正当权益，任何人不要幻想让中国吞下损害自身利益的苦果。中国奉行防御性的国防政策。中国发展不对任何国家构成威胁。中国无论发展到什么程度，永远不称霸，永远

① 高望来：《国外精英对人类命运共同体理念的认知评析》，《当代世界与社会主义》2019年第3期。

② 《诗经·小雅》。

③ 习近平：《在纪念中国人民抗日战争暨世界反法西斯战争胜利70周年大会上的讲话》，《人民日报》2015年9月4日。

不搞扩张。"[①] 这段话实际上包含了我国和平观念的两个基本特点：一是中国致力于维护、巩固世界和平，坚定走和平发展道路，永远不称霸，不搞扩张；二是中国有维护国家利益的坚强决心和能力，不惹事，也不怕事。这两个基本特点，充分体现了将人类共同利益和维护我国核心利益辩证统一的科学思维和政治智慧。

反对战争，爱好和平，是中国传统和平观念的核心内容。"以和为贵""亲仁善邻""务共安人"等思想，是几千年来我们坚守的价值观念。"和平、和睦、和谐的追求深深植根于中华民族的精神世界之中，深深溶化在中国人民的血脉之中。"[②] 孔子在撰著《春秋》时，用侵、伐、战、围、灭等不同词语来指称不同性质的战争，表明对非正义战争的批判态度。墨子则从因果关系上阐明了"非攻"的观点："恶人者，人必从而恶之；害人者，人必从而害之。"[③]《司马法》说："国虽大，好战必亡。"[④] 这些认识，成为封建统治者和平观念的主要方面。在国内，"和"是统治者处理各民族关系的基本原则，"胡越一家"[⑤] 是他们追求的盛世图景。在对外关系上，即使在最强盛的时期，中国也没有侵略或殖民过任何其他国家。

与此同时，中国古代的和平观，还内在地包括不畏强暴、以战止战的辩证认识。孔子说："足食，足兵，民信之矣。"[⑥] 对那些动辄以武力欺人的诸侯要"力能讨之，则讨之可也"[⑦]。孟子进而提出"春秋无义战"[⑧]，对战争性质作了正义与非正义的区分。从此，中国古代思想家始终从人心向背、天下大义的角度出发研究战争，对"义战"即反侵略战争大力支持，认为这样的战争符合历史进步潮流，应当大加褒扬。"自古知兵非好战"的说法，反映了中国人对战争与和平关系的看法，已经达到了非常成熟的地步。可见，中国古人讲和平，是有底线、有原则的。这个底线和原则，就是不挑起战争，但也不惧怕战争。

近代以来，中国被迫打开国门，饱受西方列强欺侮和侵略，人民遍尝

---

① 习近平：《决胜全面建成小康社会　夺取新时代中国特色社会主义伟大胜利　——在中国共产党第十九次全国代表大会上的报告》，《人民日报》2017 年 10 月 28 日。

② 习近平：《在德国科尔伯基金会的演讲》，《人民日报》2014 年 3 月 30 日。

③ 《墨子·兼爱中》，上海古籍出版社。2014，第 61 页。

④ 《司马法》卷上《仁本》，中华书局，1991，第 1 页。

⑤ 《资治通鉴》卷一九四，唐太宗贞观七年。

⑥ 《论语·颜渊上》。

⑦ 《论语·宪问》。

⑧ 《孟子·尽心下》。

战火纷飞、流离失所之苦，因而对和平的渴盼尤为迫切。在孙中山的革命主张中，已经开始关注世界和平问题。1912 年的《国民党宣言》中，写入了“维持国际平和”[①] 的内容。同时，为了保证国家安全，他又要求未来的资产阶级共和国在外交上应持“和平主义”，但必要的军事手段仍要保留、发展。

马克思主义把社会制度变革作为实现永久和平的前提，认为在无产阶级取得政权后，它的国际原则“将是和平”[②]。这一认识与中华民族的传统观念和现实需求高度统一，使中国共产党人提出了“和平为上”的基本原则。在外交政策上，这一原则集中体现为独立自主和平外交政策，坚决维护国家主权独立和领土完整，反对霸权主义，反对外来干涉。毛泽东说：“我们热爱和平。如果有人危害我们的独立，我们的天性就是奋不顾身地起来捍卫”[③]，“一百年，一万年，我们也不会侵略别人”[④]。“天性”一词，说明了共产党人的和平观与中国历史传统之间的血脉相承关系。之后，在不同历史时期，我国的外交策略、外交方针都有所调整，但维护和平的核心目标，以及辩证的战争与和平观，却始终没有改变过。

今天，我们始终不渝走和平发展道路，无疑是对中华民族优秀传统文化和党的外交方针的延续和发展。我们向全世界宣告，不会走“强国必霸”的路子，永远不会把自身曾经历过的悲惨遭遇强加给其他民族。同时，我们之所以坚持和平发展，还由于这条道路符合时代发展潮流和我国根本利益。实现“两个一百年”奋斗目标，实现中华民族伟大复兴的中国梦，必须以和平的国际环境作为基本保证。没有和平，中国和世界就不可能顺利发展；而没有发展，真正的持久和平就不可能实现。

和平需要世界各国的共同努力才能实现。因而，中国希望世界各国和我们一样，走和平发展道路。历史反复证明，殖民主义、霸权主义可以带来暂时的经济利益和政治特权，却无法保持长久的可持续发展，最后必然四处碰壁，被世界潮流所抛弃。只有摒弃零和思维，共同致力于和平发展，各国才可能共同繁荣，国与国才能和平相处，共同创造人类公平和谐的美好未来。

维护和平，巩固和平，都需要以强大的军事实力为后盾。资本主义世

① 《孙中山全集》第 2 卷，人民出版社，1985，第 399 页。
② 《马克思恩格斯选集》第 3 卷，人民出版社。2012，第 61 页。
③ 《毛泽东年谱（1949—1976）》第 5 卷，中央文献出版社，2013，第 283 页。
④ 《毛泽东文集》第 8 卷，人民出版社，1999，第 301 页。

界遭遇百年未有的金融危机之后，旧有国际格局面临新的挑战，美国世界霸主的地位不断受到冲击，国内外矛盾不断激化，世界发生冲突和动荡的风险大大增加了。在这种情况下，作为世界第二大经济体，我们要和平发展，要更加积极地参与引领国际治理体系的变革，尤其需要加强维护和平、遏止战争的思想准备与物质准备。习近平总书记说，“能战方能止战，准备打才可能不必打，越不能打越可能挨打，这就是战争与和平的辩证法”[①]，“安不可以忘危，治不可以忘乱。我们捍卫和平、维护安全、慑止战争的手段和选择有多种多样，但军事手段始终是保底手段”[②]。这种突出的忧患意识和底线思维，是中国历史传统的充分体现，更是我们维护世界和平稳定，为夺取新时代中国特色社会主义伟大胜利提供坚强保障的必然要求。

四　和而不同，兼容并包

构建人类命运共同体是一个体现共同追求、促进共同利益的历史过程，其内在的目标取向是“求同”。在世界多极化、经济全球化、社会信息化、文化多样化的总体背景之下，“求同”必然要遇到的核心问题之一，就是“一”与“多”的关系。事实上，以西方国家为主导的经济全球化，从某种程度上看，也是一种“求同”的过程，只是这种“求同”表现在文化上、价值观念上，是以消弭多样化和特殊性为基本特征的。人类命运共同体的提出，体现了中华传统文化中和而不同的精神，超越了这种非此即彼的思维惯性，主张国际秩序应当多极化、民主化；各文明之间要对话，不要排斥；要交流，不要取代。习近平总书记指出：“中国人自古就主张和而不同。我们希望，国与国之间、不同文明之间能够平等交流、相互借鉴、共同进步，各国人民都能够共享世界经济科技发展的成果，各国人民的意愿都能够得到尊重，各国能够齐心协力推动建设持久和平、共同繁荣的和谐世界。”[③] 伴随着中国走向世界的脚步，“和而不同”被越来越多的人接受，成为各国、各民族都能够学习、采用的一种历史智慧。

---

① 《在十二届全国人大一次会议解放军代表团全体会议上的讲话》，《习近平关于党在新形势下的强军目标重要论述摘编》，解放军出版社，2014，第47页。

② 习近平：《在庆祝中国人民解放军建军90周年大会上的讲话》，人民出版社，2017，第15页。

③ 习近平：《在接受金砖国家媒体联合采访时的答问》，《人民日报》2013年3月20日。

在中国传统典籍中，“和而不同”最早指的是君子与人的相处之道。孔子说：“君子和而不同，小人同而不和”[①]，以能否坚持自己的正确主张又做到包容不同，作为判断君子和小人的标准。《国语》把“和”与“同”的概念运用到历史兴衰治乱的评析中，认为“去和而取同”是败落之势，因为“夫和实生物，同则不继”，“以他平他谓之和，故能丰长而物归之；若以同裨同，尽乃弃矣”[②]。《中庸》在讨论人类社会历史现象时，提出了“万物并育而不相害，道并行而不相悖”[③]的认识。这些充满了辩证色彩的论述，把和而不同的古语提升到哲学层面，使之成为探讨社会历史发展规律的重要理论概念。和谐而又不千篇一律，不同而又不相互冲突。和谐以共生共长，不同以相辅相成。在承认差异的基础上找到共同点，通过彼此相伴、竞争和比较，不断达到新的平衡，进而达到和谐并存的理想状态。这一朴素辩证的哲学道理，在中国人的政治实践中，逐渐具体化为求同存异、包容和谐的政治主张和政治目标。

在传播、接受马克思主义过程中，中国的先进分子自觉地把它与中国优秀传统文化结合起来。新中国成立后，毛泽东对强盛起来的社会主义中国的设想，是使它“变成一个大强国而又使人可亲”[④]，不构成对任何和平友好国家的威胁，也不企图将共产主义思想强加于别的国家。他认为，世界上各民族文化都有自己的优长之处，应该好好保留下来，“在文化方面，各国人民应该根据本民族的特点，对人类有所贡献。各国文化有共同点但也有差别。……如果大家都画一样的画，都唱一样的曲调，千篇一律就不好了，就没有人看，没有人听，没有人欣赏”[⑤]。

这些理论认识，对新中国外交事业产生了极为重要的影响。和平共处五项原则的提出和实践，生动体现了把马克思主义基本原理与中国实际相结合的原则，是对“和而不同”思想极好的当代阐释。解放战争即将胜利时，毛泽东就在中共七大上指出，我们愿意在互相尊重独立、平等地位基础上，同世界各国建立并巩固邦交，解决一切相互关系问题。根据这一根本要求，20 世纪 50 年代，周恩来提出了“求同存异”的外交方针，强调

① 《论语·子路》。
② 《国语·郑语》。
③ 《礼记·中庸》。
④ 《毛泽东文集》第 7 卷，人民出版社，1999，第 291 页。
⑤ 《毛泽东文集》第 8 卷，人民出版社，1999，第 226 页。

“不同制度的国家可以和平共处”[①]，进而提出、完善了和平共处五项原则。后来，和平共处五项原则被确立为我国外交政策的基本原则。按照这一原则，到1976年，我国已经同世界上113个国家建立了外交关系，为后来逐步实行对外开放政策创造了有利条件。今天，这一富于中国特色的外交理念，已成为多数国家认可的、行之有效的指导国际关系的准则。

如果说，在冷战结束以前，世界各国之间需要解决的分歧主要是社会制度和意识形态问题，那么到了现阶段，随着经济全球化的深入发展，科学看待、处理文化之间的差异则显得日益重要。在人类由虚幻的共同体走向真正的共同体过程中，这是一个绕不开的难题。习近平总书记提出“和而不同是一切事物发生发展的规律”[②]，把这一传统智慧运用到更为深层次的世界治理体系当中，科学解决了这个历史难题。

从文化上看，和而不同的核心要求是维护文明多样性，建设“美人之美，美美与共”的和谐世界。它的具体主张包括三个方面。一是理性处理本国文明与其他文明的差异。不要看到别人的文明与自己的文明有不同，就感到不顺眼，就要千方百计去改造、去同化，甚至企图以自己的文明取而代之。历史证明，“任何想用强制手段来解决文明差异的做法都不会成功，反而会给世界文明带来灾难”[③]。二是文明没有高低优劣之分，每个国家、每个民族不分强弱、不分大小，其思想文化都应该得到承认和尊重。“只有在多样中相互尊重、彼此借鉴、和谐共存，这个世界才能丰富多彩、欣欣向荣。”[④] 三是在文明的流动开放、兼收并蓄中传播和发展文明，增进各国人民的友谊，推动社会进步，维护地区和世界和平。[⑤] 这些认识，反映了习总书记对文化发展规律的科学把握，是对西方普世价值的深刻反思与本质超越。

从推动形成更加公平合理的国际秩序角度看，和而不同首先主张要坚持共商共建共享的全球治理观，倡导国际关系民主化。“什么样的国际秩

---

① 《周恩来年谱（1949—1976）》上卷，中央文献出版社，1998，第419页。

② 习近平：《在纪念孔子诞辰2565周年国际学术研讨会暨国际儒学联合会第五届会员大会开幕会上的讲话》，《人民日报》2014年9月25日。

③ 习近平：《在纪念孔子诞辰2565周年国际学术研讨会暨国际儒学联合会第五届会员大会开幕会上的讲话》，《人民日报》2014年9月25日。

④ 习近平：《共同构建人类命运共同体——在联合国日内瓦总部的演讲》，《人民日报》2015年9月29日。

⑤ 习近平：《开放共创繁荣　创新引领未来——在博鳌亚洲论坛2018年年会开幕式上的主旨演讲》，《人民日报》2018年4月11日。

序和全球治理体系对世界好、对世界各国人民好，要由各国人民商量，不能由一家说了算，不能由少数人说了算”①，“世界命运应该由各国共同掌握，国际规则应该由各国共同书写，全球事务应该由各国共同治理，发展成果应该由各国共同分享。”② 其次，要客观看待不同国家间的制度差异，和平相处，尊重彼此对发展道路、发展方式的选择，“我们应该尊重彼此自主选择社会制度和发展道路的权利，尊重各自推动经济社会发展、改善人民生活的探索和实践”③。再次，是要共同努力，创造包容互鉴、共同发展的未来。面对全球性挑战，各国应该加强双边和多边框架多领域合作对话，加强交流，学习最佳实践，取长补短，在相互借鉴中实现共同发展，惠及全体人民。这些主张，赋予中国传统观念以新的时代内涵，指明了回应当前人类普遍关切的基本原则和具体路径，使构建人类命运共同体目标清晰、切实可行。按照这些原则和路径，近年来，中国特色大国外交阔步向前，在解决全球课题中发挥了越来越重要的作用，有力证明了“和而不同”的传统思想在当下的现实意义。

① 习近平：《在庆祝中国共产党成立95周年大会上的讲话》，《人民日报》2016年7月2日。

② 《共同构建人类命运共同体——在联合国日内瓦总部的演讲》，《人民日报》2015年9月29日。

③ 习近平：《共同建设二十一世纪“海上丝绸之路”》，《论坚持推动构建人类命运共同体》，中央文献出版社，2018，第52页。

中国古代史学研究

先秦诸子天人观的思想特色

汪高鑫

（北京师范大学历史学院、史学理论与史学史研究中心，北京　100875）

摘　要：天人观是历史观的重要内涵。先秦诸子重视通过阐发天人关系，探讨历史发展过程中天与人的具体作用。儒家的天论中，天的指向具有自然性、主宰性和命运性的不同属性；在天人关系论中，天的主宰性被弱化，而人的主导性得以强化，说天命往往不离人事。墨子的天人理论似乎存在着一个悖论，他一方面不承认“命”的存在；另一方面却又承认天有意志，是宇宙万物和人类社会的主宰者，然而二者却在“尊人”上达成了一致。道家的天人理论是在道法自然的思想体系下展开的，认为天与人皆由道所派生，天法道，也与道一样法自然，因而天不具有主宰性和意志性；道家也重视人为，以“无不为”为目的，只是这种人为必须以无为的方式来实现，与儒、墨的重人事思想的表述形式有很大的不同。

关键词：天人观　儒家　墨子　道家

春秋战国是一个社会大动荡、大变革的时代，同时也是一个思想十分活跃的时期。在这个时期产生的诸子百家，对社会政治与历史纷纷发表自己的见解，天人关系便是其中的重要内涵之一。在诸子百家中，天人理论最为丰富者当数儒、墨、道三家，它们通过积极阐发天人关系，探讨历史发展过程中天与人的具体作用。以往学术界对诸子天人观的探讨，多集中于具体家派或者思想家个人的思想，缺乏对诸子天人观整体思想及其特点的论述。[1] 本文通过对儒、墨、道天人观做出具体论述，期望对诸子天人观及其思想特色有所揭示。

一 儒家的天人合一与天道自然论

所谓天人合一，是指将天与人作为一个整体进行考察。儒家的天人观既肯定天命，又重视人事；在天人关系上淡化天命，彰显人事，由人事而言及天命。天道自然，则是对天的自然属性的肯定。儒家的天论也肯定天的自然性，而对天道自然思想做出系统阐述的则是荀子。

在儒家创始人孔子的"天"论中，天的指向具有自然性、主宰性和命运性等不同含义。《论语·阳货》说："子曰：'天何言哉？四时行焉，万物生焉，天何言哉？'"孔子认为天是四时、万物生生不息的本体，四时、万物的运行是天的自然之行，没有人格属性的天也自然不会言语。这是肯定了天的自然性。《论语·述而》说："子曰：'天生德于予，桓魋其如予何！'"孔子自认为天生其德，吉无不利，所以无惧桓魋。《论语·子罕》说："天之将丧斯文也，后死者不得与于斯文也。天之未丧斯文也，匡人其如予何？"孔子认为既然自己得到此文，说明上天没有丧失此文，匡人又怎么能够违天害己呢。《论语·宪问》说："子曰：'不怨天，不尤人，下学而上达。知我者，其天乎？'"孔子在此引天为知己者。朱熹认为此语"深味其语意，则见其中自有人不及知而天独知之之妙"[2]。这些表述，显然都是视天为有意志的主宰者。不过，孔子天论中最为丰富的还是关于命运的论述，只是《论语》中通常是使用"天命"的概念来指代命运之意。如《论语·为政》说："五十而知天命。"这里所谓"天命"，皇侃疏曰："谓天为命者，言人禀天气而生，得此穷通，皆由天所命也。"[3] 显然是指人禀受天而得的一种命运。《论语·先进》说："子曰：'回也其庶乎！屡

---

① 相关论文主要有：许淑杰《孔子天人观刍议》，《船山学刊》2006 年第 3 期；斯洪桥《论孟子天人观及其境界意蕴》，《社会科学家》2013 年第 3 期；赵法生《荀子天论与先秦儒家天人观的转折》，《清华大学学报》（哲社版）2015 年第 2 期；马玉堂《天、鬼、人——墨子顺天有为的天人观再探》，《兰州学刊》2002 年第 4 期；关四平《论道家的"天人合一"思想》，《上海师范大学学报》1997 年第 4 期；万勇华《庄子天人观的三重意蕴》，《湖北社会科学》2012 年第 3 期等。

② 朱熹：《四书章句集注》，新编诸子集成本，中华书局，2018，第 158 ~ 159 页。为简洁故，文中用《集注》。

③ 《论语集释》（一），新编诸子集成本，中华书局，2018，第 94 页。

空。赐不受命，而货殖焉，亿则屡中。’” 在孔子看来，子贡不像颜回那样安贫乐道，不能安受天命，却能在货殖上料事多中。《论语·季氏》提出君子有“三畏”：天命、大人和圣人之言，首要的就是“畏天命”。何谓天命，何晏《论语集解》说：“顺吉逆凶，天之命也。”[①] 朱熹《集注》说：“天命者，天所赋之正理也。”[②] 这里所谓天命也是指命运，具有不可违逆性，故而正人君子自然会畏惧。在《论语》中，有关命运的论说还很多。

相较于天、天命的作用，孔子更重视人为。在孔子的天论中，还有一种鬼神之天。跟上述天论相比，孔子对于鬼神的态度则有所不同。《论语·述而》说：“子不语怪、力、乱、神。”这里“神”自然是指鬼神之事。何晏《论语集解》认为孔子之所以不语鬼神之事，是因为“或无益于教化，或所不忍言。”[③] 朱熹《集注》也说：“鬼神造化之迹，虽非不正，然非穷理之至，有未易明者，故亦不轻以语人也。”[④] 因此，当樊迟问知时，孔子回答说：“务民之义，敬鬼神而远之，可谓知矣。”[⑤] 孔子虽然承认鬼神的存在，并且秉持一种“敬”的态度，但是“敬而远之”，而专心于“务民之义”，体现的是一种重人事的思想。孔子在政治思想上倡导的仁学、礼学，即是关于如何为人与整齐社会的学问。他主张通过仁爱和礼义规范，以此来建立起一个和谐的社会。孔子打破学在官府的局面，创办私学，实行“有教无类”的教育原则，打破族类界限授学；在教育态度上，“诲人不倦”，循循善诱；在教育方法上，重视“因材施教”和启发施教；在教育目的上，以文行忠信“四教”来培养“君子儒”。毫无疑问，这是一种积极进取的育人理念。孔子作《春秋》，是要通过书乱世之史，以使乱臣贼子有所惧，所以司马迁说《春秋》“王道备，人事浃”[⑥]。白寿彝先生说：“这六个字说出了孔子的历史思想。”[⑦] 这个历史思想便是一种重人事的思想。孔子赞赏历史上为民请命者、奋发有为者。如《论语·微子》说“殷有三仁焉”，这是对商纣王时期敢于犯颜直谏、为民请命的大臣微子、箕子和比干三位大臣的称赞；《论语·宪问》说“桓公九合诸侯，不

① 《论语集释》(四)，新编诸子集成本，中华书局，2018，第1490页。
② 朱熹：《四书章句集注》，新编诸子集成本，中华书局，2018，第173页。
③ 《论语集释》(二)，新编诸子集成本，中华书局，2018，第620页。
④ 朱熹：《四书章句集注》，第98页。
⑤ 《论语·雍也》，新编诸子集成本，中华书局，2018。
⑥ 《史记》卷130，《太史公自序》，中华书局，1959。
⑦ 白寿彝：《中国史学史》第一册，上海人民出版社，1986，第299页。

以兵车，管仲之力也。如其仁，如其仁”，又说“管仲相桓公，霸诸侯，一匡天下，民到于今受其赐。微管仲，吾其被发左衽矣”。这是对管仲辅佐齐桓公首霸诸侯、一匡天下，捍卫中原华夏文明的赞赏。孔子生当乱世，政治抱负无法实现，他没有因此消极避世，而是一贯积极进取。《论语·宪问》所记子路与晨门之间的答问，则体现了孔子“知其不可为而强为之”的积极的人生态度。

综观孔子的天人关系之论，虽然不否定天命的存在，却具有浓厚的重人事的思想，而且他的天命论从来都没有离开过人事。白寿彝先生对孔子的天论总结出了以下几个特点：

> 第一，孔子不对“天”和“命”进行正面的阐述，不说“天”和“命”的威严，而是在说到人事上联系到“天”或“命”。这可以说，宗周初期是从天上说到人间，现在是从人间说到天上。第二，孔子在提到“天”和“命”的时候，主要是在具体事件上，由于感情上的不安和激动而发，不是在理论上有所申述，这似是旧的情绪的暴露，跟理性的认识有所区别。第三，孔子并不认为“命”是不能变更的，只是因为不赞成用他所认为不正常的手段去活动，才强调“受命”。……在天与人的关系上，孔子显然是以人事为主的。①

在白先生看来，孔子的天论并非一种正面阐述和理性认识，只是说到人事时的一种联系，是感情不安的一种生发；孔子认为命运是可以通过正当的人为加以改变的，之所以主张“受命”，是为了杜绝采用不正当的手段“违命”。在此基础上，白先生得出了孔子的天人关系论是“以人事为主”的结论。这样的总结和判断，是符合孔子天人关系论的本质特征的。

孔子之后，先秦儒家代表人物孟子和荀子都有丰富的天人理论。学术界一般认为孟子重视天命，是天人合一论者；荀子强调天道自然，是天人相分论者。这在一定程度上道出了孟荀天人观的差异性。然而这种差异，其实只具有相对意义，因为并不是同一层面上的比较。同时，荀子的天人观中也蕴含了天命论的思想。

首先，从天道自然层面来看。毫无疑问，天道自然是荀子哲学体系的基础，也是荀子天论的核心。《荀子·天论》说：“列星随旋，日月递照，四时代御，阴阳大化，风雨博施，万物各得其和以生，各得其养以成，不

① 白寿彝：《中国史学史》第一册，第298～299页。

见其事而见其功，夫是之谓神；皆知其所以成，莫知其无形，夫是之谓天。”这段话道出了天的自然属性。荀子认为，自然之天与社会之人存在着不同的职分。天的职分是什么？“不为而求，不求而得，夫是之谓天职。”天彰显的是一种非外在的、属于自然自身力量的作用力。《荀子·礼论》篇说：“天地合而万物生，阴阳接而变化起。”万物生长、阴阳变化都是天的自然力作用的结果。人也有自己的职分，这就是通过礼乐刑法来治理社会，通过礼义教化来节制人群，通过勤政爱民来聚集民心。此外，人还可以“制天命而用之”①，即可以利用自然，改造自然，为民造福。天与人的作用是不能相互替代的，天有不以人的意志为转移的客观规律，它“不为尧存，不为桀亡”。同样，人也有天所不能替代的作用，如“强本而节用，则天不能贫；养备而动时，则天不能病；修道而不贰，则天不能祸”②。因此，荀子认为，天人关系的本质是能“明于天人之分”，《荀子·天论》说：“明于天人之分，则可谓至人矣。”值得注意的是，荀子在此提出“天人之分”的概念。学术界往往将“天人之分”解说为“天人相分”，其实这是两个不同的概念。天人之分指的是天与人有不同的职分，也就是分工不同，并没有否定二者之间存在着联系；天人相分则是一个与天人合一相对立的概念，它将天与人对立起来分属完全不同的领域，否定天与人二者之间的联系。将荀子的天人之分解说为天人相分，并不符合其天道自然思想的本意。

从天道自然的层面来看孟子的天论，其实他也是承认天的自然属性的。《孟子·离娄下》说：“夫天之高也，星辰之远也，苟求其故，千岁之日至，可坐而致也。”这句话既肯定了天的自然性，又认为其有“故”，即规律性，人们可以通过掌握自然之天的规律性，类推出更多的知识。同时孟子也认为社会之人也有自己的职分，《孟子·梁惠王上》说：“不违农时，谷不可胜食也；数罟不入洿池，鱼鳖不可胜食也；斧斤以时入山林，材木不可胜用也。”由此来看，在天道自然、天人之分的观念上，孟荀的思想是相一致的，只是这并非孟子学说的核心所在。

其次，从天命层面来看。在孟子的天论中，天具有主宰性和命运性之不同含义。孟子认为天具有超自然的意志性特征，如《孟子·公孙丑下》说：“夫天未欲平治天下。”《孟子·万章上》也说：“天之生此民也，使

---

① 《荀子·天论》，新编诸子集成本，中华书局，2018。

② 《荀子·天论》。

先知觉后知。”这里所谓天，显然具有主宰性和目的性的特征。然而，“在孟子的天论中减少了天的主宰性的成分”①，却强化了人的作用。如《孟子·万章上》在回答谁给了舜的天下时，孟子一方面明确认为是“天与之”，他不认可尧禅位于舜之说；另一方面又认为舜之所以能拥有天下，是得到了天和民的共同认可：“使之主祭而百神享之，是天受之。使之主事而事治，百姓安之，是民受之也。天与之，人与之，故曰天之不能以天下与人。”这里“天与之”体现了天的主宰性，而“人与之”则体现了人事的作用。孟子还进一步解说了“天与之”是通过人事昭示出来的：“尧崩，三年之丧毕，舜避尧之子于南河之南，天下诸侯朝觐者不之尧之子而之舜，讼狱者不之尧之子而之舜，讴歌者不讴歌尧之子而讴歌舜，故曰天也。”很显然，舜为天子表面上看起来是“天与之”，实际上则是人为的结果。孟子还借用了《尚书》的话，肯定了天志与民志的一致性：“《泰誓》曰：‘天视自我民视，天听自我民听。’”在此，天的意志性其实已经转向为民的意志性了。孟子的天论更多场合表达的则是一种命运，即人力所无法左右的一种力量。《孟子·梁惠王下》说：“君子创业垂统为可继也，若夫成功则天也。”肯定人为可以创业垂统，然最终能否实现则要靠天意，也就是命运。《孟子·万章上》针对历史上舜、禹、启做了天子，而尧、舜的儿子和伯益却没做成天子，孟子做了如下解释：“舜禹益相去久远，其子之贤不肖，皆天也，非人之所能为也。莫之为而为者，天也。莫之致而至者，命也。”在孟子看来，这一切都是命运使然，是人力所无可奈何的。这里所谓“天”体现的是一种命运使然，显然不具有主宰性。如果结合孟子对尧舜禹时期具体历史过程的叙述，这种能否继位的命运的偶然性，其实也是有其必然性的一面的，因为最终决定能否继位的是人的“贤与不肖”，从而又将其命运论引向了人事论。

相较于孟子，荀子虽然是以天道自然为其天论的基础和核心，却并非没有天命的思想。《荀子·修身》说：“人有此三行，虽有大过，天其不遂乎！”这里所谓“三行”，指的是“老老”、“不穷穷”和“行乎冥冥而施乎无报”。荀子说，人如果能尊敬老者、宽厚穷人、施不求报，这样的人不幸犯了大的过错，老天也会保佑他的。《荀子·性恶》说：“天非私曾、骞、孝己而外众人也，然而曾、骞、孝己独厚于孝之实而全于孝之名者，何也？以綦于礼义故也。天非私齐、鲁之民而外秦人也，然而于父子之

① 侯外庐等：《中国思想通史》第一卷，人民出版社，1957，第395页。

义、夫妇之别，不如齐、鲁之孝具敬父者，何也？以秦人之纵情性、安恣睢、慢于礼义故也。”荀子认为曾参、闵子骞、孝己以及齐鲁之民得到孝道的名声，是他们自觉遵守礼义的缘故，而非上天的有意施与。这里所谓天，当然都具有主宰性。荀子的天论也具有命运的含义，《荀子·宥坐》说：“遇不遇者，时也；死生者，命也。”这里所谓时也、命也，都是对人生际遇的一种无可奈何的感叹。所以荀子接着说：“今有其人不遇其时，虽贤，其能行乎？苟遇其时，何难之有？故君子博学、深谋、修身、端行以俟其时。”人们主观努力，本身并不能实现自己的目的，只是等待命运的垂青。然而，荀子的天命论却是有着重人事思想之内蕴的。如天之所以会保佑不幸犯错的人，是因为这样的人具有“三行”；天之所以“私”曾参、闵子骞、孝己和齐鲁之民，是因为他们固守仁义；人的成功虽然依靠命运，但如果人不博学、深谋、修身和端行，是不会等到命运的降临的。由此来看，荀子的天论并没有离开人论，天命与人事是紧密相连的。

总体来看，孟荀的天人观侧重点各有不同，荀子的天人观以天道自然为基础与核心，天人理论主要是在这一层面上展开论述的；孟子的天人观以天命论为主轴，天命具有一定的主宰性与决定性。但是孟荀天人观的共同特点是言天道不离人事，普遍重视人事的作用。

二 墨子的非命与天志论

墨子的天人观似乎存在着一个悖论，他一方面不承认“命”的存在，将“非命”作为其学术十大主张之一；另一方面又承认天有意志，是宇宙万物和人类社会的主宰者。然而，二者却在“尊人”上达成了一致。墨子非命不“受命”，肯定人为；墨子所谓“天志”代表的是“民志”，天与鬼神对于人的赏罚是依据人的表现而决定的。由此来看，“说墨子尊天，不如说他尊人更合适些”①。诚如侯外庐所说：“墨子是主张以斗争方式来改革社会的人（真好天下者），其尊天鬼而非命，在理论上实在是有矛盾的，但如果我们把天命的否定作为内容，把天、鬼的承认作为形式，则他的思想中的优点显然是存在于内容实质中的，而抽空了的神鬼，实际上便成为空话了。”②

---

① 白寿彝：《中国史学史》第一册，第 303 页。

② 侯外庐等：《中国思想通史》第一卷，第 221 页。

墨子否定天命的存在，“非命”是墨子学术的一个重要内涵。《墨子·非命》提出了考察有命的存在之“言有三表（亦称三法）”的主张。《墨子·非命上》说：“何谓三表？子墨子言曰：有本之者，有原之者，有用之者。于何本之？上本之于古者圣王之事也。于何原之？下原察百姓耳目之实。于何用之？废以为刑政，观其中国家百姓人民之利。”这就是说，古代圣王之事、百姓耳闻目睹之实情、国家百姓人民之利，即检验有命的依据。《墨子·非命中》对“百姓耳目之实”做了具体的考察：

> 今天下下之士君子，或以命为亡。我所以知命之有与亡者，以众人耳目之情知有与亡。有闻之，有见之，谓之有；莫之闻，莫之见，谓之亡。然胡不尝考之百姓之情？自古以及今，生民以来者，亦尝见命之物、闻命之声者乎？则未尝有也。若以百姓为愚不肖，耳目之情不足因而为法。然则胡不尝考之诸侯之传言流语乎？自古以及今，生民以来者，亦尝有闻命之声、见命之体者乎？则未尝有也。

在此，墨子从自古及今百姓、诸侯所见所闻的事实中得出结论：所谓命，“未尝有也”。

墨子深知，人们如果认命、安民、受命，这将是“天下之大害”，甚至会导致亡国。《墨子·非命下》说：

> 今虽毋在乎王公大人，蕡若信有命而致行之，则必怠乎听狱治政矣，卿大夫必怠乎治官府矣，农夫必怠乎耕稼树艺矣，妇人怠乎纺绩织纴矣。王公大人怠乎听狱治政，卿大夫怠乎治官府，则我以为天下必乱矣。农夫怠乎耕稼树艺，妇人怠乎纺绩织纴，则我以为天下衣食之财将必不足矣。若以为政乎天下，上以事天鬼，天鬼不使；下以持养百姓，百姓不利，必离散不可得用也。是以入守则不固，出诛则不胜。故虽昔者三代暴王桀纣幽厉之所以共抎其国家，倾覆其社稷者，此也。

墨子认为，如果王公大人、卿大夫、农夫、妇人都相信命而不去努力本职工作，其结果必然会导致“天下乱”和“财不足”。这样的政治统治，“天鬼不使”，百姓离散，国无固守，征伐必败。三代暴君夏桀、商纣、周幽王、周厉王就是因为安命暴民，才导致“倾覆其社稷”的。

在墨子的非命论中，体现的是一种人为的思想。墨子认为，天命并不能支配人事，人的富贵贫贱不是天生的，而是人自身努力与否的结果。只有那些不肖之人好逸恶劳，才会把贫贱说成是命之使然。《墨子·非命中》说这些人“内之不能善事其亲戚，外不能善事其君长，恶恭俭而好简易，贪饮食而惰从事，衣食之财不足，使身至有饥寒冻馁之忧”。但是他们不承认自己是不肖之人，“从事不疾”，只会把这一切归为命。同样，国家的治乱也不是命定的，而是君主努力与否的结果。《墨子·非命下》说，三代圣王禹汤文武“出政施教，赏善罚恶”，天下得到大治；而桀纣暴民荒政，天下因此大乱。“存乎桀纣而天下乱，存乎汤武而天下治。天下之治也，汤武之力也；天下之乱也，桀纣之罪也。”很显然，汤武之治是因为“汤武之力”，桀纣之乱是因为“桀纣之罪”，都是人为的结果。《墨子·非乐上》说：“赖其力者生，不赖其力者不生。”在此，墨子强调人为力量的重要性。在墨子看来，生与不生的主动权是掌握在人自己手中的，换言之，命运是掌握在人自己的手中，而不是靠上天的恩赐和安排的。这是一种积极有为的人生哲学。

宣扬“天志”则是墨子学术的另一个重要内涵。墨子认为上天是有意志的，它不仅主宰着宇宙万物，而且主宰着人类社会，主宰着君主的统治。他认为三代圣王皆能够将“天之为政于天子”的道理向百姓说清楚，因此那时的人们“莫不犓牛羊，豢犬彘，洁为粢盛酒醴，以祭祀上帝鬼神，而求祈福于天”。统治者顺从天志而治，天下因此得到大治。墨子认为他所处的时代“天子为政于三公、诸侯、士、庶人，天下之士君子固明知；天之为政于天子，天下百姓未得之明知也”[①]。人们违背天志，做上天不喜欢的事情，结果天下得不到善治。

那么天的意志究竟是什么呢？首先是“兼爱天下之人”。墨子认为上天是厚爱民众的，所以它“以历（一作磨）为日月星辰，以昭道之；制为四时春秋冬夏，以纪纲之；雷降雪霜雨露，以长遂五谷麻丝，使民得而则利之；列为山川溪谷，播赋百事；为王公侯伯，以临司民之善否，使之赏贤而罚暴；赋金木鸟兽，从事乎五谷麻丝，以为民衣食之财。自古及今，未尝不有此也”[②]。在墨子看来，上天厚爱民众不仅是一贯的，而且是广泛的，它不仅爱“自古及今”的百姓，而且兼爱天下的百姓。何以见得呢？《墨子·天志下》说：“自古及今，无有远灵孤夷之国，皆犓豢其牛羊犬

① 《墨子·天志上》，新编诸子集成本，中华书局，2018。
② 《墨子·天志中》。

兼，洁为粢盛酒醴，以敬祭祀上帝山川鬼神。”而上天对天下民众的祭祀都一并“兼而食之”，由此说明上天是兼爱天下之人的。

其次是“欲义而恶不义”。《墨子·天志上》说：“天下有义则生，无义则死；有义则富，无义则贫；有义则治，无义则乱。然则天欲其生而恶其死，欲其富而恶其贫，欲其治而恶其乱。”因此说上天是“欲义而恶不义”的。认为“义”的政治在实践上必须做到“三利”，即“上利于天，中利于鬼，下利于人”。怎样的“义政”才是“三利无所不利”呢？墨子认为：“处大国不攻小国，处大家不篡小家，强者不劫弱，贵者不傲贱，多诈者不欺愚。”相反，如果“处大国攻小国，处大家篡小家，强者劫弱，贵者傲贱，多诈欺愚”，这种政治便是“上不利于天，中不利于鬼，下不利于人”的“力政”，这是墨子所坚决反对的。

墨子还进一步论述了“天志”的不可违抗性。如同轮匠有圆规，木匠有方尺一样，墨子以“天志”为“仪法”，来规范统治者的言行举止。在墨子看来，“天子不得次（恣）己而为正，有天正之”①。既然上天厚爱民众，统治者就应该顺天志而爱民；上天“欲义”，统治者就应该顺天志而实行“义政”。《墨子·天志下》说：“天子为善，天能赏之；天子为暴，天能罚之。”意思是说如果统治者顺从天意、天志，有善政，就必然会得到上天的奖赏；相反，如果统治者违背天意、天志，施暴政，就必然会受到上天的惩罚。从历史上看，三代圣王尧、舜、禹、汤、文王、武王等人爱人、利人，顺天之意，结果“天以为从其所爱而爱之，从其所利而利之，于是加其赏焉，使之处上位，立为天子以法也，名之曰圣人”②。不仅如此，他们的事迹还被“书于竹帛，镂之金石，琢之盘盂，传遗后世子孙”。相反，像三代暴王桀、纣、幽、厉之流，不爱民、利人，违背天意，结果受到了上天的惩罚，上天“使之父子离散，国家灭亡，抎失社稷，忧以及其身。是以天下之庶民属而毁之，业万世子孙继嗣，毁之贲不之废也，名之曰失王”。这便是上天惩罚暴君的见证。墨子认为，统治者的统治是否违背天志、天意，还能从天时吉凶和人事祸福上表现出来。统治者顺从天志、天意进行统治，上天就会“为寒热也节，四时调，阴阳雨露也时，五谷熟，六畜遂，疾灾戾疫凶饥则不至”③。相反，如果统治者违背天

① 《墨子·天志下》。
② 《墨子·天志上》。
③ 《墨子·天志中》。

志、天意进行统治，上天就会“下疾病祸福，霜露不时”①。这是上天对统治者示警，希望统治者能及时改弦易辙。

由上可知，墨子所谓“非命”，是要人们不要安于命运，体现的是一种人为的思想；而墨子视“天志”为“民志”，以兼爱、重义为内涵，以厚爱民众为出发点和归宿，则是重人事思想的一种神学表达。

三 道家的道法自然与无为无不为论

从老子到庄子，道家学说的中心思想即道法自然，自然主义是道家哲学的基础与核心。道家的天人理论也是在这样一个基础上展开讨论的。

首先，道法自然。《老子》第二十五章说：“人法地，地法天，天法道，道法自然。”这里所谓“法”，指的是效法、取法，即人以地为法则，地以天为法则，天以道为法则，道以自然为法则。老子以“道”为学术思想的核心概念，视“道”为天地万物的派生者。然而这个派生万物之“道”，又必须要“法自然”。老子所谓“道法自然”的本质，一方面明示了道生万物但并不主宰万物，故而老子的“道”不具有主宰性；另一方面主张道生万物之后需要遵循“自然”的原则。这里所谓的“自然”不是指大自然或者物质世界，而是一种观念、价值或者状态。关于“道法自然”的思想，《老子》五十一章对此做了集中阐述：

> 道生之，德畜之，物形之，势成之。是以万物莫不尊道而贵德。道之尊，德之贵，夫莫之命而常自然。故道生之，德畜之，长之育之，成之熟之，养之覆之。生而不有，为而不持，长而不宰，是谓玄德。

这段话集中讨论了道德问题，其中道乃创生万物者，而道化于万物即为德。在老子看来，道创生万物，又内在于万物之中；万物为道所生，又秉承了道的本性而独立存在。因此，万物的成长离不开道德的作用。而道的秉性是什么呢？即“生而不有，为而不持，长而不宰”，它派生万物，却不主宰万物，不对万物加以干涉，让万物完全顺其自然地自我化育。老子将道所具有的这种秉性称作“玄德”。值得注意的是，老子“道法自然”的思想，其实具有“人法自然”的内蕴。因为在老子的

① 《墨子·天志下》。

“道法自然”思想中，天人是具有统一性的关系的。在老子看来，人、地、天、道是宇宙之间的四种存在，其中道为最高。既然天、地、人皆由道所派生，那么天与人在世界本源意义上就达到了统一。而“道法自然”，天、地、人必然要效法自然，进而天与人又在自然层面上达到了统一。

庄子继承了老子“道法自然”的思想。与老子一样，庄子也以“道”作为万物的本原。《庄子·知北游》说：“夫昭昭生于冥冥，有伦生于无形，精神生于道，形本生于精，而万物以形相生。”这句话的意思是说，明显之物生于晦暗之物，有形之物生于无形之物，道产生精神，精神产生形体，万物皆是从有形之物产生的。这里所谓“道”，即产生万物的本原，只是庄子把精神也看作一种物质了。《庄子·则阳》也说：“是故天地者，形之大者也；阴阳者，气之大者也；道者为之功。”这就是说，所谓道，它是天地阴阳共同具有的东西。庄子认为，万物由道而生，万物消亡之后又复归于道。《庄子·达生》说：“合则成体，散则成始。”这个“始”，就是派生万物的道。从庄子的道论可知，作为万物本体的道，从实体上说，并非一种精神的存在，而是一种气。所以《庄子·知北游》说：“人之生，气之聚也。聚则为生，散则为死。”“通天下一气耳。”这样一种气化万物的本体论，否定了“道”的意志性与主宰性，与天命观念做了区隔。同时，道作为万物的本体，又“不单是从实体上说的，其中也包含规律的意义，就是说道是天地阴阳运动的必由之路”[①]。《庄子·渔父》说：“且道者，万物之所由也，庶物失之者死，得之者生，为事逆之则败，顺之则成。故道之所在，圣人尊之。”这个“万物之所由”之“道”，它的本质属性就是自然性。从道生万物思想出发，庄子认为天人是一体的。《庄子·齐物论》说：“天地与我并生，而万物与我为一。”天地万物与人都是同生于道，万物与人是为一体的。又说：“天地一指也，万物一马也。”认为天地万物只是概念存在不同，其实皆为一种物质存在而已。《庄子·齐物论》讨论的中心思想即物我一体，认为万物都是浑然一体的，并且在不断地向其对立面转化，因而没有区别。既然天人一体，天道自然，清静无为，人道效仿天道，自然也是以无为为旨归。《庄子·列御寇》说：“天而不人。”这里所谓“天”即自然，“人”指人为，意思是说要顺从自然，人不要对天道自然有任何违逆的行为。《庄子·秋水》说：“天在内，

① 任继愈：《中国哲学发展史》（先秦），人民出版社，1983，第401页。

人在外。”疏曰：“天然之性，韫之内心；人事所顺，涉乎外迹，皆非为也。任之自然，故物莫之害矣。”又说：“天人之行，本乎天。”疏曰：“运真知而行于世，虽涉于物千变万化，而恒以自然为本，居于虚极而不丧其性，动而寂者也。”① 这两句话都是在强调人的行为必须要顺从自然，必须以天然本性为根本。《庄子·大宗师》说：“知天之所为，知人之所为，至矣。”能够分清楚天与人的所为，这是一种最高的境界；而天道自然，人之所谓也必须顺从自然。

其次，无为无不为。老子认为，人与天在“法自然”上得到统一，道法自然，人亦法自然；而“法自然”，就是清静无为以顺应自然的状态。然而，老子所谓无为，绝不是一种无所作为，而是指排除不必要、不适当的作为。“‘无为’的含义，一是指顺任事物之自然，一是指排除不必要的作为或反对强作妄为。”② 这样的无为，其结果是“无不为”。也就是说，“无为”是实现“无不为”的一种行为和方法。在《老子》一书中，有很多关于“无为无不为”的论述。如第三章说：“使知者不敢为，则无不治。”第十七章说：“成功事遂，百姓皆谓我自然。”第三十七章说：“道常无为而无不为。”六十四章说：“以辅万物之自然而不敢为。”如此等等。这里所谓“无不治”“成功事遂”“无不为”和“辅万物”，其实都是大有作为，只是实现这样大有作为的方法是“不敢为”“自然”和“无为”。“无为无不为”不只是哲学上的方法论，也是老子的政治思想。老子认为政治统治如果能够遵循“无为”的原则，自然就能达到“无不为”的目的。第三十二章说：“道常无名。朴虽小，天下莫能臣。王侯若能守，万物将自宾。天地相合，以降甘露，人莫之令而自均。”意思是说王侯如果能遵守道的无为原则来治理天下，那么万物都将自然归从于他。天地间阴阳之气相合，就会降下润泽万物的甘露，人们不须指使命令它，就能自然分布均匀。第五十七章说：“我无为，人自化；我好静，人自正；我无事，人自富；我无欲，人自朴。”这里“好静”“无事”“无欲”都是一种无为。在老子看来，统治者如果能做到无为，那么老百姓就能自我化育、遵纪守法、自然富足、自然朴素，社会自然也就能和谐稳定；而这，就是一种大有为、无不为了。由此来看，老子的无为其实是顺应自然的有为，而

---

① 郭庆藩撰《庄子集释》下，王孝鱼点校，新编诸子集成本，中华书局，2018，第591、592页。

② 陈鼓应、白奚：《老子评传》，南京大学出版社，2001，第89页。

不是不顾自然的妄为，天人关系在“道法自然”的层面上实现了统一。

庄子继承了老子“无为无不为”的思想。庄子认为，只有通过无为的途径，才能达到无不为的目的。《庄子·至乐》说：“天无为以之清，地无为以之宁，故两无为相合，万物皆化。芒乎芴乎，而无从出乎！芴乎芒乎，而无有象乎！万物职职，皆从无为殖。故曰天地无为而无不为也。”这段话一方面肯定天地具有无为、自然性，认为天地相交产生的万物也是从芒芴之中无为而生的。换言之，天地万物都普遍具有无为属性，亦即自然属性。另一方面，天地万物又是通过无为、自然而生化，由此彰显出天地万物的“无不为”性。《庄子·则阳》也说：“四时殊气，天不赐也，故岁成；五官殊职，君不私，故国治；文武大人不赐，故德备；万物殊理，道不私，故无名。无名故无为，无为而无不为。”认为上天对于四时、君主对于五官、大人对于文武大臣都是任其自然的，所以才能岁成、国治、文武自有。道是万物所由之公理，正因为道法自然，对万物任其自然，所以万物才能各得其所。因此，自然无为才能成就最终的“无不为”。由此来看，庄子的“无为”论，只是将清静无为、顺应自然作为实现“无不为”的方法和途径，本身并非目的。从“无不为”的目的论来看，老庄的自然观是具有积极有为之意义的。庄子的“无为无不为”思想体现在政治上，就是主张无为而治。《庄子·天地》说：“君原于德而成于天，故曰，玄古之君天下，无为也，天德而已矣。”庄子认为君主是依靠修德而获得君位的，所以《注》曰：“以德为原，无物不得。得者自得，故得而不谢，所以成天也。”① 而君德的内涵即自然之性，体现在政治治理上就是无为而治。庄子认为古圣王推行的就是无为而治，所以他们能成就“天德”。该篇又说：“古之畜天下者，无欲而天下足，无为而万物化，渊静而百姓定。”这里说的是君主无为而治的具体做法。所谓无欲，是要统治者不与民争利；所谓渊静，是要统治者与民休息。庄子还进一步认为，君主不但要无为而治，而且要主动担责。《庄子·则阳》说：“古之君人者，以得为在民，以失为在己；以正为在民，以枉为在己；故一形有失其形者，退而自责。”与此同时，庄子主张臣道有为。《庄子·在宥》说：“何谓道？有天道，有人道。无为而尊者，天道也；有为而累者，人道也。主者，天道也；臣者，人道也。”在此，庄子把政治统治之“道”划分为天、人二“道”，天道无为，人道有为，君为天道主无为，臣为人道主有为。由此来

① 郭庆藩撰《庄子集释》上，王孝鱼点校，第414页。

看，庄子的“无为无不为”论的内涵比起老子更为丰富。传统天人理论，在庄子的“无为无不为”论中得到了发展。

四 结语

综上可知，先秦儒、墨、道的天人观思想内涵丰富，反映了春秋战国时代诸子天人理论的最高成就；理论虽各具特色，却又体现了时代的共性特征。儒家天人观的核心范畴是天、命、人，肯定天的意志性，命运的不可违性，却又重视人为。就天人关系而言，儒家是天人合一论者，但不从正面去阐述天命，只是说人事而及于天命，显然是以人事为主的。儒家的荀子提出了系统的天道自然思想，肯定天与人有着不同的职分，人遵循自然规律以“制天命而用之”，明显具有了朴素唯物主义的思想。墨子的天人观，从表述形式到思想内涵都与儒家比较接近。墨子也肯定天有意志，积极阐发“天志”思想；重视人事，宣扬兼爱与重义思想。然而儒家讲命运，墨子则“非命”，反对人们安于命运。从这一层面上说，墨子在人为上比儒家表现出了更为积极的一面。道家的天人观，与儒、墨两家有所不同。道家的天论是在道法自然的思想体系下展开的。道家主张道生万物而不主宰万物，道法自然，因而道不具有意志性。天与人皆由道所派生，天法道，也与道一样法自然，因而天被赋予自然性，而不具有主宰性和意志性。同时，与儒、墨的重人事思想也有所不同，道家的重人事理论是以“无为”的面貌出现，而以“无不为”为目的的，二者在方法与途径上存在着很大的差异，却是殊途同归的。

儒、墨、道天人观虽然各具理论特色，却共同体现了时代天人观的特点。首先，天的主宰性成分被弱化甚至消解。众所周知，三代是天命论盛行的时代。前文白寿彝先生说“宗周初期是从天上说到人间”，指的是西周初年统治者开始意识到天命是可以转移的，只有有德的人才能“受天命”，进而提出了保民的重要性。所谓“从天上说到人间”，其实就是从天命说到人事。这里天与人之先后、轻重是一目了然的。如果再往前推到夏商时期，套用白先生的话，就应该是“从天上说到天上”，因为夏商统治者并没有人事意识，他们把一切人事都交由上天来决定，把自己的行为说成是“替天行道”“行天之罚”，始终都停留在天命之上。与夏商周时代不同，在春秋战国诸子时代，儒、墨的天人观中，天的主宰性已经被弱化，儒家“远天道”“敬鬼神而远之”，墨子“非命”，视“天志”为“民志”，就是天的主宰性被弱化的具体表现。儒家荀子的天道自然思想和道家的道法自然思想，甚至消解了天的主宰性。荀子提出“天人之分”论，虽然内蕴有天命论的思想，然而他的天道自然的思想，已经赋予了天以自然属性；道家的天道观则完全否定了天的意志性与主宰性。

其次，说天命不离人事。儒、墨天人观虽然还没有摆脱天命论，但是都没有提出系统的天命论，他们的天人观的主要关注点在于人事，只是在说到人事的时候联系到天命。如果说夏商天命观是“从天上说到天上”，西周初年天命观是“从天上说到人间”，那么春秋战国诸子时代的天命观则是“从人间说到天上”，这是天命论的一个重大变化。这句话的思想含义，一是肯定人是天人关系中的主要方面。儒、墨、道的天人理论都肯定人的主导性作用，都体现了重人事的特点。二是“天上”必须与“人间”相关，不能离开“人间”而去言“天上”。儒家的天命论只是一种人的情感抒发而非理性思索，墨子的天命论只是借助于天志来伸张民志，他们的天命论都是建立在人事论的基础之上的；至于道家就天道自然而言人为，则从根本上否定了天命的存在。

论中晚唐史学通识思想的发展

马新月

（北京师范大学历史学院，北京　100875）

摘　要：中晚唐时期的历史编纂和史论都体现出史学通识思想的深入发展。在历史编纂方面，通史著作大量出现，史家通史撰述的自觉意识较之唐代前期明显增强。而中晚唐时期史家重视通史体裁与其历史认识有关，当时许多史家和学者的史论体现出较强的通识意识，他们以贯通的整体思维看待历史的盛衰，强调古今之间的联系，试图从具体的古今社会演变中概括、总结出历史发展的规律。中晚唐史学通识思想的兴起与当时的社会变革以及求通的学术思潮有着密切的关系，这一史学发展特点也对宋以后的通史撰述产生了一定的影响。

关键词：中晚唐　通识思想　通史撰述　古今关系

通识思想是中国古代史学思想的重要内容，求通中国古代史家著史的核心主旨之一。中国古代史学通识思想主要包含两个内涵：一是融会贯通，二是通变。所谓融会贯通，强调的是历史发展的整体性，一方面是在纵向上以贯通的思维认识历史的发展，另一方面是在横向上广泛地会集史料从而形成博洽融通的史识。而所谓通变，则是指以变化的眼光看待古今关系，注重社会发展过程中的变革因素。在中晚唐时期，史家的历史撰述以及当时许多学者的史论都明显体现出贯通古今和通变随时的史学思想特点，与唐代前期相比，史学求通的趋势愈加明显，这一史学发展特点及其形成的原因值得深究。

关于中国古代史学求通的思想特点，许多学者都曾从整体上作过论述；而对于唐代史学的通识思想，也有学者进行过具体的研究。[①] 但以往的研究成果多集中于对中晚唐通史撰述的考察，而对其背后的思想根源，以及这种通识思想与社会变革和学术思潮的关系仍需进行深入的探讨。因而本文在前人研究的基础上，全面考察中晚唐通史撰述和史论中的通识思想，并剖析这一思想形成的社会和学术背景，评述其学术价值与影响。

一 中晚唐通史撰述的勃兴

就历史编纂而言，中国古代的通史撰述有着悠久的传统。早在先秦时期，通史撰述的雏形就已形成，刘家和先生认为《尚书》是“中国史学里通史撰述的源头”[②]。此后，还产生了《竹书纪年》和《世本》这样的通史著作。而真正开启中国史学通史之风的当属西汉司马迁的《史记》，后世学者如郑樵、章学诚均以司马迁作《史记》为通史撰述的开端。司马迁将“通古今之变”正式立为其历史撰述的主旨之一，而且，《史记》的纪传体通史体裁也为后世史家撰修通史树立了典范。然而，司马迁之后，尤其是自班固作《汉书》以来，断代史成为官方修史的主要体裁，与之相比，通史之风鲜有史家所继。自《史记》成书后至唐以前，较为重要的通史撰述仅有南朝梁武帝命群臣所撰的《通史》、北魏元晖组织修纂的《科录》等。

到了唐代前期，断代史仍是最为重要的史书体裁，尤其是唐初所修的八部正史，仅李延寿的《南史》《北史》为通史，其余均为王朝断代史。此外，史家刘知幾也曾评述通史撰述，尽管他的史学评论著作《史通》就

① 例如，白寿彝先生《说六通》（《史学史研究》1983 年第 4 期）、施丁先生的《说“通”》（《史学史研究》1989 年第 2 期）、刘家和先生的《论通史》（《史学史研究》2002 年第 4 期）、吴海兰教授的《整体思维视域下的“通史家风”》（《天津社会科学》2018 年第 6 期）等文章均从整体上论述了中国史学求通的特点，吴怀祺先生所著的《中国史学思想通论·历史思维卷》（福建人民出版社，2011）也专设章节论述中国传统史学的通变思维。瞿林东先生的《唐代史学的通史撰述——兼论中国史学发展的一个转折》（《北京师范大学学报》1985 年第 3 期）一文详细论述了唐代通史撰述的成果与撰述特点。谢保成先生的《隋唐五代史学》（商务印书馆，2007）第八章第四节《中唐以后的史学趋势》也论及中晚唐时期的几部通史著作及其通变思想。

② 刘家和：《论通史》，《史学史研究》2002 年第 4 期。

是以“通”命名的[①]，但就历史撰述而言，他对通史体裁的评价并不是很高。他在《史通·六家》中论述道：

寻《史记》疆宇辽阔，年月遐长，而分以纪传，散以书表。每论家国一政，而胡、越相悬；叙君臣一时，而参商是隔，此其为体之失者也。……况《通史》以降，芜累尤深，遂使学者宁习本书，而怠窥新录，且撰次无几，而残缺遽多，可谓劳而无功，述者所宜深诫也。[②]

刘知幾认为，司马迁以通史的形式记载历史，前后跨越的时间较长，将同时代的人物、史事分散在纪传书表之中，体例有失严谨；对于梁武帝《通史》等通史著作，刘知幾也指出其繁芜残缺等不足。而在《史通·断限》中，刘知幾还批评《汉书》的表、志仿照《史记》通史之体，突破了断汉为史的界限，以至于后来《宋书》《隋书》的志均延续了通史的撰述形式。客观来看，刘知幾的批评虽然是出于对史书编纂之法的严格要求，却未能真正体会《汉书》等史书撰述断中有通的意义，也由此可见他对通史撰述学术价值的认识还不够全面和深入。综上可见，在唐代前期，通史体裁不太受史家重视。

而与之相比，中唐以后，通史著作的数量明显增多。其中纪传体通史有高峻的《高氏小史》等；编年体通史有许嵩的《建康实录》、马总的《通历》、陈鸿的《大统纪》、姚康的《统史》、苗台符的《古今通要》等；传记类通史有韩潭的《统载》、余知古的《渚宫旧事》、李德裕的《异域归忠传》等；典制体通史有杜佑的《通典》；文征类通史有裴潾的《大和通选》。[③]

而且，值得注意的是，与唐代前期相比，这些通史著作体现了中晚唐史家贯通古今的自觉意识明显增强。唐代前期李延寿所作的《南史》和《北史》虽然也是记载数代之事，但他之所以采用通史撰述的形式，与所

① 刘知幾在《史通》的序文中写道：“昔汉世诸儒，集论经传，定之于白虎阁，因名曰《白虎通》。予既在史馆而成此书，故便以《史通》为目。且汉求司马迁后，封为史通子，是知史之称通，其来自久。博采众议，爰定兹名。”（刘知幾：《史通·原序》，浦起龙通释本，上海古籍出版社，2009，第1～2页）由此可知，《史通》之“通”偏重于广泛地采集众家议论，这与司马迁的“通古今之变”的撰述之旨有所区别。

② 刘知幾：《史通》卷一《六家》，浦起龙通释本，上海古籍出版社，2009，第18页。

③ 参见瞿林东《唐代史学的通史撰述——兼论中国史学发展的一个转折》，以及谢保成《隋唐五代史学》第八章第四节《中唐以后的史学趋势》。

记述的南北朝历史发展的客观特点有关。南北朝历史朝代更迭频繁，人物多历经数朝，所以不同朝代之间联系紧密，李延寿分别打通南北各朝而作通史，有利于记载之连贯，避免割裂史事。所以，《南史》和《北史》之“通”是针对特定历史环境的“通”，而且只是有限的“通”，章学诚在《文史通义·释通》自注中称“李氏《南·北史》”是“虽通数代，终有限断，非如梁武帝之《通史》，统合古今”。[①]

相比之下，中唐以后史家撰述通史则更多的是从主观上有意识地贯通古今。首先，从史书的记载年代来看，中晚唐时期的通史不再局限于某特定历史时期几个朝代的贯通，而是将视野放到更为广阔的历史长河中，上溯远古，下记当朝。如韩潭的《统载》“采虞夏以来至周隋，录其事迹善于始终者六百六十八人，为立传”[②]；马总的《通历》“撰纂太古十七氏、中古五帝、三王，及删取秦、汉、三国、晋、十六国、宋、齐、梁、陈、元魏、北齐、后周、隋世纪兴灭，粗述其君臣贤否”[③]；姚康的《统史》也是“上自开辟，下尽隋朝”[④]。

其次，从史书的撰述内容来看，中晚唐时期通史记载的内容类型多样。其中，有的专注于历代王朝兴衰，如陈鸿的《大统纪》，“书事条贯兴废，举王制之大纲，天地变裂，星辰错行，兴帝之理，亡后之乱，毕书之”[⑤]；有的综合记载政治统治与社会生活多方面的史事，如姚康的《统史》，“帝王美政、诏令、制置、铜盐、钱谷损益、用兵利害，下至僧道是非，无不备载”[⑥]；有的记述古今典章制度沿革，如杜佑的《通典》，“历代沿革废置及当时群士论议得失，靡不条载”[⑦]。此外，还有专门记述某一地域或某类人物的通史著作。如许嵩的《建康实录》记述了孙吴、东晋、宋、齐、梁、陈这六个建都于建康的朝代的史事，其中包含王朝的“君臣行事及土地山川、城池宫苑、制置兴坏”[⑧] 等内容；余知古的《渚宫旧事》记载“自鬻熊至唐江陵君臣人物事迹”；李德裕的《异域归忠传》“采秦、

① 章学诚：《文史通义》卷四《释通》，叶瑛校注本，中华书局，1985，第374页。
② 王应麟：《玉海·艺文》，卷十三《杂史》，凤凰出版社，2013，第588页。
③ 晁公武：《郡斋读书志》卷五《编年类》，孙猛校正本，上海古籍出版社，1990，第202页。
④ 刘昫：《旧唐书》卷一八《宣宗纪》，中华书局，1975，第630页。
⑤ 陈鸿：《大统纪序》，载董诰等编《全唐文》卷六百十二，中华书局，1983，第6179页。
⑥ 刘昫：《旧唐书》卷一八《宣宗纪》，中华书局，1975，第630页。
⑦ 李翰：《通典序》，载董诰等编《全唐文》卷四百三十，中华书局，1983，第4379页。
⑧ 晁公武：《郡斋读书志》卷六《实录类》，孙猛校证本，上海古籍出版社，1990，第224页。

汉以来由绝域归中国，以名节自著、功业始终者，凡三十人，为之传”①。从这些通史著作的撰述内容可以看出，当时的史家不仅运用纪传、编年等传统历史编纂形式来撰写一般的古今史事，还注重从专题入手撰写通史，这些专题或是典章制度等社会历史发展的某个方面，或是区域性的历史沿革，或是以类相从的古今人物传记。这种专题式的撰述形式也是当时通史撰述自觉性增强的一个重要表现。

总体来看，中晚唐时期的通史撰述较之唐代前期有了很大的发展，史学求通的自觉意识明显提高。这一时期通史著作的勃兴在整个中国古代通史撰述的发展中有着重要意义。章学诚在《文史通义·释通》中称赞了中晚唐时期杜佑的《通典》、裴潾的《大和通选》以及宋代司马光的《资治通鉴》、郑樵的《通志》这四部通史著作，指出：“此四子者，或存正史之规，或正编年之的，或以典故为纪纲，或以词章存文献。史部之通，于斯为极盛也。”②

二　中晚唐史论中的通识意识

中晚唐通史撰述的勃兴反映了当时人们在历史认识上求通的思想特点，而除了通史撰述，这种通识的历史意识还体现在当时许多史家、学者所发表的史论之中。从这些史论可以看出，他们注重以贯通的整体思维看待历史的盛衰，关注古今历史的变化趋势，并且试图从具体的古今社会演变中概括、总结出历史发展的规律。

第一，中晚唐时期有许多史论探讨历史上的朝代兴亡问题，与唐前期相比，这一时期的历史兴亡论更注重历史发展的整体脉络。在唐代前期，历史兴亡论主要围绕前朝历史的成败经验展开，尤其对隋代灭亡的教训，当时的史家对此多有议论，但其中大多是针对具体历史史实进行评价，系统剖析历史总体趋势以及兴亡之理的议论较少。即使如著名史家朱敬则的《十代兴亡论》专述前朝之兴亡，也多谈君臣个人的具体得失，而鲜有总括一代历史盛衰之势的议论。但中唐以后，学者们更强调历史变化之要领，透过历史盛衰的现象观其本质。

例如，权德舆在《两汉辩亡论》开篇即表明其观点与前人不同，前史

① 陈振孙：《直斋书录解题》卷七《传记类》，上海古籍出版社，2015，第198页。

② 章学诚：《文史通义》卷四《释通》，叶瑛校注本，中华书局，1985，第373页。

多言王莽、董卓对两汉灭亡的影响，权德舆却以西汉的张禹和东汉的胡广作为王朝灭亡的罪魁祸首。张、胡二人皆以儒学著称，他们在世之时距两汉灭亡都还有数年，似乎不应与之相关，但权德舆认为正是因为他们“假道儒术”以“伸其邪心”[①]，两汉灭亡之祸根早在二人佐政之时就已埋下了。由此可见，权德舆并没有像先前的史家那样仅关注表面的历史现象，以王莽、董卓篡汉作为两汉灭亡的主要原因，而是从历史整体的发展脉络出发，剖析了张禹、胡广二人以其儒术祸国这一更深的历史根源。

再如，李德裕的《三国论》综合魏、蜀、吴三国历史，分析了三国灭亡有先后的原因。他在《三国论》开篇说：“魏蜀吴三分天下而亡有先后，非形势有轻重，积仁有厚薄，察其政柄所归之先后可知也。”李德裕认为“政柄所归”是三国灭亡之先后的关键因素。他在文中详细阐述了三国后期政治权力的归属，指出蜀国先亡是因为政归宦官黄皓以致“纲纪日坏，君子不服”；[②] 魏国政归司马氏，但司马氏若想代替曹魏须立大功以服天下，所以其灭蜀之后才可代魏；吴国末帝孙皓虽然残暴不仁，但政权一直掌握在他手中，没有被他人所擅，所以吴国最后灭亡。可以看出，李德裕对三国灭亡有先后的评析是他纵观历史整体趋势、总览三国之政事盛衰得来的。在此之前，论述三国时期历史的史论也有不少，但鲜有如此综合三国兴亡并探究其历史根源的。李德裕还著有《宋齐论》，其中写道：

> 宋齐以降，继体承祧者，君德浸微，王道凌替，缵绪之初，如革大运，降宥解网，以悦众心。仁义之风薄，骨肉之情废，前史评之详矣，然政未得中，改之可也。如弓之高下者抑举，琴瑟之不调者更张，此亦天之道也，岂独人事哉？唯用其罪人，不可甚矣。[③]

前人论南朝宋齐之衰亡，多指责君王不重仁义，有失王道，然而李德裕认为这些都是可以调整的，不是宋齐衰亡的根本原因，所以前史之论“未得中”。在他看来，宋齐以降王朝的衰微在于用人不当。李德裕得出这样的结论，也是基于他对宋齐以降历史发展整体脉络的深刻认识。

---

① 权德舆：《两汉辩亡论》，载董诰等编《全唐文》卷四百九十五，中华书局，1983，第5046页。

② 李德裕：《三国论》，载董诰等编《全唐文》卷七百八，中华书局，1983，第7272页。

③ 李德裕：《宋齐论》，载董诰等编《全唐文》卷七百八，中华书局，1983，第7272～7273页。

唐末罗衮的《秦论》也表达了与前人不同的观点，开篇即指出："亡秦者不在胡亥、赵高、子婴，亦不在始皇，亡秦者，李斯也。"前人往往将秦朝灭亡归咎于赵高的奸诈专权、始皇与二世胡亥的暴虐以及子婴的无能，然而罗衮则认识到李斯在秦亡的历史教训中有着不可推卸的责任。罗衮指出，李斯作为朝之重臣，没有在秦统一六国后"使秦修帝王之道"，也没有在秦始皇死后，奸臣谋乱之时"为存秦之计"，反而"耽禄畏害，怵惕于倾危之际"，致使奸臣得势，贤良被害，最终酿成亡国之祸。[①] 从罗衮的史论可以看出，他是联系整个秦王朝的历史发展过程综合考虑的，试图透过表面的历史兴亡之象追寻更为深层次的原因。

尽管客观地讲，中晚唐时期史家对历史兴亡的评述未必十分公允，也有其片面之处，但这些史论的论述特点的确反映了当时的史家总览全局以探求历史根源的思想倾向，这是他们史学通识思想的一个重要方面。[②]

第二，中晚唐时期不少学者的史论从历史经验出发而观照现实问题，但又不拘泥于历史上的旧例，以通变的思维来看待古今关系。例如，唐德宗时期的宰相陆贽在《论缘边守备事宜状》中称："伏以戎狄为患，自古有之，其于制御之方，得失之理，备存史籍，可得而言。"他总结了历代史籍中关于边防问题的论述，指出各家论述"虽互相讥评，然各有偏驳"，所以"听一家之说，则理例可征；考历代所行，则成败异效。是由执常理以御其不常之势，徇所见而昧于所遇之时"。而且，他认识到："中夏有盛衰，夷狄有强弱，事机有利害，措置有安危，故无必定之规，亦无长胜之法"，因此"知其事而不度其时则败，附其时而不失其称则成。形变不同，胡可专一？"[③] 由此可以看出，陆贽面对历代边防"制御之方"，没有简单地评判其各自的得失，而是综合了历代的历史经验与史家之论，从而认识到"中夏"与"夷狄"各有强弱之时，所以借鉴以往的边防经验时既要察其得失，还要应变随时。

---

① 罗衮：《秦论》上，载董诰等编《全唐文》卷八百二十八，中华书局，1983，第 8728 页。

② 关于中晚唐时期的历史兴亡论，瞿林东先生也曾作过相关论述，并且指出这些史论有一个共同特点，即"不是只看事物最终结果，而是追本溯源，考察这一结果之所以出现的原因"。参见瞿林东、李珍《中国古代历史理论》中卷，安徽人民出版社，2011，第 398 页。

③ 陆贽：《陆贽集》卷十九《中书奏议三·论缘边守备事宜状》，中华书局，2006，第 603～609 页。

再如，对于分封制与郡县制的得失利弊，历史上有过多次论争，中唐时期柳宗元作《封建论》，回顾了从上古社会至唐代分封制与郡县制的发展历程。柳宗元指出，上古时期分封制的形成是客观历史发展的必然趋势，而非圣人主观的决定，即“非圣人意也，势也”①。但在周之后，分封制的弊端逐渐显现出来，柳宗元论述称：“周之丧久矣，徒建空名于公侯之上耳。得非诸侯之盛强，末大不掉之咎欤？遂判为十二，合为七国，威分于陪臣之邦，国殄于后封之秦，则周之败端，其在乎此矣。”② 秦朝废分封而立郡县，此后的王朝也多有沿袭，柳宗元具体分析了秦、汉、唐三朝的郡县统治情况，从而说明了郡县制在政治统治中的优势，论证了“州县之设，固不可革也”③ 的观点。柳宗元的《封建论》没有拘泥于所谓行封建就是继承圣人之旧制的说法，而是从分封制与郡县制的历史形成和现实影响的角度剖析了二者的利弊得失，说明社会统治制度的选择应适应历史发展的客观需要，这充分体现了他贯通古今、通变随时的历史发展观。

杜佑的历史思想也有着同样的特点，他同柳宗元一样，也有关于封建、郡县问题的论述，《新唐书·宗室传赞》评价柳宗元和杜佑的封建论称“深探其本，据古验今”④。杜佑将前人的封建论分为“法古”和“是今”两大类，但在他看来，都“终莫究详”。杜佑是从古今历史发展的整体进程来评析制度沿革的，指出周王朝建侯是沿袭旧政，“事皆相因”；而魏晋以后，“建侯日削，欲行古道，势莫能遵”⑤。而且，李翰在为《通典》写的序言中说：“今《通典》之作，昭昭乎其警学者之群迷欤？以为君子致用在乎经邦，经邦在乎立事，立事在乎师古，师古在乎随时。必参古今之宜，穷终始之妙。”⑥ 杜佑在《通典·食货典》中也说：“酌古之要，通今之宜，既弊而思变，乃泽流无竭。”⑦ 可见，杜佑很重视古今之间

① 柳宗元：《柳宗元集》卷三《封建论》，尹占华、韩文奇校注本，中华书局，2013，第189页。

② 柳宗元：《柳宗元集》卷三《封建论》，尹占华、韩文奇校注本，中华书局，2013，第186页。

③ 柳宗元：《柳宗元集》卷三《封建论》，尹占华、韩文奇校注本，中华书局，2013，第187页。

④ 欧阳修、宋祁等：《新唐书》卷七十八《宗室传赞》，中华书局，1975，第3537页。

⑤ 杜佑：《通典》卷三十《职官十三》，中华书局，1988，第848~849页。

⑥ 李翰：《通典序》，载董诰等编《全唐文》卷四百三十，中华书局，1983，第4379页。

⑦ 杜佑：《通典》卷十二《食货十二》，中华书局，1988，第295页。

的联系，师古而不泥古，既要追本溯源，更要通变随时。

此外，唐末国子博士朱朴曾对古今帝王建都作过论述，其中说道：

> 古王者不常厥居，皆观天地兴衰，随时制事。关中，隋家所都，我实因之，凡三百岁，文物资货，奢侈僭伪皆极焉；广明巨盗陷覆宫阙，局署帑藏，里闬井肆，所存十二，比幸石门、华阴，十二之中又亡八九，高祖、太宗之制荡然矣。……自古中兴之君，去已衰之势，就未王而王。①

朱朴的这段话旨在建议皇帝迁都，他从历史发展的角度说明了关中地区在历史上建都的优势，但又强调王者建都要根据“天地兴衰”以“随时制事”。关中故都经历隋唐两朝的统治已经盛极而衰，因此若要王朝中兴，就应体察历史盛衰的趋势，“去已衰之势，就未王而王”。② 朱朴的观点反映出他通变的历史认识。

第三，从中晚唐时期的史论可以看出，史家试图从纷繁复杂的古今变化之中总结出社会历史发展的规律，通古今之变而观其理。例如，柳宗元的《封建论》在总结历代分封制、郡县制得失之时，着重区分了社会统治的政与制，以及统治制度的公与私。所谓政与制，是指社会统治的具体措施与社会统治制度。柳宗元对比了周、秦二代之事迹，指出周王朝的灭亡“失在于制，不在于政”，即分封制的弊端是其灭亡的主要因素；而秦朝的灭亡“失在于政，不在于制”，即秦朝灭亡不在于郡县制的建立而在于具体的统治措施不当。③ 关于汉朝和唐朝的统治，柳宗元认为汉朝郡国并行，后来七国之乱的历史事实证明分封的诸侯国容易叛乱而郡县则相对安定，即“有叛国而无叛郡”；唐朝实行郡县制，虽然“桀猾时起，虐害方域”，但“有叛将而无叛州”。④ 以历史的实际情况看，实行分封制与实行郡县制的朝代都存在社会统治方面的弊端，甚至实行郡县制的秦朝国祚较短，二世即亡，前人也多因此而判定这是郡县制所致。柳宗元却通过对政与制的区分对这一问题做了系统的剖析，从而厘清了王朝叛乱与灭亡的根本原

---

① 欧阳修、宋祁等：《新唐书》卷一百八十三《朱朴传》，中华书局，1975，第5385页。

② 欧阳修、宋祁等：《新唐书》卷一百八十三《朱朴传》，中华书局，1975，第5385页。

③ 柳宗元：《柳宗元集》卷三《封建论》，尹占华、韩文奇校注本，中华书局，2013，第187页。

④ 柳宗元：《柳宗元集》卷三《封建论》，尹占华、韩文奇校注本，中华书局，2013，第187页。

因。关于公与私，柳宗元指出，汤武革命后实行分封制是不得已而为之，这种由“不得已”而带来的分封的统治制度体现的是统治者之“私”。他说：“夫不得已，非公之大者也，私其力于己也，私其卫于子孙也。”① 也就是说，汤、武实行分封制是出于私心，他们需要借助诸侯国的力量才能维系其王朝统治，才能护卫其子孙后代。然而秦朝不同，柳宗元称：“秦之所以革之者，其为制，公之大者也；其情，私也，私其一己之威也，私其尽臣畜于我也。然而公天下之端自秦始。”② 在他看来，秦朝改分封制为郡县制才是“公之大者”，尽管秦朝皇帝的目的也是要提高其个人的权威，但郡县制所代表的是一种“公天下”的统治形式，所以他说“公天下之端自秦始”。柳宗元的这些论述没有停留在具体的王朝历史兴衰的表面，而是站在理论的高度，深入分析了社会历史发展的整体趋势，从而总结出社会统治制度的发展规律。

再如，杜佑在《通典·边防》序中论述了“中华”与“夷狄”历史发展的关系，他说：“然人之常情，非今是古，其朴质少事，信固可美；而鄙风弊俗，或亦有之。缅惟古之中华，多类今之夷狄。有居处巢穴焉，有葬无封树焉，有手团食焉，有祭立尸焉，聊陈一二，不能遍举。”③ 杜佑认为，“古之中华”就如同“今之夷狄”，都“朴质少事”但同时又存在“鄙风弊俗”，中原社会尽管在当下比“夷狄”要发达，但也经历了从质朴鄙陋到文明繁盛的发展过程，所以从当下“夷狄”之文化即可推测古代中原社会的情况。可见，杜佑将“夷狄”与“中华”都放在人类社会整体的演进趋势中去考量，指出“夷狄”社会的发展和中原社会有着相似之处，都遵循着一般社会历史的发展规律。

三 中晚唐史学通识思想发展的原因

中晚唐史学通识思想之所以有明显的发展，这与当时的社会环境以及学术思潮有着密不可分的关系，具体而言主要有以下几点原因。

第一，从史学自身的角度来看，中晚唐史家的求通精神是对先秦以来

---

① 柳宗元：《柳宗元集》卷三《封建论》，尹占华、韩文奇校注本，中华书局，2013，第188页。

② 柳宗元：《柳宗元集》卷三《封建论》，尹占华、韩文奇校注本，中华书局，2013，第188页。

③ 杜佑：《通典》卷一百八十五《边防》，中华书局，1988，第4979页。

史学通识思想的继承。虽然就史书体裁而言，如前文所说，中唐以前的通史撰述与断代史相比成果不算太多，但是史学的通识精神很早就已形成，且为历代史家所继承。在先秦典籍六经之中，《周易》就体现出通变的历史思想，提出“通其变，使民不倦”“穷则变，变则通，通则久”[①] 的观点，强调要顺应历史的发展，适时地做出变革；而《尚书》也具有“疏通知远”的思想特点，即通过记载古今史事来探寻历史发展的趋势。到了西汉时期，司马迁以“通古今之变”作为《史记》的撰述主旨之一，真正将通识思想体现于历史撰述之中。此后，不少史家的断代史著作虽然在体裁上是记一代之兴衰，但同样具有求通的思想意识。例如，东汉史家班固的《汉书》断汉为史，但其中的志、表部分属于通史撰述，记载的是自先秦以来的历史内容。再如，东晋史家袁宏作《后汉纪》，提出“通古今而笃名教”[②] 的撰述思想，这也是史学通识意识的体现。

中晚唐史家的通史撰述承接了先秦以来史学求通的传统，延续和发展了以《史记》为代表的通史著作原始察终、贯通古今的撰述特点。在中晚唐的通史撰述中，有著作甚至明确以《史记》的体例为标准，如宋代高似孙的《史略》称高峻的《高氏小史》“一以太史公书为准”[③]，王应麟的《玉海》称苗台符的《古今通要》“依《史记》，自黄帝及共和，存其代数，周秦以降则以元年冠甲子”[④]。而且，当时史家的史学评论也赞扬了司马迁的史学通识精神。如柳冕的《答孟判官论宇文生评史官书》写道：“迁承灭学之后，修废起滞，以论天人之际，以通古今之变，而微迁叙事，广其所闻，是轩辕之道几灭矣；推而广之，亦非罪也。且迁之过，在不本于儒教，以一王法，使杨朱、墨子得非圣人，此迁之罪也，不在于叙远古、示将来也。”[⑤]

第二，从史学与社会的关系来看，中晚唐时期史学通识思想的深入发展与当时整个社会的变革趋势有直接的关系。安史之乱以后，社会发展与唐前期相比发生了很大的变化，长时间的战乱使得唐代社会的政治、经济

① 《周易·系辞下》，十三经注疏本，上海古籍出版社，1997，第 86 页。

② 袁宏：《后汉纪》，见张烈点校《两汉纪》下册，中华书局，2002，序第 1 页。

③ 高似孙：《史略》卷四《通史》，商务印书馆，1939，第 80 页。

④ 王应麟：《玉海·艺文》卷二十一《著书 别集》，武秀成、赵庶洋校证本，凤凰出版社，2013，第 1014 页。

⑤ 柳冕：《答孟判官论宇文生评史官书》，载董诰等编《全唐文》卷五百二十七，中华书局，1983，第 5355 页。

以及军事边防等各方面都深受打击。由于社会危机的不断加深，朝廷内部要求变革的呼声越来越高，改革成为当时统治者以及许多大臣和有识之士关注的焦点问题。例如，唐代宗统治时期，左拾遗独孤及曾上疏历数当时社会中官府暴虐、歹徒猖獗、百姓困苦、民意不达于上等种种乱象，劝谏皇帝力行改革，“思所以救之之术”。[①] 唐德宗至唐宪宗统治时期，统治者与朝中权臣也针对种种社会时弊进行过多次改革。

社会危机的加深和改革浪潮的高涨促使人们回顾历史，从历史经验中找到社会发展的出路。前文所提到的那些中晚唐时期通史著作以及史论的作者也大多深入参与当时的政治活动中。杜佑、权德舆、李德裕都曾身居高位，可以说是当时政坛重要的决策者；马总、韩潭也曾任地方行政官员；柳宗元参与了唐顺宗时期的政治改革——“永贞革新”，成为改革运动的核心成员之一。唐末的罗衮也是以敢于直谏著称，多次上疏论及节度使为害一方、宦官专权擅政等时弊。他们的通史撰述多为资政而作，其史论也是既论历史，又论现实。史学资政的需要使得此时的历史总结不能再如唐代前期仅借鉴一朝一代的具体的兴亡得失，而是要以更宏观和系统的视角，从长时段的历史发展中综合历代的统治经验，并以通变的思维寻找历史发展的规律，从而指导当下的政治改革。史学通识思想正是在这种社会变革的背景下得以深入发展，因而“通识”也成为评判史家素养的重要标准，如李翱在《论事疏表》中说：“夫通前古治乱安危之大本者，实史臣之任也。”[②] 白居易在《授沈傅师左拾遗史馆修撰制》中也说：“庶职之重者，其史氏欤。历代以来甚难其选，非雄文博学，辅之以通识者，则无以称命。”[③]

第三，就中晚唐学术发展的整体情况而言，史学求通的思想还受到当时经学学术思潮的影响。可以说，求通是中晚唐学术思想的整体倾向，不止在于史学，经学也是如此。而在中晚唐的经学发展中，《春秋》学和《易》学的求通思想体现得尤为明显，对史学的影响也较为深刻。

关于《春秋》学，以啖助、赵匡、陆淳为代表的新《春秋》学派对中唐以后学术发展起到了较强的引领作用，韩愈、李翱、柳宗元、柳冕等当

① 欧阳修、宋祁等：《新唐书》卷一百六十二《独孤及传》，中华书局，1975，第4992页。

② 李翱：《论事疏表》，载董诰等编《全唐文》卷六百三十四，中华书局，1983，第6400页。

③ 白居易：《授沈傅师左拾遗史馆修撰制》，载董诰等编《全唐文》卷六百六十，中华书局，1983，第6713页。

时的许多史家和学者皆受其学术思想影响。[①] 新《春秋》学派求通的学术特点表现为两个方面：其一，从解经形式来看，他们对《春秋》经文的解读不再限于《公羊》《穀梁》《左传》之中的某“一家之言”，而是打通《春秋》三传，并参之以己意。如啖助认为三传各有得失，《左传》“博采诸家，叙事尤备，能令百代之下，颇见本末”，但“左氏本末，释者抑为之说，遂令邪正纷揉，学者迷宗也”；“《公羊》《穀梁》初亦口授，后人据其大义，散配经文，故多乖谬，失其纲统”，且“守文坚滞，泥难不通，比附日月，曲生条例，义有不合，亦复强通，踳驳不伦，或至矛盾，不近圣人夷旷之体”，但“其大指亦是子夏所传，故二传传经，密于左氏”。[②] 正是基于对三传各有得失的认识，新《春秋》学派在解释《春秋》经文时“考核三传，舍短取长”；同时“又集前贤注释”，“商榷得失，研精宣畅，期于浃洽”，[③] 由此可见新《春秋》学派求通的治学特点。

其二，从其《春秋》学思想的内涵来看，新《春秋》学派强调《春秋》的“权”“变”之义，这样的学术主张也蕴含着通变的历史思想。如啖助指出：

> 予以为《春秋》者，救时之弊，革礼之薄。何以明之？前志曰：夏政忠，忠之弊野；殷人承之以敬，敬之弊鬼；周人承之以文，文之弊塞，救塞莫若以忠，复当从夏政。……是故《春秋》以权辅正，以诚断礼，正以忠道，原情为本，不拘浮名，不尚狷介，从宜救乱，因时黜陟。……古人曰：殷变夏，周变殷，春秋变周。又言：三王之道如循环。太史公亦言：闻诸董生曰：《春秋》上明三王之道。《公羊》亦言：乐道尧舜之道，以俟后圣。是知《春秋》参用二帝三王之法，以夏为本，不全守周典，理必然矣。[④]

① 据《旧唐书·儒学下》载，陆淳“少师事赵匡，匡师啖助，助、匡皆为异儒”。蒙文通《中国史学史》指出啖助等人与当时倡导古文的学者关系密切，论述称：“凡以古文名者，莫不与异儒共声气。”又称：“凡古文家之与异儒，皆归于义理。……则所谓文起八代之衰者，其思想与异儒为一致，又其人皆相互于师友之间。”（上海人民出版社，2006，第70页）而中唐以后的古文家又多精于史学，如韩愈、李翰、沈既济、柳冕、李翱都曾任史职，可见新《春秋》学派与当时史学关系之密切。关于这一问题，吴海兰的《新〈春秋〉学与中晚唐史学褒贬义例的运用》（《史学史研究》2018年第3期）一文也有相关论述。

② 陆淳：《春秋集传纂例》卷一《三传得失议第二》，商务印书馆，1936，第3～4页。

③ 陆淳：《春秋集传纂例》卷一《啖氏集传注义第三》，商务印书馆，1936，第5页。

④ 陆淳：《春秋集传纂例》卷一《春秋宗旨义第一》，商务印书馆，1936，第1～2页。

啖助从忠、敬、文三代制度因革损益的角度来说明变革以挽救时弊的必要性，认为《春秋》的主旨就是要救周之弊，秉承尧舜之治道，参用二帝三王之法制，不完全依从周代礼典。由此可见，新《春秋》学以通变的思维看待历史的发展，并非简单地延续前代之制，而是从权达变，综合历代礼制沿革的情况来确立治国理政之法。

关于《易》学，“通”的学术特点和思想主张同样有着明显的体现。其一，与《春秋》学一样，中唐以后的《易》学注疏也具有“通”的特点。在唐代前期，《五经正义》中《周易》采用的是王弼、韩康伯的注，学者们以此为阐释《周易》的标准，所以当时的《易》学主要继承的是义理派的学术思想。到了中晚唐时期，史徵的《周易口诀义》、李鼎祚的《周易集解》等《易》学著作则不再专从王注，而是汇集前代多家注疏，尤其是李鼎祚的《周易集解》，集自汉至唐三十余家《易》学注疏，陈振孙的《直斋书录解题》称：“凡隋、唐以前易家诸书逸不传者，赖此书犹见一二。”[①] 而且，《周易集解》打破了王注义理派《易》学独大的局面，李鼎祚所采古今众家注释中不乏象数派《易》学思想。李鼎祚在《周易集解·序》中回顾了《易》学的演变，他说：

> 自卜商入室，亲授微言。传注百家，绵历千古，虽竞有穿凿，犹未测渊深。唯王郑相沿，颇行于代，郑则多参天象，王乃全释人事。且易之为道，岂偏滞于天人者哉！致使后学之徒纷然淆乱，各修局见，莫辨源流。天象远而难寻，人事近而易习。则折杨黄华，嗑然而笑。方以类聚，其在兹乎？[②]

从这段话可以看出，李鼎祚反对《易》注如郑玄、王弼那样偏于象数或义理，他汇集诸家是为了分辨《易》学发展的源流，从中探寻真正的《易》学内涵。所以李鼎祚称：“臣少慕玄风，游心坟籍，历观炎汉，迄今巨唐。采群贤之遗言，议三圣之幽赜，集虞翻、荀爽三十余家。刊辅嗣之野文，补康成之逸象，各列名义，共契玄宗。”[③] 由此可见，李鼎祚的《易》学具有考镜源流、打通众家的特点。

其二，如前文所述《周易》本身就包含了通变的历史思维，这种历史

① 陈振孙：《直斋书录解题》卷一《易类》，上海古籍出版社，2015，第6页。
② 李鼎祚：《周易集解》，商务印书馆，1937，序第2页。
③ 李鼎祚：《周易集解》，商务印书馆，1937，序第2页。

思维多为历代史家所汲取并运用于历史撰述；而随着中晚唐《易》学的发展，通变的历史思维成为当时史家认识与撰述历史的重要思想理念。在唐代前期，也有不少史家引《易》以论史事，但正如以往学者所评价的，当时“易学的义理在史书中被引用，但只有和其他经籍一道用来说明历史的具体经验，而没有从《易》的思维方式中得到对世界、社会、历史的深刻理解”①。这种情况在中唐以后逐渐有所改变，在前文所提到的中晚唐时期的史家和史论的作者中，大多精通于《易》学，例如，杜佑、柳宗元在其著述中多次引用《周易》经传的内容，柳宗元还曾与刘禹锡专门探讨具体的卦爻问题；甚至也有史家著有专门的《易》学著作，如李吉甫著有《易象异义》，李翱著有《易诠》。而且，中晚唐时期学者多从社会历史发展的角度对《周易》经传义理进行阐发，尤其是关于通变思想，学者们注重从卦辞甚至是卦象中探究历史盛衰之理。例如，学者陆希声作《周易传》一书，其序文所列篇目“第九通天下之理”“第十成天下之务”②，可见其通变以求理的撰述宗旨。李翱的《易诠》称：“圣人画卦始止于三，谓三才之道，因而重之，乃可以观变。……变革之理，如《乾》之九四，则曰‘乾道乃革’；《革》之九三，曰‘革言三就’是也。推此而求其变，则可以思过半矣。”③ 杜佑的《通典》论及古今婚礼的演变，强调“古今异制”“礼数从宜”，称“三代制度，或沿或革不同，皆贵适时”，并且引《周易》卦辞曰：“随时之义大矣哉。”④ 从这些论述中可以看出，学者们已经较为自觉地以《周易》的通变思维来认识历史发展；且与唐代前期相比，《周易》之“通”不只是用来说明具体的历史经验，而开始逐渐形成为一种更具整体性的历史哲学。

四　余论：中晚唐史学通识思想对宋以后通史撰述的影响

中晚唐时期史学通识思想对宋以后史学的发展产生了一定的影响。随着宋代理学的兴起，求通的思想特点在历史撰述中更加突出，诚然，这种思想直接来源于理学贯通天人古今的观念，但从史学自身来看，这也是对

① 吴怀祺：《易学与史学》，中国书店出版社，2004，第 114 页。
② 陆希声：《周易传序》，转引自朱彝尊《经义考》卷十五《易》，中华书局，1998，第 94 页。
③ 李翱：《易诠》，转引自朱彝尊《经义考》卷十五《易》，中华书局，1998，第 94 页。
④ 杜佑：《通典》卷五十八《礼十八》，中华书局，1988，第 1652 ~ 1653 页。

中晚唐史学通识思想的延续和发展。

相较于中晚唐时期，宋以后的通史著作在体例和内容上更加完善和丰富，出现了如北宋司马光的《资治通鉴》、南宋郑樵的《通志》以及宋末元初马端临的《文献通考》等通史巨制。从历史编纂学的角度看，《资治通鉴》的编纂反映了编年体通史撰述走向成熟，《通志》与《文献通考》则在前代通史撰述的基础上发展出了“会通”的史学思想。这种通史撰述的成熟与中晚唐通史著作的勃兴也不无关联，尤其是杜佑的《通典》、马总的《通历》以及高峻的《高氏小史》等几部质量较高的通史对宋以后史学发展产生了一定的影响。例如，司马光在《与刘道原书》中特别提到“少时惟得《高氏小史》”[①]，陈振孙的《直斋书录解题》也记载，司马光“尝称其书，使学者观之”[②]。而且，司马光在《资治通鉴考异》中也多引《高氏小史》以及《通典》和《通历》的内容以考辨史事。再如，马端临在《文献通考》自序中对杜佑的《通典》给予了较高的评价，称“杜书纲领宏大，考订该洽”，并且表明《文献通考》是在杜佑《通典》的基础上进一步补充、考订而成，其书以二十四门考历代典制的撰述体例也是“俱效《通典》之成规”。[③]

此外，前文提到，中晚唐时期的不少通史著作上述远古，下记当朝，正是这种追本溯源的史学精神使史家考察并叙述上古史事。而这种古史撰述的自觉意识在宋代以后有了更深入的发展，出现了许多重要的古史著作，如北宋时期司马光的《稽古录》、刘恕的《通鉴外纪》、苏辙的《古史》，南宋时期胡宏的《皇王大纪》、罗泌的《路史》，以及宋元之际金履祥的《通鉴前编》等。就史书内容而言，中晚唐通史中对上古史事的记述也在一定程度上为宋以后的古史撰述奠定了基础。例如，罗泌尽管在《路史序》中对马总的《通历》评价不高，但其子罗苹所作《路史注》则多次引用《通历》以考辨史事。[④] 再如，北宋高承编有《事物纪原》一书，

---

① 司马光：《司马温公集》卷六十二《与刘道原书》，见李之亮笺注《司马温公集编年笺注》第五册，巴蜀书社，2009，第79页。

② 陈振孙：《直斋书录解题》卷四《别史类》，上海古籍出版社，2015，第109页。

③ 马端临：《文献通考》，中华书局，2011，自序第2页。

④ 关于《路史注》的作者，一般认为是罗泌之子罗苹，但《四库总目提要》称：“句下注文，题其子苹所撰。核其词义，与泌书详略相补，似出一手，殆自注而嫁名于子欤！”也有学者认为，《路史注》为罗氏父子共同所作。（见朱仙林《罗泌家世及其路史考》，《古代文明》2011年第4期）但《路史注》对《通历》内容的引用至少可以说明《通历》对罗氏父子的历史撰述有一定的影响。

专门考辨万事万物的起源，其中也大量引用《通典》《通历》和《高氏小史》所记载的上古史事。

而且，宋代学者在继承中晚唐通史编纂内容和思想的同时也对其中的部分著作进行了反思，从而使史学求通的精神有了进一步的发展。例如，南宋章如愚所编撰的《山堂考索》别集卷十二《诸史门·通历》①论道：

> 始黄帝迄天宝，杜佑之《通典》也，君子谓其未必通于典。起太初终南齐，梁武帝之《通史》也，君子谓其未必通于史。马会元《通历》之作，其亦犹杜佑之《通典》、梁武帝之《通史》乎？尝考其书大抵编次众史而为之，议论根株则多有取于虞世南之《帝王略论》，搜索三坟，著述兴败，觌元风于千古，贯宝历于圣唐，总之于历可谓通矣。然栗陆骊连，书所不载，而《通历》载之；何疏寒浞之事，经所不详，而《通历》详之，何靡乎此！犹足以见其通也。既以女娲为三皇之一，又曰燧人、共工未知孰是，取予不真，果足谓之通乎？既以有熊为中古之世，又曰无怀已上莫知其都，讲贯不熟，果足谓之通乎？既以天地人皇为四万五千六百年矣，又曰有巢之代未详年岁，阙略尚多，又果足谓之通乎？吁！又孰知总之所未通，正有待于后世之通者欤！②

这段话评述了《通历》的历史撰述，一方面，《通历》所录史事贯通古今，载经籍所不详之人物事迹，此可谓“通”；另一方面，《通历》对史实的考订依然存在“取予不真”“讲贯不熟”“阙略尚多”等问题，此谓其“未通”之处。可以看出，论者在肯定《通历》贯通古今的同时，还强调叙事翔实、考订严谨也是著史之“通”的必要条件，因而论者在最后特别提出，马总《通历》所未通之处，正有待后世通识之人去完善。再如，马端临在《文献通考》自序中也指出，杜佑的《通典》“节目之间未为明备，而去取之际颇欠精审”；且在内容上也有阙略之处，如“天文、五行、艺

① 《山堂考索》又名《群书考索》。按其书元、明刻本别集卷端镌有“温陵吕中增广”，疑别集部分内容非章如愚所辑，乃出于吕中。吕中，字时可，南宋理宗淳祐七年（1247年）进士，泉州晋江人，时代略晚于章如愚。关于《山堂考索》的作者问题，参考李伟国《山堂考索的作者和版本》（《文献》1984年第4期）与陈先行《山堂考索》（中华书局，1992）之《影印说明》。

② 章如愚：《山堂考索》别集卷十二《诸史门·通历》，中华书局，1992，第1349页。

文，历代史各有志，而《通典》无述焉”，帝王世系、诸侯世表，“杜书亦复不及”。[①] 因此，马端临作《文献通考》便是要融会众多文献以考订历代典章经制，从而弥补《通典》之不足。综上可见，宋代的史学求通精神在中晚唐通史撰述的基础上又有了新的发展。

① 马端临：《文献通考》，中华书局，2011，自序第2页。

柔远与慕华

——简论北宋与高丽的史学交流

申慧青

（河北大学历史学院，河北保定　071000）

摘　要： 中国古代史学在宋代发展至高峰，其历史思想与历史撰述对同时代的高丽政权也产生了重要影响。北宋和高丽政权的史学交流，是两国文化交往的重要构成。高丽对北宋史学成果的仰慕非常明显，这在其官方与民间对宋代史著的求索与学习中有明显反映。但北宋对于这种仰慕的应对则要复杂得多：一方面，宋代士大夫乐于“示之以仁，而使自知归，化之以道，而俾其自服”，力求以文学教化获得周边政权的尊敬；另一方面，宋代史学家强调史学对现实政治的影响，因此当政者对于史学著述的传播又非常慎重。本文拟通过对北宋与高丽间史学交流活动的梳理，探讨宋丽之间的史学活动对两国的史学发展的推动作用，以及政治活动对史学发展与文化交流的双向影响。

关键词： 北宋　高丽　史学交流

公元918年，王建立都开京（今朝鲜开城）建立高丽政权，936年统一朝鲜半岛。不同于新罗时代一力与唐修好的政治方针，高丽政权面对的是辽宋争雄及至女真崛起之后宋辽金对峙的复杂局面。高丽与任何一方的交好都会带来政权之间利害关系的错综变化，对这一时期中国与高丽的外交活动研究也成为历史研究的一项重要议题。宋丽之间的和平交往，主要集中于遣使聘问、学者互访、经济贸易等方面，这其中也包含史学的交流。一方面，宋代士大夫乐于“以道为城池，以仁为网罟，牢笼御备，使悉备于术内，范围包纳，俾咸入于瓠中”[①]，一反唐代的强硬手段，力图以文学教化获得周边政权的尊敬。但另一方面，“以史为鉴”思想在宋朝大为发展，宋代的史家和史著尤其注意史学对现实政治的影响，因此宋代当政者对于史学著述的传播又非常慎重。

宋朝甫一建立，高丽就表达了亲近之情，建隆三年（962），时为高丽国王的光宗王昭就“遣使来贡方物”[②]，主动示好，其后持续遣使直至去世，继任者景宗王伷也遣使不绝，并“以父没当承袭”，受宋封为高丽国王[③]。开宝九年（976），宋朝也派遣于彦超、徐昭文出使高丽，自此双方一直保持了友好的关系。但高丽处于宋辽夹缝之中，尤其是在辽朝经营渤海之后，高丽与辽也一直关系密切。高丽一直周旋于宋辽之间，既是两个政权的缓冲区，又不免被一国视为另一国的盟友。高丽对宋朝“思慕皇化”[④]，对其文化心向往之，也希望像宋朝一样建立自己的史学体系；宋朝却以高丽为“契丹羁制”[⑤]，忧虑史学著述尤其是与本朝相关史著的流传会泄露机密，更唯恐高丽“分遗契丹”[⑥]，后患无穷。在宋丽间的史学交流活动中，高丽对史书的索取、宋代对高丽“求史”的态度与应对措施以及宋代史学对高丽的影响，一方面，可以反映瞬息万变的政治活动对史学文化的影响；另一方面，也体现了恒久的文化影响力是如何穿越时空的界限，发展延续。

一　宋代传入高丽史书考略

了解传入朝鲜半岛的中国史著的情况，从高丽传世史书中似可见一斑。朝鲜半岛流传于今的史著，以《三国史记》为时代最久。此书成书于1145年（高丽仁宗二十三年，南宋绍兴十五年），以汉文记载朝鲜半岛三国新罗、百济、高句丽的史事。此书是高丽史学家金富轼“奉宣撰”，具正史的性质，体例采用纪传体，有很明显的模仿中国正史史书的痕迹。其史事多采自今已失传的《旧三国史记》《花郎世记》《高丽古记》等朝鲜

① 田锡：《守在四夷论》，《全宋文》卷94，上海辞书出版社，2006，第5册，第257页。
② 李焘：《续资治通鉴长编》卷3，建隆三年十一月丙子，中华书局，2004，第2册，第75页。
③ 脱脱：《宋史》卷487，《外国三》，中华书局，1977，第14037页。
④ 李焘：《续资治通鉴长编》卷47，咸平三年四月庚午，第4册，第1030页。
⑤ 李焘：《续资治通鉴长编》卷47，咸平三年四月庚午，第4册，第1030页。
⑥ 李焘：《续资治通鉴长编》卷481，元祐八年二月辛亥，第32册，第11438页。

古史，但参考了大量的中国史书，尤其是正史。《三国史记》对其所采纳自中国史书的文献都有较为确切的标注，故而此书对我们了解北宋及之前传入朝鲜半岛的中国历史文献颇有助益。

唐代以来，存在于朝鲜半岛的诸政权就与中原王朝保持了持久的外交联系，频繁的使节互访、留学生入唐等活动，都促进了彼此间文化的交流。高丽人“俗爱书籍”，“子弟未婚之前，昼夜于此读书习射”[①]，故唐以前及唐代所著史书大量流入高丽，颇受欢迎。《旧唐书·高丽传》所列举的唐入高丽史书包括“《史记》、《汉书》、范晔《后汉书》、《三国志》、孙盛《晋春秋》”等。唐太宗曾亲征新罗，新罗王投降后，为表安抚之意，除赐予其封号之外，李世民还“因赐以所制《温汤》及《晋祠碑》并新撰《晋书》”[②]。《三国史记》所参考的中国史籍从《史记》《汉书》等史学经典直至《晋书》《北史》《隋书》，这些书籍很有可能在唐代就已经传入朝鲜半岛，并直接影响了其史学的发展。

在《三国史记》中，还保存了不少出自《旧唐书》《新唐书》《资治通鉴》等史著的内容，这些史著传入高丽，当是在北宋时期。如《三国史记》卷四载新罗国主真平王金白净逝世时间的时候，就将国史中的记载与《新唐书》《资治通鉴》相对照，并得出“唐书”“通鉴”都“岂其误耶”的结论[③]；卷三十三涉及高句丽王的服饰，说其“服五采，以白罗制冠，革带皆金缕，大臣青罗冠，次绛罗，珥两鸟羽”[④]，又是采用了《新唐书·东夷传》的记录[⑤]。

成书于十三世纪后期的另一本关于朝鲜半岛三国时期历史的《三国遗事》，其史料也有不少出自中国的史著。《三国遗事》的作者是高丽的僧侣一然，全书五卷一百四十四条目，分为九篇，记载三国逸事，其编纂体例类似于宋代所流行的笔记类书籍。所载事迹驳杂，多神仙志怪、传说玄谈，但也包含不少对三国政治和历史的实录。因为私人著述，比之《三国史记》反少隐晦，可以补正史之缺。在论及朝鲜半岛历史时，《三国遗事》

---

① 刘昫：《旧唐书》卷199上，《东夷传》，中华书局，1975，第5320页。

② 刘昫：《旧唐书》卷199，《东夷传》，第5335页。

③ 《三国史记》卷四，《三国史记》记载真平王逝世是在真平王五十四年即公元632年，《新唐书》与《资治通鉴》都采用了逝世于贞观五年（公元631年）的说法。

④ 金富轼：《三国史记》卷33，吉林大学出版社，2015，第456页。

⑤ 《新唐书》原文为“王服五采，以白罗制冠，革带皆金扣。大臣青罗冠，次绛罗，珥两鸟羽”。欧阳修：《新唐书》卷220，《东夷传》，中华书局，1975，第6186页。

多采用中国正史中“高丽传”的记载，比之于《三国史记》，一然所引用的出自两《唐书》等史著的材料更偏重于其关于三国时期政权发展的历史记载，并以此为依据考证朝鲜半岛古史。如在论及百济起源时，就采用了《旧唐书·高丽传》“百济扶夫之别种，东北新罗，西渡海越州，南渡海至倭北，高丽其王所居，有东西两城”的说法，并与《新唐书·高丽传》“百济西界越州，南倭，皆逾海”的说法相对应①；论及古乐浪郡的由来，在采用应劭《风俗志》的说法时也附加了《新唐书》的注解：“平壤城，古汉之乐浪郡也。”②

史著之外，《三国史记》的编纂也参考了北宋官修类书《册府元龟》的记载，如《三国史记》卷三十二，就采用了《册府元龟》关于百济祭祀活动的记录：“百济每以四仲之月，王祭天及五帝之神，立其始祖仇台庙于国城，岁四祠之”③；卷三十三，对高句丽国诸王公服饰的记述“其公会皆锦绣、金银以自饰”④ 也出自《册府元龟·外臣部》的“土风”。除《册府元龟》之外，北宋官修类书《文苑英华》《太平御览》《太平广记》在朝鲜史籍如《高丽史》中都有被北宋官方赐予高丽的记录，如高丽宣宗八年（1056）“宋赐《文苑英华》集”⑤，高丽肃宗七年（1111）“吴延宠还自宋，（宋）帝赐《太平御览》一千卷”⑥ 等。

除正史、“通鉴”、类书之外，一些具有历史笔记性质的著述当也在宋朝传入高丽。《三国史记》多次提到唐人令狐澄所撰《新罗国记》一书，但在《新唐书》《宋史》等史籍中，《新罗国记》作者都作顾愔，有学者考证，此一谬误缘于金富轼误读宋人《绀珠集》所存《新罗国记》⑦。《绀珠集》是宋人所编中国古代小说总集，大体成书于绍兴之前，《三国史记》成书于绍兴十五年，《绀珠集》成书不久就被高丽所得，可见两国文献交往之频繁与及时。

---

① 一然：《三国遗事》卷1，岳麓书社，2009，第34页。

② 一然：《三国遗事》卷1，第34页。

③ 金富轼：《三国史记》卷32，第443页，原文出自《册府元龟·外臣部》的“土风”一节。

④ 金富轼：《三国史记》卷33，第453页。

⑤ 郑麟趾：《高丽史》卷10，《宣宗世家》，朝鲜李朝文宗元年（明景泰二年，1451年）刻本，汉城大学奎章阁影印本。

⑥ 郑麟趾：《高丽史》卷11，《肃宗世家一》。

⑦ 周斌：《唐人顾愔及其〈新罗国记〉考论》，《西华师范大学学报》（哲学社会科学版）2016年第2期。

二 宋丽史学的交流途径

1. 官方的求书与赐书

宋丽之间的文献交流，见于史书的记载多为官方交往的求书与赐书。隋唐时期，通过战争手段与怀柔政策，中原王朝与朝鲜半岛的诸政权一直保持密切的交流。入宋之后，因为宋辽关系复杂多变，宋丽之间也是波折重重。宋朝既无力以武力保护高丽免于契丹侵扰，又不甘心契丹之外再树外敌。宋朝面对周边政权的策略一直是“圣德兼爱，怀柔远方”[①]，文化输出是重要手段，而高丽处于朝鲜半岛，虽接壤契丹，但因其“海外诸夷中最好儒学”[②]，在文化上对宋朝多有仰慕之情。高丽在958年（后周显德五年）就始行科举取士制度[③]，又于1004年改定科举法[④]，兼用唐宋制度，“以诗赋颂及时务策取进士，兼取明经医卜等业”[⑤]。为发展文教，高丽一方面向宋朝输送留学生，宋朝甫一建立，开宝九年（976），国子监就招收了高丽国留学生金行成[⑥]，其后“数有宾客贡士登第者”[⑦]；另一方面则不断求赐经史文献以供弘扬儒学，宋朝对其所求往往也是积极响应。

淳化四年（993），高丽使臣张仁铨“上言愿赐板本《九经》书，用敦儒教”[⑧]，宋太宗欣然许之。公元994年（宋淳化五年，辽统和十三年，高丽国成宗十二年），辽入侵高丽，而宋朝以“北边甫宁，不可轻动干戈”[⑨]为由拒绝了高丽的求援，高丽自此“不复朝贡”，转而向辽，直至咸平年间宋丽才逐渐恢复交往。但一直到辽代后期，高丽都为辽之属国[⑩]。也是因为这一波折，高丽“数十年不通中国”[⑪]。但即使与宋“断交”，高丽也

① 李焘：《续资治通鉴长编》卷413，元祐三年八月乙未，第28册，第10041页。
② 王辟之：《渑水燕谈录》卷9，中华书局，1981，第112页。
③ 郑麟趾：《高丽史》卷2，《太祖世家二》。
④ 郑麟趾：《高丽史》卷3，《成宗世家》。
⑤ 郑麟趾：《高丽史》卷73，《选举志一》。
⑥ 李焘：《续资治通鉴长编》卷17，开宝九年，第3册，第388页。
⑦ 王辟之：《渑水燕谈录》卷9，第112页。
⑧ 脱脱：《宋史》卷487，《外国三》，第14040页。
⑨ 李焘：《续资治通鉴长编》卷36，淳化五年六月庚戌，第4册，第789页。
⑩ 韩琦曾在熙宁八年（1075年）的奏疏中称“高丽臣属契丹，于朝廷久绝朝贡”（《续资治通鉴长编》卷262，熙宁八年三月丙寅），高丽亦有题“咸雍元年”（辽道宗年号，1065年）的碑刻传世。
⑪ 王辟之：《渑水燕谈录》卷9，第112页。

一直关心宋辽关系，1005 年（辽统和二十三年，宋景德二年），高丽已经依附于辽，但听闻宋辽达成澶渊之盟，还是即刻“遣使来贺（辽）”[①]，并于 1013 年（高丽国显宗三年，宋大中祥符六年）八月又遣使入宋纳贡并请求“归附”[②]。对高丽的示好宋朝也欣然接纳，大中祥符九年（1016），时居汴梁的高丽国使臣郭元归国，求赐历书及文史书籍，宋真宗“从其请”，赐予高丽国王“诏书七函，衣带、器币、鞍马，九经、《史记》、两《汉书》、《三国志》、《晋书》、诸子、历日”[③] 等诸多文物书籍。

高丽一力与宋修好，很大原因在于辽朝的贪婪无度，据《辽史》，自承天皇太后去世后，辽圣宗多次派人“使高丽取地”[④]，一言不合即兴兵讨伐；但也与高丽国对宋朝的仰慕有关。宋人庞元英在《文昌杂录》中记载了一条高丽文宗王徽的典故：熙宁初，宋丽之间的交流一度中断，宋朝通过经营于两浙、福建一带的高丽商人向高丽王室示好，高丽文宗王徽闻之，“喜甚。次年二月十五日，然灯如中华上元。旋适在彼，见徽赋《感天朝招接拟侍中华然灯夜述怀诗》云：宿罪应深近契丹，历年徒贡事多般。忽蒙舜日龙纶召，便侍尧天佛会观。灯艳似莲装阙焰，月华如水泄云寒。夷身幸入华胥境，甚惜今宵漏滴残”[⑤]，诗中的拳拳之情溢于言表。而北宋对高丽，则是从地缘政治的角度着意拉拢结盟，牵制契丹。庆历四年（1044），富弼就曾上书宋仁宗，力陈“以夷狄攻夷狄”的守外之道，认为高丽“诗书礼义之风，不减中国”，归顺契丹只是权宜之计，“亦终有归顺朝廷之心”，他劝仁宗“许其岁朝京师，赐予差厚于前，使回其心；优为诏命之辞，以悦其意”，和平时期可以牵制辽国，一旦宋辽开战，“高丽其举兵相应，表里夹击”[⑥]。仁宗虽未明确表态，但宋丽之间交往确实逐渐增多，两国使臣往来频繁，通商不断。在这种友好的国际环境之下，高丽从宋朝官方获赐的文献典籍也越加丰富，宋初修撰的《文苑英华》《太平御览》等类书都是在仁宗朝之后经官方许可，流入高丽[⑦]。

文化交往的频繁，不仅使大量宋代典籍传入高丽，一些高丽所存的汉

---

① 脱脱：《辽史》卷 115，《二国外纪》，中华书局，1974，第 1520 页。

② 郑麟趾：《高丽史》卷 4，《显宗世家一》。

③ 徐松辑：《宋会要辑稿·礼六二》，中华书局，1957，第 42 册，第 1712 页。

④ 脱脱：《辽史》卷 115，《二国外纪》，第 1520 页。

⑤ 庞元英：《文昌杂录》卷 5，丛书集成本，商务印书馆，1936，第 58 页。

⑥ 以上见李焘《续资治通鉴长编》卷 150，庆历四年六月戊午，第 11 册，第 3653 页。

⑦ 宋哲宗元祐元年五月赐高丽《文苑英华》，元符二年赐《太平御览》，俱见李焘《续资治通鉴长编》第 25 册，第 8745 页；第 34 册，第 12040 页。

文献书籍也经由使臣带到中原，对北宋文化的繁荣有很重要的帮助。早在后周显德六年（959），“高丽遣使献《别叙孝经》一卷、《越五孝经新义》八卷、《皇灵孝经》一卷、《孝经雌图》三卷”[①]，这几部书虽然“亦非奇书”，但都为后周所无，尤其《别叙孝经》一书，“记孔子所生及弟子从学之事”，具有一定的史学价值。熙宁年间，高丽文宗王徽生病，宋朝遣医官前往治疗，王徽痊愈后，以《东观汉记》七册作为酬谢，虽然不是“完本”，但对其“俗好经书”的好学态度，宋人还是十分赞赏的[②]。宋哲宗元祐八年（1093），高丽使臣献上的《黄帝针经》一书，更是内容完整，“篇帙俱存”，宋廷即刻“宣布海内，使学者诵习”[③]。《高丽史》中还有宋朝向高丽求赐典籍的记录，高丽宣宗八年（1090，宋元祐五年），“帝闻我国书籍多好本，命馆伴书所求书目录授之，乃曰：‘虽有卷第不足者，亦须传写附来’”[④]，所求书籍从《书》《礼》等儒家经典，至《东观汉记》《十六国春秋》《晋阳秋》等汉魏史著，还有荀卿、刘向等诸子著作，《曹植集》《司马相如集》等文集，经史子集总计一百余种。此次求书的结果《高丽史》没有记录，但《续资治通鉴长编》中的一条材料或为此事后续。据《续资治通鉴长编》载，元祐六年（1091），秘书省奏请宋哲宗，以为“高丽国近日进献书册，访闻多是异本，馆阁所无”，希望“暂赐颁降，付本省立限誊本。乞实时进纳元本，别装写秘阁黄本书收藏”，哲宗也即刻回复，诏令“降付秘书省，仍令本省誊写校正二本送中书省、尚书省，及别誊写校正二本送太清楼、天章阁收藏”。收入的这批书籍，就应为宋朝向高丽求书的回应。宋代文化昌明，藏书广博、文献丰富是其重要表现，而北宋上下对典籍文化的重视，从其对高丽回馈的书籍的态度也可见一斑。

2. 官方购买与民间私购

官方的文献交流丰富了宋丽两国文化，但如前文所述，经官方途径传入高丽的文献，实以儒经、佛经、医方等为主，即使有史书，也以《史记》《汉书》《晋书》等前朝史为主。宋人修撰的史书流入高丽，大多为高丽使臣入宋后购买所得。

高丽人的购书形式有两种。一为获得官方许可后自国子监购买。范镇

---

① 庞元英：《文昌杂录》卷6，第74页。

② 庞元英：《文昌杂录》卷6，第74页。

③ 徐松辑：《宋会要辑稿·崇儒五》第56册，中华书局，1957，第2260页。

④ 郑麟趾：《高丽史》卷10，《宣宗世家》。

《东斋记事》记载了一个有趣的故事：宋仁宗天圣年间，“新罗人来朝贡，因往国子监市书。是时，直讲李畋监书库，新罗人遗畋松子发之类数种，曰：‘生刍一束，其人如玉。’畋答以：‘某有官守，不敢当。’复还之，曰：‘中心藏之，何日忘之。’于是使者起而折旋，道‘不敢’者三”①。对高丽使臣的礼貌与遵守纪律，范镇评价说：“新罗，箕子之国，至今敦礼义，有古风焉”，给予了很高的赞赏。按《续资治通鉴长编》，宋天圣八年（1029）高丽使臣元颖曾入宋朝贡②，至第二年二月回国，购书活动应该就发生在此期间。《册府元龟》在高丽史著《三国史记》《三国遗事》中多有引用。

二为民间私购。除《册府元龟》之外，《三国史记》《三国遗事》等著述中引用更为频繁的两《唐书》《资治通鉴》等，并不见之于官方许可的购买行为，当为高丽使臣通过各种途径自民间购得。《续资治通鉴长编》载，哲宗即位之初，高丽肃宗王熙“遣使金上琦奉慰，林暨致贺，请市刑法之书、《太平御览》、《开宝通礼》、《文苑英华》，诏惟赐《文苑英华》一书，以名马、锦绮、金帛报其礼”③，则这一购书请求是被官方所禁止的。但据《高丽史》所载，随从此次访宋的高丽使臣吴延宠“上表恳请，乃得及还”④，高丽肃宗感慨：“今朕得之，使者之能也。”既然北宋禁止官方购书，考其前因，极大可能是吴延宠等私下购买所得。对于这种民间购买的方式，史书中还有更为细节化的描述。据《续资治通鉴长编》记载，哲宗时，“高丽人使乞收买《册府元龟》、《资治通鉴》，看详《册府元龟》元祐年曾卖”⑤，但以《宋史》所载，元祐五年（1090），高丽使臣入贡，“请诸书与收买金箔”，时为礼部尚书的苏轼建议“皆宜勿许”，高后与哲宗考虑宋丽关系，还是“诏许买金箔”，但出人意料的是，高丽使臣并没有购买金箔，反而“市《册府元龟》以归”⑥。这所谓的“曾卖”，实为高丽使臣的背信弃义之举。对高丽使臣的这种“狡猾”行径，宋人表现了极大的不满和警惕，元符二年（1098），当高丽使臣再次请求购买《册府元龟》和《资治通鉴》时，宋朝的礼部官员一边愤愤于“《册府元龟》元祐

① 范镇：《东斋记事·辑遗》，中华书局，1980，第56页。

② 李焘：《续资治通鉴长编》卷109，天圣八年十二月壬辰，第8册，第2548页。

③ 脱脱：《宋史》卷487，《外国三》，第14048页。

④ 郑麟趾：《高丽史》卷96，《吴延宠传》。

⑤ 李焘：《续资治通鉴长编》卷506，元符二年二月丁酉，第34册，第12065页。

⑥ 脱脱：《宋史》卷487，《外国三》，第14048页。

年曾卖”的事实，一边提醒徽宗：“《资治通鉴》难令收买！”①

宋朝对高丽收买历史文献的行为，一直是非常警醒的。究其原因，其一，在于宋代一直以来秉持的文献管理制度，对民间私自卖书与外国人是严厉禁止的。元祐年编敕，就有“诸以熟铁及文字禁物与外国使人交易，罪轻者徒二年”② 的规定，苏轼对此的解释是，“文字流入诸国有害无利，故立此重法，以防意外之患”。其二，也是更重要的，是高丽与契丹的特殊关系，使得宋朝对它格外防备，唯恐史籍文献经由高丽流入契丹，导致国家机密泄露。苏辙在元祐五年（1050），即高丽使臣私买《册府元龟》的同年，就上札子于高后和哲宗，指出：“（高丽）自其始通，及今屡至，其实何益于事，徒使淮、浙千里，劳于供亿，京师百司，疲于应奉。而高丽之人，所至游观，伺察虚实，图写形胜，为契丹耳目。”③ 其兄苏轼也在元祐八年的札子中说得明白：“高丽所得赐予，若不分遗契丹，则契丹安肯听其来贡，显是借寇兵而资盗粮。高丽名为慕义来朝，其实为利，度其本心为契丹用。”④ 苏氏兄弟的态度并非空穴来风，高丽大力收购史料典籍，当然有其“最好儒学”⑤ 的原因，但未必不是出于现实政治军事的考量。沈括《梦溪笔谈》中记载，熙宁年间，“高丽入贡。所经州县，悉要地图，所至皆造送。山川道路，形势险易，无不备载”⑥。这种类似于军事间谍的行径殊不光明磊落，《资治通鉴》《新唐书》等史著中难免有与宋朝当时政治军事相关的内容，宋人格外警惕本朝所撰史书的流出，也是不无道理的。

正因如此，宋朝对于高丽的民间购书行为的管制还是颇为严格的，除上文所述用编敕的方法禁止宋朝百姓卖书外，还严格监管高丽使臣。宋哲宗曾颁布诏令：“自今同文馆高丽人出外置到物，并检察有违碍者，即婉顺留纳，以杂文钱给还价直。若系时政论议及言边机等文字，即问元买处，开封府检奉敕条晓示。”⑦ 但以常识推测，高丽使臣谙熟汉语，更有数量不少的高丽留学生长居汴梁，书商分辨颇有难度不论，其人回国之时夹带书籍也非难事。不仅如此，更有一些沿海地区的商人，贪图高利，干冒

① 李焘：《续资治通鉴长编》卷 506，元符二年二月丁酉，第 34 册，第 12065 页。

② 李焘：《续资治通鉴长编》卷 481，元祐八年二月辛亥，第 32 册，第 11438 页。

③ 李焘：《续资治通鉴长编》卷 449，元祐五年十月癸丑，第 30 册，第 10798 页。

④ 李焘：《续资治通鉴长编》卷 449，元祐五年十月癸丑，第 30 册，第 10798 页。

⑤ 王辟之：《渑水燕谈录》卷 9，第 112 页。

⑥ 沈括：《梦溪笔谈》卷 13，中华书局，1957，第 467 页。

⑦ 李焘：《续资治通鉴长编》卷 449，元祐五年十月癸丑，第 30 册，第 10798 页。

风险将宋朝史书走私至高丽。自宋天圣九年（1030）高丽使臣元颖归国之后，高丽“不通中国者四十三年”①，直至熙宁初年才又遣使互通往来。但据《高丽史》中的记载，断交的这些年，往来宋丽的宋商就有四十余人次，即使熙宁之后宋丽恢复了官方来往，至高丽的宋朝商人依然为数众多。他们所贩售商品以“土物”居多，但亦有图书。《高丽史》卷二十记载，高丽明宗二十二年（1192），“宋商来献《太平御览》，赐白金六十斤”，这虽是南宋时事，但以此酬金之重，北宋人跨海贩书也是不无可能的。《续资治通鉴长编》中的一条皇帝敕令似也可从反面证明，元丰元年（1078）五月，宋神宗曾亲下令：“闻福建、两浙有旧贩高丽海商，知朝廷遣使，争谋以轻舟驰报，规求重赂。其下逐路监司觉察之，依编敕私贩新罗法，许人告捕，送五百里编管。”② 海上艰险，而海商们主动求当使者，为的无非借机“似贩新罗”，这贩售的商品，就未必是“土物”那么简单了。

三　高丽史著中的慕华精神

尽管对高丽人“契丹耳目”的身份颇有提防，但宋人一直津津乐道于高丽王君与使臣的慕华态度。《渑水燕谈录》中记载，熙宁初，高丽“复遣使修贡”，久不至中原的高丽使臣本拟自四明（今宁波）登陆，却误至海门（今南通），高丽使臣甫一登岸，就情不自禁地感慨：“望斗极以乘槎，初离下国；指桃源而迷路，误到仙乡。”③ 仰慕之情溢于言表。前引庞元英《文昌杂录》中所载高丽文宗王徽吟诗情感宋神宗的典故，因为传播颇广，甚至产生了不同版本，叶梦得《石林燕语》记载的王徽吟诗一事，就不再是“感天朝招接拟侍中华然灯夜述怀”，而是“一夕梦至京师观灯，若宣召然”④，比庞氏版本更多了传奇色彩与天命精神。

传说只是传说，高丽士人的慕华之情，其实在其所撰史著中有明确表现。修撰于高丽仁宗二十三年（1145）的《三国史记》，是现存最早的高丽编纂的史书，也是官方诏令编纂的正史。这部史著的编纂体例、撰述方式、史料鉴别乃至史论史评，都有中国史学尤其是宋代史学的烙印。

宋代史学流入高丽，首先影响的是高丽王朝的官修国史制度。三国时

① 脱脱：《宋史》卷487，《外国三》，第14045页。

② 李焘：《续资治通鉴长编》卷289，元丰元年五月甲申，第20册，第7076页。

③ 王辟之：《渑水燕谈录》卷9，第112页。

④ 叶梦得：《石林燕语》卷2，中华书局，1984，第31页。

期的朝鲜并无史馆制度，高丽建国之后，始设国史馆，后改称春秋馆，专事“掌记时政”。春秋馆的侍中“兼之修国史”，另有修撰官，以翰林院三品以下兼之。春秋馆置“修撰注簿各一人，检阅二人”，史官的职责是“任君上之言行政事，百官之是非得失，皆得直书，以示后世而垂劝戒”①。较为完善的史馆制度促进了史书的编纂，高丽历史上第一部国修正史《三国史记》也就此诞生。

《三国史记》是一部依国别而成的纪传体断代史，在《进三国史表》中，金富轼述及治史原因，“今之学士大夫，其于五经诸子之书，秦、汉历代之史，或有淹通而详说之者，至于吾邦之事，却茫然不知其始末，甚可叹也”。选用纪传体的撰述体例，也是因为“范晔《汉书》、宋祁《唐书》，皆有列传”，在金富轼看来这种体裁“详内略外，不以具载”，可以较为全面地把握一个时代的兴衰要事，从而明了“君后之善恶，臣子之忠邪，邦业之安危，人民之理乱”②，这与中国史家自《史记》以来“罔罗天下放失旧闻，王迹所兴，原始察终，见盛观衰”③ 的著史态度是一脉相承的。

《三国史记》在材料选取方面也与其史书体例与撰述思想一脉相承。《三国史记》全书共五十卷，列“新罗本纪”十二卷，“高句丽本纪”十卷，“百济本纪”六卷，“年表”三卷，“志”九卷，“列传”十卷，记载朝鲜半岛自公元前57年至公元918年的历史，新罗、百济、高句丽三个政权又各有其产生和发展的不同阶段，时间跨度极久而材料芜杂。金富轼说作此书之时，“岁至迟暮，日益昏蒙，读书虽勤，掩卷即忘，操笔无力，临纸难下”④，虽有自谦的成分，但著述之艰难亦可见一斑。故而他吸纳中国传统史著的特点，以“本纪”编年记各国大事，又列“年表”以保持时间线索的统一，尤其是将中国的纪年编入年表之中，对了解中国和朝鲜半岛历史发展的联系提供了很大方便。“志”仅九卷，但对于早期史料匮乏的朝鲜半岛来说实属不易，其中有地理志四卷和职官志三卷，详细记载了朝鲜半岛的政治发展、权力模式与对外交往，与中国正史中的“朝鲜列传”“高丽志”等对比阅读，对了解中国与朝鲜半岛的交往颇有助益。

在勘定史料方面，金富轼也十分注意将中国史著中的“朝鲜传”“高

① 郑麟趾：《高丽史》卷76，《百官志一》。
② 金富轼：《进三国史表》。
③ 司马迁：《史记》卷120，《太史公自序传》，中华书局，1959，第3319页。
④ 金富轼：《进三国史表》。

丽传”部分与朝鲜传世材料对比阅读。尤其是他在引用《资治通鉴》、两《唐书》等材料时，一方面果断引用其稀缺史料，如述及百济的范围，既引用《旧唐书》材料，“百济扶夫之别种，东北新罗，西渡海越州，南渡海至倭北，高丽其王所居，有东西两城”，又引用《新唐书》的“百济西界越州，南倭，皆逾海”[①]，两相比较，对高句丽的文化特征，还引了《新唐书》“王服五采，以白罗制冠，革带皆金扣。大臣青罗冠，次绛罗，珥两鸟羽”[②]，加以佐证；另一方面，他不盲从于中国史著，对其所记载的高丽史做了不少勘误[③]。《资治通鉴》成书于宋元丰七年（1084），距《三国史记》的成书仅六十年，金富轼对此书就已经熟读，他对史料的敏感程度着实令人钦佩。

但中国史学尤其是宋代史学影响最明确的，其实是《三国史记》及其他高丽史著中的历史思想。在《三国史记》中，有非常明确的“以史为鉴”的精神，而这正是宋人撰史最为重要的目的。在前引《进三国史表》中，金富轼提出著史的根本目的是要“发路以垂劝诫……克成一家之史，贻之万世，炳若日星”，这与《资治通鉴》“监前世之兴衰，考当今之得失，嘉善矜恶，取是舍非”[④]的著史旨趣不无相通之处。《三国史记》的“史论”部分，则更明确地表达了作者以史“治世”的想法。《三国史记》一书共有史论三十二处，论及人君继位法统、君臣相与之义、君主好学之德、父子兄弟之伦乃至“女祸”之危、佞幸之谄，都是被中国传统史学视为政权更迭、国家理乱的关键所在。金富轼的很多议论，都可在宋人史论中见到相类似者。如新罗自兴德王至神武王，内乱频仍，十三年之内帝位四次更迭，神武王继位三月即被弑，《三国史记》在记神武王之死后，就举《春秋》所载鲁桓公杀隐公等事，认为“圣人于《春秋》……则四君之罪，不可得而掩耳”，金富轼对新罗政治惨案的记录，也是“书其实，亦《春秋》之志也”[⑤]，这段议论，兼有对史书“实录”精神和“借鉴”作用的认知，与欧阳修著《新五代史》“其事迹实录，详于旧记，

① 金富轼：《三国史记》卷37，第507页。
② 金富轼：《三国史记》卷33，第461页。
③ 《三国史记》引《资治通鉴》材料八处，皆言其记载有误，引两《唐书》共十九处，四处言其有误。
④ 司马光：《资治通鉴》附《进书表》，中华书局，1956，第9607页。
⑤ 金富轼：《三国史记》卷10，第148页。

而褒贬义例，仰师《春秋》”[①] 不无相通之处。又如高句丽的故国川王是有名的贤王，在位期间营造了高句丽的“盛世”，虽然三国中以新罗为正统，但金富轼仍称赞他“能在职，政教修明而国家可保”，认为他的功劳在于“不挠众口，置之百官之上，而又赏其举者，可谓得先王之法矣”[②]，这种从执政能力出发的判断，不专注于正统，又与司马光“正闰之际，非所敢知，但据其功业之实而言”[③] 的态度有所共鸣。再如七世纪初，新罗连续有善德、真德两女主临朝称制，善德王十六年（647），“毗昙、廉宗等，谓女主不能善理，因谋逆举兵”，这次叛乱被善德王剿灭，女王终得善终。善德王是新罗的第一位女王，也是有名的贤王，在位期间国泰民安，很受臣民爱戴，金富轼也说她“德曼性宽仁明敏”，但论及此事，他依然认为“以天言之，则阳刚而阴柔，以人言之，则男尊而女卑。岂可许女子出闺房，断国家之政事乎？新罗扶起女子，处之王位，诚乱世之事，国之不亡，幸也”，还希望后世可以“为之戒”[④]，这种腔调，或与宋代史学家一贯的“女祸”论也不无关系。

金富轼的史论，沿袭了北宋自宋祁、欧阳修至司马光、范祖禹的做法，以史论针砭时弊、匡正正统、弘扬《春秋》之义，这本是宋代义理史学的重要特征，在史书的流传过程中，这种史学精神也得到了传承与弘扬。比《三国史记》晚了近一个半世纪的《三国遗事》，体例与选材虽与《三国史记》颇不相似，但很多史论亦有相承。在讲述完新罗国千年的历史后，作者一然总结说：新罗“袭圣贤之风化，革洪荒之俗，为礼义之邦”，灭亡百济、高句丽，“可谓盛矣”，但后期“奉浮屠之法，不知其弊”，“兵农浸小，而国家日衰”[⑤]，终于灭亡。这番议论，既有正史论及前朝亡国毫不留情的批判笔锋，也饱含人性化的哀婉亡国之情。此篇结尾处，一然记载新罗亡国之际，外臣阿干神会“罢外署还，见都城离溃，有《黍离》之叹，乃作歌”。《三国遗事》成书之际，元朝军队正入侵朝鲜，《三国遗事》作为风雨飘摇之时的私人史笔，家国兴亡之情，并无政治的边界。

① 陈师锡：《五代史记序》，“百衲本”《新五代史》，国家图书馆出版社，2014。
② 金富轼：《三国史记》卷16，第202页。
③ 司马光：《资治通鉴》卷69，第2186页。
④ 金富轼：《三国本纪》卷5，第64页。
⑤ 一然：《三国遗事》卷2，第156页。

从《资治通鉴》的用辞看司马光的正统观

张秋升　张博阳
（天津师范大学历史文化学院，天津　300387）

摘　要： 司马光在《资治通鉴》中将王朝的正统性分成了十多个等级，通过君主在世时的不同称谓、去世时的不同用辞和不同的战争书写方式来体现。在《资治通鉴》中，只有大一统王朝才是绝对正统，非一统王朝都只具有部分的正统性，其正统性是相对其他王朝而言的。“相对正统”是司马光对中国古代正统观念的独特贡献，不讲“华夷之辨”也是其正统思想的一大特色。《资治通鉴》中体现的正统观与其正统“理论”之间存在一定的矛盾，原因在于司马光编纂《资治通鉴》的指导思想是“礼”，严格的正统等级正是“礼”的体现，这与其在“理论”上平等看待各个割据政权的做法正相耦合。

关键词：《资治通鉴》　正统观　相对正统

《资治通鉴》是北宋时期产生的一部编年体通史，其主编司马光的正统观念，尤其是关于三国魏蜀吴孰为正统的问题，有引人注目的独特之处。关于这个问题，目前主要有三种看法：有一些学者认为他反对正统论，如吴怀祺①、谢保成②、陈光崇③；有一些学者认为他是正统论者，指出他以魏为正统，蜀为僭伪，代表人物有钱穆④、杜维运⑤、陶懋炳⑥；还

---

① 吴怀祺：《宋代史学思想史》，黄山书社，1992，第125、126页。

② 谢保成：《增订中国史学史·第二卷》，商务印书馆，2016，第235~238页。

③ 陈光崇：《通鉴新论》，辽宁教育出版社，1999，第58、59、147~151页。

④ 钱穆：《中国史学名著》，九州出版社，2012，第247、248页。

⑤ 杜维运：《中国史学史》，商务印书馆，2010，第620、621页。

⑥ 陶懋炳：《司马光史论探微》，湖南师范大学出版社，1989，第70页。

有一些学者主张他是正统论者，但能够平等看待魏、蜀两国，代表学者有饶宗颐[①]、汪高鑫[②]、唐玲[③]等。值得注意的是，他们立论的主要依据是《资治通鉴》卷69“臣光曰”和司马光与友人论正统的《答郭纯长官书》，相对忽视了《资治通鉴》这一最重要的“内证”。本文力图在前人研究成果的基础上，通过司马光在《资治通鉴》中对君主的称谓和战争的书写，考察司马光的正统观，揭示其正统论更为丰富的内涵。

一 《资治通鉴》中的历史书写与“书法义例”

正统观或云“正闰之辨”，是中国传统史学中长期存在的一种观念。最早可追溯到《春秋》，在汉初“以秦为闰”中已有体现，两晋时期基本形成，唐代进一步发展，至宋代，关于“正统”的讨论达到高潮。以欧阳修《正统论》为发端，宋人正统论层出不穷，蔚为大观[④]。司马光的正统观念，就是在这样的时代背景下产生的。

“正统观”用现代语言述说，大致相当于“王朝合法性”，正统论也就是关于历史上各个王朝合法性的论辩，同时也直接间接地涉及当时存在（尤其是论者身处）的王朝的合法性。其表现形式有三。第一，是否为某一朝代修史，反映了是否承认其正统地位。第二，是否为某一君主立纪，反映了是否认为他是“正统”君主。第三，通过不同的用辞（“笔法”或“书法”）彰显正统。“《春秋》笔法”与蕴含于《春秋》中的正统观念密切相关，后世对其多有总结，认为它以一字定褒贬，彰善瘅恶，成为中国传统史学讲求“书法”的鼻祖。而在中国古代，最经典、最繁缛地将“书法”与正统观念相联系，并对宋以后的中国传统史学产生了典范性影响的，则非朱熹的《资治通鉴纲目》莫属。

司马光虽然宣称“非若《春秋》立褒贬之法”[⑤]，但实则并不排斥“《春秋》笔法”。《通鉴》在君主生称[⑥]、君主死称[⑦]和战争书写三个方面，都有着特定的“书法义例”。

---

① 饶宗颐：《中国史学上之正统论》，中华书局，2015，第49页。

② 汪高鑫：《宋代社会与史学思想》，《郑州大学学报》2013年第3期。

③ 唐玲：《〈四库提要〉视角下的北宋正统观质疑》，《图书馆理论与实践》2011年第10期。

④ 参见饶宗颐《中国史学上之正统论》之“通论”部分。

⑤ 司马光：《资治通鉴》卷69，中华书局，1956，第2187页。按：下文大量引用《资治通鉴》，为避免繁复，只标注页码，省略卷数等信息。

⑥ 按：指《资治通鉴》中对君主在世时的称谓，下同。

⑦ 按：指《资治通鉴》中君主去世所使用的词语。

1. 君主生称

表1－1 《资治通鉴》中君主生称一览

<table>
<tr><th>时期</th><th>政权或君主</th><th>称谓类型</th><th>示例</th><th>《通鉴》中页码</th><th>其他</th></tr>
<tr><td rowspan="8">战国（周纪）</td><td>周王</td><td>王</td><td>王</td><td>22、42、87</td><td></td></tr>
<tr><td rowspan="7">列国君主</td><td rowspan="4">谥号</td><td>魏文侯</td><td>17</td><td rowspan="2">未称王</td></tr>
<tr><td>赵烈侯</td><td>23</td></tr>
<tr><td>齐威王</td><td>50</td><td rowspan="5">称王后</td></tr>
<tr><td>赵武灵王</td><td>111</td></tr>
<tr><td rowspan="3">国王</td><td>楚王</td><td>72</td></tr>
<tr><td>齐王</td><td>170</td></tr>
<tr><td>秦王</td><td>157</td></tr>
<tr><td rowspan="7">战国（秦纪）</td><td>秦王</td><td>王</td><td>王</td><td>188、196、213</td><td></td></tr>
<tr><td rowspan="6">其余君主</td><td rowspan="3">谥号</td><td>燕孝王</td><td>195</td><td></td></tr>
<tr><td>赵孝成王</td><td>188</td><td></td></tr>
<tr><td>魏安釐王</td><td>198</td><td></td></tr>
<tr><td rowspan="3">国王</td><td>魏王</td><td>200</td><td></td></tr>
<tr><td>楚王</td><td>195</td><td></td></tr>
<tr><td>燕王</td><td>210</td><td></td></tr>
<tr><td rowspan="4">秦</td><td rowspan="2">秦始皇</td><td>上</td><td>上</td><td>198</td><td>仅3次</td></tr>
<tr><td>特殊称谓</td><td>始皇</td><td>195</td><td>共43次</td></tr>
<tr><td rowspan="2">秦二世</td><td>上</td><td>上</td><td>210</td><td>仅3次</td></tr>
<tr><td>特殊称谓</td><td>二世</td><td>223</td><td>共51次</td></tr>
<tr><td rowspan="7"></td><td rowspan="2">正统君主</td><td>帝</td><td>帝</td><td>200</td><td></td></tr>
<tr><td>上</td><td>上</td><td>483、719、1472</td><td></td></tr>
<tr><td>孺子婴</td><td>特殊称谓</td><td>孺子</td><td>1163、1168</td><td></td></tr>
<tr><td>王莽</td><td>名</td><td>莽</td><td>1170、1202、1232</td><td></td></tr>
<tr><td>更始帝刘玄</td><td>特殊称谓</td><td>更始</td><td>1253、1258</td><td></td></tr>
<tr><td>前少帝、后少帝</td><td>特殊称谓</td><td>少帝</td><td>423、438、440</td><td></td></tr>
<tr><td>东汉少帝</td><td>特殊称谓</td><td>少帝</td><td>1901、1904</td><td></td></tr>
<tr><td rowspan="3">三国</td><td>曹魏</td><td>帝</td><td>帝</td><td>2183、2217、2416</td><td></td></tr>
<tr><td>蜀汉</td><td>主</td><td>汉主</td><td>2188、2242、2462</td><td></td></tr>
<tr><td>孙吴</td><td>主</td><td>吴主</td><td>2218、2315、2531</td><td></td></tr>
</table>

续表

时期	政权或君主	称谓类型	示例	《通鉴》中页码	其他
两晋	西晋	帝	帝	2494、2516、2541	
	东晋	帝	帝	2866、3272、3420	
十六国	前赵	主	赵主	2876	
		前主	前赵主	3084	
	后赵	主	赵主	2977	
		后主	后赵主	2940	
		名	虎	3020	
	前凉	王	凉王	3153	
		名	张天锡	3204	
	后凉	王	凉王	3521	
		国王	三河王	3402	
	西凉	名	暠	3546	
	南凉	国王	河西王	3523	
		偏王	南凉王	3562	
		名	利鹿孤	3518	
	北凉	王	凉王	3844	
		名	业	3491	
	前燕	王	燕王	3018	
	后燕	主	燕主	3333	
		王	燕王	3555	
	南燕	偏主	南燕主	3588	
		偏王	南燕王	3516	
	北燕	王	燕王	3840	
		偏王	北燕王	3601	
	前秦	主	秦主	3417	
		王	秦王	3166	
	后秦	主	秦主	3698	
		后主	后秦主	3758	
		名	泓	3699	
	西秦	王	秦王	3801	

续表

时期	政权或君主	称谓类型	示例	《通鉴》中页码	其他
十六国	西秦	偏王	西秦王	3419	
	大夏	国王	苑川王	3383	
		主	夏主	3787	
	成汉	王	夏王	3612	
		主	成主	3000	
			汉主	3057	
南北朝	南朝宋	帝	帝	3765、3860、4096	
		上	上	3735、3860、3986	
	南朝齐	帝	帝	4226、4334、4431	
		上	上	4227、4294、4326	
	南朝梁	帝	帝	4564、4701、5071	
		上	上	4545、4777、5038	
	南朝陈	帝	帝	5168、5275、5497	
		上	上	5168、5233、5477	
	北魏	帝	帝	4330、4491、4679	
		主	魏主	3732、3895、4611	
	东魏	帝	帝	4861、4921、4959	
		偏主	东魏主	4857、4904、4992	
	西魏	帝	帝	4905、5063	
		主	魏主	4861、4874、4893	
	北周	帝	帝	5303、5334、5387	
		主	周主	5191、5331、5420	
	北齐	帝	帝	5055、5108、5280	
		主	齐主	5046、5194、5301	
隋	统一前	帝	帝	5436、5455、5473	
		主	隋主	5433、5456、5472	
	统一后	帝	帝	5601、5669、5702	
		上	上	5570、5620、5641	
唐	正统君主	帝	帝	5792、5949、8757	
		上	上	6193、6847、8042	

续表

时期	政权或君主	称谓类型	示例	《通鉴》中页码	其他
唐	武则天	特殊称谓	太后	6448、6512、6548	
	唐殇帝	特殊称谓	少帝	6646、6648、6649	
五代十国	梁唐晋汉周	帝	帝	8681、9040、9451	
		上	上	8715、9187、9523	
	前蜀	主	蜀主	8685	均称帝
	后蜀	主	蜀主	9213	
	杨吴	主	吴主	9010	
	南唐	主	唐主	9297	
	闽	主	闽主	9128	
	南汉	主	汉主	9449	
	吴越	王	吴越王	9460	均未称帝
	楚	王	楚王	8918	
	荆南	名	季兴	8937	
	杨吴	王	吴王	8800	称帝前
	闽	国王	闽王	8996	
	南汉	名	刘岩	8749	

2. 君主死称

表 1－2　《资治通鉴》中君主死称一览

时期	政权或君主	书写方式	《通鉴》中页码
战国	周王	崩	22、39、87
	列国君主	薨	195、205、210
秦汉	正统君主	崩	248、746、1706
	秦二世	二世自杀	294
	王莽	杀莽	1250
魏晋南北朝	两晋	崩	2599、2723、3433
	魏、蜀、吴	殂	2228、2487、2345
	南朝	殂	3990、4430、5222
	北朝	殂	4611、5217、5204
十六国	前赵	卒	2750

续表

时期	政权或君主	书写方式	《通鉴》中页码
十六国	后赵	卒	2986
	前凉	薨	2922
		卒	2996
	后凉	卒	3504
	西凉	卒	3699
	南凉	卒	3542
	北凉	卒	3848
	前燕	薨	3084
		卒	2985
	后燕	卒	3426
	南燕	卒	3586
	北燕	殂	3820
	前秦	卒	3015
	后秦	卒	3411
	西秦	卒	3384
	大夏	殂	3799
	成汉	卒	2996
隋	隋文帝	崩	5601
	隋炀帝	缢杀之	5781
唐	正统君主	崩	6267、7607、8167
	武则天	崩	6596
五代十国	五代	殂	9095、9237、9602
	十国君主称帝者	殂	8826、9136、9245
	十国君主未称帝者	卒	9025、9075、9227、

3. 战争书写

表 1－3 《资治通鉴》中战争书写方式一览

时期	战争双方	伐	《通鉴》中页码	寇	《通鉴》中页码
战国	各个国家之间	有	33、200、211	无	
三国	魏对蜀	有	2207、2219、2232	无	

续表

时期	战争双方	伐	《通鉴》中页码	寇	《通鉴》中页码
三国	蜀对魏	无		有	2239、2267、2291
	魏对吴	有	2207、2219、2232	无	
	吴对魏	无		有	2229、2365、2370
	蜀对吴	有	2189、2205	无	
	吴对蜀	无		无	
两晋十六国	十六国之间	有	3102、3132、3491	有	3046、3231、3629
	东（西）晋对十六国	有	2737、3264、3493	无	
	十六国对东（西）晋	无		有	
	北魏①对东晋	无		有	3585、3747
	东晋对北魏	无		无	
	北魏对十六国	有	3530、3546	有	3434、3494
	十六国对北魏	有	3536、3543	有	3677
南北朝	南朝对北朝	有	3803、4864、5236	无	
	北朝对南朝	有	3831、4529、5492	有	3937、4231、5400
	西魏对东魏	有	4845、4856、4879	无	
	东魏对西魏	有	4875、4887、4940	有	4908、4943、4940
	北周对北齐	有	5236、5245、5340	无	
	北齐对北周	有	5209	无	
五代十国	梁唐晋汉周对十国政权	有	9011、9532、9587	无	
	十国政权对梁唐晋汉周	无		有	8851、9375、9559
	十国政权之间	有	9578	有	8772、9490

综上所述，《资治通鉴》中，君主生称共有15种等级，表示如下：

表1－4　《资治通鉴》中君主生称等级一览

等级	称谓1	称谓2	称谓3
1	帝	上	
2	帝		
3	帝	主	

① 按：东晋后期北魏已经建立。

续表

等级	称谓 1	称谓 2	称谓 3
4	帝	偏主（如东魏主）	
5	主		
6	主	王	
7	主	前主（如前赵主）	
8	偏主	偏王（如南燕王）	
9	王		
10	王	偏王	
11	王	偏王	国王（如苑川王）
12	王	国王	
13	主	后主（如后赵主）	名
14	王	名	
15	名		

死称有 4 等："崩""殂""薨""卒"。由战争书写表示的政权合法性等级有五：（1）只被"寇"而对敌皆"伐"；（2）两相"伐"而只被"寇"者；（3）两相"伐"者；（4）对一些政权"寇"而对另一些政权可以讨"伐"者；（5）只"寇"敌者。

还需考虑一点，《资治通鉴》并非一手文献，所载史事皆来源于前代史书。是否其来源文献就已如此记载，司马光只是加以承袭呢？将《资治通鉴》的记载与其史源进行对比即可发现，虽然有一些"帝""主""崩""伐"承自前人，但也有很多进行了改动。现列举如下。

1. 君主生称

《三国志》中刘备称"先主"①，刘禅称"后主"②，孙权称"权"③或"吴主权"④，与《资治通鉴》中刘备、刘禅称"汉主"，孙权称"吴主"

① 见陈寿《三国志》卷 32《蜀书·先主传》，中华书局，1982，第 871 页；卷 35《蜀书·诸葛亮传》，第 912 页；卷 37《蜀书·庞统传》，第 954 页。

② 见陈寿《三国志》卷 33《蜀书·后主传》，第 893 页；卷 36《蜀书·赵云传》，第 948 页；卷 45《蜀书·杨戏传》，第 1084 页。

③ 见陈寿《三国志》卷 47《吴书·吴主传》，第 1146 页；卷 53《吴书·张纮传》，第 1244 页；卷 62《吴书·是仪传》，第 1411 页。

④ 见陈寿《三国志》卷 50《吴妃嫔传·孙破虏吴夫人传》，第 1195 页。

不同。

《北史》《魏书》中，从未称北魏、西魏皇帝为“魏主”，《北史》《周书》中甚至没有出现“周主”二字，“隋主”的称呼同样不见于《隋书》、《北史》、《周书》和《北齐书》。《资治通鉴》时称北魏、魏的君主为“魏主”，北周君主为“周主”，隋朝君主也曾被称为“隋主”。

2. 君主死称

《三国志》中这样记载曹丕、刘备、孙权的去世：

> 丁巳，帝崩于嘉福殿，时年四十。[①]（曹丕）
> 四月癸巳，先主殂于永安宫，时年六十三。[②]（刘备）
> 夏四月，权薨，时年七十一。[③]（孙权）

《资治通鉴》均书“殂”。

五代时期正常去世的中原王朝君主在新、旧《五代史》中均称“崩”[④]。《资治通鉴》称“殂”。

3. 战争书写

魏青龙二年，诸葛亮率军攻魏，此事在《三国志》中记载如下：

> 是月，诸葛亮出斜谷，屯渭南。[⑤]
> 十二年春二月，亮由斜谷出，始以流马运。[⑥]
> 十二年春，亮悉大众由斜谷出，以流马运。[⑦]

同一件事，《资治通鉴》的记载是“春，二月，亮悉大众十万由斜谷入寇”[⑧]。钱穆云“陈寿《魏志》里没有写‘入寇’，而司马光《通鉴》反

① 陈寿：《三国志》卷2《魏书·文帝纪》，第86页。

② 陈寿：《三国志》卷32《蜀书·先主传》，第891页。

③ 陈寿：《三国志》卷4《吴书·吴主传》，第1149页。

④ 见薛居正等《旧五代史》卷44《唐明宗纪第十》，中华书局，2015，第700页；卷80《晋高祖纪第六》，第1234页；卷100《汉高祖纪下》，第1566页；卷113《周太祖纪第四》，第1749页；《周世宗纪第六》，第1838页。欧阳修《新五代史》卷6《唐明宗本纪》，中华书局，2015，第74页；卷8《晋高祖本纪》，第101页；卷10《汉高祖本纪》，第121页；卷11《周太祖本纪》，第135页；卷12《周世宗本纪》，第146页。

⑤ 陈寿：《三国志》卷3《魏书·明帝纪》，第103页。

⑥ 陈寿：《三国志》卷33《蜀书·后主传》，第897页。

⑦ 陈寿：《三国志》卷35《蜀书·诸葛亮传》，第925页。

⑧ 《资治通鉴》卷72《魏纪四》。

写了‘入寇’字眼”[①]，即指此事。

以下是《资治通鉴》对南北朝时期一些战争事件的记载：

> 三月，魏雍州刺史葛那寇上洛，上洛太守镡长生弃郡走。[②]
>
> 魏上皇将入寇，诏州郡之民十丁取一以充行，户收租五十石以备军粮。[③]
>
> 九月，乙卯，以酆王贞为大冢宰。以郧公孝宽为行军元帅，帅行军总管杞公亮、郕公梁士彦寇淮南。[④]

《魏书》《周书》如此记载：

> 三月丁卯，诏卫大将军、乐安王范遣雍州刺史葛那取上洛，刘义隆上洛太守镡长生弃郡走。[⑤]
>
> 冬十月，太上皇帝亲将南讨。诏州郡之民，十丁取一以充行，户收租五十石，以备军粮。[⑥]
>
> 乙卯，以酆王贞为大冢宰。上柱国、郧国公韦孝宽为行军元帅，率行军总管杞国公亮、郕国公梁士彦以伐陈。[⑦]

两相比对，《资治通鉴》与其“史源”最主要的不同就在于把“讨”“伐”改成了“寇”。

以上仅举几例，说明《资治通鉴》在君主生称、君主死称、战争书写三方面都有与前人记载不同之处，而其整齐划一之程度（如除东晋外，分裂时期所有皇帝去世皆称为“殂”，南朝无一次“寇”犯北朝），同样说明这不可能是巧合，而是司马光“书法义例”之所在。

二 《资治通鉴》的书法与司马光的正统观

由上可知，司马光的正统观远不止是否以魏为正统或是否平等看待各个

---

① 钱穆：《中国史学名著》，第 248 页。

② 《资治通鉴》第 3870 页。

③ 《资治通鉴》第 4175 页。

④ 《资治通鉴》第 5400 页。

⑤ 《魏书》卷 4《世祖纪上》，第 89 页。

⑥ 《魏书》卷 7《高祖纪上》，第 139 页。

⑦ 《周书》卷 7《宣帝纪》，第 121 页。

割据政权这么简单。在《资治通鉴》中，汉唐的正统性最高，其次是隋。汉唐在君主生称和君主死称方面都是第一等级，隋在统一后亦是如此，只是在统一前时称“隋主”。《资治通鉴》中，只有这三个王朝是完全正统。

秦和西晋的正统性要低得多。西晋君主只能称“帝”，不能称“上”，秦朝君主均不称“帝”，也很少称“上”，主要被称为“始皇”和“二世”。这两个王朝没有被司马光认为完全正统，其中秦朝正统性更低。

非大一统政权中，正统性最高的是东晋，其正统程度同于西晋；其余政权中，正统性较高的是曹魏、南朝和五代。它们的君主称“帝”（南朝、五代还可称“上”），出兵全部称“伐”，被兵全部称“寇”，这些政权毫无疑问是在分裂时期较为“正统”者。此外，北朝君主称“帝”和“主”，出兵被兵均有时称“伐”，有时称“寇”，正统性虽没有南朝高，但仍是“正”多于“僭”。这是南朝作为一个相当“正统”的政权却会“寇”犯他国的原因所在：被其“寇”的北朝也是一个较为“正统”的政权。

其余政权中，君主生称“汉主”，对吴国全部称“伐”，被吴国全面入“寇”的蜀汉，是正统程度最高者。其余政权的正统程度，可以依据前面所列举的君主称谓等级，对号入座。过于精细地考察这一千多年中存在的每一个政权的正统性意义不大，简单地说，《资治通鉴》所叙述的上百个政权中，正统性被划分为多个等级：汉唐最为正统，隋朝其次，秦、晋再次，曹魏、南朝和五代又次，最后是北朝诸政权。在这些较为“正统”的政权之外，其余的政权的正统性虽然也有一定差别，但都是“僭伪”，其中，只能称名的君主正统性最低。判断一个政权相对“正统”还是“僭伪”的标准有二：一是对同时并存的其他政权能否进行征“伐”；二是该政权统治者能否称“帝”。相比之下，后一条更为关键：能称“帝”者，均较为“正统”，只能称“王”称“主”者，则是“僭伪”。

除此之外，秦始皇称“始皇”、武则天称“太后”等情况较为特殊，作为大一统政权的统治者，他们没有资格称“帝”，也未称名，即不认可他们为“天子”，但也不完全否定他们的正统性。“少帝”“孺子”的称呼则是对其傀儡地位的哀叹，与正统性无关。

三　司马光正统“理论”与其在《资治通鉴》中所反映的正统观的矛盾

现在再来考察被前人研究较多的《资治通鉴》卷69“臣光曰”和

《答郭纯长官书》。这两篇文献较长，择要引述如下：

> 臣愚诚不足以识前代之正闰，窃以为苟不能使九州合为一统，皆有天子之名而无其实者也。……正闰之际，非所敢知，但据其功业之实而言之。周、秦、汉、晋、隋、唐，皆尝混一九州，传祚于后，子孙虽微弱播迁，犹承祖宗之业，有绍复之望，四方与之争衡者，皆其故臣也，故全用天子之制以临之。其余地丑德齐，莫能相一，名号不异，本非君臣者，皆以列国之制处之，彼此均敌，无所抑扬，庶几不诬事实，近于至公。然天下离析之际，不可无岁、时、月、日以识事之先后。据汉传于魏而晋受之，晋传于宋以至于陈而隋取之，唐传于梁以至于周而大宋承之，故不得不取魏、宋、齐、梁、陈、后梁、后唐、后晋、后汉、后周年号，以纪诸国之事，非尊此而卑彼，有正闰之辨也。昭烈之汉，虽云中山靖王之后，而族属疏远，不能纪其世数名位，亦犹宋高祖称楚元王后，南唐烈祖称吴王恪后，是非难辨，故不敢以光武及晋元帝为比，使得绍汉氏之遗统也。①
>
> ……欧阳公谓正统不必常相继，有时而绝，斯则善矣。然谓秦得天下，无异禹、汤；又谓始皇如桀、纣，不废夏、商之统。又以魏居汉、晋之间，推其本末，进而正之；此则有以来章子（按：指当时一位叫作章表民的学者）之疑矣。章子补欧阳公思虑之所未至，谓秦、晋、隋不得与二帝、三王并为正统，魏不能兼天下，当为无统，斯则善矣。……夫统者，合于一之谓也。今自余以下，皆谓之统，亦恐名之未正也。又蜀先主自言中山靖王之后，而不能举其世系。后唐出于沙陀，姓朱邪氏，唐赐之姓。明宗复非庄宗之族，清泰又非明宗之子，李昪起于厮役，莫知其姓，或云湖州潘氏子，李神福俘之，以为僮仆，徐温丐之以为子。及称帝，慕唐之盛，始自言姓李。初欲祖吴王恪，嫌其诛死，又欲祖郑王元懿，命有司检讨二王苗裔，有司请为恪十世孙。昪曰："历十九帝，十世何以尽之？"有司请以三十年为一世，议后始定。足下云："蒙先世之烈者谓之余。"今三家皆谓之余，可乎？且余者，岂非谓承王统之余也？今刘知远谓之闰，而刘崇谓之余，可乎？又凡不能一天下者，或在中国，或在方隅，所处虽不同，要之不得为真天子。今以曹魏、刘石二赵、苻姚两秦、元魏、高齐、

① 《资治通鉴》，第2187页、2188页。

> 宇文周、朱梁、石晋、刘汉、郭周为闰，孙吴、刘宋、二萧齐梁、陈、慕容燕、赫连夏为偏，李蜀、吕、李、秃发、沮渠西凉、乞伏秦、冯燕、杨吴、王孟两蜀、广南汉、王闽为僭，三者如不相远，然愿更详之。彼苻氏、姚氏与慕容氏、赫连氏与拓跋氏，一据关西，一据山东，与高齐、宇文周何以异乎？……①

据此，可将司马光的正统“理论”概括如下：得天下以“正”，合天下于一，即以仁义取天下并实现大一统的王朝为正统王朝；分裂时期“无统”，对所有割据政权一视同仁。

显然，这一正统观与《资治通鉴》的正统思想有很大差异，这是学者关于这一问题争论不休的根本原因：“臣光曰”中的司马光似乎不是一个正统论者，第一种意见不为无理；《资治通鉴》的用辞“正”魏“伪”蜀，第二种意见也顺理成章；《答郭纯长官书》中的司马光对割据政权一视同仁，第三种意见同样有理有据。哪一个才是真实的司马光？他与友人作书反对为割据政权强分等级，修《资治通鉴》时却进行了非常细密的等级划分，这一矛盾如何解释？

众所周知，司马光修撰《资治通鉴》没有受到太多政治因素的干扰，在王安石变法轰轰烈烈进行之时，他依然可以在《资治通鉴》中表达反对变法的态度②。由此可知，在正统问题上，只要不和朝廷的根本立场发生冲突，便不会在这个问题上受到朝廷意志的过多干预。此外，《资治通鉴》虽是众手修书，但体现的完全是司马光的意志，这也为史界公认。因此，司马光正统理论和《资治通鉴》修史实践之间的差异，只能到他自己那里寻找原因。

会不会是司马光的正统观发生了变化呢？不可能。据学者考证，《答郭纯长官书》作于熙宁末年③，同为其所作的《记〈纪年图〉后》作于“治平中”④，该文同样宣称“（在《纪年图》中）苟天下非一统，则漫以一国主其年，固不能辨其正闰”⑤，《纪年图》作于治平元年⑥。这说明，

---

① 司马光：《司马温公集编年笺注》卷61《答郭纯长官书》，李之亮笺注，巴蜀书社，2009，第12~14页。

② 邬国义：《〈通鉴〉影射变法问题辨榷》，《中国社会科学院研究生院学报》1991年第4期。

③ 司马光：《司马温公集编年笺注》卷61《答蒋中舍深之书》，第12页。

④ 司马光：《司马温公集编年笺注》卷66《记〈历年图〉后》，第201页。

⑤ 司马光：《司马温公集编年笺注》卷66《记〈历年图〉后》，第200页。

⑥ 司马光：《司马温公集编年笺注》附录卷7《司马太师温国文正公年谱卷之三》，第275页。

从治平元年到熙宁末年的十余年间，司马光始终认为在分裂时期没有所谓的正统，这一段时间同时也是《资治通鉴》从准备修撰直至大部完成的时期。为什么认为分裂时期无正统，在《纪年图》中“不辨正闰”的司马光，到了《资治通鉴》中，不仅要“辨”正统，而且要如此严格呢？唯一的解释，就是《资治通鉴》的正统观必须服从于该书的整体指导思想——以“礼”为代表的“为君之道”。

《资治通鉴》开篇“臣光曰”即论“礼”，大谈礼法在治国中的作用，这一点前贤论述甚多。而末尾一篇“臣光曰”则是以比较李存勖和柴荣孰优孰劣的方式谈论“为君之道”①。也可以说，《资治通鉴》以“礼”始，以“为君之道”终，“礼”是达成天下大治的不二法门，“为君之道”最重要的就是“礼”。在中国古代，“礼”的表现形式就是等级。《资治通鉴》严格的正统等级，实则紧扣司马光心目中“礼法”的要求。

秦、晋、隋被许多古代史家视为类同，司马光在《答郭纯长官书》中也表达了同样的看法。但在《资治通鉴》中，秦始皇、秦二世从不称“帝”，而隋统一天下即可称“帝”称“上”。奥妙之处在于，秦本是周的诸侯，依“礼”没有资格做天下共主。所以，只能称“始皇”“二世”。司马家族“弑君”夺权，严重“背礼”，故两晋君主只能称“帝”而不能称“上”。

同样，依据“礼”的原则，篡位者王莽称“莽”，武则天“乃唐之母后，临朝称制，与吕后无殊，但不当革命称周耳”②，故称为“太后”。

“禅让”也是如此。汉献帝、魏元帝、晋恭帝等在进入新朝之“纪”后，依然称“帝”，直至禅位。如：

> 汉帝寻遣御史大夫华歆奉策诏。③
> 五月，魏帝加文王殊礼，进王妃曰后。④
> 傅亮讽晋恭帝禅位于宋，具诏草呈帝，使书之。⑤

这说明，司马光遵用“礼”的原则，傀儡君主禅位之前仍是皇帝，就必须称“帝”。在朝代转折关口，旧朝之“帝”在新朝“纪”中不再称

---

① 陶懋炳：《司马光史论探微》，第3~7、150~151页。
② 司马光：《司马温公集编年笺注》卷61《答郭纯长官书》，第14页。
③ 《资治通鉴》，第2177页。
④ 《资治通鉴》，第2491页。
⑤ 《资治通鉴》，第3734页。

“帝”只有四人：陈后主、后梁末帝、后唐末帝、后晋少帝。

> 春，正月，乙丑朔，陈主朝会群臣。①
> 梁主遣兵部侍郎崔协等册命吴越王镠为吴越国王。②
> 丁未，唐主立子重美为雍王。③
> 晋主与太后已下迎于封丘门外，契丹主辞不见。④

这四次朝代转换均非“禅让”，也就是说，所有“禅让”于新朝君主的旧朝皇帝，均在新朝“纪”中保留“帝”称，可见司马光执“礼”之严。

这也说明，前人所谓《资治通鉴》不“存残统”的说法不全正确，《资治通鉴》实际上采取了“阳不存阴存”的方式：旧朝未亡时就匆匆走进新“纪”，的确没有“存残统”。但是，新朝之“纪”中新朝之君不能立即称“帝”：

> 王（曹丕）以丞相祭酒贾逵为豫州刺史。⑤
> 杨运长去宣城郡还家，齐公（萧道成）遣人杀之。⑥
> 春，正月，辛巳，梁王休兵于贝州。⑦

《资治通鉴》正是用这种特殊的方式“存残统”：旧朝尚未灭亡，新“纪”便已开启，此处“不存残统”，可收整齐划一之效；在新“纪”中，前朝君主依然为“帝”，新君登基之前书爵位名号，登基后方可称“帝”称“上”，是“礼”的体现。

同时，司马光也是一位严谨求实的史家，这在他的历史书写中也得到了深刻体现。《资治通鉴》中十国君主凡称帝者皆书为“主”，表明了一种实事求是的态度。未称帝者均依中原王朝的封号，称“吴越王”“楚王”等，但对荆南统治者却直呼其名。原因在于，当时吴越、楚等政权实际上都是一个独立国家，仅在形式上向中原王朝称臣，但荆南政权实际上只是

① 《资治通鉴》，第5503页。
② 《资治通鉴》，第8880页。
③ 《资治通鉴》，第9138页。
④ 《资治通鉴》，第9328页。
⑤ 《资治通鉴》，第2181页。
⑥ 《资治通鉴》，第4223页。
⑦ 《资治通鉴》，第8666页。

一个藩镇，不过持续时间较长。这一时期统治者（梁唐晋汉周除外），同样表明了一种实事求是的态度。这一态度，同样反映在对武后时期历史的书写当中。无论是李旦还是李显，都如实书写：是相王书“相王”，皇嗣书“皇嗣”，太子书“太子”。依“礼法”，没有书武则天为“帝”，但毫不隐晦她是一国之君的事实。从这里也可以看出，《资治通鉴》“礼”的指导思想和司马光尊重历史事实的编写态度，是高度统一的。同样，以西魏为（相对）正统，称西魏为“魏”，东魏为“东魏”，一方面固然是因为从隋朝以来正统的承传和正统观念的沿袭（隋承北周，北周承西魏），可以视为一种礼法的需要和王朝合法性的论证，但也和功业高度统一：北周灭北齐，而正是在北周初步统一北方的基础上，隋朝实现了全国性的大统一。由功业而定西魏北周为（相对）正统，固无不可。前所述《资治通鉴》在王朝转折时期的处理方式，也是既合乎礼法，又尊重事实：汉献帝、晋恭帝、宋顺帝、齐和帝等人固然是傀儡，但只要还在位，依然是名义上的皇帝，而曹丕、刘裕、萧道成、萧衍等人在继位之前依然是人臣，因此称前者为“帝”，而后者以当时地位书名、书“公”、书“王”，体现的正是历史的真实。

另外，在“理论”与“实践”的“矛盾”之中，实际上又有“统一”之处：无论是“理论”上的平等看待分裂时期的各个割据政权，还是在修史的实践中把它们人为划分为多个等级，都是基于一个共同的基础——分裂时期没有完全正统的王朝，是所谓“无统”。理论与实践的矛盾，可以说仅仅是对这一“无统”处理方式的不同：一个在“无统”时期，完全不辨并存各个王朝的正统，而是同等看待；一个则为之严格划分等级，探讨它们彼此之间相对的正统性。因此，分裂时期“无统”这一司马光正统论中的核心要义，同时也是知道他修史实践的理论基础，在这一点上，理论与实践又达到了高度的统一。

四　司马光的三国正统论辨析

“三国时期正统与《三国志》正统观的论述在他们（按：宋代士人）的整个正统理论中处于关键的地位”[①]，司马光自不能外。事实上，“正”曹魏还是“正”蜀汉是一位史家正统论的试金石，在古代士人的正统观中

---

① 平先荣：《宋代士人之三国正统观研究》，兰州大学硕士学位论文，2012，第1页。

居于核心地位。因此，有必要专门考察司马光的三国正统观。

据前文所述，司马光至少在其《资治通鉴》当中，基本上是“正魏”而“伪蜀”。其原因前贤多有论及，其中四库馆臣的说法最具代表性：“宋太祖篡立近于魏，而北汉、南唐迹近于蜀，故北宋诸儒皆有所避而不伪魏。高宗以后偏安江左近于蜀，而中原魏地全入于金，故南宋诸儒乃纷纷起而帝蜀。”① 这一观点至今仍为大多数学者所认同。但是，有学者考证：“早在宋朝建国之初，上层意识形态已经统一好口径，明确了宋太祖的陈桥兵变、黄袍加身是突发事件，事前完全没有预谋，这和曹操处心积虑数十年去篡立东汉是有天壤之别的。换言之，不管历史真相究竟如何，宋太祖的篡立和曹魏的篡立性质是否一样，既然统治阶级给这个历史事件定下基调，那么宋代学者在涉及这个问题时，自然不会把天命所归的大宋与野心篡立的曹魏相提并论，也不需要在通过‘不伪魏’来达到‘不伪宋’的目的。”② 更关键的是，北宋学者在这个问题上基本“无所避”，“在谈及这个问题时都十分坦然”③，如苏轼称：

> 是日也，京师已有推戴之语，而内庭未之知。……将士又有推戴之语，而太祖未之闻。越翌日甲辰，寝门未辟，拥逼者至，太祖未及语而黄袍已加之身矣。……则亦有毋虐臣主之誓而已，有毋掠民庶之誓而已。④

成书于北宋末年的《石林燕语》云：

> 殿前军起于周世宗，是时太祖为殿前司都虞候。初诏天下选募壮士送京师，命太祖择其武艺精高者为殿前诸班，而置都点检，位都指挥使上。太祖实由此受禅，见于国史。⑤

这一记载不仅表明，私家笔记《石林燕语》对宋太祖即位的因由毫不避讳，更说明宋朝国史对这一事件持开放态度，如实记载了宋太祖得位是因为其当时任殿前都点检一职。显然，“国史”的开放态度是士人敢于自

---

① 纪昀等：《四库全书总目》卷45《史部·三国志》，文渊阁四库全书本。

② 唐玲：《〈四库提要〉视角下的北宋正统观质疑》，《图书馆理论与实践》2011年第10期。

③ 唐玲：《〈四库提要〉视角下的北宋正统观质疑》，《图书馆理论与实践》2011年第10期。

④ 李焘：《续资治通鉴长编》卷1《太祖建隆元年》，中华书局，2004，第5页。

⑤ 叶梦得：《石林燕语·卷六》，中华书局，2004，第81页。

由谈论这一事件的根本原因。有了“国史”的保障，北宋士大夫不需要在“黄袍加身”问题上有太多的顾忌，自然也就无须通过“不伪魏”的方式迂回论证北宋王朝的合法性。如果这一说法能够成立，司马光“不伪魏”的原因就必须重新加以探析。

在前述两篇文献中，有一点颇耐人寻味：司马光未下一字“不伪魏”，却连篇累牍“不帝蜀”。显然，后者才是他的用意所在。

在修《资治通鉴》时，司马光坚决反对刘恕的“帝蜀”说，理由不是其常常标举的“夫统者，合于一之谓也”，而是“昭烈之汉，虽云中山靖王之后，而族属疏远，不能纪其世数名位”，并与“南唐烈祖称吴王恪后，是非难辨”① 联系起来，其“不帝蜀”的用心，昭然若揭。

李昪建立南唐，自称唐后，承唐“正统”，实力强大，窥伺中原，后虽渐趋衰弱，但北宋进行统一战争时，其抵抗在南方诸国中仍最为顽强。因此，北宋对南唐一直有所忌惮。南唐立国江南，本非唐朝后裔却以此自居，与中原王朝对峙数十年；蜀汉建国川蜀，自称汉室正统并宣称绍汉，与曹魏血战将近半世纪，两者非常相似。为不予南唐正统，“不帝蜀”确有必要，这在黄初二年“臣光曰”和《答郭纯长官书》中都有明显表露。“蜀先主自言中山靖王之后，而不能举其世系。后唐出于沙陀，姓朱邪氏，唐赐之姓。……李昪起于厮役，莫知其姓……及称帝，慕唐之盛，始自言姓李。初欲祖吴王恪，嫌其诛死，又欲祖郑王元懿，命有司检讨二王苗裔，有司请为恪十世孙。昪曰：‘历十九帝，十世何以尽之?’有司请以三十年为一世，议后始定。”对此司马光问道：“今三家皆谓之余，可乎?”② 在对南唐“唐室后裔”的身份极尽嘲讽的同时，将其与刘备联系起来，充分表明了司马光不以蜀汉为正统，是为了不“正”南唐，并非“为本朝讳饰”。

五　司马光正统观解析

在司马光的正统观中，最有特色的是其“相对正统”的观念。所谓“相对正统”，是指在分裂时期，没有任何一个王朝完全正统或完全不正统，每一个王朝的“正统”都是相对于其他王朝而言的。如曹魏相对吴蜀为正统，而蜀又相对吴为正统，吴也并非完全不正统。这一“相对正统

① 《资治通鉴》，第 2232 页。

② 司马光：《司马温公集编年笺注》卷 61《答郭纯长官书》，第 14 页。

观”是司马光对中国古代正统观念的独特贡献。

相对正统观最突出的反映在南北朝时期。在司马光之前，绝大多数史家不是“正”北“僭”南，就是“正”南“僭”北，所谓“南谓北为索虏，北谓南为岛夷”[①]。两种正统观看似针锋相对，实则一丘之貉：“皆私己之偏辞，非大公之通论。”[②] 司马光则认为南北朝均为正统。虽然相对而言，北朝比南朝的正统性稍低，但依然被认为是正统政权，这是对历史事实的尊重，也是对北朝历史地位的肯定，因为在对后来中国历史进程的影响上，北朝并不逊于南朝。在一部编年体史书中，同一个时期能够有两个“正统”王朝的存在，无疑是极大的创举。

认为正统不是一个绝对的概念，一个王朝的正统是相对于同时存在的其他王朝而言的，这是司马光相对正统观的核心。在同一个历史时期，既可以有两个都比较正统的王朝同时存在，也可以出现某一王朝相对另一王朝不正统，而相对其他王朝更为正统的情况，这都可以视为这一相对正统观的具体表现形式。而最关键的一点就是，只要没有实现大一统，任何一个王朝都不是绝对“正统”，它的“正统”性，都是相对于其他王朝而言的，或者说，在割据政权当中，不存在完全“正统”的王朝。不需要与其他王朝“比长挈大”的完全“正统”的王朝，只有已经实现了大一统的王朝。所谓“自古天下无道，诸侯力争，或旷世无王者，固亦多矣”[③]。这“旷世无王者”，其实就是说，非大一统时期常常就没有一个真正“正统”的政权。

司马光为何在三国时期认为曹魏相对正统，原因前已论述。至于蜀汉比孙吴更为正统，原因无须多论。东晋与十六国的正统之辨可在论正统的“臣光曰”中找到答案：“周、秦、汉、晋、隋、唐，皆尝混一九州，传祚于后，子孙虽微弱播迁，犹承祖宗之业，有绍复之望，四方与之争衡者，皆其故臣也，故全用天子之制以临之。”[④] 东晋作为西晋的“子孙”，是西晋的合法继承者，正统性与西晋相同。十六国统治者皆为“故臣”，东晋君主可以“全用天子之制以临之”，在相对正统观的影响下，正统性自然很低。作为宋人，以五代为正统自然不难理解，但司马光并未完全否定十国的正统性，实属难能可贵。唯独南北朝正统的处理，需要较多的

---

① 《资治通鉴》，第 2186 页。

② 《资治通鉴》，第 2186 页。

③ 《资治通鉴》，第 2186 页。

④ 司马光：《司马温公集编年笺注》卷 61《答郭纯长官书》，第 12 页。

笔墨来分析。

司马光的正统观是相对正统观，如果南朝的正统是相对于北朝而言，那北朝就必须是相对意义上的僭伪，其君主再无称“帝”资格，遑论举兵征“伐”南朝。可事实并非如此，南朝虽然比北朝更为“正统”，但北朝也具有较高的正统性：可以君主称“帝”，出兵称“伐”。同一时期出现两个较为“正统”的政权，不得不说是司马光历史观的进步之处，也是其正统观的过人之处。

前文较详细地阐述了司马光正统观的各个方面，结合其论正统的文献，我们可以发现，司马光判断一个王朝是否正统，完全不考虑该王朝是否为汉族王朝。因此，在南北朝时期，司马光不会因为北朝乃少数民族所建，就降低乃至否定其正统性，这是可以断言的。

司马光论正统不讲“华夷之辨”，是其历史观中的进步成分，由此基础，可以较为公允的眼光，看待南北朝的史实。南北朝在一百多年的时间中近乎势均力敌，均对中国历史产生了巨大影响，至今学界仍然有“南朝化”和“北朝延续”之争。在司马光看来，这两个王朝都应被定为正统。不过，依照王朝的承传顺序同时为了更好地保持纪年连续性①，司马光选用了南朝纪年。这就势必要在正统性上对南北朝加以区别，因此才会出现这种情况。这既反映了司马光历史编纂的灵活性，也说明他的正统观充分考虑了时势的要求。

司马光的正统观也有保守的成分：基于传统的道德观念，他认为秦、晋、隋不是完全正统的王朝，不赞成“秦得天下，无异禹、汤”② 的说法。在实际修史过程中，司马光最终只“降低”了秦和两晋的正统性，而视统一之后的隋朝为完全正统。这可能是考虑到隋—唐—五代—宋的承袭关系，避免有损于宋朝的合法性。

六　结论

通过对《资治通鉴》的考察我们可以发现，司马光有着极其丰富的正统思想，通过君主生称、君主死称和战争书写的不同用辞，他将《资治通

---

① 按：南北朝时期若以北朝年号纪年，须在东晋灭亡后接“后魏纪”，此时北魏建国已35年，显然不如在陈灭亡后续以隋纪（此时隋仅建国8年）更好。

② 司马光：《司马温公集编年笺注》卷61《答郭纯长官书》，第13页。

鉴》中出现的上百个政权的正统性分成了十多个等级。其中，只有实现了大一统的汉、隋、唐才是完全正统的王朝，其余王朝包括道德上有缺陷的秦和晋都只能具有部分的正统性。司马光的正统观中最具特色的是其相对正统的思想，即分裂时期没有任何一个王朝完全正统，它们的正统性都是相对于其他朝代而言的。此外，一个时期可以存在两个较为正统的王朝的思想，实事求是地根据“功业”来衡定正统，在“正统”的考量中抛弃华夷之辨，也都是司马光正统思想的进步成分。认为秦、晋得国不正，不能作为完全正统的王朝，则是其正统观中保守的一面。《资治通鉴》中的正统思想与司马光的正统“理论”存在一定差异，这一矛盾可以通过《资治通鉴》编修的指导思想——“礼”来解释。司马光在《资治通鉴》中认为曹魏比蜀汉更加正统，其原因并不是通常所说的“为本朝讳饰”，而是为了不“正”南唐。

易学与顾炎武的历史哲学

王记录
（河南师范大学历史文化学院，河南新乡　453007）

摘　要： 明末清初的大思想家顾炎武一生研治《周易》，把对易理的研析和对社会历史的研究结合起来，提出了自己独到的历史见解。他在《周易》变易观的基础上，汲取其思想精髓，把"变通"与"适时"结合起来，认为"适时而变"是推动社会发展的重要手段；把"顺数已往"与"逆推将来"结合起来，认为总结过往历史，找出其中带有规律性的法则，便可以把握历史的发展趋势，在否定之否定的层面上进行变革；把"古今之变"与"势有相因"结合起来，承认历史发展的不平衡性，认为尽人力、顺时势就能"承敝易变"，推动历史向它的对立面转化。顾炎武生当明清易代之际，特殊的历史环境成就了他"随时变易，与世推移"的历史哲学，为中国传统思想宝库增添了智慧。

关键词： 顾炎武　《周易》　易学　历史哲学

顾炎武研治经史，对《周易》用功尤深。他极力推尊《周易》在中国学术史上的地位，认为"尽天下之书皆可以注《易》，而尽天下注《易》之书，不能以尽《易》"[①]。在顾炎武眼里，易学是统摄一切的学问，《周易》不仅是六经之首，而且是六经的核心。"《诗》《书》、执《礼》之文，无一而非《易》也。下而至于《春秋》二百四十二年之行事，秦、汉以下

---

① 顾炎武：《亭林文集》卷3《与友人论易书》，见《顾亭林诗文集》，中华书局，1983，第42页。

史书百代存亡之迹，有一不该于《易》者乎?”[①] 正因为此，他不仅对《周易》的版本、流传、性质以及易学史上的重要人物、易学思潮和易学观点等都进行过深入考辨，而且结合自己的历史研究，吸纳易学的思想因素，据《周易》而阐发历史哲学。顾炎武的易学研究表现为两个基本特征。一是对汉宋易学进行检讨，提出“重卦不始于文王，卦爻外无别象，图书之学为道家易”等观点，在易学研究方面倡导求实精神，推动清代易学研究向回归《周易》文本与辨伪考据转化[②]。二是提出易学是“圣人寡过反身之学”，反对把周易看成纯粹的占筮、方术之书，倡导治易要切于人伦日用。他把天道、人事与历史盛衰联系起来，通过研析易理，“论述了事物变化的属性及人们对变化应有的态度”[③]。正因为顾炎武对《周易》有深入的体认和研究，故而他能以《周易》修身治世，精研《易》理，义理与致用并重，将“唯物”“唯变”“适时”“藏往”“知来”的哲学认识用于社会历史领域，吸纳《周易》变通的思想，形成了自身“顺势因时”“适时而变”的历史哲学。试论之。

一 “变通”与“适时”

顾炎武对社会历史的盛衰变化充满了兴趣，有着“通变宜民”的变革思想。他精研易理，体察自然与社会的变化，坚信“变”是历史发展的普遍法则，相应地，在历史的变化面前，一切社会治理都要随之适时变化。当社会“居不得不变之势”时，变革便不可阻挡。顾炎武不仅从《周易》中汲取变通的思想，而且从“百王之治至殊”的历史事实中总结经验，归纳出“唯变所适”[④] 的辩证法则，形成了通达而变易的历史观念。

顾炎武认为，变化是自然与社会的基本属性，世界万物都在发生变化，而《周易》就是一部讲求变易之书，必须掌握其中的奥妙。他说：“日往月来，月往而日来，一旦之昼夜也。寒往暑来，暑往寒来，一岁之昼夜也。小往大来，大往小来，一世之昼夜也。子在川上曰：‘逝者如斯夫，不舍昼夜！’通乎昼夜之道而知，则‘终日乾乾，与时偕行’，而有以

---

① 顾炎武：《亭林文集》卷3《与友人论易书》，见《顾亭林诗文集》，第43页。

② 林中军：《论顾炎武易学思想与清代易学转向》，《东岳论丛》2012年第6期。

③ 周文玖：《顾炎武的历史盛衰思想》，《孔子研究》1996年第3期。

④ 顾炎武：《亭林文集》卷3《与友人论易书二》，见《顾亭林诗文集》，第43页。

尽乎《易》之用矣。”[①] 这就是说，万物的变化是一种普遍现象，昼夜交替、寒暑往来、日月升降皆鲜明地体现了变化的普遍性，人只有掌握了这种“变化之道”，亦即变化的规律，才能对自然与社会有一个正确认识，“终日乾乾”，因时而变，顺应事物变化的规律行事，才算是参透了《周易》的奥妙。

基于对自然变化与社会历史发展的考察，顾炎武从《周易》中引申出“过中则变”的“变”与“时”之义。具体来说，就是既要变革，又要适时。顾炎武认为，历史发展不是一帆风顺的，总是在某些时候表现出特殊性，所谓“道之污隆，各以其时”[②]。而人的历史活动，总是受到特定社会条件的制约，他举例说：“武王当日诛纣伐奄，三年，讨其君，而宝龟之命曰：‘有大艰于西土’。殷之顽民迪屡不静。商俗靡靡，利口惟贤，余风未殄。视舜之‘从欲以治四方风动’者何如哉。故《大武》之乐虽作于周公，而未至于世变风移之日，圣人之时也，非人力之所能为矣。”[③] 历史发展有自己的特点，人们进行历史活动，要善于审时度势，把握变革的时机，也就是要看准“世变风移之日”。顾炎武阐释《周易》“变”与“时”的思想云：“《革》：‘巳日乃孚。六二，巳日乃革之。’朱子发读为‘戊己’之己。天地之化，过中则变，日中则昃，月盈则食，故《易》之所贵者中。十干则戊己为中，至于己则过中，而将变之时矣，故受之以庚。庚者，更也，天下之事当过中而将变之时，然后革而人信之矣。”[④] 通过对《革》卦的诠解，顾炎武指出只有在事物发展到一定程度，如“日中”“月盈”，事物开始向其相反方面转化之时，才是变革最成熟的时机，也就是“过中则变”。“将变之时”即主动变革，就能取得信任，赢得人心，“当过中而将变之时，然后革而人信之”。因此，他坚信：“斯道之在天下，必有时而兴。”[⑤] 也就是说，只要遵循了《周易》因时而变的原则而变革，社会就会出现兴盛的局面。

顾炎武通过对历史的考察，指出历史上从来就没有一成不变的制度，所谓“百王之治至殊”，他说：“‘殷因于夏礼，周因于殷礼，虽百世可

① 顾炎武：《日知录》卷1《通乎昼夜之道而知》，见《日知录集释》，岳麓书社，1994，第22页。
② 顾炎武：《亭林文集》卷3《与友人论门人书》，见《顾亭林诗文集》，第47页。
③ 顾炎武：《日知录》卷7《武未尽善》，见《日知录集释》，第236页。
④ 顾炎武：《日知录》卷1《巳日》，见《日知录集释》，第16页。
⑤ 顾炎武：《亭林文集》卷3《与友人论门人书》，见《顾亭林诗文集》，第47页。

知’。百王之治，至殊也。”① 他从历史与社会的变化和“百王之治至殊”的历史事实中看到，“天下之变无穷，举而措之天下之民者亦无穷”②。顾炎武对中国历史有深入的研究，看到了中国历史上改革、变法的艰难，他在《日知录》“立言不为一时”条中开篇便说：“天下之事，有言在一时，而其效见于数十年之后者。”并列举了历史上许多当时不能实行，而后世却不得不实行的改革措施，十分感慨地说：“呜呼，天下之事，有其识者，不必遭其时；而当其时者，或无其识。然则开物之功，立言之用，其可少哉。”③ 也就是说，历史的变革进步总是遭遇曲折，或具有识之士，但时机不成熟，或时机成熟，却无有识之士。但不管怎样，建言献策，倡导变革，是必不可少的，尽管这些建议可能要在几十年后才被人采纳。顾炎武吸收《周易》“穷则变，变则通，通则久”的思想，指出：“穷则变，变则通，通则久，天下之理固不出乎此也。”④ 在他看来，当事物发展到穷途末路、不得不变之时，就会发生变革。在此之前出现的曲折，也就不足为意了。

“变通”与“适时”是顾炎武易学思想的两翼，也是他深研历史而结出的思想硕果。顾炎武看到，任何“变通”都要“适时”，只有历史变革的时机成熟了，才有可能变革成功，除旧布新，做到有利无弊或利大于弊。顾炎武研究任何问题，都是面对社会现实和学术现实的，从不回避现实社会问题。明末社会的严重危机，使顾炎武认识到专制制度已“居不得不变之势”，由此他表达了变革的强烈愿望，指出：“法不变，不可以救今已。居不得不变之势，而犹讳其变之实，而姑守其不变之名，必至于大弊。……而上下相与守之至于极，而因循不改，是岂创制之意哉？……请于不变之中，而寓变之之制，因已变之势，而复创造之规。……不及时之宜一为变通……则物力乌得不诎？军政乌得不窳？又何以兆谋敌忾，成克复之勋哉？”⑤ 他指出，身处“不得不变”之时，讳言变革，不愿变革，都会造成“大弊”。适时而变，是历史变革的最佳状态，也是社会进步的必由之路。

顾炎武对“适时而变”非常推崇，可惜生不逢时，清朝的统治使他不

① 顾炎武：《日知录》卷7《予一以贯之》，见《日知录集释》，第246页。
② 顾炎武：《亭林文集》卷3《与友人论易书》，见《顾亭林诗文集》，第42～43页。
③ 顾炎武：《日知录》卷19《立言不为一时》，见《日知录集释》，第680页。
④ 顾炎武：《日知录》卷19《立言不为一时》，见《日知录集释》，第680页。
⑤ 顾炎武：《亭林文集》卷6《军制论》，见《顾亭林诗文集》，第122～123页。

愿，也无法尽展其才，因此他对“适时而变”做了理想化的理解，即寄托于后世之人。他宣称自己的那些“引古筹今，亦吾儒经世致用”的改革措施，“不欲令在位之人知之”，理由是：“今日之事，兴一利便是添一害，如欲行沁水之转般，则河南必扰；开胶、莱之运道，则山东必乱矣。”① 顾炎武不与清廷合作，故而“不欲令在位之人知之”。他还在一首诗里写道：“天道有盈虚，智者乘时作。取果半青黄，不如待自落。始皇方侈时，土宇日开拓。海上标东门，长城绕北郭。欲传无穷世，更乞长生药。子房天下才，是时无所托。东见沧海君，用计亦疏略。狙击竟何为，烦彼十日索。譬之虎负嵎，矜气徒手搏。归来遇赤精，奋戈起榛薄。峣关一战破，蓝田再麾却。啧啧轵道旁，共看秦王缚。既已报韩仇，此志诚不怍。遂赴赤松要，无负圯桥诺。”② 在清朝统治日益巩固，任何反抗都只能遭到镇压的情况下，顾炎武无可奈何地发出了“取果半青黄，不如待自落”的哀吟，颇有英雄无用武之地的感叹。但是，顾炎武始终对民族的复兴充满信心，他说：“子不见夫五星之丽天，或进或退，或留或疾。大运之来，固不终日。盈而罚之，动而蹶之……汤降文生自不迟，吾将翘足而待之。”③ 他认为，按照《周易》盛衰变易的历史观，清朝的统治终将有盛极而衰的一天。顾炎武寄希望于社会发展的未来，但他强调，不应只是消极地等待时势的到来，时势毕竟是由人造成的，人力所至，或可回天。他说：“天下之事，盛衰之形，众寡之数，不可以一定，而君子则有以待之。所以抚盛而合众者，中人以上之所能，若夫为盛于衰，治众于寡，孑然一身之日，而有万人百世之规，非大心之君子莫克为之矣……《易》曰：‘可大则贤人之业。’《传》曰：‘人定能胜天。’”④ 他认为，人在历史的盛衰变化中，不能委天任运，无所作为，而是要不断创造条件，制造“时势”，努力奋进，要有“天行健，君子以自强不息”的气概，要相信“人定胜天”，通过人的作为促成历史盛衰的转化。他在给黄宗羲的信中进一步表达了这样的看法：“古之君子所以著书待后，有王者起，得而师之。然而《易》‘穷则变，变则通，通则久’。圣人复起，不易吾言，可预信于今日也。”⑤ 生不逢时的顾炎武晚年一直致力于思想文化的研究，提出对专制君

① 顾炎武：《亭林文集》卷4《与人书八》，见《顾亭林诗文集》，第93页。
② 顾炎武：《亭林诗集》卷5《子房》，见《顾亭林诗文集》，第396页。
③ 顾炎武：《亭林诗集》卷3《羌胡引》，见《顾亭林诗文集》，第349页。
④ 顾炎武：《亭林文集》卷5《杨氏祠堂记》，见《顾亭林诗文集》，第107～108页。
⑤ 顾炎武：《亭林佚文辑补·与黄太冲书》，见《顾亭林诗文集》，第238～239页。

主的批判，积极参与历史的创造活动，其积极入世的精神令人感佩。

二 “顺数已往”和“逆推将来”

顾炎武研究《周易》，十分重视通过对以往历史事物的认识和总结，归纳历史发展的法则，然后预测社会历史发展的前景。《日知录》卷一《易逆数也》云：“‘数往者顺’，造化人事之迹有常而可验，顺以考之于前也；‘知来者逆’，变化云为之动日新而无穷，逆以推之于后也。圣人神以知来，知以藏往，作为《易》书，以前民用。所设者，未然之占，所期者，未至之事，是以谓之逆数。虽然，若不本于八卦已成之迹，亦安所观其会通而系之爻象乎？是以‘天下之言性也，则故而已矣’。”[①] 他又引用刘汝嘉之言曰：“象者，体也，象其已然者也；占者，用也，占其未然者也。已然者为往，往则有顺之之义焉；未然者为来，来则有逆之之义焉。如象天而画为《乾》，象地而画为《坤》……此皆观变于阴阳而立卦，发挥于刚柔而生爻者也，不谓之数往者顺乎？如筮得《乾》，而知‘乾，元亨利贞’，筮得《坤》，而知‘坤，元亨利牝马之贞’……此皆通神明之德，类万物之情者也，不谓之知来者逆乎？夫其顺数已往，正所以逆推将来也。孔子曰：‘殷因于夏礼，所损益可知也。周因于殷礼，所损益可知也’，数往者顺也；‘其或继周者，虽百世可知也’，知来者逆也。故曰：‘易，逆数也。’”[②] 顾炎武根据《周易》“知以藏往”“神以知来”的思想和卦象的变化，结合孔子的历史损益观，参以历史发展的实际，在这里提出了认识历史发展的过去、现在与未来的方法。他认为，根据既往历史的发展变化，可以找到历史发展的“常”，也就是规律，而根据这种历史发展的“常”，又可以预测历史发展的大势及未来社会的“变”。社会的发展变化虽然“日新而无穷”，但只要遵循“有常而可验”的事物发展的法则，“顺数已往”，便可以“逆推将来”。

顾炎武通过对历史的深入研究，发现历史的发展总是进步与落后、前进与后退、上升与下降、正义与邪恶相互伴随，显示出复杂性的一面。所谓“不能使四方之风有贞而无淫”，“邪说之作与世升降”，等等。一句话，历史的发展没有坦途，盛与衰、治与乱、善与恶总是相伴而生。他说：

---

① 顾炎武：《日知录》卷1《易逆数也》，见《日知录集释》，第24~25页。

② 顾炎武：《日知录》卷1《易逆数也》，见《日知录集释》，第24~25页。

“天下之生久矣，一治一乱。盛治之极，而乱萌焉，此一阴遇五阳之卦也。孔子之门四科十哲，身通六艺者七十有二人，于是删《诗》《书》，定礼、乐，赞《周易》，修《春秋》，盛矣，而《老》《庄》之书即出于其时。后汉立辟雍，养三老，临白虎，论五经，太学诸生至三万人，而三君、八俊、八顾、八及、八厨为之称首，马、郑、服、何之注，经术为之大明，而佛、道之教即兴于其世。是知邪说之作与世升降，圣人之所不能除也……呜呼，岂独君子小人之辨而已乎。”① 从对历史的深入考察中，顾炎武看出了宋儒的道德理想主义的虚妄，看到了人和社会都不可能“止于至善”，历史的发展是复杂的，有主流，也有逆流。儒学兴盛之时，老庄之书随之而出；五经昌明之时，佛道之教随之而兴。历史变化的复杂性是任何人无法改变的，但人们可以认识到它，从而在历史变革面前伸缩有余。

顾炎武汲取《周易》的思想营养，隐隐认识到在历史发展的过程中，似乎有一个肯定、否定、否定之否定的变化规则在起着作用。他所提出的“寓封建于郡县”的社会改革方案，就深含此意。顾炎武认为，古代社会从封建制过渡到郡县制，是历史长期发展的结果，但是郡县制在发展过程中，也出现了问题，所谓“郡县之弊已极”，而要改变“郡县之弊”，就要实行“寓封建之意于郡县之中”的更高层次的改革。他说：“封建之废，非一日之故也，虽圣人起，亦将变而为郡县。方今郡县之敝已极，而无圣人出焉，尚一一仍其故事，此民生之所以日贫，中国之所以日弱而益趋于乱也。”“知封建之所以变而为郡县，则知郡县之敝而将复变。然则将复变而为封建乎？曰：不能。有圣人起，寓封建之意于郡县之中，而天下治矣”②。在顾炎武看来，封建制产生弊端，郡县制否定了封建制，取而代之，“封建而变为郡县”，这是第一次否定；郡县制在发展中也出现了弊端，“郡县之敝而将复变”，但不能用封建制否定郡县制，不能搞复古，而是要综合考量，在更高的基础上完成否定之否定，推动制度的完善，即“寓封建之意于郡县之中”。顾炎武已经认识到，当旧的管理体制出现弊端，需要设计新的管理体制时，必须把历史上先后出现过的各种管理体制的合理因素包含进来，唯其如此，人类历史才能在不断革除弊端中前进。

顾炎武还纵观古今，继承《礼记》中关于“质、文之变”的论述，认识到社会历史的发展有一个由“质”到“文”，然后在一个新的阶段向

---

① 顾炎武：《日知录》卷1《姤》，见《日知录集释》，第14页。
② 顾炎武：《亭林文集》卷1《郡县论一》，见《顾亭林诗文集》，第12页。

“质”复归的趋向。他说：“‘垂衣裳而天下治’，变质而之文也，自黄帝、尧、舜始也，故于此有通变宜民之论。”① 又说：“‘民之质矣，日用饮食’。夫使机智日生，而奸伪萌起，上下且不相安，神奚自而降福乎？有起信险肤之族，则高后崇降弗祥；有诪张为幻之民，则嗣王罔或克寿。是故有道之世，人醇工庞，商朴女童，上下皆有嘉德，而至治馨香感于神明矣。然则祈天永命之实，必在于观民。而斫雕为朴，其道何由？则必以厚生为本。”② 顾炎武认为，中国历史经过黄帝、尧、舜等上古圣王的不断推动，开始由“质”转变为“文”，完成了以文明取代原始质朴时代的历史使命。然而，随着文明社会的发展，“机智日生”“奸伪萌起”“上下不相安”，问题越来越严重。到了顾炎武比较熟悉的明朝中后期，更出现了“世变日新，人情弥险”③ 的情况。那么，怎样变革才能挽救时弊，杜绝“机智日生”“奸伪萌起”的历史现象呢？顾炎武提出“必以厚生为本”。在这里，顾炎武似乎已经意识到，只有通过“厚生”，即发展经济，使社会物质财富极大地丰富起来，满足民众“日用饮食”的需要，那些所谓的“机智”和“奸伪”才会慢慢消失，从而达到“有道之世”。如此，人类的精神境界才会在更高的基础上提升，重新回归“质朴淳厚”的状态，而社会也可以长治久安，即“祈天永命之实，必在于观民”。而且，其“通变宜民”之论继承了司马迁“承敝易变，使民不倦”的“变革为民”的思想，说明顾炎武变通思想中具有鲜明的重民意识。由此我们似乎可以断言，顾炎武不仅看到了历史的进步性演化，而且已经认识到社会历史发展具有螺旋式上升的某些辩证规律。

三 “古今之变”与“势有相因”

顾炎武的历史盛衰变易观，以《周易》为宗，充满了辩证发展的观念。他深刻体察《周易》，从历史发展的共时性和历时性两个方面论述历史的“古今之变”。

在历史发展的共时性方面，顾炎武看到了历史发展的不平衡性，认识到历史发展水平的悬殊和历史发展形式的差异。他认为，一部《周易》，

① 顾炎武：《日知录》卷1《垂衣裳而天下治》，见《日知录集释》，第23页。

② 顾炎武：《日知录》卷3《民之质矣日用饮食》，见《日知录集释》，第92~93页。

③ 顾炎武：《日知录》卷13《田宅》，见《日知录集释》，第499页。

正是对历史事物发展水平不同和发展形式差异的高度概括："物之不齐，物之情也。六十四卦岂得一一齐同。"① 他认为历史发展的悬殊和差异是具有普遍必然性的客观存在，历史发展总是不平衡的，不能用一种尺度去看待历史、衡量社会，并要求它们"一一齐同"。事物的差异性和复杂性不可能消解，"必欲执一说以概全经"②，是非常荒谬的。

在历史发展的历时性方面，顾炎武看到了天地、四时以及万事万物的变化日新："天地则已易矣，四时则已变矣，其在天地之中者，莫不更始焉。"在他看来，自然界和人类历史的运动发展是不断变化的，变化是自然界和人类社会的永恒主题，所谓"《易》不可为典要，唯变所适"③。他以发展变化的眼光去探究自然界和人类社会，认为无论是自然界还是人类社会的运动皆有法则可循，所谓"造化人事之迹有常而可验……变化云为之动日新而无穷"④。纷繁复杂的自然与历史之"变"的深层蕴含着规律性的"常"，认识到"常"，便可以掌握"变"。

历史的发展都是共时性存在和历时性存在的统一，顾炎武继承了《周易》的阴阳变易观和张载关于"一"与"两"的哲学思想，在"和实生物，同则不继"的辩证发展观基础上，做出了"天地之化，专则不生，两则生"⑤ 的新的哲学概括。张载提出"两不立，则一不可见；一不可见，则两之用息"的命题⑥。所谓"两"，就是指阴与阳；所谓"一"，就是指阴与阳的统一。张载认为，没有对立面就不可能有统一体，"两"（阴阳对立）是"一"（阴阳统一）的基础，没有阴阳的对立，就没有双方的统一，没有阴阳双方的统一，其交互作用就无法实现，社会就无法进步。顾炎武吸纳张载的思想，用"专"代替了"一"。所谓"专"，"是指不包含差异和对立的同一，是僵死的没有内在生命力的同一"⑦。在顾炎武看来，"两"才是事物变化的原因，阴与阳的对立统一是"天地之化"的源泉，"故天下雷行，物与无妄，而先王以茂对时，育万物"⑧。顾炎武认识到历史事物存在的依据与运动变化的内在动力是其自身所固有的阴阳对立的矛

① 顾炎武：《亭林文集》卷 3《与友人论易书二》，见《顾亭林诗文集》，第 43 页。
② 顾炎武：《亭林文集》卷 3《与友人论易书二》，见《顾亭林诗文集》，第 43 页。
③ 顾炎武：《亭林文集》卷 3《与友人论易书二》，见《顾亭林诗文集》，第 43 页。
④ 顾炎武：《日知录》卷 1《易逆数也》，见《日知录集释》，第 24 页。
⑤ 顾炎武：《日知录》卷 6《娶妻不娶同姓》，见《日知录集释》，第 208 页。
⑥ 张载：《正蒙·太和篇第一》，河南大学出版社，2016，第 86 页。
⑦ 许苏民：《顾炎武评传》，南京大学出版社，2006，第 200 页。
⑧ 顾炎武：《日知录》卷 6《诚者天之道也》，见《日知录集释》，第 233 页。

盾性，正因为此，他对孔子“君子和而不同”的观点非常赞赏，认为孔子所主张的兼容差异和对立，恰恰是“天地之化”的前提。顾炎武运用《周易》阴阳两爻交错变化的观念，结合张载“一”与“两”的哲学思想，提出对事物发展的对立统一规律的朴素认识，颇为深刻。

顾炎武在观察社会历史的发展变化时，还引入了“势”的概念。顾炎武发现，在人类社会盛衰变化中起决定作用的，不是宋儒的先验的“理”，而是客观存在的“势”。他不再以宋儒先验的天理史观来论说历史，而是从人类社会自身的实践去探寻历史发展变化的法则，提出了“势有相因”的历史演化观。

在中国思想史上，“势”是一个著名的范畴，并逐步形成了重“势”的历史观。先秦法家慎到、韩非讲政治哲学，注重“势”，即统治者的权势和政治上的威势。司马迁在《史记》中提出了“事势之流，相激使然”的命题，把“势”与历史发展结合起来，使“势”具有了历史哲学的意义。此后，高明的思想家在论说历史发展变化时，总会提到“势”。刘知幾论历史变化与史书体裁时，提出“事势当然，非矫枉也”[①]。柳宗元在《封建论》中多次提到“势”，所谓“封建非圣人意，势也”，“势不可也”，“势之来，其生人之初乎”，等等。以“势”来解释社会历史的发展趋向，使“势”的内涵更加丰富。

顾炎武自觉继承了前贤用“势”来解释社会历史发展的思想，并在深研《易》理的基础上加以发展，提出了“天下势而已矣”“势有相因而天心系焉”的历史哲学命题。在顾炎武这里，“势”有多重含义，或指一种必然性，或指社会历史条件，其含义随着语境的不同而不同。如他曾言：“人之情孰不为其身家者？故日夜求之，或至行关节，触法抵罪而不止者，其势然也。”[②] 就是用“势”来说明人皆有维护身家性命之常情，这种人之常情必然会驱使人们不择手段地追求经济政治特权，所谓“其势然也”，就是一种必然性。再如他说：“愚尝久于山东，山东之民，无不疾首蹙额而诉火耗之为虐者。独德州则不然。问其故，则曰：州之赋二万九千，二为银八为钱也。钱则无火耗之加，故民力纾于他邑也。非德州之官皆贤，里胥皆善人也，势使之然也。”[③] 这是用“势”来说明德州之所以无“火

---

① 刘知幾：《史通》卷2《世家》，见浦起龙《史通通释》，上海古籍出版社，1978，第42～43页。

② 顾炎武：《亭林文集》卷1《生员论上》，见《顾亭林诗文集》，第21页。

③ 顾炎武：《亭林文集》卷1《钱粮论下》，见《顾亭林诗文集》，第19～20页。

耗之为虐”这一社会现象，主要是因为人的行为起了决定作用，所谓“势使之然也”，指的就是某种特定的社会历史条件。

更为重要的是，顾炎武常常把“势”与历史发展变化的转折结合起来论述，深刻指出矛盾双方在一定的历史条件下向着其相反方面转化的态势，具有丰富而具体的历史辩证法内容。如他论述春秋至战国之间的风俗变化时，指出从春秋到战国，是历史的转折时期，这其中也有着“势”这一不可抗拒的必然性在起作用。“春秋时，犹尊礼重信，而七国则绝不言礼与信矣。春秋时，犹宗周王，而七国则绝不言王矣。春秋时，犹严祭祀，重聘享，而七国则无其事矣。春秋时，犹论宗姓氏族，而七国则无一言及之矣。春秋时，犹宴会赋诗，而七国则不闻矣。春秋时，犹有赴告策书，而七国则无有矣。邦无定交，士无定主，此皆变于一百三十三年之间。史之阙文，而后人可以意推者也。不待始皇之并天下，而文武之道尽矣”①。顾炎武论社会风俗，特别注意辨析从春秋到战国的风俗变化，认为这是“礼崩乐坏”的关键时期，一切固有的礼乐文化被打破，文化不存，制度也就是个空壳了。礼乐文化的大势已去，“不待始皇之并天下，而文武之道尽矣”。同样，政治上的兴亡治乱，也有其历史的必然性。顾炎武以秦朝的灭亡来说明这一道理：“盖自汉以下之人，莫不谓秦以孤立而亡。不知秦之亡，不封建亡，封建亦亡；而封建之废，固自周衰之日，而不自于秦也。”② 顾炎武看到了历史之“势”，认为是“势”在历史的转折变化中起着推动作用，任何事物的消亡都是一个渐变的过程。

顾炎武不仅看到了“势”在历史发展变化中的作用，而且把“势”与人的活动结合起来，没有把它看成神秘力量或历史宿命。顾炎武认为，人类社会的发展变化是人类自觉活动的结果。他曾以社会风俗的发展变化为例来提示人们，人类可以通过自己的活动形成某种风俗，但也可以移风易俗，改变某种风俗。“呜呼！观哀、平之可以变而为东京，五代之可以变而为宋，则知天下无不可变之风俗也。《剥·上九》之言硕果也，阳穷于上，则复生于下矣！”③ 顾炎武看到了任何历史事物都会在一定条件下向着它的对立面转化，所谓“天下无不可变之风俗”，所谓“阳穷于上，则复生于下矣”，都是这个意思。但是，他又认识到决定社会风俗变化的乃是

① 顾炎武：《日知录》卷13《周末风俗》，见《日知录集释》，第467页。

② 顾炎武：《亭林文集》卷1《郡县论一》，见《顾亭林诗文集》，第12页。

③ 顾炎武：《日知录》卷13《宋世风俗》，见《日知录集释》，第473页。

人的活动。他论述两汉风俗时说："汉自孝武表章六经之后，师儒虽盛，而大义未明，故新莽居摄，颂德献符者遍于天下。光武有鉴于此，故尊崇节义，敦厉名实，所举用者，莫非经明行修之人，而风俗为之一变。"① 正是因为汉光武帝刘秀"尊崇节义，敦厉名实"，才改变了王莽时期"颂德献符"、阿谀逢迎的社会风气。总之，在"势"面前，人不是无所作为的，相反，人的活动既可以造成某种时势，也可以改变某种时势，使社会向着制度更完善、风俗更淳朴、更有利于人类发展的方面转化，从这个意义上讲，"天下势而已矣"。

顾炎武还指出，"势有相因"，"势"的形成有一个慢慢积累的过程。他以废封建、立郡县为例，论证了自己的这一观点。《汉书·地理志》云："秦并兼四海，以为周制微弱，终为诸侯所丧，故不立尺土之封，分天下为郡县，荡灭前圣之苗裔，靡有孑遗。"后世之人祖述其说，以为废封建、立郡县皆秦始皇所为。对此，顾炎武不以为然，"以余观之，殆不然"。他通过深入的历史研究证明，早在秦统一六国以前，郡县制就已经在各诸侯国中普遍存在了。"当春秋之世，灭人之国者，固已为县矣"，"当七国之世，而固已有郡矣"，"六国之未入于秦，而固已先为守令长矣。故史言乐毅下齐七十余城，皆为郡县……安得谓至始皇而始罢侯置守邪?"② 在秦始皇之前，郡县就已经存在了。顾炎武进一步"贯通古今"，考察中国历史的整体进程，指出郡县制的形成乃是中国历史长期发展的结果，是"势之所必至"。他说："《传》称禹会诸侯，执玉帛者万国，至周武王仅千八百国，春秋时见于经传者百四十余国，又并而为十二诸侯，又并而为七国，此因其势之所必至。秦虽欲复古之制，一一而封之，亦有所不能。而谓罢侯置守之始于秦，则儒生不通古今之见也。"③ 顾炎武关于历史发展之"势"的论述，既来源于《周易》的变通思想，又来源于自身对历史贯通古今的深入研究，他不仅看到过去，还试图预测未来，并窥探历史发展过程中事物从量变到质变的转化。

四 余论

作为明末清初的大学问家和思想家，顾炎武一生深研《周易》，其名

① 顾炎武：《日知录》卷13《两汉风俗》，见《日知录集释》，第469页。
② 顾炎武：《日知录》卷22《郡县》，见《日知录集释》，第775页。
③ 顾炎武：《日知录》卷22《郡县》，见《日知录集释》，第775页。

著《日知录》首卷全部讨论易学问题，可以看出他以《周易》统领经史研究的意图。吴怀祺先生曾说："中国古代史学家和易学结下了不解之缘，正是易学的丰富的辩证的联系思维培育出古代史学家对自然、对社会历史认识的独特视角，使他们的历史观具有了哲理特征。可以说，这是中国古代史学民族性最为鲜明的体现之一。"[①] 以之观照顾炎武的易学和史学，其分析历史问题，受《周易》影响之大，历历可观。顾炎武以易学为武器，通观古今，展开对历史发展演变的分析，形成了具有中国本土特征的历史哲学。

顾炎武生活在明清易代之际，他以易学论历史，有着自身深刻的生存体验。明亡清兴，以夷变夏，神州荡覆，宗社丘墟，改朝换代之现实巨变打通了顾炎武的个人生存体验与《周易》变易的思想世界。"作《易》者其有忧患乎"的内在思想因素激发了顾炎武"亡国""亡天下"的忧患意识，他和清初诸多遗民学者一样，通过研治《周易》，"读世之治乱盛衰，读当代史，读其本人的命运"[②]，以失去故国的身心体验，俯仰上下几千年的历史变化，将历史变迁融汇于对易学的认知之中，所谓"《易》之为书，广大悉备，一爻之中，具有天下古今之大"[③]。他以易论史，考察历史，"《周易》里的变化思想给他提供了丰富的思想资料"[④]，以自己的感受，彰扬"随时变易，与世推移"的历史哲学，为中国传统思想宝库增添了智慧。

顾炎武有着强烈的经世致用的思想，提出治学要"明六经之旨，通当世之务"[⑤]，"通经知古今"是顾炎武钻研易理的指导思想。他曾说："圣人所闻所见，无非《易》也……六十四卦三百八十四爻，皆所以告人行事。"[⑥] 因此，顾炎武对易理的研讨并非只停留于思想层面，而且见诸行事，"将其易学思想主张运用到社会实践当中"[⑦]，不回避当时社会所存在的各种弊端，"既以明道救人，则于当今之所通患……亦遂不敢以辟也"[⑧]。他在《天下郡国利病书》中讨论漕运、河渠、水患等问题时，始终贯彻了"穷则变，变则通"的思想，表明他试图将对易理的研析与社会实践相结合，以达到规切时弊、教化人伦、救民水火的"明道救世"的学术理想境界。

① 吴怀祺：《易学与史学》，中国书店，2004，自序。
② 赵园：《明清之际士大夫研究》，北京大学出版社，1999，第434页。
③ 顾炎武：《亭林文集》卷3《与友人论易书》，见《顾亭林诗文集》，第42页。
④ 周文玖：《顾炎武的历史盛衰思想》，《孔子研究》1996年第3期。
⑤ 顾炎武：《亭林文集》卷1《生员论中》，见《顾亭林诗文集》，第23页。
⑥ 顾炎武：《亭林文集》卷4《与人书二》，见《顾亭林诗文集》，第90~91页。
⑦ 任利伟：《顾炎武的易学研究成就》，《周易研究》2008年第2期。
⑧ 顾炎武：《亭林文集》卷4《与人书三》，见《顾亭林诗文集》，第91页。

康熙的史学活动与史学思想

冀震宇
（南开大学历史学院，天津　300350）

摘　要：康熙在位六十余年，从其研读经史到设立史馆修史，无不显示帝王与史学的紧密关系。清廷重史的传统，使康熙从小就浸润在经史的氛围之中，现实政治的需要是他学史的动力，经筵、日讲制度保证了康熙经史学习的系统性。清代大规模开馆修史始于康熙，他干预修史，希望史学能为自身的统治服务。以史资政是康熙对历史的基本认识，重视君主在历代兴衰治乱中的作用是康熙历史盛衰论的核心。在历史编纂学方面，康熙游走在直书与曲笔之间，表现出鲜明的二重性。

关键词：康熙　史馆修史　以史资政　史学思想

清代帝王常借修史的手段，以达到其政治目的，与此相伴的是清代官方修史成果粲然，大部头著作汗牛充栋。追本溯源，康熙起了很大的作用。但长期以来，学界对康熙的研究多集中于政治方面，① 对其他方面的研究不多。关于康熙在史学方面的作为，研究成果更是

---

① 主要成果有高翔《康雍乾统治思想研究》（中国人民大学出版社，1995）；蒋兆成、王日根《康熙传》（人民出版社，1998）；孟昭信《康熙评传》（南京大学出版社，1998）；孟昭信《康熙与大清帝国》（中国言实出版社，2001）；郭成康等《康乾盛世历史报告》（中国言实出版社，2002）；李治亭《清康乾盛世》（凤凰出版社，2005）；林乾《康熙惩抑朋党与极权政治》（复旦大学出版社，2012）；白新良等《康熙传》（岳麓书社，2015）以及大量的研究论文；等等。

稀少。[①] 我们注意到，康熙是一位重史、学史、用史的皇帝，他不仅重视对历史的学习，把史学与国家治理结合起来，还指导史馆修史，对清代前期官方史学的发展起了决定性的作用。

一　康熙的史学渊源

康熙一生与史学渊源甚深。少年时，他研读经史；中年时，他将研读经史所得施于政治统治；晚年时，他指导史馆修史，掌握对历史的解释权。一句话，康熙主动将史学用于治国理政实践之中，可谓“集古帝王文治之大成”[②]。

（一）清帝重史传统的延续

中国自古以来便有重史的传统，即使是少数民族入主中原，也概莫能外。清廷入关之前，清太祖和清太宗就重视文治。清太祖努尔哈赤令大臣创立满文，并设立书房制度，“从太祖努尔哈赤创业时起，以至诸王、贝勒，皆有书房，内设秀才若干，助其读书，兼管文墨”[③]。他还令书房大臣将汉文书籍翻译为满文[④]，以供王公学习。清太宗皇太极命令儒臣“分为两直”，一为“翻译汉字书籍”；一为“记注本朝政事，以昭信史学”，“欲以历代帝王得失为鉴，并以记己躬之得失”[⑤]。顺治自幼熟读经史，“轶伦六龄，即嗜观书史，尝曰：‘父皇自幼读书，予亦欲读书。’”[⑥] 其登基后，诏令成立《明史》馆，并重视对历史经验的总结，令群臣翻译《洪武宝训》。他时常去内院翻阅史籍，与大臣谈古论今。为系统全面地学习经史典籍，他还下诏开设经筵日讲。

康熙延续太祖、太宗、世祖三朝择饱学之士伴之左右之制，“择满汉

---

① 主要成果有乔治忠《清朝官方史学研究》（台湾文津出版社，1994），王记录《清代史馆与清代政治》（人民出版社，2009）以及李传印《康熙帝与〈明史〉》（《求是学刊》2002 年第 1 期），乔治忠《论清顺治朝与康熙朝初期对〈明史〉的纂修》（《河北学刊》2003 年第 3 期），等等。

② 《清实录·圣祖仁皇帝实录》（一），乾隆序，中华书局，1985，第 5 页。（下简称《清圣祖实录》）

③ 孟昭信：《康熙评传》，南京大学出版社，1998，第 70 页。

④ 王钟翰点校：《清史列传》，中华书局，1987，第 189 页。

⑤ 《清实录·太宗文皇帝实录》，中华书局，1985，第 70 页。

⑥ 《清实录·世祖章皇帝实录》，中华书局，1985，第 27 页。（下简称《清世祖实录》）

词臣……令翰林官直宿备顾问”[1]。终其一世，无论敬天、祭祖、朝会还是出行巡游，均有翰林、日讲官随侍左右，以备顾问之用。康熙也曾多次感慨其父研习经史之勤，通晓百家：“经书史策，手不释卷。遂知性知天，洞悉至道。兼综天文、地理、礼、乐、兵、刑、赋役、古今因革利病之源。旁及诸子百家，莫不博涉，得其要领。”[2] 此言虽有夸大之嫌，但不难看出，康熙对顺治重视经史学习充满钦佩之情。因此，康熙对经、史、天文、礼、乐、刑、赋等方面也颇为重视，还下令编纂相关书籍。并且，康熙对顺治御撰笔记——《资政要览》一书爱不释手，并为此书作跋，评价甚高：“皇考世祖章皇帝机政余暇，博考群籍，萃精猎微，御制成编。朕时勤披读，思仰先猷，洪惟皇考亶首出之资，开太平之业，所以承叙万年。”[3] 正因如此，康熙仿照顺治读史记笔记之举，将读《通鉴纲目》之感想记于此书页眉。此外，诸如《太祖圣训》《孝经衍义》等前朝未成之书，康熙“继述先志，特命纂修”，[4] 终于告竣。由此观之，清帝博览群书、通晓经史为康熙树立了良好的典范，努尔哈赤、皇太极、顺治重视史学的传统，极大地影响了康熙对史学的态度，这成为康熙研习经史的最初原动力。

（二）学史的现实需要

当政治家面临种种现实问题时，往往希冀从前人的经验中寻求解决之道。

康熙即位之初，并非河清海晏。内有四辅政大臣对顺治朝遗留问题的清算、满汉大臣相互倾轧；外有南明的抵抗、汉族士大夫与清廷不合作。在四辅臣辅政时期，虽社会经济有所改善，但也产生了诸多弊政。[5] 满汉对立加剧，其最尖锐的表现莫过于“庄廷鑨明史案”。明史案的实质是清代统治者试图用武力消灭江南地区对抗清廷统治的汉族士民。此举虽起到了震慑作用，但无疑也加剧了江南地区的士民对清廷的仇视之心。四辅臣还一改顺治朝尊儒重道之策，大肆裁撤内阁、翰林院等机构，并恢复太宗

① 《清圣祖实录》（一），中华书局，1985，第347页。

② 《清圣祖实录》（一），第347页。

③ 《圣祖仁皇帝御制文集》，文渊阁四库全书本，台湾商务印书馆，1986，第1298册，第236页。

④ 《清圣祖实录》（二），中华书局，1985，第546页。

⑤ 周远廉、赵世瑜：《论鳌拜辅政》，《民族研究》1984年第6期。

之时创立的内三院制度。此外，四辅臣之间也争斗重重，终以鳌拜独揽大权，以致朝中大臣人人自危，大多缄默。诸如此类重满排汉、改汉家制度为较为原始的满族制度之举，致使政局颓势骤显。

显然，满族制度如今已不适合清廷的统治。康熙也认识到如果继续采用满族制度统治王朝，只会使清廷丧失民心，朝野分崩以致亡国。若想寻得治国良方，就要研读典籍，“以讲求古帝王治天下之大道……以是考前代君臣得失之故，世运升降之由，纪纲法度之所以立，人心风俗之所由纯”①。故其亲政后，更加“致力研读经史，锐意仿从汉族政权的行政、文化制度”②。此举不仅起到笼络人心、缓和满汉矛盾的作用，还避免了满族贵胄成尾大不掉之势。

也正是这样，使康熙对历史功用有着深刻的认知。他继承前代帝王“以古为鉴，可知兴替”的思想，指出：“朕惟治天下之道，莫详于经，治天下之事，莫备于史。人主总揽万几，考证得失，则经以明道，史以征事，二者相为表里。”③ 康熙对历史作用的认识有其显著的特点，即经史并重，以经为纲，以史为目，纲目并举。基于如是的历史功用认知，康熙认为史书的编纂更应注重“昭劝惩”，故十分推崇朱熹的《通鉴纲目》，命群臣翻译并亲自审定。“朱熹本之为纲目，纲仿春秋，目仿左氏。义例森严，首尾条贯，足以示劝惩而昭法戒。煌煌乎典章之总会，而治道之权衡也。”因而康熙“于《纲目》一书，朝夕起居之时，循环披览，手未释卷”。④

康熙即位之初动荡的政局、复杂的民族关系，促使他去寻求应对之法，而这方法就在浩瀚的经史典籍之中。也正是政局的需要，使得康熙有兴趣研读经史典籍，这种浓厚的兴趣让康熙一生都在史书中探寻有利于自己统治国家的举措。

（三）讲史的经筵廷对

经筵、日讲是古代帝王学习经史典籍的基本途径，也是康熙系统学习经史典籍最主要的渠道。康熙通过经筵、日讲的学习，更好地学习了历史经验，提升了治国能力。

---

① 《清圣祖实录》（二），第666页。

② 乔治忠：《清朝官方史学研究》，文津出版社，1994，第160页。

③ 《圣祖仁皇帝御制文集》（一），吉林出版集团，2005，第186页。

④ 《清圣祖实录》（二），第666页。

康熙六年（1667）六月，熊赐履上书指出，若想成一代圣君，只有“朝夕讲贯，证诸六经之文，通诸历代之史，以为敷政出治之本”[①]，并希望康熙“接见儒臣，咨诹讲论……政事得失之由，一一明晰而讨论之”[②]。此言虽合康熙之意，然碍于鳌拜辅政自专，只得搁置。至康熙掌权后，学习治国之道和经史典籍的经筵日讲重新提及，终于康熙十年（1671）二月举行经筵大典，四月进行日讲。康熙时常与讲官对话，或讨论近日发生之政事；或对讲章中的义理有所阐发；或讨论历代君臣得失、前代兴亡更替。这些都使康熙对史学的认知更为透彻。

首先，经筵、日讲为康熙以史资政而开。王鼐于康熙二年（1663）上疏：“将经史有关治道之言，采辑翻译，以备进讲。并请早修三朝实录，撮其要旨，编为祖训一书，每次同经史进讲。皇上监于成宪、率祖攸行。其裨益圣学更大也。”[③] 他认为日讲只需涉及治国的内容即可，田六善、熊赐履等均赞同此观点，康熙也认同其言：“帝王图治，必稽古典学。”[④] 可见，君臣在日讲功用上的认知较为一致。其次，经筵、日讲的内容多以经史典籍为主。这使康熙在青少年时期就充分获得了必要的经史知识，并对其史学思想的形成产生了重要影响。据有人统计，自康熙十年（1671）开经筵至康熙五十六年（1717）止，历46年，共开经筵60次[⑤]。自康熙十年（1671）始至康熙二十五年（1686）止，历16年，共开日讲896次。[⑥] 如此长时段、高强度、系统地学习，有效提升了康熙经史之学的修养。经筵所讲，均出自“四书”“五经”，日讲也以“四书”“五经”为主，辅之《通鉴纲目》《资治通鉴》等。通过经筵、日讲的学习，康熙对经史有了独到的认识，并将此施于日常统治之中。最后，日讲结束后，康熙时常与日讲官讨论历史问题。如关于秦皇追道、梁武修佛之事，康熙通过熊赐履的回奏，认为帝王不应沉溺于佛老。[⑦] 再如关于用人之道，陈廷敬指出诸葛亮不如伊尹之处在于没能碰见一位可以让自己施展抱负的君王，康熙深以

① 《清圣祖实录》（一），第310页。
② 《清圣祖实录》（一），第373页。
③ 《清圣祖实录》（一），第144页。
④ 《清圣祖实录》（一），第462页。
⑤ 陈东：《康熙朝经筵次数及日期考》，《历史档案》2014年第1期。
⑥ 赵秉忠、白新良：《经筵日讲与康熙政治》，《清史新论》，辽宁教育出版社，1992，第26～28页。
⑦ 徐尚定标点《康熙起居注》（第一册），东方出版社，2014，第104页。

为然，同时也指出臣子应同伊尹、诸葛亮一样，处事要正。[①] 诸如此类的奏对研讨，对康熙理解历史，提升执政能力大有裨益。

此外，康熙不仅严格遵循日讲进程，有时还要求加讲，常使得日讲诸臣难以招架。日讲的春季课程，按旧制应于夏至时辍讲，然康熙以"学问之道，必无间断，方有裨益。以后虽寒暑不必辍讲"，[②] 坚持日讲不断。后考虑到大臣需要休沐，便于七月停止日讲，但令诸臣将讲章照常进呈。为使日讲不流于形式，康熙还明诏讲官："讲书时，有应询问处，或欲覆讲处，随意酌行。"[③] 并要求讲官进呈的讲章之中，须引古之史事，与之印证。除此之外，康熙并不满足于讲官授课自己听课的这一既定流程，主动提出"朕先亲讲一次，然后进讲"[④]，两相对应，取讲臣之长而补己之短。

"历史是一本教科书，而国王是把它捧在手里的学生。学习在这种情况下意味着：从历史的学习资料中径直得出结论，奔向政治权力的血腥战场。"[⑤] 康熙面临着作为帝王都要解决的现实政治问题，这一方面是他学史的动力，另一方面是臣佐为其开经筵、日讲的初衷。

二　康熙与史馆修史

纵观中国历史，大凡明智的统治者，以武功得天下后，便会将注意力移向文治。锋利的刀枪可以刺穿敌军的防御，却赢不到治下士人百姓的顺从之心，若要万民归顺，只有施以良政，大兴文治，教化天下，方能以文教佐太平。统治者常用开史馆、修史书的手段来聚拢人心，以昭正统。有清一代，大规模设馆修史正始于康熙。康熙重视修史，意欲通过修史活动来贯彻其政治意图。

（一）广开史馆以佐治

康熙对于史书的纂修有着极为明确的认识："史之作也，不惟其备记

---

① 徐尚定标点《康熙起居注》（第一册），第 107 ~ 108 页。
② 徐尚定标点《康熙起居注》（第二册），第 86 页。
③ 徐尚定标点《康熙起居注》（第二册），第 265 页。
④ 徐尚定标点《康熙起居注》（第二册），第 270 页。
⑤ 〔德〕阿莱达·阿斯曼：《回忆空间：文化记忆的形式和变迁》，北京大学出版社，2016，第 76 页。

载而已，将以昭劝惩于万世。”[①] 故其所开之馆，均有着鲜明的政治目的。

1. 主要史馆的开设

康熙时期，“各类史馆都已出现，并具有了相对稳定的组织形态”[②]，所开史馆均有极强的政治诉求。

第一，重开《明史》馆，以笼络前朝遗民。康熙四年（1665）重开《明史》馆，在此后的十二年中，《明史》馆的筹备几乎停滞。然在平定三藩之乱的后期，短短数月之间，庞大的《明史》馆就初具规模。康熙十八年（1679）将所取博学鸿儒悉数安排至《明史》馆中。康熙此举“纯为圣祖定天下之计”，“驾驭汉人之法”，“处汉人于师友之间，使忘其被征服之苦”[③]。《明史》馆成立之初的人员设置颇耐人寻味，除满臣傅腊塔外，其余皆为汉臣，纵览清代史馆绝无仅有。然平定三藩之乱后不久，康熙下旨“以大学士勒德洪、明珠、李蔚、王熙为纂修明史监修总裁官”，[④] 将此前《明史》馆馆臣的格局彻底调换并以满臣为主。此时，三藩之乱已平定，以笼络人心之用的原《明史》馆，自然无用了。

当政治大局已定，史馆的政治任务自然从笼络人心向稳固政权的合法性转化，以满臣为主的《明史》馆就此登上历史舞台。

第二，开实录、国史馆，以掌控朝局。康熙六年（1667）大臣奏请纂修《世祖章皇帝实录》。康熙下旨：“皇考世祖章皇帝，励精图治，敬天法祖，无事不以国计民生为念，鸿功伟业，载在史册。理宜纂修实录，垂示永久，以昭大典。”[⑤] 康熙借修实录之机，清算鳌拜余党，此举实是“向鳌拜等守旧势力发动的一场政治攻势”[⑥]。国史的编修在康熙朝主要是修大臣列传。开馆之初，康熙定下基调：“且当时勋旧，翊赞勤劳。若不及时汇辑成书，恐岁久人湮，诸臣事迹，致有阙略。”[⑦] “开国功臣作传，当因其事迹先后，以定次第……俟作传毕，可录出，分给其子孙各一通，令藏于家”。[⑧] 康熙亲政后，延续顺治重用汉臣之道，因而满臣多有怨言，为勋旧

① 《圣祖仁皇帝御制文集》（一），第 246 页。

② 王记录：《清代史馆制度的演变及其阶段性发展的特点》，《史学史研究》2008 年第 2 期。

③ 孟森：《明清史讲义》，下册，中华书局，1981，第 423 页。

④ 《清圣祖实录》（二），第 39 页。

⑤ 《清圣祖实录》（一），第 321 页。

⑥ 乔治忠、侯德仁：《〈清世祖实录〉的纂修及康熙初期的政治斗争》，《清史研究》2000 年第 4 期。

⑦ 《清圣祖实录》（二），第 595 页。

⑧ 《清圣祖实录》（三），第 264 页。

立传起到了安抚满臣、笼络满臣之效。

“荣誉是更好的墓碑”。[①] 实录与国史的修撰，正如同一座纪念碑，将清初君臣一同纳入这碑中。而这座丰碑正是承载了君臣群体之纪念，不仅稳定朝局，拢聚人心，还可供后裔回忆、瞻仰先人之功。

第三，开方略、一统志馆，加强对疆域的管控。方略是清代官修史书的一种特殊形式，[②] 是在军事战争取得胜利后编纂的史书。《大清一统志》是清代官方的地理总志。这两类史书的修纂，均为康熙对疆域主权的宣示。康熙一朝共编纂五部方略，均记载平定叛乱、收复失地、抗击外来侵略者等始末。“朕以一身为中外元主，惟是张官置吏，以牧民生，禁暴设防，以御民患。”[③] 康熙视自己为中外共主，军事战争胜利之后编纂方略，不仅是在记叙战争的始末，以告后人，还意在昭告天下，宣示主权。一统志馆于康熙二十五年（1686）开馆，一为“更新朝政，修文图志，整齐人心风俗”[④]，二为厘定国家疆域，维护国家一统。疆域因武功而开拓，记之于册才能使后人知先人拓疆之艰难。

康熙时期，随着内政的稳定，疆域的扩大，在措置边疆事务时，往往借助史学手段，以载入史册的方式，来加强对疆域的管控。[⑤] 无论开拓边疆还是荡平叛乱，都是为了一统天下，在康熙看来，这无疑是值得被书写下来的大事。如此不仅可让其事迹永载史册，震慑不臣，还可让后世之人缅怀其功，继往开来。

2. 史馆制度的完善

康熙朝所开史馆甚多，有些借鉴了前朝修史经验，有些却是无例可循的，需要在修书过程中慢慢摸索，加以完善。

第一，完善史馆用人机制。清初沿袭明制，史馆中设大学士为总裁，但未有监修总裁，且满汉总裁的比例也未成定例。在清代，监修总裁一职，始设于康熙六年（1667）[⑥]，“命大学士班布尔善为监修总裁馆，大学士巴泰、图海、魏裔介、卫周祚、李霨为总裁官”[⑦]。此时鳌拜等人把持朝

---

① 〔德〕阿莱达·阿斯曼：《回忆空间：文化记忆的形式和变迁》，第 39 页。

② 瞿林东：《中国史学史纲》，北京师范大学出版社，2010，第 402 页。

③ 《圣祖仁皇帝御制文集》（二），吉林出版集团，2005，第 164 页。

④ 牛润珍、张慧：《〈大清一统志〉纂修考述》，《清史研究》2008 年第 1 期。

⑤ 王记录：《清代官方史籍的修纂与边疆问题》，《廊坊师范学院学报》（社会科学版）2008 年第 3 期。

⑥ 王记录：《清代史馆与清代政治》，人民出版社，2009，第 79 页。

⑦ 《清圣祖实录》（一），第 328 页。

政，监修总裁的人选并非康熙本意。但此后康熙并未废除监修总裁这一职位，仅更换了人选而已。《明史》馆的监修总裁也同样设于康熙时，其监修总裁由内阁学士徐元文担任，总裁为翰林院掌院学士叶方蔼、右庶子张玉书。但这不过是一个充满政治意味的举措，三藩之乱平定后，《明史》馆监修总裁出现变更，走上“正轨”，“以大学士勒德洪、明珠、李蔚、王熙为纂修明史监修总裁官”①。

监修总裁的设置，无疑是康熙为加强对各个史馆控制的举措。监修总裁上承天意，下领馆臣，可很好地替皇帝监督馆臣，同时也能将馆中情况上报皇帝，便于皇帝对史馆的掌控。有清一代，史馆监修总裁这一职位一直存在。

第二，完善史馆资料征集制度。康熙初期，政权鼎革不过十数年，修史所需各种史料极为缺乏。在这种环境下，若要修史，就要向民间征集史料。康熙严令地方督抚对于资料的征集不得懈怠，否则严惩，并扩宽搜集史料的范围，以充馆用，“如三朝要典，同时尚论录、樵史、两朝崇信录、颂天胪笔，及世族大家之纪录，高年逸叟之传闻，俱宜采访，以备考订”②。在此诏命下，由地方搜集后再呈送中央的有关《明史》的史料，颇为丰厚。据今人统计，其中为精品者，能补官方资料空白的就有十数种。康熙重视利用档案记录修史，如修《会典》时，康熙认可江南道御史梅鋗的奏疏：“取史官注记与诸臣章奏，详慎登载，以光至治。应如所请，详查起居日记及王大臣等本章。”③ 康熙还重视通过实地考察的方法收集资料，如修《大清一统志》时，康熙下旨：“令工部行文总河，详加绘图送进。其各省地图，应行文该地方官，绘送兵部，以备披览。”④

无论是大范围向民间征集资料、征集王大臣的奏章，还是实地考察，在清代都属首次。这些举措，被之后各类史馆修史所沿袭。

第三，完善奖励制度。修史是经年累月的行为，要耗费大量的人力物力。有些史臣未及史书修完，或告老还乡，或溘然长逝，为了鼓励修史，康熙在史馆中实行奖励制度。如康熙十八年（1679）《玉牒》修纂完后，“赐总裁纂修诸臣及执事员役等银、币有差”。⑤ 当《世祖章皇帝实录》告

① 《清圣祖实录》（二），第39页。
② 《清圣祖实录》（一），第248页。
③ 《清圣祖实录》（一），第475页。
④ 《清圣祖实录》（二），第137页。
⑤ 《清圣祖实录》（一），第472页。

成后，其赏赐更为丰厚，“量留纂修等官详加校对。其余纂修官、笔帖式哈番及书办人等先行议叙有差”。[①] 议叙在清代史馆中的运用，始于康熙时期，此后凡史书修纂完毕，均为馆臣进行议叙。

总之，以上一系列制度的建立及完善，推动了康熙朝史馆修史的繁荣，也成为后代帝王因袭的典范。

（二）对史馆修史的干预

康熙在位六十一年，虽重文治，成果粲然，但其对思想领域的控制远高于前朝。“对学术文化，清在其统治巩固以后，采取各种方法进行控制。”[②] 重视文治与加强思想控制是康熙乃至整个清代的文化政策，官方修史的话语权完全掌控在皇帝本人手中，其间所纂史书都将其意旨贯穿始终。

作为帝王，康熙对史馆修史极为关注，或对具体史实提出异议，或对史书纂写有所明示，或对成书定例进行更张，干预修史成为家常便饭。兹以《明史》修纂为例来看康熙对史馆修史的干预。

为了及时控制修史进度，审核史书内容，康熙改变以往整部史书修纂完成后进呈御览的做法，要求依次进呈御览。“今闻《明史》将次成书，若将已成着以次送进。”[③] 康熙将呈书定例改为部分修成后即刻上呈，此举充满监督之意，也明显强化了对修史工作的控制。[④] 对于《明史》纂修内容，康熙也不断进行干涉。康熙二十六年（1687），康熙认为《明史》史臣对朱元璋的评价以及重文臣、轻武将的书写方式不满，责令史臣修改，“朕思明洪武为创业之君，功德甚盛……至于开创时佐命之臣，文武各有功绩。列传内纪文臣事绩，逾于武臣，则持论失平，乌可为信史？”[⑤] 康熙所提确有独到见解，但其挟皇帝之威，干涉史臣修史活动却是出于维护皇帝权威，平衡朝中文武的政治意图。对于《明史》体例，康熙也提出自己的主张。按惯例新朝兴兵之缘由不在前朝之史中提及，康熙却屡次要求史臣在《明史》中记载清太祖兴兵之由。“至于本朝兴兵声讨之故，书并未记载。可问熊赐履、王鸿绪等”，“太祖兴师之故，虽不详载明史，记其大

① 《清圣祖实录》（一），第389页。

② 白寿彝主编《中国通史纲要》，中国友谊出版公司，2016，第289页。

③ 徐尚定标点《康熙起居注》（第四册），东方出版社，2014，第29页。

④ 王记录：《清代史馆与清代政治》，第111页。

⑤ 徐尚定标点《康熙起居注》（第四册），第362页。

略，未始不可”[①]。可见，当史臣意见与康熙相左之时，即使与惯例不符，史臣必须按康熙之意修改。

此外，康熙对史馆的操控还表现在篡改实录上。对比崇德年间所纂修《太祖武皇帝实录》和康熙重修的《太祖高皇帝实录》,[②] 所改之处甚多。篡改实录，本质上就是将之前不利于统治的记忆全部抹掉，换之以可巩固政权的记忆，以书墨载之，以愚后世。

综上所述，康熙干预修史活动，致使《明史》从进呈御览到内容、体例甚至文字、语句等都要遵从圣意，史官几无独立性，官方史学活动彻底沦为政治的附庸。

在干预修史方面，康熙还有更极端的行为，那就是破坏起居注制度。起居注是中国古代记述帝王言行和朝政要事的一种专书，起居注册除记录人员外均不得阅看，甚至连皇帝本人都不得阅览。[③] 但康熙常诏令起居注官修改原本记载。如康熙十二年（1673）九月京师地震，康熙在照例参拜完太皇太后、皇太后之后，命起居注官胡密色将太皇太后之言加入起居注册中。[④] 康熙不仅染指起居注册所载内容，还削减起居注官职责。其一，禁止起居注官随驾向两宫太后请安。“嗣后朕诣两宫问安时，侍值官不必随行。”[⑤] 起居注官对皇帝的一言一行都要记载，而康熙借向两宫太后请安是子孙应行之孝，剥夺了起居注官随侍康熙拜两宫太后之权。其二，康熙十八年（1679），剥夺起居注官记载机密之事的职权。“今后起居注官，除照常记注外，遇有折本启奏，俱令侍班记注。惟会议机密事情，及召诸臣近前口谕，记注官不必侍班。”[⑥]

康熙并不满足于限制起居注官的权力，康熙二十二年（1683），依旧例康熙要同内阁大臣一同观看前一年起居注册的封存，此时，他质疑起居注官的品行：“且每日止该直官二员记注，或因与己相善，特美其辞，与己不相善，故抑其辞，皆未可知。起居注官，能必其皆君子乎？”[⑦] 康熙借质疑起居注官的品行，欲废除此制，他对起居注官的质疑“实属无中生

① 《清圣祖实录》（三），第150页。
② 薛虹：《〈清太祖实录〉的史料学研究》，《东北师大学报》1988年第2期。
③ 中国第一历史档案馆：《康熙起居注》，中华书局，1984，说明第4页。
④ 《清圣祖实录》（一），第574页。
⑤ 《清圣祖实录》（二），第702页。
⑥ 《清圣祖实录》（一），第1074页。
⑦ 《清圣祖实录》（二），第88页。

有”[①]。此案虽以“依旧制”而结束，然此后康熙接连发难。康熙二十五年（1686），因张英、德格勒记注出现舛错，康熙将二人下吏部议处。康熙二十七年（1688），康熙又借德格勒“私抹记注，大干法纪”，将其“秋后处斩”[②]。康熙五十六年（1717）三月，因陈璋查阅起居注并将其内容抄送与赵熊诏，指出康熙所言前后抵牾，致使康熙大失颜面。此时，康熙对起居注制度的不满达到了顶峰，翌年便“将起居注衙门裁去”[③]。起居注馆最终还是逃脱不了被裁撤的命运，以致后来雍正不得不为其父开脱：“皇考……惟恐史官或多溢美之词，故裁省记注。”[④] 当巩固统治之用的起居注被大臣用作反驳圣意时，自然留之无用。起居注制度被废除的真正原因是起居注所记与皇权专制的矛盾。[⑤]

三　康熙的史学思想

将历史看作施政与资政的重要资源，是康熙对历史的基本认识；对历代盛衰治乱的对比与评述，构成康熙的历史盛衰论；讨论史书体例、游走于直书和曲笔之间，是康熙历史编纂学思想的核心。对康熙言论及史学活动的抽绎，能够更为清晰地反映康熙在史学思想上的独到见解，揭橥康熙史学思想的内涵。

（一）“天下之命悬于天子”的历史盛衰思想

作为帝王，康熙学习历史的目的非常明确，就是要为治国理政服务，以巩固自身的统治。正因如此，康熙非常重视帝王在历史盛衰发展中所起的作用，他认为：“天下之大，待理于一人断。”[⑥] 故其在评论历史时，常将历史的盛衰系于君主一人，有着自己独到的“君主论”。

第一，为君者应有君德。康熙认为君主应该戒奢崇俭，引领社会风尚向善。“帝王致治，首在维持风化，辨别等威，崇尚节俭，禁止奢侈，故

① 乔治忠：《说〈康熙起居注〉》，《史学史研究》1991 年第 1 期。

② 《清圣祖实录》（二），第 444 页。

③ 《清圣祖实录》（三），第 726 页。

④ 《清世宗实录》（一），第 132 页。

⑤ 乔治忠：《清朝官方史学研究》，第 166 页。

⑥ 《圣祖仁皇帝御制文集》（一），第 714 页。

能使人心淳朴，治化休隆”。[①] 君主治理国家，其第一要务就是维持风化，君主必须以身作则，崇尚节俭，才能使人心淳朴。他还指出君主应该宽仁。康熙论汉高祖得天下时云：“秦民日在汤火之中，沛公入关，首行宽大之政，与父老约法三章，民心即归，王业根本已定于此。”[②] 秦失天下，是因“秦用李斯挟荀卿之学”，行苛政，用峻法，因而数年便亡。君主治国，对臣子与百姓都必须有宽仁之心，“待臣下须宽仁有容，不因细事而即黜之”[③]。与此同时，他认为君主应该富有理性，不为神仙之术所惑。“朕愿后世之为君者，无惑于神仙之说，而第求之无逸之旨，则身与天下皆蒙其福矣。”[④] 康熙认为君主如果不信神仙之说，受益的是君主本人和天下苍生。

第二，为君者应遵循祖制。“尝阅历代史册，见开创之初及守成之主，政简治约，上下臣民，有所遵守，末世君臣，变乱成法，朝夕纷更，终无补益，所谓天下本无事，庸人自扰之耳。”[⑤] 国家在经历了开国之君和守成之主几代治理之后，制度已大体完善，后世之君，遵循此制，可保江山永盛。如若改变祖宗成法，则天下开始动乱。与此同时，康熙也赞同可以适当地对原有的制度进行修补，“原无数百年不弊之法，果属不可行者。自应酌时，宜归于可久”[⑥]。

第三，为君者应知人善任。康熙很重视君臣关系，并认为在君臣关系中，君是决定因素，“君尊臣卑，百王之大经也”[⑦]。他系统论述道：“天下犹一身，君为元首，大臣为心腹，其次为股肱，又其次为耳目，又其次为爪牙，天下之疲，癃残疾则痒疴，疾痛举切吾身者也。而况于君臣之际乎?”只有君臣一体，帝王行事才能如臂使指，政令才能上通下达。康熙很重视开言纳谏，他认为自古帝王开言路，善纳谏，国必兴；塞言路，信谗言，国必亡。“尝观古来帝王，如唐虞之都俞吁咈，唐太宗之听言纳谏，君臣上下，如家人父子，情谊浃洽，故能陈善闭邪，各尽所怀，登于至治。明朝末世，君臣隔越，以致四方疾苦，生民利弊，无由上闻”。[⑧] 康熙

---

① 《圣祖仁皇帝御制文集》（一），第 60 页。
② 《圣祖仁皇帝御制文集》（一），第 236 页。
③ 《圣祖仁皇帝御制文集》（一），第 106 页。
④ 《圣祖仁皇帝御制文集》（一），第 175 页。
⑤ 《圣祖仁皇帝御制文集》（一），第 234 页。
⑥ 《圣祖仁皇帝御制文集》（一），第 107 页。
⑦ 《圣祖仁皇帝御制文集》（一），第 175 页。
⑧ 《清圣祖实录》（一），第 944 页。

还重视选拔人才，他对历史上皇帝重视人才的事情，都给予了很高的评价。“（汉）宣帝锐意图治，是年春，以岁饥诏振农民，甫三月，又因变诏举贤良，皇皇不自暇逸，中兴之业已见一斑”，① “（汉）和帝求贤诸诏，绰有西汉风致”②。康熙对这两位帝王重视人才之举，十分钦佩。因而康熙十分重视每次的抡才大典，希冀通过招揽人才来巩固自身的统治。

第四，为君者应重视民瘼。作为帝王，康熙不仅重视帝王本身在历史发展中的作用，他还看到民众与社稷的兴衰紧密相连，“自古国家久安长治之谟，莫不以足民为首务”③。他主张君主要减轻人民的负担，“天地者，生民之本也……惟有薄税敛以厚民生”④。正是因为有这样的认识，才有了康熙五十一年（1712）颁布“滋生人丁，永不加赋”的诏命。康熙还指出君主要慎刑。“圣人之治天下，有礼有刑……刑之设也，圣人之所不得已也。”⑤ 康熙认为圣人设立刑罚是辅助于礼法，是不得已而为之的。如果能以“礼”治天下，就完全可以不用刑法。人性是向善的，要用礼引导百姓，在礼不能周全的地方，才可以用刑，用刑时，也要慎之又慎。他还主张君主要劝课农桑。“尝观王政之本，在乎农桑。周以农事开基，至成王之世制礼作乐，典章明备，彬彬郁郁。”⑥ 正是由于康熙知“稼穑之艰难”，故常“劝课农桑”，给予百姓相对优厚的政策。

第五，为君者应重人事轻灾异。秦汉之际，统治者为稳固王朝统治，加强中央集权，常将灾异、祥瑞等与历史盛衰相联系。对此，康熙嗤之以鼻：“朕观前史，如汉朝有灾异见，即诛一宰相，此大谬矣。”⑦ 上天降下灾异，君臣应当一起面对，“竟诿之宰相，可乎？”汉文帝登基以后，广施善政，恢复民生，可“齐楚地震，山崩、大水溃出”⑧，康熙并不认为这些灾异与施政有什么必然的联系。康熙对历史上帝王听信天命的行为，是持批判态度的。在面对灾难时，康熙自身重视人事，以应灾异。康熙十八年（1679），京城地震，康熙下诏云：“实修人事挽回。”⑨ 由此可见，康熙相

① 《圣祖仁皇帝御制文集》（二），第 222 页。
② 《圣祖仁皇帝御制文集》（二），第 241 页。
③ 《圣祖仁皇帝御制文集》（一），第 66 页。
④ 《圣祖仁皇帝御制文集》（一），第 66 页。
⑤ 《圣祖仁皇帝御制文集》（一），第 106 页。
⑥ 《圣祖仁皇帝御制文集》（一），第 180 页。
⑦ 《圣祖仁皇帝御制文集》（二），第 91 页。
⑧ 《圣祖仁皇帝御制文集》（一），第 703 页。
⑨ 《圣祖仁皇帝御制文集》（一），第 104 页。

信人治可以化解上天降下的灾异，其轻灾异重人事的思想贯彻在王朝治理之中。

（二）游走于直书与曲笔之间的历史编纂学思想

吴怀祺先生曾深入讨论过中国传统史学二重性的问题，认为在专制统治者二重性的要求下，历史撰述一方面要尊重历史真实，直书实录，另一方面又要虚构历史，以为统治者所用。[①] 这一点在康熙身上体现得尤其明显。

康熙一方面很重视史书“昭惩劝”的功能，另一方面又很重视利用史学树立正统。就前者而言，所载之事必须是信史，否则何以昭惩劝？就后者而言，又要歪曲历史，否则何以树正统？因此，康熙在干预修史时，常常在直书与曲笔之间游走。

康熙常常对历史上错误的记载给予纠正。他认为史书中的舛误有两大类。一类是记载荒谬不实之事。如他指出将后羿射日、黄帝鼎湖乘龙、穆王宴于瑶池等事写进史书，“不过资其华藻，以新耳目”。如果史书中充斥着这类记载，“实不足信也”[②]。另一类是因史家的认识不够而记载失实。如“宋高宗时吴璘新立叠阵法”之事，康熙云：“锋镝相接，迅不及停，何暇约计，为百步则用神臂弓，七十步则用强弓，从容拟议？”[③] 这是因为史家不知兵事，故纸上谈兵。康熙认为：“大凡天下之事，皆宜断之以理，庶不为其所惑。读古人之书，亦当自有定见也。”[④] 读古人之书，要对其中所载之事，有自己的判断；今人编纂史书，更要力求“信史”，不可妄记。康熙还指出，引用史料要知其可信与否。他认为《明实录》虽为修《明史》不可或缺之材料，但也要知其舛误，“宣德以前，尚觉可观。至宣德后，颇多讹谬，不可不察”。故康熙多次下旨，令馆臣甄别《明实录》记载的真伪，方能“成一代信史”。康熙还强调作史立断要公允。他认为要修成一部信史，除广搜史书、甄别史料外，还要立断公允，“当核实议，必持平，毋胶已见，而意涉偏私，毋狃积习，而语邻矫激，务使褒贬适中，是非有准，纲立而条不紊，言简而事不遗，用成一代信史，以副朕委任至意尔，其勉之钦哉”。康熙还指出，后世评论前代之事，每每总因时

① 吴怀祺：《中国史学思想通论·总论卷》，福建人民出版社，2011，第37~51页。

② 《圣祖仁皇帝御制文集》（一），第698页。

③ 《圣祖仁皇帝御制文集》（一），第712页。

④ 《圣祖仁皇帝御制文集》（一），第698页。

代的变迁而苛求于古人，评论古人之时，头头是道，放在自己身上，就又无所适从了。因而他要求馆臣在修史时不可苛求前人。

然而，康熙因为其帝王的身份，不可能真正做到求“信史”，这在康熙修三朝实录时可窥一斑。他借重修实录而大肆篡改史实，“清实录则无一代不改……而所谓实录之名义，则愈离愈远”①。康熙身为帝王，他的史学活动始终是为了辅助施政，不可能如史家般真作“信史”。他有自己的政治目的，“通过修改实录的方式来‘重塑’这段开国历史，以达到树立自信心、稳固政治统治的目的”②。政治的考量遮蔽了直书，这正是帝王重史的局限。康熙自幼熟读经史，并将自己的思想贯通于康熙朝的官修史书之中，其重视经史的活动难能可贵。与此同时，作为帝王，康熙对史学的理解天生就带有局限性，对此，我们也只能理解之同情了。

① 方甦生：《清实录修改问题》，《辅仁学志》1938 年第 7 卷第 1 ~ 2 期。

② 王记录：《修史与政治：清代帝王的政治需要与官方当代史的书写》，《史学理论与史学史学刊》2016 年上卷（总第 14 卷），社会科学文献出版社，2016。

清代史官选任制度探析

孙广辉

（北京师范大学历史学院，北京　100875）

摘　要：清朝史官制度与前代相比具有继承性、完备性。史官的构成上，分工明确，各施其长。史官的选任上，方式多样，主辅配合。史官的管理上，设置专门的监察机构，制定相应的考核与奖惩制度，形成一套高效和严密的运作机制。总体上整个清朝的史官选任制度呈现出灵活而多元、满人主导与英才会聚、强化政治与体现皇权意志的特征。

关键词：清代　史官　选任制度

近百年来的清代史官选任研究，主要集中在两个时期。一个是20世纪40年代，魏应麒、王玉璋、金毓黻分别对清代主要修史机构内史官的建置及职守进行了考察，尤以金毓黻的论述为多。另一个就是20世纪80年代以来，乔治忠、王记录从总体上对清代史官选任进行了比较全面的探讨。邹爱莲、王清政、姚继荣、朱金甫①等分别对清代主要史馆内史官的组成

---

① 上述研究，参见魏应麒《中国史学史》（商务印书馆，1941）；王玉璋《中国史学史概论》（商务印书馆，1942）；金毓黼《中国史学史》（商务印书馆，1944）；乔治忠《清朝的修史制度及其特点》（《南开史学》1991年第1期）；乔治忠《清代国史馆考述》（《文史》第39辑，1994年3月）；王记录《清代史馆与清代政治》（人民出版社，2009）；王记录《清代史馆的人员设置与管理机制》（《史学史研究》2005年第4期）；王记录《对清代史馆中史官生存状况的考察》（《安徽史学》2009年第2期）；王记录《清代史馆的运作及其特征探析》（《史学理论与史学史学刊》2015年卷）；邹爱莲《清代的国史馆及其修史制度》（《清史研究》2002年第4期）；王清政《清代实录馆考述》（《江汉论坛》1999年第2期）；姚继荣《清代方略馆与官修方略》（《山西师范大学学报》2002年第2期）；朱金甫《紫禁城内的清代起居注馆》（《紫禁城》1985年第6期）。

或管理制度进行了细致考察。清代史官选任是史官制度的重要内容，具有融合多元与凸显满人主位于一体的特征。学界已有成果，虽然为进行史官选任的研究奠定了基础并指明了方向，但进一步系统梳理和深入挖掘实属必要。

谈到史官问题，首先应对其概念进行界定，以免造成将史官与其他文官相混淆的误解。鉴于清代史无专官和官方史馆修史的客观存在，本文对史官的定义为：清代史官指的是在史馆中，直接编纂史书及为修史提供史馆专属性支持而促进修史完成，并维持史馆正常运行的官员。那到底哪些官员属于史官呢？以史馆为支点，史馆中人员按照分工不同大致分为四类[①]：管理人员、纂修人员、佐修人员、勤杂人员。直接编纂史书者即纂修人员，这些人员直接进行修史工作，这是通俗意义上的史官，也就是狭义上的史官。为修史提供史馆专属性支持者即管理人员和佐修人员，其中管理人员对修史提供组织和管理服务，佐修人员为修史提供校译缮写服务，这两类人工作内容具有史馆专属性，所以将其纳入史官之列，这是广义上的史官。而不具有史馆专属性的勤杂人员不列入史官范畴。

因此，清代的史官包括三类人员：管理人员、纂修人员、佐修人员。下面就史官的构成、选任、监察、考核与奖惩、选任制度的特点进行论述。

一　清代史官的构成

清代史官分布于各类不同的史馆中，在同一阶段不同史馆中史官的设置略有不同，在不同阶段同一史馆中史官的设置多会有所变化，因此我们只能从总体上归纳史官群体的基本情况，包括其定员、官品、职掌、社会地位等，借以窥探清代史官的工作状态。

（一）管理人员

管理人员包括监修总裁、总裁、副总裁、提调。

监修总裁。监修总裁仅在国史馆、实录馆、《明史》馆等关键修史机构中设立。实录馆始设于康熙六年（1667）纂修《世祖章皇帝实录》，命

① 对于清代史馆中人员的分类，今从王记录“四部分类说”，见王记录《清代史馆的人员设置与管理机制》，《史学史研究》2005 年第 4 期。

内阁大学士班布尔善为监修总裁。之后每次纂修实录均置此职。《明史》馆始于康熙十八年（1679），以内阁学士徐元文为监修总裁。之后每次纂修《明史》均置此职。国史馆始于康熙二十九年（1690），纂修天命、天聪、顺治“三朝国史”，置一名监修总裁内阁大学士王熙，康乾时代均置，其后不再设。监修总裁按例置一人，由内阁大学士担任。内阁大学士品级：“初制，满员一品，汉员二品。顺治十五年，改与汉同。雍正八年，并定正一品。”[①]《明史》馆监修总裁内阁学士徐元文属于特殊情况[②]。监修总裁是史馆的最高官员，主要负责全面统筹史馆工作、制定馆规和修史计划、审订书稿等任务，即把控史书纂修的政治方向，使其符合统治者的意志，同时协调本修史机构与其他修史机构、本修史机构与各部之间的关系。

总裁、副总裁。总裁、副总裁在所有修史机构中均设置，例由内阁大学士、学士、翰林院掌院学士及各部尚书、侍郎等充任。内阁大学士品级如前已叙。内阁学士：“初制，满洲、汉军二品，汉人三品。后俱改为正五品。以兼礼部侍郎衔，从侍郎品级，为正三品。今定从二品。”[③] 翰林院掌院学士：“初定正五品。以兼礼部侍郎衔，从侍郎品级，为正三品。今定从二品。”[④] 在六部中，礼部是主管国家教育、文化事业的机构，与国家修史活动关系最为密切。相比其他五部，从礼部调官任史官的情况居多，礼部尚书：“少师、少傅、少保、太子太师、太子太傅、太子太保、各部院尚书，初定满洲一品，汉人二品。后俱改为二品。康熙中复改满洲为一品。后俱改为正二品。今定从一品。”[⑤] 礼部侍郎：“各部院左右侍郎，初定满洲二品，汉人三品。后俱改为正三品。今定正二品。”[⑥] 各职均无定员，在具体的纂修过程中随时有所变化，各朝规定有所不同。如国史馆，“咸丰年间定制：总裁，满、汉各一员。副总裁，满、汉各 1～2 员。如遇缺出，特旨简派大学士、尚书充总裁，尚书、侍郎充副总裁。光绪年间

① 《清史稿》卷 114 志 89《职官一·内阁》，中华书局，1977，第 3267 页。

② “《明史》馆总裁徐元文却是以学士担任监修的，这可能源于两个原因，一是徐元文个人才华出众，二是徐氏与明代遗民联系密切，清廷想借徐氏的遗民背景，修史为契机拉拢汉族学人。”引自王记录《清代史馆的人员设置与管理机制》，《史学史研究》2005 年第 4 期。

③ 《清文献通考》卷 88《职官考》，清文渊阁四库全书本，第 1326 页。

④ 《清通典》卷 40《职官》，清文渊阁四库全书本，第 344 页。

⑤ 《清文献通考》卷 88《职官考》，清文渊阁四库全书本，第 1326 页。

⑥ 《清文献通考》卷 88《职官考》，清文渊阁四库全书本，第 1326 页。

满、汉对等：总裁、副总裁各 2 员，满、汉各 1 员”①。玉牒馆，“每次开馆，任命正副总裁，无定员，由宗令、宗正、满汉大学士、内阁学士、礼部尚书、侍郎内钦派”②。设置监修总裁的史馆中，正、副总裁是位居其下的管理人员；未设置监修总裁的史馆中，正、副总裁是史馆的最高领导者。正、副总裁不直接参与史书的纂修，主要负责制定馆规和修史计划、对史官进行监督和考核。正副总裁与监修总裁职掌类似，总掌史馆的政务，从整体上把握修史事项，负责各修史机构相应史书的掌修工作，而且有很多一人充当多个史馆总裁或副总裁的情况。如阿兰泰，康熙二十一年（1682）“充方略馆副总裁，兼明史总裁，教习庶吉士”③。又如陈廷敬，康熙二十五年（1686）“时修辑三朝圣训、政治典训、方略、一统志、明史，廷敬并充总裁官”④。再如大学士阿桂，“充玉牒馆、国史馆、四库全书馆，正总裁”⑤。总裁、副总裁对史馆的有序运行、史官的管理、史书纂修的进程及贯彻统治者的修史思想具有极其重要的作用。

提调。大多数史馆中均设有提调，一般由满汉官二人至四人组成，由内阁侍读学士、侍读及翰林院侍读等官兼任。内阁侍读学士的品级：“初制三品，后改为从五品，雍正三年，定为从四品。”⑥ 内阁侍读：“初制四品，后改为正六品”⑦，以后又“升五品食六品俸。”⑧ 翰林院侍读：“初制正六品。雍正三年升从五品。光绪二十九年升正五品。宣统元年升从四品。”⑨ 但方略馆、玉牒馆比较特殊，方略馆提调由军机章京兼充，“其提调、收掌、纂修皆以满、汉军机章京兼充。”⑩ 玉牒馆提调须有一名宗人府理事官担任。提调承担史馆中的一切事务，对正、副总裁负责，“总其成于监修，专其责于提调”⑪，所以提调的作用十分重要。

---

① 谢保成：《增订中国史学史》，商务印书馆，2016，第 666 页。

② 李鹏年等编著《清代中央国家机关概述》，紫禁城出版社，1989，第 98 页。

③（清）李元度撰《国朝先正事略》卷 7，清同治刻本，第 154 页。

④《清史稿》卷 267 列传 54《陈廷敬传》，中华书局，1977，第 9969 页。

⑤《清实录》卷 1037 乾隆四十二年七月下，中华书局，1986，第 889 页。

⑥（清）永瑢等：《历代职官表（一）》卷 2，商务印书馆，1936，第 30 页。

⑦（清）永瑢等：《历代职官表（一）》卷 2，商务印书馆，1936，第 30 页。

⑧（清）叶凤毛撰《内阁小志》，商务印书馆，1939，第 3 页。

⑨《清史稿》卷 115 志 90《职官二·翰林院》，中华书局，1977，第 3309 页。

⑩（清）昆冈等：《钦定大清会典》，台湾新文丰出版公司，1976，第 54 页。

⑪（清）刘凤诰撰《存悔斋集》卷 6《经进文·代某恭拟谢摺》，清道光十七年刻本，第 53 页。

（二）纂修人员

纂修人员包括总纂、纂修、协修。

总纂始设于嘉庆实录馆中，此后国史馆、会典馆、方略馆、四库馆均仿照增设，无定员与固定编制，总纂主要负责部分史书的编纂和审改书稿。纂修是修史的主力，一般来自翰林院、詹士府、内阁及其他部门，因修史任务繁重，故纂修人数较多，各史馆纂修员额不定，主要根据实际的修史需要而设，才学比较出众，“诸纂修皆绩学能文，论古有识”[①]。据《大清会典·进实录表》，纂修包括翰林院的侍读学士、侍讲学士、侍读、侍讲、修纂、编修、检讨等，以及内阁的学士、侍读学士、侍读，詹事府左春坊左庶子及各部官员。因翰林院和内阁主要负责纂修史籍的任务，所以纂修以翰林院官员和内阁官员为主，品级以四品至七品居多。协修属于纂修员额不足时需要补充的临时人员，与纂修一样需要全力修书，无定员，品级较低但具有史才。总之，纂修人员是承担修纂任务的主体，基本上是兼具文史才华之人，满汉官均有，清廷设置相应的规制来组建各馆的纂修人员，为史书的质量以及贯彻统治者的修史方针提供了人力保障。

（三）佐修人员

佐修人员包括校对、翻译、誊录。

校对负责对满、汉、蒙三种文本的史稿进行校勘。翻译负责几种语言之间的文字转换。誊录负责对成稿进行抄写备份。这三类人员具有一定额数，但其额数往往又随着修史的实际需要进行调整，如修国史、实录时增加的“清文总校”就属于这种情况，一般都是由内阁中书或礼部笔帖式充任。内阁中书：“品从七。”[②] 礼部笔帖式：“各部院九品笔帖式。”[③] 佐修人员虽不直接修书，但他们负责史书的后期工作，也是史书质量的重要保证。

要而言之，清代修史设置相应的史馆，其史官的人数、品级、职掌有一定规制，且各自发挥不同的作用，这样各类史官分工合作、协调行动，组成一套严密规范的工作程序，有效地保证了纂修工作的质量。

---

① （清）凌扬藻撰《蠡勺编》卷16《明史》，清岭南遗书本，第165页。

② （清）永瑢等：《历代职官表》卷2《内阁上》，商务印书馆，1936，第31页。

③ 《清文献通考》卷88《职官考》，清文渊阁四库全书本，第1330页。

二 清代史官的选任

清朝统治者出于政治统治和文化发展的需要，对修史工作非常重视。国家任命史官、设立史馆、编纂史书、记述史事，史馆修史兴旺发达。清代史馆中，无论是管理人员还是纂修人员，绝大多数都有其本职工作，史官虽有其名，却无专职，以兼职为主。由康熙《大清会典》、雍正《大清会典》、《清史稿·职官志》可见，纂修实录、圣训、国史、会典等，例由内阁大学士充监修总裁、总裁，内阁学士充副总裁，内阁侍读学士充纂修。由光绪《大清会典事例》可见，翰林院掌院学士充副总裁，翰林院侍读、侍讲充纂修。总体来说，清代史官的选任方式分为以下六种：主管机构调充、他官举荐与延请、体制内招考、跨机构征用、皇帝任命、皇帝召试。第一种是主要形式，后五种是辅助形式，是补充。

（一）主管机构调充

由主管机构调充任史官，主要包括从翰林院、内阁及各部机构调任。以下依次举例。

从翰林院调官任史官。调掌院学士鄂尔泰任国史馆总裁官，“公讳尔泰…翰林院掌院学士，充国史三史、三礼律例、姓氏各馆总裁”①。调翰林院编修万经任《康熙字典》纂修人员，“康熙四十二年进士，官编修，与修《康熙字典》”②。调翰林院修撰王世琛任实录纂修官，“康熙壬辰，殿试第一，授修撰。雍正初，充实录纂修官”③。

从内阁调官任史官。康熙二十九年（1690）开国史馆纂修天命、天聪、顺治“三朝国史”，具体纂修人员包括“以大学士王熙，为三朝国史监修总裁官。大学士伊桑阿、阿兰泰、梁清标、徐元文，为总裁官。尚书张玉书、张英，左都御史陈廷敬，侍郎李振裕、库勒纳，内阁学士朱都纳、星安、博际、布彦图、郭世隆、彭孙遹，副都御史王士正，詹事尹泰，为副总裁官”④。

---

① （清）鄂容安撰《鄂文端公年谱》，《鄂文端公年谱不分卷》清钞本，第1页。
② （清）钱林撰《文献徵存录》卷1，清咸丰八年有嘉树轩刻本，第15页。
③ 《（同治）苏州府志》卷88，清光绪九年刊本，第3002页。
④ 《清圣祖实录》卷145康熙二十九年三月至四月，中华书局，1985，第599页。

同时从内阁、翰林院调官任史官。康熙二十一年（1682）修《明史》，从内阁、翰林院中调多位官员充任监修总裁、总裁，“以大学士勒德洪、明珠、李霨、王熙为监修总裁，内阁学士阿兰泰、王国安，翰林院掌院学士牛钮、陈廷敬，侍读学士常书，侍讲学士孙在丰，侍读汤斌，侍读加侍读学士王鸿绪为总裁。”[①]

从六部调官任史官。徐元梦以礼部侍郎身份任史官，“擢刑部侍郎，以衰老不能理刑名，疏辞，调礼部。充世宗实录副总裁”[②]。康熙二十八年（1689），陈廷敬以吏部尚书兼充修书总裁，“以吏部尚书管理修书总裁事务，陈廷敬谨以清酌之奠，告祭已故吏部左侍郎南溟张公之灵”[③]。

在六部之外与六部并立的中央行政机构调任史官。如从宗人府调官充任玉牒馆史官，具体规定：“纂修玉牒，以宗令宗正，暨满汉大学士，礼部尚书、侍郎，内阁学士，充正副总裁官。以大学士一员督催，以府丞充宗校官，以府属理事官一人，暨满汉内阁侍读学士或侍读一人，充提调官。以府属理事官、副理事官各一人，满主事一人，汉主事二人，暨翰林院官三人，内阁侍读一人，礼部司官二人，充纂修官。以府属笔帖式十二人，充收掌官。以满汉内阁中书各八人，礼部笔帖式八人，各部院笔帖式十二人，充誊录官。总裁官钦点，总校官例充，提调以下官由堂官酌派，余由各衙门咨送。”[④]

科举是翰林院、内阁及各部机构被征调史官的主要选才渠道，“非进士不入翰林”，翰林院招收人才非常严格，从而保证了清朝文士选任的严密性和可靠性，翰林院是史官的主要储备机构。

（二）他官举荐与延请

由他官举荐与延请的史官，往往是因具体的纂修需要而会聚的修史人才。其征选方式具有灵活性。以下举例说明。

康熙十八年（1679），清廷诏修《明史》，总裁徐元文举荐“博通诸

---

① （清）胡虔撰《柿叶轩笔记》，民国峭帆楼丛书本，第6页。

② 《清史稿》卷289列传76《徐元梦传》，中华书局，1977，第10249页。

③ （清）陈廷敬撰《午亭文编》卷47《祭吏部左侍郎张公南溟文》，清文渊阁四库全书本，第570页。

④ 《钦定大清会典》第一函，卷一《宗人府》。

史，尤熟于明代掌故”① 的万斯同入史馆，开始万力辞，后因其报效明朝的心志，加之秉承父、师的嘱托，于是同意征调。徐元文“乃延主其家，以刊修委之”②。万斯同以平民身份参修，不署衔，不受俸，成为《明史》纂修中贡献最多的布衣学者。徐元文曾作诗对万斯同修史表示肯定：“人情可许容褒刺，史笔翻教定是非。执简深宵还讨核，依偎黎火竟无辉。”③ 同时徐元文还延请了其他学者：“大学士张玉书、陈廷敬，尚书王鸿绪。”④

平定三藩之乱后，清朝于康熙二十五年（1686）五月正式开始了《一统志》的纂修工作。到康熙二十八年（1689）十一月，实际专理纂修的徐乾学因事被劾，上疏“愿比古人书局自随之义，屏迹编摩，少报万一”⑤。康熙帝“允所请命，以书局自随”⑥，于是徐乾学得以归乡继续纂修，并奏请姜宸英、黄虞稷随同相助：“更需一二相助，现在纂修一统志、明史，支七品俸臣姜宸英、臣黄虞稷。”⑦ 又延请了顾祖禹、阎若璩、胡渭、黄仪参与其事：“尚书徐乾学奉诏修一统志，开局洞庭山，延常熟黄仪、顾祖禹、太原阎若璩及渭分纂。”⑧ 徐乾学先后在洞庭山、嘉善、昆山等地开局纂修，延请了许多著名学者。

光绪十五年（1889）会典馆纂修会典，下令要求各府州、厅州、县延请精于测绘之人。“德寿奏：光绪十五年十月三十日，准会典馆咨纂修会典，需用舆图，拟就图式并办理章程，饬照所颁格式测绘送馆等。因当经前抚臣德鑫行司，转饬各府州、转行各厅州、县延请精于测绘之人遵式办理。”⑨

他官举荐与延请的史官选任方式是为了促进具体修史工作的顺利完成应时产生的。通过这种选任方式产生的史官在整个清代修史过程中数量不大。他们学业专精，在修史领域发挥了关键的作用。

---

① 《清史列传》卷 68《儒林传下一·万斯同传》，中华书局，1928，第 41 页。
② 《清史列传》卷 68《儒林传下一·万斯同传》，中华书局，1928，第 41 页。
③ （清）徐元文撰《含经堂集》卷 12《诗十二·著书》，清刻本，第 71 页。
④ 《清史列传》卷 68《儒林传下一·万斯同传》，中华书局，1928，第 41 页。
⑤ 《清史稿》卷 271 列传 58《徐乾学传》，中华书局，1977，第 10010 页。
⑥ （清）李元度辑《国朝先正事略》卷 9《徐健庵尚书事略》，清同治刻本，第 196 页。
⑦ （清）徐乾学撰《憺园文集》卷 10《备陈修书事宜疏》，清康熙刻冠山堂印本，第 126 页。
⑧ 《清史列传》卷 68《儒林传下一·胡渭传》，中华书局，1928，第 32 页。
⑨ （清）朱寿朋撰《东华续录（光绪朝）》，光绪 134 卷，清宣统元年上海集成图书公司本，第 3573 页。

（三）体制内招考

体制内招考指各机构因纂修史书的需要发布招考通知，报考者必须是官僚体制内人员，持有原机构出具的举荐证明材料，方可报名参加考试，考过录用后即成为史官，参加修史工作。以下举例说明。

《张文襄公奏议》中“胪陈黄彭年黄国瑾事实请宣付史馆立传摺”，有翰林院编修黄国瑾兼职会典馆绘图总纂官时招考善于绘图人员的记载：“促还京师供职。会典馆事务殷繁，值馆中招考画图暨誊录生，每人须各授一题，该故编修详为拟题，自图象方舆以及礼制、乐律诸大端，分门别类，至百余道之多。”①

光绪三十一年（1905），“吏部奏拟筹公费化私为公办法六条”中记载吏部内储备史官不足用时，采用招考方式补充人员。如招考誊录官：“惟缮写奏折文移登记号簿等事，尚须有人，已于今岁正月，将笔帖式传集面，考择其字画端整者派司学习，仍不敷用拟再招考誊录，专用满汉举贡生员出身者，每月酌给薪食，三年择优褒奖一次，如仍不能得力，当分别开除究办。”②

（四）跨机构征用

跨机构征用是从其他机构征调专门人才入史馆参与修史工作。这种选任方式在会典馆征用纂修人员中表现得较为突出。

光绪十六年（1890）四月二十六日会典馆纂修会典图需要从多个机构征调一些善于画图之人，指出会典馆之前征调了四名同文馆学生充任画图誊录官：“本馆创办画图事宜，前经奏定选带同文馆学生四员来充画图誊录”③，如果同文馆中测绘专业的学生不敷调用时，会典馆便行文北洋大臣、直隶总督、南洋大臣、两江总督，要求从同文馆、天津水师学堂、上海广方言馆及船政机器制造局等机构征调数位专于绘图之人来充任画图誊录官，“由本馆行文北洋大臣、直隶总督、南洋大臣、两江总督，在天津水师学堂、上海广方言馆及船政机器局各局教习学生中□谨精择二三人，

---

① 《张文襄公奏议》卷32《胪陈黄彭年黄国瑾事实请宣付史馆立传摺·光绪十八年八月二十七日》，民国刻张文襄公全集本，第564页。

② （清）刘锦藻撰《清续文献通考》卷119《职官考五》，民国景十通本，第2272页。

③ 《国家图书馆藏清代孤本内阁六部档案续编（第2册）·会典馆行移档》，全国图书馆文献微缩复制中心，2005，第473~475页。

送馆同充画图誊录。”[1] 同时还征调游历国外的傅云龙、缪佑孙进入画图处编绘舆图[2]。四月二十八日邀请海军衙门派纂修、协修、校对各两名到馆，绘制“武备与海防各图”[3]，五月十四日行文内务府咨请从广东水陆师学堂、北洋学堂等机构征调测绘画图人员[4]。

（五）皇帝任命

由皇帝任命的史官主要是高层人员，管理人员如监修总裁、总裁、副总裁，纂修人员中的上层，如总纂。以下依次举例。

监修总裁的任命。如康熙六年（1667）九月，“纂修《世祖章皇帝实录》，命大学士班布尔善为监修总裁官”[5]。又如康熙十八年（1679），“命内阁学士徐元文为《明史》监修总裁官”[6]。再如康熙二十九年（1690）修“三朝国史”时任命的监修总裁官，“以大学士王熙，为三朝国史监修总裁官”[7]。

总裁、副总裁的任命。如乾隆二十年（1755）修《平定准噶尔方略》时任命的总裁官、副总裁官：“以大学士公傅恒、大学士来保、兵部尚书定北将军班第、工部尚书汪由敦，为《平定准噶尔方略》正总裁。刑部尚书刘统勋，理藩院尚书纳延泰，西路参赞大臣鄂容安，户部左侍郎兆惠、刘纶，兵部右侍郎雅尔哈善为副总裁。”[8]

总纂官的任命。如曹振镛：“仁宗称其孝，以通政使充实录馆总纂。”[9] 陈寿祺：“嘉庆己未科进士，翰林院编修，充文渊阁校理、国史馆总纂。”[10]

---

① 《国家图书馆藏清代孤本内阁六部档案续编（第2册）·会典馆行移档》，全国图书馆文献微缩复制中心，2005，第473～475页。

② 顾廷龙校阅《艺风堂友朋书札》，《中华文史论丛》增刊，上海古籍出版社，1980，第246、248页。

③ 《国家图书馆藏清代孤本内阁六部档案续编（第2册）·会典馆行移档》，全国图书馆文献微缩复制中心，2005，第478～479页。

④ 《国家图书馆藏清代孤本内阁六部档案续编（第2册）·会典馆行移档》，全国图书馆文献微缩复制中心，2005，第486～493页。

⑤ 《清圣祖实录》卷24康熙六年九月至十二月，中华书局，1986，第328页。

⑥ 《清圣祖实录》卷81康熙十八年五月至六月，中华书局，1985，第1035页。

⑦ 《清圣祖实录》卷145康熙二十九年三月至四月，中华书局，1985，第599页。

⑧ 《清高宗实录》卷493乾隆二十年七月下，中华书局，1986，第193～194页。

⑨ （清）何绍基撰《（光绪）重修安徽通志》卷177，清光绪四年刻本，第1878页。

⑩ （清）许宗彦撰《鉴止水斋集》卷18《碑墓表墓志铭·福州陈氏祭酒领墓表》，清嘉庆二十四年德清许氏家刻本，第187页。

（六）皇帝召试

清朝除了通过以上史官选任方式外，还采用一种特殊的、简捷的程序直接选官，即皇帝召试。召试指的是皇帝外出巡幸，御试士子，中选者予以赏赐，令赴京录用。士人经召试进入翰林院、内阁等机构，成为预备史官，遇修史需要进入史馆成为正式史官，参与史书编纂。以下举例说明。

施闰章，顺治十八年（1661）“召试博学鸿儒，列二等四名，授翰林院侍讲，纂修明史，复同异，析是非，无所回枉”[①]。王顼龄，康熙十八年（1679），“举博学鸿儒，召试一等，授编修，纂修明史，充日讲起居注官”[②]。陆锡熊，乾隆二十七年（1762）“召试，授内阁中书”；乾隆三十八年（1773），开四库全书馆“与昀同司总纂”[③]。戴衢亨，乾隆四十一年（1776），“上巡视天津，衢亨以举人应召试，钦取一等，授内阁中书”，乾隆四十三年（1778），“一甲一名进士，授修撰”[④]，嘉庆八年（1803）七月“充会典馆副总裁官”[⑤]，嘉庆十五年（1810）正月“充会典馆副总裁”[⑥]。

要而言之，清代封建皇权专制空前强化，企图通过官方修史的方式加强思想意识形态的控制，实现史学服务于政治的意图，可以说清代皇帝达到了亲自全面干预修史活动的顶峰。史官属于文官范畴，文官选任是朝廷人事权的重要内容，皇权要加强对史官选任的控制。由多种方式拔任的史官，具备一些特征：文史才华出众，在确保满人参与修史的前提下充分吸收各民族的知识精英，大多深得皇帝信任。中央利用灵活而多元的史官选任方式，延揽人才，编纂典籍，在确保史官量足质优的条件下，为官方学术文化事业的繁荣发挥了关键的推动作用。

---

① 《清史列传》列传70《文苑传一·施闰章传》，中华书局，1987，第5712页。

② 《清史稿》卷267列传54《王顼龄传》，中华书局，1977，第9973页。

③ 《清史稿》卷320列传107《陆锡熊传》，中华书局，1977，第10771页。

④ 蔡冠洛编纂《清代七百名人传》第一编《政治·政事·戴衢亨》，世界书局印行，第208页。

⑤ 蔡冠洛编纂《清代七百名人传》第一编《政治·政事·戴衢亨》，世界书局印行，第209页。

⑥ 蔡冠洛编纂《清代七百名人传》第一编《政治·政事·戴衢亨》，世界书局印行，第210页。

三 清代史官的监察、考核与奖惩

为了保证史书编纂的顺利，中央制定相应规章对史官进行考核监察，设置专门的监察机构，制定相应的监察制度，如考勤考绩制度和奖惩制度。

监察的执行机构即稽察钦奉上谕事件处，因纂修官修书“皆怠忽成习，经历年久，率多未成”“辗转耽延，竟视为不急之务”①，修书官的目的“不过借此多得公费，以资养赡”②，故将内阁、部院、八旗等应办上谕、奏折事件的进展情况及史馆中誊录官、纂修官的功课数量交由稽察钦奉上谕事件处管理，对于修书的完成状况，“每月于初五日前造册送查，每三月一次，将各馆修成书目，及有无告竣期限察奏，有稽延者核参”③。

对史官的考勤考绩制度，包括日常考勤和功课考绩两部分。日常考勤主要通过制定各种“考勤簿”“卯簿”“加班考勤簿”，来记录史官到职工作情况，从而督促其认真工作。功课考绩，设置各种“功课档”，对史官的纂修任务有规定：“各修书馆，满誊录每人每日缮写八百五十字，汉誊录缮写千五百字，校对官每人每日校对二十五篇。纂修等官功课，由各该馆总裁酌定。”④ 这只是一般规定，常因纂修任务的增加而增加工作量。对史官完成功课有规定：“查修书各馆，开设之后，即当按月报出课程，以凭稽核。”“是以例须查核，以防延玩。”⑤

对史官的奖惩制度。奖励主要采取议叙形式，惩罚主要针对史官修史错误和修史怠工致逾期。拿议叙来说，一般规定：“翰林充书局纂修，书成，例邀议叙。预修实录，尤为优渥。总裁等有加宫传衔、赐鞍马者。纂修以下，或加级食俸，或议予应升，或加级记录并宴赉有差。其各馆初开，均月给廪饩。书成议叙，校核在馆月日深浅，以为差等。”⑥ 如顾嗣

① 《大清会典则例》卷2《内阁》，清文渊阁四库全书本，第24页。

② 《大清会典则例》卷2《内阁》，清文渊阁四库全书本，第25页。

③ 《大清会典则例》卷2《内阁》，清文渊阁四库全书本，第25页。

④ 《大清会典则例》卷2《内阁》，清文渊阁四库全书本，第25页。

⑤ （清）程景伊撰《云塘文集》卷3，清乾隆四十八年武进程氏活字印本，第166页。

⑥ 《词林典故》卷4《议叙》，清文渊阁四库全书本，第74页。

立，“以修书劳议叙内阁中书”[①]。又如《嘉庆重修一统志》书成后，总裁官穆彰阿等请旨议叙：“在馆之提调、总纂、纂修、协修、校对、收掌、翻译、誊录及供事等官……核其功课多寡，分别一二等，咨部给予议叙。其中悉心校勘尤为出力之汉校对、内阁中书宗稷辰、贺式韩、沈维钰三员可否敕下吏部酬给升班，以示鼓励。”[②] 得到嘉庆帝允准。就修史错误而言，陆费墀与陆锡熊、纪昀同修《四库全书》，因修书错误而受革职、赔偿的重罚，“书有讹谬，上谓昀、锡熊、墀专司其事，而墀咎尤重。文澜、文汇、文宗三阁书面叶木匣，责墀出资装治。仍下吏议，夺职。”[③] 纂修史书往往定有期限，如乾隆十二年（1747）七月初七日，大学士张廷玉、户部尚书梁诗正、刑部尚书汪由敦上《通考馆奏折》，指出以防修《续文献通考》延误，定有期限：“但系钦奉谕旨纂修之书，未免迟延致滋耽搁，臣等谨定十月期限，令各员加工校阅，悉心采取，俟查考既完，规模粗具，次第编纂进呈。”[④] 对修史怠工致逾期者，要给予一定处分。如乾隆二十一年（1756），内阁大学士等将《大清会典》初稿呈上并奏请议叙纂修官，乾隆帝认为“纂修会典，已逾数载，复经展限两次，迟缓已甚”[⑤]，又发现书中存在多处错误，“且每次所进书内，屡有序次舛错”[⑥]，于是乾隆帝下令对所有史官不准议叙。可知修史错误比逾期受到的处罚更重。

另外，史官属于文官范畴，对史官的考察属于文官考察范畴，清朝对文官考察的一般规定：“三品京堂由部开列事实，四、五品由王、大臣分等第，具奏引见取上裁。”[⑦] 即一般说来，三品以上者由皇帝亲自考察，四、五品者由王大臣初核，再奏皇帝裁决，其余官员由各官府长官考察。“视其称职与否，即可分别去留，以视劝惩。”[⑧] 但是在实践中这些规定往往流于形式而难以真正发挥作用。

要而言之，清代设置监察机构、制定考核与奖惩制度，对史官进行全面和系统的监管和控制，整体上表现出强烈的制度化和规范化特征。

---

① 《（同治）苏州府志》卷 88，清光绪九年刊本，第 3002 页。

② 《嘉庆重修大清一统志》书前穆彰阿《奏进〈大清一统志〉表》，上海古籍出版社，2002。

③ 《清史稿》卷 320 列传 107《陆费墀传》，中华书局，1977，第 10772 页。

④ （清）程景伊撰《云塘文集》卷 3，清乾隆四十八年武进程氏活字印本，第 168 页。

⑤ 《清高宗实录》卷 514，乾隆二十一年六月上，中华书局，1986，第 502 页。

⑥ 《清高宗实录》卷 514，乾隆二十一年六月上，中华书局，1986，第 502 页。

⑦ 《清史稿》卷 111 志 86《选举六・考绩》，中华书局，1977，第 3221 页。

⑧ 《清文献通考》卷 59《选举考》，清文渊阁四库全书本，第 952 页。

四　清代史官选任制度的特点

（一）灵活而多元

清代史官的选任方式包括主管机构调充、他官举荐与延请、体制内招考、跨机构征用、皇帝任命、皇帝召试六种。在这六种史官选任方式中，以主管机构调充为主，以他官举荐与延请、体制内招考、跨机构征用、皇帝任命、皇帝召试为辅，主辅协调配合，使史官来源不拘一格、渠道多样，呈现出灵活性和多元性。

灵活而多元的史官任用方式是修史活动组织形式的重要方面，使得史馆中人才荟萃、巨擘迭出，能够进一步确保纂修任务顺利完成并达到一定质量要求，为国家文化事业的兴盛打下良好的基础。

（二）满人主导与英才会聚

清朝是满洲贵族的天下，清廷一直坚持优待满人的政策，满族上层比汉族官僚享有更多政治上、文化上的特权。具体到史学领域，清廷不愿任由汉人独占修史领地，但碍于满人文化水平远远低于汉人，于是在史官选任上规定一定的满人数量，保证满人参与修史。清廷在常开与非常开的史馆中，均规定了满人职官的名额。清廷在主要的修史项目中，上至总裁、副总裁，下至一般的纂修人员、佐修人员，均有满官职位、员额的设置，且多是满、汉员额对等，甚至满员多于汉员。修史完毕，将修史成果呈奏于皇帝的大多是满族史官。维护满人特权，确保满人参与修史，保障本民族在史官选任中的优势地位，并用制度化的方式加以固定，这种浓厚的民族风格成为清代官方修史活动的一大特色。

清朝是少数民族统治的皇朝，境内不仅包括统治民族，还包括汉族及其他少数民族。统治者为了更好地学习中原先进的制度文化，巩固本民族的统治，在确保满族史官修史主导地位的前提下，吸收汉、蒙各民族的知识精英，使得史馆内各民族优秀史官会聚一堂。多民族史官的分工合作，提高满官文学和史学素养、促进民族间文化交流和融合的同时，也繁荣了国家的文化事业。

（三）强化政治与体现皇权意志

清朝官方史学的宗旨是以史学辅助政治，为政治统治服务。史官选任是官方史学中的重要方面，深刻贯穿着专制皇权的政治意图，体现着鲜明的帝王立场。不论以哪种方式来充任史官，最终都要经过皇帝的批准，满足皇帝的意愿，在彰显皇帝对修史工作重视的同时，实现政治垄断、控制史学的目的。

史官是史馆工作的主力，处于专制官僚体系中，在皇权的视野内活动，带有鲜明的专制官僚政治的特色。史官选任上，可以看到现实政治对修史的作用，如强化满族主导，导致史官组成的差异。比如据《四库全书》本《御批历代通鉴辑览》卷首纂修官名录可知：纂修包括汉人杨述曾、朱筠、韦谦恒、彭元瑞、赵翼、曹锡宝、陆锡熊、阮葵生、汪孟鋗、赵文哲、严长明、程晋芳；总裁包括满人傅恒、来保、尹继善，汉人刘统勋；副总裁包括满人兆惠、阿里衮、舒赫德、阿桂，汉人刘纶、于敏中、裘曰修。虽然作为修书主力的纂修都是汉官，但是在贯彻皇帝意志的管理人员中，总裁四人中有三人是满官，副总裁七人中有四名是满官，提高满官地位，压制汉官，是强化政治控制下凸显满人主导地位的体现，也显示了强烈的民族优越感。再比如清廷修《明史》，任用内阁学士徐元文为总裁，据清廷当时的政治环境和徐元文的身份背景推测，其原因大概是徐氏与明朝遗民关系密切，清廷想借徐氏的遗民背景，以修史为契机达到拉拢钳制汉族士人的政治目的。史官选任上，又可以看到皇权意志对修史的作用，如为适应帝王的统治理念，出现了相应的史官。自清初以来，统治者以崇尚儒学相标榜，为贯彻帝王的统治理念，大力开科取士，广开博学鸿儒科，培养了众多术有专攻的修史人才，这些人多是代圣立言的史官，他们多不能直书实录，难以具有批判思想，史学求真致用的功能必然会大打折扣。

学问的起点：戴震早期知识来源

王安琪
（香港理工大学中国文化学系，中国香港）

摘　要： 戴震在考据学上的成就，让人们忽视了戴震在成名之前，不仅是一个籍籍无名的试子，要跟随时代的潮流走上读书仕进的晋升通道，同时还是一位出身寒微的商贩之子，无法获得世家的学术资源。从戴震所处的社会及学术脉络来看，他作为商人子弟的底层社会地位和与之相匹配的教育、学术资源，才是戴震学问的起点。这不仅包括徽州本土的百科全书式的日用字书，当地乡贤编纂的识字、正音的启蒙读物，还有彼时流行的科举教辅，徽州知识界所共创的学术风气。这些才是考据大师戴震成名前的知识来源。

关键词： 戴震　知识来源　日用字书　科举教辅

戴震（1724～1777，字东原）被视为乾嘉考据学潮流的中坚力量，他的崛起预示着十八世纪知识界的新基调和新方向。① 一直以来，学界对戴震的思想来源有诸多的探讨。戴望最早指出戴震与颜李学派大有渊源，梁启超、胡适对此说进一步考证。② 容肇祖延续章太炎的观点，认为“戴震的学说，多渊源于荀子”③。冯友兰提出戴震思想渊源于浙东刘宗周、黄宗

---

① Minghui Hu, *China's Transition to Modernity*: *The New Classical Vision of Dai Zhen* (University of Washington Press, 2015).

② （清）戴望：《处士颜先生元（节录）》，戴震撰，杨应芹、诸伟奇主编《戴震全书》第7册，黄山书社，2010，第426页。梁启超也提出徽州方以智、黄生的音韵学流传很广，戴震受其影响，从小就注意声音训诂，但并未深入讨论。梁启超：《戴东原哲学》，戴震撰，杨应芹、诸伟奇主编《戴震全书》第7册，黄山书社，2010，第452～453页；胡适：《戴东原的哲学》，戴震撰，杨应芹、诸伟奇主编《戴震全书》第7册，黄山书社，2010，第472～473页。

③ 容肇祖：《戴震说的理及求理的方法》，戴震撰，杨应芹、诸伟奇主编《戴震全书》第7册，黄山书社，2010，第526～528页。

羲学派。[①] 李天纲、张晓林等学者辨析了戴震学术思想与西学的关系。[②] 这些观点各有一定的道理，但是也有一个共同的缺憾：忽视了戴震在成名之前，只是一个家境贫寒的商贩之子。追溯戴震的知识来源或思想来源，须考虑到戴震所获得的学术资源应与其社会地位相匹配。即便戴震中年以后通过考证学上的建树，获得了显赫的声名，跻身全国知名学者行列，掌握了更多乡土学人无法接触的学术资源，可这些成绩的基础是他早年在徽州习得的音韵、经解、制义知识。

目前对戴震生平的研究，多基于“考据大师”的精英形象而展开，着重讨论戴震与江永的关系，对他的蒙学经历鲜少关注。[③] 这当然也碍于少年戴震的资料太少。所幸近年来研究者陆续辑佚出多篇与戴震早年科举经历相关的文字，为观察戴震早年的从学与治学的经历提供了更多细节。[④] 因此，本文将以成名前的戴震为时限，以商贩之子戴震作为探讨对象，从私塾教育的阶段和内容等方面来追溯戴震早期的知识来源。

一　考据大师光环外的戴震

二十世纪初以来，学者们不遗余力地解读戴震“以理杀人”的时代最强音，突出他对程朱理学的批评意义，确认他是乾隆时代批判宋明理学的旗帜人物，揭示他连接近世与现代化思潮的启蒙意义。然而很少有学者注

① 冯友兰：《中国哲学史》（下册），商务印书馆，2011，第459页。

② 可参考李天纲《〈孟子字义疏证〉与〈天主实义〉》，王元化编《学术集林》，上海远东出版社，1994，第200～222页；李天纲《中国礼仪之争历史、文献和意义》，上海古籍出版社，1998；张晓林《戴震的“讳言”——论〈天主实义〉与〈孟子字义疏证〉之关系》，《华东师范大学学报》2002年第4期。

③ 对戴震生平的研究，集中在他的交游、师承等问题，不过学界对戴震何时拜师江永等问题还未有定论。详见蔡锦芳《戴震生平与作品考论》，广西师范大学出版社，2006，第3～143页；刘昭仁《戴学小记：戴震的生平与学术思想》，台北秀威出版社，2009；苏正道《江永与戴震》，《国学学刊》2016年第3期，第54～143页。胡明辉曾关注戴震童年和青少年时的教育问题，以此铺陈戴震特别的解经方法，参见胡明辉《青年戴震：十八世纪中国士人社会的“局外人”与儒学的新动向》，《清史研究》2010年第3期，第34～50页。

④ 方勇骏从《乾隆壬午科江南乡试诗四房同门录》中辑佚出三篇戴震乡试制义，并通过此文探讨了戴氏与江永的学术渊源，以及清代考据学风对科举的影响。参见方勇骏《戴震乡试佚文及其交游、学术新探》，《兰台世界》2015年第5期，第55～56页；江巧珍、孙海峰《从新发现的资料三则看戴震的少年至交》，《黄山学院学报》2008年第6期，第10～12页；江巧珍、孙承平《关于新发现的戴震佚诗二首》，《黄山学院学报》2002年第4期，第23～25页。

意到，在“考据大师”的光环下，所有传世的传、志、表、铭都会极力渲染戴震少时在经学上的某种天赋，打造一位彻头彻尾的宗师，从而造成传记材料的“失真”。诚如魏建功在《戴东原年谱》中所言：“国人爱讲灵异，凡是一个大人物，往往就把他变做神话似的非常人，于是就会附会出种种奇异事迹来。”① 翻阅清人传记即能发现，“日诵数千言”“每一字必求其义”等神迹并非戴震的特技。王鸣盛（1722～1797）在四五岁时，已经“日识数十百字”②。段玉裁（1735～1815）六岁“从祖父段文发蒙，读《论语》”③，“颖异有兼人之资，读书日尽数千言”④。洪亮吉（1746～1809）四岁开始识字，“每字必询其义”⑤。不仅知名的学者如此，《徽州府志》中也屡见“日诵千言”的神童。⑥ 这样的称赞，更像是现成而格套化的传记写作语言，重点在强调这些士人自幼就有好学解悟的天赋，早早就在其擅长的领域上表现出一些特质。

焦循（1763～1820）对清朝儒林传记书写的评议，明示了清人儒林的传记书写体例和评判标准。⑦ 他认为，清朝儒学崇尚考核通贯的学术，为人立传，当以长于此学的学者传记为典范。这暗示传记的书写不仅有格套，还包含作者的价值取向和判断。所以洪榜（1745～1780）和段玉裁对戴震学术形象的描述有两个重点：一是有意强调戴震少年时就质疑过朱熹（1130～1200）关于《大学》的解读；二是重点描述戴震“每一字必求其义”，不仅要通过字词训诂理解古代经典，还要“综其全而核之”，“博”

---

① 魏建功：《戴东原年谱》，戴震撰，杨应芹、诸伟奇主编《戴震全书》第7册，黄山书社，2010，第111页。

② 陈鸿森：《王鸣盛年谱（上）》，《中央研究院历史语言研究所集刊》2011年第4期，第685页。

③ 王华宝：《段玉裁年谱长编》，江苏人民出版社，2016，第29页。

④ 刘盼遂：《段玉裁先生年谱》，《清华大学学报》1932年第2期，第2页。

⑤ 王云五主编，林逸编著《清洪北江先生亮吉年谱》，《新编中国名人年谱集成》，第四十辑，台湾商务印书馆，1982，第3页。

⑥ “俞师鲁，字唯道，婺源人。卓悟秀挺，三岁能识奇字，知读书，日诵数百千言。”“周昌，字文昌，城西人。少孤，日诵数千百言。”“陈有守，字达甫，休宁东南隅人。七岁，日诵千言。”“戴伟，字当世，绩溪人。幼日诵万言，长工诗文，尤构情《庄子》，与唐正音等结社龙都，共兴雅道。”以上诸例皆摘录于道光《徽州府志》。

⑦ 焦循《国史儒林文苑传议》载：“我朝儒学以考核通贯为长，窃谓为诸人立传，宜以《道古》、《潜研》两集所载阎若璩、梅文鼎、万季野、惠士奇、钱塘、江永、戴震诸传为式，举长编所录，精之又精，核之又核，或直录其篇，或节揭其要。”（清）焦循：《国史儒林文苑传议（节录）》，戴震撰，杨应芹、诸伟奇主编《戴震全书》，黄山书社，2010，第7册，第386页。

“约”不可偏废。他们眼中的戴震是考据学宗师，戴震的“学术贡献”，是考据学宗师应当具备的素养和成就，重点表达的是他们的认知、理解、希冀，而非史事本相。

以贫寒行商之子的定位重新审视戴震的成长经历，就会发现，成名之前的戴震与千万个底层士子一样，需要通过科举来改变出身，这也是他中举后六次不第，却依然不放弃赶考的原因。在教育以科举为导向的风气下，启蒙教育与举业教习的界限相当模糊，常常合而为一。通常而言，当孩童达到适学年龄时，先教以识字，能识两千字左右，才可读书。教之四声韵首，开始属对、讲典故，其中“才高者”才开始读经。到了十六岁到二十岁前后，根据记诵经书的进度逐渐练习作文。[①] 当然，有条件的家族会在孩童还未读私塾之前，就教之字词、作对，促其阅读经史，以便在科考中快人一步。[②] 譬如王昶（1724～1806），从四岁起，其父就授以三体诗，五岁便读《二十一史弹词》，粗知历朝事及古今名贤崖略。[③] 又如钱大昕（1728～1804），周岁时，其母沈氏就指玉而二字教之；三岁时已能诵读匾额楹联，五岁开始从塾师受经书，十岁跟从祖父在塾馆学习八股文。[④] 如此计划周密的蒙学培养，出身贫寒的戴震统统没有获得。

以戴震的家境来看，戴父弁年轻时就受到大族宗长房欺压，领不到祠堂学米，因此不得入学，断送了考试的前程，长期以贩布为生。戴父所识的字，大约只够做生意时记录账目，或随贩货的抄抄写写，拟个说帖，立个折子之类。[⑤] 这样的学识，大约不能给戴震提供一个良好的家训和启蒙。戴震极有可能需要在政府主导的社学或私人开办的义学、塾学中得到基本

① （清）王筠：《教童子法》，中华书局，1985，第1～4页。

② 熊秉真：《好的开始——近世士人的子弟的幼年教育》，《近世家族与政治比较历史论文集》，台北中央研究院近代史研究所，1992，第211～217页。

③ （清）严荣：《述安先生年谱》，北京图书馆编《北京图书馆藏珍本年谱丛刊》第105册，北京图书馆出版社，第88页。

④ 钱大昕自定年谱中详细记载了他少时的从学经历：“（雍正）七年，居士甫周岁能言，母沈太恭人，指玉而二字教之，更以他书复试，即指认不误。晬日，家人陈百物于盘，居士谛视良久，惟取一笔。八年，沈太恭人归宁，携居士至外祖宅，外祖喜其慧了，引诣诸亲戚友家，见堂上匾联，皆能成诵。”“十年，始从塾师曾献若先生问学。”此条下有案语云：“比（钱大昕）五岁，授以经书，稍暇即与讲论前代故事。”“（乾隆）二年，大父（钱王炯）奉政公馆望仙桥杨氏，（钱大昕）即从大父受业，初学为八股。”（清）钱大昕：《竹汀居士年谱》，载氏著《十驾斋养新录》，台北世界书局股份有限公司，2009，第13～15页。

⑤ 李开：《戴震评传》，南京大学出版社，1992，第9页。

的启蒙教育。可戴震却自述：

> 仆自少时家贫，不获亲师；闻圣人之中有孔子者，定六经示后之人，求其一经启而读之，茫然无觉。[①]

戴震不仅没有家学的熏陶，也未能遇到良师——可以教给他阅读、理解经典方法的老师。而这种方法正是精英阶层所共享的教育，也是他今后不断努力想要跨越阶层鸿沟去获取的资源。[②]

戴震对自己少年时期的受学情况并没有详细交代，可我们依然可以通过当时徽州的蒙童制度和流通的书籍，对照戴震传记来追溯他早期的知识来源。以下将以一般孩童识字、训音，读经、作文的历程，重新解读戴震传记资料中有关蒙学的描述。

二　蒙馆识字、训音

戴震就傅读书的情况，在其传记资料中仅有些许描写。洪榜只赞他“读书过目成诵，日数千言不肯休”[③]。段玉裁进一步确定就傅的时间为雍正十年（1732）。[④] 凌廷堪在《戴东原先生事略状》中更明确地说明戴震：“年十余入乡塾，读《诗》即为《小戎图》。”[⑤] 不过，首先，前文已述，“过目成诵”“日诵千言”当为时人撰写传、志、铭、表时的格套之言。其次，洪榜、段玉裁均是戴震入都以后才与之交游、问学，凌廷堪更年少戴震三十三岁，他参与修撰《四库全书》时，戴震已经去世六年。所以他们对戴震就读乡塾的情况，大约也是从时人普遍的情况，将戴震就傅的时间记在十岁左右。如《礼记·内则》：

---

① （清）戴震：《与是仲明论学书》，戴震撰，杨应芹、诸伟奇主编《戴震全书》第6册，黄山书社，2010，第368页。

② 胡明辉：《青年戴震：十八世纪中国士人社会的“局外人”与儒学的新动向》，《清史研究》2010年8月第3期，第34～50页。

③ （清）洪榜：《戴先生行状》，戴震撰，杨应芹、诸伟奇主编《戴震全书》第7册，合肥黄山书社，2010，第6页。

④ （清）段玉裁：《戴东原先生年谱》，戴震撰，杨应芹、诸伟奇主编《戴震全书》第7册，黄山书社，2010，第133页。

⑤ （清）凌廷堪：《戴东原先生事略状》，戴震撰，杨应芹、诸伟奇主编《戴震全书》第7册，黄山书社，2010，第21页。

十年，出就外傅，居宿于外，学书记。[①]

雍正元年（1723），雍正帝重申在乡村办学的原则：

定各州县设立社学、义学之例。……凡近乡子弟年十二以上，二十以下，有志学文者令入学肄业。[②]

戴震究竟能在乡塾中学到什么，还得通过清代徽州蒙学的情况来了解。

社学、义学和塾学是明清两代徽州的重要初等教育机构。清初，地方政府虽屡屡下令恢复社学之制，但是休宁的社学已从明初的140所减至5所，逐步为义学、私塾所取代。不同于专为盈利的私塾，官、私经营的义学，都是专为孤寒子弟而设立的教育机构，不仅不收束脩，还提供膏火之费。就戴震而言，他既已言明少时“不获亲师”，且鉴于戴父在戴氏宗族领不到祠堂学米的遭遇，他很大可能就读当地义学。

总体而言，清代义学中设置的课程大抵包括四项内容：一是识字，“训以官音，学为文字”；二是学习《圣谕广训》；三是诵读儒经；四是撰写八股文、学作试帖诗等。[③] 但具体课程内容的设置也颇受各地时风、世风影响，各具特色。徽州的义学、塾学有明确的层级之分：教授初学儿童识字、句读、背诵的称为蒙学或蒙馆；教授子弟经解、经义、作八股文的叫经馆。蒙学的句读师一般由童生担任，而经师则由县学生员担任。蒙馆的教学任务主要以识字、写字为主，其教材除了通行的《三字经》《百家姓》《千字文》之外，还有当地塾师自己编写的杂字抄本类简易教材，其内容多为生活起居、商业知识、社会生活以及道德观念，如《五刻徽州郡释义经书士民便用通考杂字》之类的百科全书式日用杂字书。又如《新镌便蒙群珠杂字》《事用杂字》《四言杂字》《精校音释入门定类启蒙全书》等均为当地多次翻刻、传抄的蒙学教材。[④] 虽然戴震的传记材料中并没有杂字书籍的具体名称，但大量徽州坊刻本、抄本杂字书的留存，提示了其在基层社会的通行程度不可忽视。这种基层蒙学教材对人的浸润和影响是潜移默化而不易察觉的。如成书于康熙四十九年（1710）的《开眼经》，是一

① 《礼记正义》卷28《内则》，李学勤主编《十三经注疏》，北京大学出版社，1999，第869页。

② 《皇朝文献通考》卷70《学校考》。

③ 陈剩男：《清代社学与中国古代官办初等教育》，《历史研究》1995年第6期，第59~75页。

④ 戴元枝：《明清徽州杂字研究》，上海教育出版社，2017，第18页。

种普及教育的启蒙读物。目前不仅有由休宁屯溪茹古堂、开益堂、延古楼等多个书坊刊刻的木刻本，还有多种手抄本留存，其流行程度可见一斑。作者在自序中阐明了此书编刻的目的、来源及他对此书的预期：

> 况童子初年入塾，养关坐性，父母娇爱之下，严师不能督责，或督责矣而蒙昧未开。……只知读书几年，瞎字不识一，责其子而咎其师。……于是不辞旬日之劳，检阅《通考》《群珠》之眼前紧要者，纂集付梓，使村塾童蒙人人置一帖焉，即继《三字经》而授读，先《千字文》而教，书其点画，示其应用。将见敏者月计，钝者岁计，不期年间而天地飞潜、动植之物、人事日用、服食之常，日熟于童蒙手口之下，即随事随物自能寓目而识其字，随字而知其音，读家书、登账籍裕如也。[①]

《开眼经》的作者有感于当地童子在村塾接受几年教育之后仍然目不识丁的现状，决定从通行的《通考》《群珠》中挑选重要的内容，纂集为一部新的教材。希望村塾中童蒙学完《三字经》以后学习这部教材，能够达到认识日用的字、音、读家书、记账簿的成效。在经商风气兴盛的徽州，对读书识字的需求也促使基层教育机构加强这方面的教学。这种切合日用生活需求的书籍，存有巨大的市场，其流传也会更广。

除了识字，蒙馆还有另一重要教学任务：训以官话。徽州方言佶屈聱牙，仅在不同村落之间就有较大差异。刘汝骥《陶甓公牍》云：

> 休宁面积多山，古方言未能普通，率二三十里而一变。流口以上一口音也，小硇以上一口音也，龙湾以上一口音也，与婺、祁近，而祁人之鼻音，与婺人之唇音，皆潜滋浸润其间。岩脚以上一口音也，休城以上一口音也，与黟、太近，而黟人之牙音，太人之喉音，胥依稀影响于其际。屯溪以上一口音也，草市以上一口音也，下与歙县毗连，歙音和平，故屯溪以下略似之。最难解者，屯溪一带水间泛宅浮家，欸乃相语，即世居屯溪者，闻而不知所谓。今欲求统合之方，非各乡学堂添一国语科不可。[②]

又《徽州府志》云：

---

① 转引自戴元枝《明清徽州杂字研究》，第38页。

② （清）刘汝骥：《陶甓公牍》，黄山书社，1997，第589页。

徽人以言语去官字差远，出仕应付既烦遣词，又复调音，往往多误。窃谓变俗之道在于缙绅，如士大夫家训子弟诵读，皆作官话，则童而习之，入官则无佶屈也。[①]

基于人际交往的需要，徽人既要保持本来的语言方便对内沟通，亦要适应其他方言以满足在外经商交流需要。再加上入仕途时在语言上的硬性要求，从孩童启蒙开始的官话教育也变得十分必要。所以徽州乡土读本中，正音的书籍名类繁多，如《祁闻正声》《休邑土音》《土音千字文》《全副字汇》等，其中流通较广的是《乡音字汇》，无论抄本、刻本，竟有十几种之多。[②] 塾师在教学实践中，也多编有方言手册之类的教材，如休宁人胡柏的《海阳南乡土音音同字异音义》、歙人胡尚文的《黟音便览》、无名氏的《新安乡音字义考正》等。

在这类书籍中，颇值得注意的是歙县西乡人黄宗羲所作的《古歙乡音集证》。此书目前可见刻本和抄本两种，分别是嘉庆壬申年（1812）春小西山房刊袖珍本二卷和未署时间的抄本。刻本有作者自序和黄曰瑚（生卒不详）序。[③] 据考证，作者黄宗羲生卒不详，大约生活在17世纪末至18世纪中叶，字师逸，号莲坡，博学能文，通声韵。尝客扬州，晚年归里，从族人白山确夫往还。确夫即黄曰瑚，字宗夏，号确夫，潭渡人，北游京师时，先从刘献廷（1648～1695）学，并为其辑录《广阳杂记》，后改从李塨（1659～1733）、王源（1648～1710）学"礼乐伦物之实"[④]。许承尧（1874～1946）评价《古歙县乡音集证》：

其书由义求音，由音析义，妙语甚多，且俗语几于无字不备，字字谛当，精力绝人，诚可骇叹。[⑤]

观其内容，此书分列18个门类（天文、地理、时令、人物、宫室、服饰、器用、饮食、身体、性情、疾病、杂作、草木、禽兽、通用、语

① 《徽州府志·序》康熙三十四年刊本。

② 丁治民：《清末民初徽语韵书六中叙录》，《方言》2006年第2期，第189～192页。

③ 周赛华：《〈古歙乡音集证〉的方言学与文学价值》，《中国典籍与文化》2015年第4期，第142～146页。

④ 徐世昌纂《师承记三：黄曰瑚》，《颜李师承记：清学讲授》，陈山榜等点校，北京师范大学出版社，2014，第62～63页。

⑤ （清）许承尧：《歙事闲谈》，黄山书社，2001，第723页。

声、叠声、谚句），收录歙县西乡方言929条，就其历史传承、音转讹变、四方称谓等给予必要的解释。书中引文多达569处，征引文献兼涉经史子集。引用最多的是《说文解字》，高达100次，其次是《六书故》（37次）、《尔雅》（31次）、《正字通》（26次）。[①] 如天文类包括“霹雳、热闪、虹、风暴、雪珠”等，逐条解释如下：

> 霹雳：吾乡呼雷为霹雳。乡音霹如拍，雳，来入声。《尔雅》注：雷之急激者为霹。蔡邕《封事》：辟历数发。张衡《西京赋》作磷坜。一作劈历。皆字别义同。
>
> 热闪：《农占》云：夏秋之夜，晴而见电谓之热闪。吾乡呼闪电通曰热闪。乡音闪如扇。
>
> 虹：吾乡呼虹霓皆曰虹。音绛。《正韵》虹有绛洪二音。郭璞曰：色盛者为雄曰虹，色暗者为雌曰霓。[②]

作者对词的解释，首先以“吾乡”的读法做解释，再证之以经史子集中的解释。从作者对辑录条目解释的方法和内容而言，此书还算不得正式的学术论著，当是以实用为目的，为非“吾乡”的使用者解释乡音，或为“吾乡”的初学者拓展知识。正缘于此，此书比正式的音韵论著受众面更广一些，流传度也相对更高。当然，目前并没有确证能证明戴震一定阅读过此书，但是就作者黄宗羲生活的年代及黄曰瑚的“序”来看，此书至少在1700年代已经以抄本的形式有所流传。以戴震每字必求其义的治学态度，他很有可能会以此为参考。

段玉裁在《戴东原先生年谱》中描述了戴震十六七岁以前在私塾中对字义的追求，以及“近代字书”对他的启蒙：

> 先生十六七以前，凡读书，每一字必求其义。塾师略举传、注训诂语之，意每不释。塾师因取近代字书及汉许氏《说文解字》授之，先生大好之，三年尽得其节目。[③]

---

① 有学者详细统计、罗列了引文的具体情况。详见张凯《记录三百年前徽州方言的重要文献：〈古歙乡音集证〉》，《民俗典籍文字研究》2017年第2期，第95页。

② 以上三条均转引自周赛华《〈古歙乡音集证〉的方言学与文学价值》，《中国典籍与文化》2015年第4期，第142～146页。

③ （清）段玉裁：《戴东原先生年谱》，戴震撰，杨应芹、诸伟奇主编《戴震全书》第7册，第134页。

由此似乎也可以大胆推测：如《歙乡音集证》之类的乡土文献，或竟是开启戴震音韵学研究的启蒙书。

三　经馆诵读、作文

戴震在蒙馆完成识字、写字任务以后，开始了在经馆的学习。这一阶段，不要求精深理解，旨在通过诵读一般经书来巩固识字的成果，为蒙学之后的专经阶段打下基础。当时最为流行的教材是徽州理学家朱升（1299～1370）精心编订的“小四书”——《名物蒙求》《性理字训》《历代蒙求》《史学提要》。朱升认为：“凡将者，急就之传也；名物者，小学之先也。”[①] 读书应以《名物蒙求》为先，先了解常识；其次是《性理字训》，因为性理得学问教化之源头；再次是《历代蒙求》知晓古今改朝换代的历史沿革；最后则是《史学提要》可使童蒙知悉典故事迹。[②] 戴震并未提及自己诵读了哪些经典，但是徽州的一些族谱提供了蒙学受习内容的线索，如《绩溪庙子山王氏谱》中记录了对蒙学阶段儿童必备知识的要求：

> 读书初读《三字经》，继读《百家姓》《千字文》《四言杂字》《五言四句》（即《神童诗》）《启蒙甲子》《千家诗》《幼学琼林》《孝经》和《四子书》。[③]

戴琴泉对戴震早年受学经历的描述，也提及了戴震在蒙馆中学习的情况。

> 出就蒙师读，授《三字经》：“人之初，性本善。”问师性善之所以然？师不能答。乃易师而授《四子书》，讲解仍若俗说，每不慊于怀。[④]

在识字、写字、背诵的阶段，戴震已经表现出了一些怀疑和叛逆的精神，曾询问蒙师人何以“性善”。乡村塾师对此类问题通常不予回答，因

① （明）朱升撰《小四书序》，《朱枫林集》，刘尚恒点校，黄山书社，1992，第51页。

② 刘祥光：《中国近世地方教育的发展：徽州文人、塾师与初级教育（1180—1800）》，《近代史研究所集刊》1997年第28期。

③ 转引自王振忠《一部徽州族谱的社会文化解读——〈绩溪庙子山王氏谱〉研究》，《社会科学战线》2001年第3期。

④ 戴琴泉：《戴东原先生轶事》，戴震撰，戴震研究会编纂《戴震全集》第6册，清华大学出版社，1999，第3467页。

为他们在应对童子试时，只需要掌握“四书”“五经”中之一经，且背熟朱子的注解即可，不需要有自己的发挥。黄宗羲（1610～1695）曾观察到，不少士子将“五经”、《通鉴》《左传》《国语》《战国策》等有资“举业之用”的书籍都束之高阁，将心思集中在钻研《四书蒙引》《四书浅说》《四书说约》等讲章，“至于解揭出仕，未尝更见他书也”，慨叹“今之举子大约此类”[①]。绝大多数蒙师是落第秀才，在学习写作时都只读应举辅导书，对经义以外的义理鲜有更深入的理解。这样的师资使戴震在学习“四书”时，对“讲解仍若俗说”的课程内容很难满意。他在少年时展现出必求甚解的态度似乎也能符合情理。

这种不获亲师的经历，在戴震习文的阶段更加突出。根据洪榜《戴先生行状》，乾隆七年（1742），戴震从江西回到休宁，因家贫无以为业，开始写科举文。其言：

> 先生之自邵武归也，年甫二十。……先生家极贫，无以为业。至是始为科举文。[②]

梁启超整理的《戴东原先生传》则将“先生家极贫，无以为业”一句放在了东原随父去江西之前，如下文：

> 先生家极贫，无以为业，年十八，随父客南丰，设塾于邵武，课蒙童自给，越二年乃归。[③]

梁启超的修订似乎更符合逻辑，准备科举考试是一件十分耗时耗力的事情，除了记诵大量的经典以外，还需要掌握写作八股文的方法，参加考试还需要支付一笔不小的费用，即便是最初级的童试就可能需要近10两白银。[④] 在家贫无以为业的情况下，少年戴震能做的应该是去谋生，而不是去学习科举文。

“始为科举文”的确切时间，在戴震友人郑牧（1714～1792）的两段

---

① （清）黄宗羲：《科举》，贺长龄：《皇朝经世文编》卷57《礼政·学校》，中华书局，1992，第2108页。

② （清）洪榜：《戴先生行状》，戴震撰，杨应芹、诸伟奇主编《戴震全书》第7册，第6页。

③ 梁启超：《戴东原先生传》，戴震撰，杨应芹、诸伟奇主编《戴震全书》第7册，第91页。

④ 王立刚：《清代参加童试考生所用费用研究》，《江苏社会科学》2017年第3期，第241～250页。

文字中，可以找到一些线索。一则是《张鲁池先生文集序》：

> 鲁池生婺源西乡甲道，去予休宁东乡且二百里，前己未、庚申年间，馆隆中。隆中东原所居乡也，不数年而别去。[①]

一则是《明经张鲁池先生传》：

> 初，鲁池先生为诸生，即来馆于予邑之隆阜，去余所居乡五六里。时余兄奎光亦馆于其地。余因得交于鲁池。予友戴震东原方年少，好语经学，而适应童子试，为时文，以时下揣摩之习不足学也。[②]

郑牧，字用牧，休宁海阳人，为郡诸生，曾与戴震一起从学江永。张元泮（1713～1785），字鲁池，号留轩，婺源西乡甲道人。[③] 雍正九年，19岁左右的鲁池，成为诸生。乾隆七年（1742）入贡，成为候选儒学训导。《张鲁池先生文集序》和《明经张鲁池先生传》，两文分别写于郑牧与张鲁池相识三十年时和乾隆五十年（1785）张氏去世之后。郑牧回忆乾隆四年（1739）、五年（1740）的时候，鲁池从甲道来休宁隆阜坐馆。当时郑牧兄长郑奎光也在这里，通过郑奎光，郑牧得以与张元泮相识，郑牧又把自己的好友戴震介绍给张元泮认识。这时戴震十七八岁，洪榜说他："尽通前人所合集《十三经注疏》，举其辞无遗。"[④] 这与郑牧"方年少""好语经学"的描述也相符合。通过郑牧的文字，可推测戴震在去江西之前已经开始应考童子试。只是，戴震对时人揣摩作文的风气十分鄙视，全靠自学和模仿先正大家之文来备考童试。由于这两篇文字都不是为戴震而作，传主张鲁池也并非达官显贵或者有声望的学者，并且此时戴震已去世八年，郑牧并不需要刻意突显戴震在经学上的天赋，所以郑牧的描述有一定的可信度。

余廷灿在《戴东原先生事略》中也提到戴震少时"不喜随人做世俗学"[⑤]。

---

① （清）郑牧：《张鲁池先生文集序》，原载于《星源甲道张氏宗谱》，转引自江巧珍、孙承平《关于新发现的戴震佚诗二首》，《黄山学院学报》2002年第4期，第23～25页。

② （清）郑牧：《明经张鲁池先生传》，转引自江巧珍、孙海峰《从新发现的资料三则看戴震的少年至交》，《黄山学院学报》2008年第6期，第10～12页。

③ 在《安徽通志》中记载，张元泮有《留留轩存稿》，可惜未能找到。

④ （清）洪榜：《戴先生行状》，戴震撰，杨应芹、诸伟奇主编《戴震全书》第7册，第6页。

⑤ （清）余廷灿：《戴东原先生事略》，戴震撰，杨应芹、诸伟奇主编《戴震全书》第7册，第25页。

所谓俗学，是相对于“书香世家”“崛起”等进学方式而言。世家所教，识字由《说文解字》入手，长而读书为文，不拘泥于八股试帖，所习皆为经史百家之学，童而习之，长而博通，不在高头讲章中求生活。“崛起”则学无渊源，“俗学”则注重钻研时艺，弃学问真义不顾，专意揣摩应试范文。[①] 戴震、郑牧、张元泮他们鄙夷俗学，他们因为共同的追求而结识，相互支持相约会集、质以学问：

> 闻予与鲁池先生好与人言前辈大家之文，于是东原酷嗜章大力，鲁池则嗜罗文正，予方沉潜于孟旋千，予之间而大宗则震川也。三人者间数日必想与会集，或于野田蔓草之地席地坐，各质其所是，各论其所非，必至日暮方散。遂为一时所不合，几为一世所不容，余三人遂自此穷窘而无所依倚矣。[②]

他们追求的先正大家，是章世纯、罗万藻、方应祥等明末以制义闻名的时文大家。郑牧的记录与洪榜对戴震的描述也相吻合，他说：“（戴震）于有明以来，尤爱西安四子、西江五家所传遗稿。”[③] “西安四子”和“西江五家”都是晚明著名的时文流派。“西安四子”又称“盈川四子”，指的是明代浙江衢州府西安县以方应祥、徐日久、叶秉敬、徐可求为代表的八股文流派。“西江五家”是天启至崇祯年间，江西的五位著名时文名家，分别是章世纯、艾南英、陈际泰、罗万藻及瑞金人杨以任。他们的时文风格是以根柢经史古文的作品来纠正时风，尊经复古，以实学衡量古文。[④] 而戴震的科举文风格，如洪榜所言：“每有所作，意既奥曲，辞复超远。”[⑤] 他的文章立意深奥玄虚，语言高超深远，与一般的揣摩之作，大不相同。戴震求学紫阳书院时，掌教方椠如（生卒不详）见其文，深表折服，自叹不如，将戴震比为“今之徐子卿”，可见西安派时文对戴震的影响。[⑥]

在这群先正大家之中，戴震酷嗜章世纯。章世纯，字大力，临川箭港人。其人博闻强记，精通经史，旁涉诸子百家，对天文律历、五行禽遁、

① （清）刘禺生：《世载堂杂忆》，台北秀威资讯，2010，第31页。

② （清）郑牧：《明经张鲁池先生传》，转引自江巧珍，孙海峰《从新发现的资料三则看戴震的少年至交》，《黄山学院学报》2008年第6期，第10～12页。

③ （清）洪榜：《戴先生行状》，戴震撰，杨应芹、诸伟奇主编《戴震全书》第7册，第8页。

④ 孔庆茂：《八股文史》，凤凰出版社，2008，第217～218页。

⑤ （清）洪榜：《戴先生行状》，戴震撰，杨应芹、诸伟奇主编《戴震全书》第7册，第8页。

⑥ （清）洪榜：《戴先生行状》，戴震撰，杨应芹、诸伟奇主编《戴震全书》第7册，第9页。

阴阳星卜都能解其精要，纠其谬误。这也是他与江西派其他各家不同之处。他读书不屑章句，尝病宋儒训诂于事、理两无所据，探究经传，务攻坚伐异，以阐明圣贤立言之理；文章推理精妙，发前人之所未及，以善于融合旨趣、发挥理奥而著称。方苞（1668～1749）评论他："本眼前人人所知见之理，一经指出，遂为不朽之文，其笔之廉锐，皆由浸润于周秦古书得之。"① 他爱国忧民，提出许多治国安民之道，著有《治平要略》，希望给当权者以参考，但未被采纳。后因会试屡试不第，便以举人出仕，崇祯年间，累官至柳州知府时，已然七十老翁。不久，明朝覆亡，清军入关，章世纯闻得京师陷落，悲愤成疾，抑郁而死。著有《章柳州集》、《四书留书》六卷、《留书别集》二卷、《己未留》二卷、《卷易苞》上下集十二卷、《章大力先生全稿》一卷。

章世纯对诸子百家、天文律历等知识的博通，是他区别于其他时文大家的特点，或许这也是戴震酷嗜章世纯的原因。从戴震早期对历算等实用知识的学习、作时文要求根抵经史的风格来看，章世纯的作品是戴震早年的知识来源之一，甚至启发了戴震对博通的追求。

四 宗程朱、辟佛老

戴震作为一个底层行商之子，想改变出身，就得以追求科举的成功为教育目标，这也是当时较为普遍的现象。时人中也有有志之士通过种种努力拯救时弊，以期维护圣学，影响最大的是施璜（？～1706）等人倡建的《塾讲规约》。施璜及其后学的努力，也开启了徽州地区宗程朱、辟佛老的风气，是戴震这群底层士子蒙学知识的基调。

施璜，字虹玉，号诚斋，徽州休宁黎阳人，学宗程朱，在紫阳、还古书院倡导复兴朱子学二十年。彼时的士人群体中，阳明心学以还古书院为基地，在徽州地区得到了广泛的认同。"还古主会所请者，无非姚江高弟，所讲者，无非阳明秘旨。"② 对此，以程朱为宗的新安理学派通过著书立说、翻刻书籍，以传播程朱学说、重建徽州的理学传统。③ 康熙十二年

---

① （清）方苞：《评〈孝弟也者二句〉》，《钦定四书文》，《文渊阁四库全书》第1451册，商务印书馆，1972，第333页。

② （清）施璜辑，方允惇、施璟等订《还古书院志》卷12《会纪》，道光二十三年刻本。

③ 详见张绪《论施璜对清初徽州理学及其书院文化的贡献与影响》，《安徽大学学报》（哲学社会科学版）2015年第1期，第94～99页。

(1673)，居家授徒的施璜为了提升塾师的素质，制定了九条《塾讲规约》：尚道德、定宗派、持敬、译注、力行、六艺、育才、谦虚、防间断。施璜制定此规约的最大动力固然是表彰朱子之学，同时也针对塾师的业务素质做了具体要求。他认为，教书育人不应“专以诗文相砥砺，以科举相期待”，为学之要在穷理，塾讲者应以“一意从事圣贤之学，以仁为己任，以明道相砥砺，以进德相期待”。而“穷理之要必在于读书，然欲简而易知、约而易守则莫若《大学》《论语》《孟子》《中庸》”，因为“《四书》精蕴，乃孔曾、思、孟之微言，道统在此，学脉亦在此”。然而“苟非程子表章、朱子集注，《四书》何由而明，后人何由而读?”因此“凡读《四书》者，必须虚心平气、熟读朱注而精思，庶几《四书》精蕴始可得而明”[①]。基于以上的指导思想，规约要求：“同人乡塾讲书，必要阐明朱注，使朱子注义莫逆于心，然后孔、曾、思孟之微言始有入路；由是而兼读《小学》《近思录》《太极图说》《通书》《西铭》诸书；由是而循环理会《六经》以及《纲目》、诸史，则天下之理皆可以一以贯之而无疑矣。”[②] 这也是“定宗派”之旨的具体内涵——以程朱为学的，才能使“大中至正，不至于偏差”[③]。

施璜对程朱的推广在徽州士人之间产生了一定的影响力，先后有来自休宁、婺源的庠序生拜其门下，并将程朱之学在各自家乡推广。[④] 在清初几代人的努力下，“使数十余年沉溺于姚江龙溪之区，一旦变而为正学昌明之地”[⑤]。直到乾隆初年，休宁的还古书院依然由理学家掌教，加之朝廷功令所在，书院笼罩在程朱学说的氛围中，正如《徽城竹枝词》所谓：“阳和门向南方开，五百年来产大才。称庆婺源出朱子，书声到处夜听来。”[⑥] 由此不仅理学之繁盛可见一斑，而且它对徽州士人的思想影响之大也不言自明。

此外，除了宗程朱之学，徽州的蒙学教育还有另外一个主旨就是辟佛老。以休宁的还古书院为例，其在崇祯己巳年曾订立《还古书院规则》十一条，目的在于强调并维护还古书院作为讲学之所的神圣性，内容以规定

---

① （清）张潮辑《昭代丛书》甲集卷7，道光十三年刻本。
② （清）张潮辑《昭代丛书》甲集卷7，道光十三年刻本。
③ （清）张潮辑《昭代丛书》甲集卷7，道光十三年刻本。
④ 参考高丽娟《徽州还古书院研究》，硕士学位论文，安徽大学历史系，2018。
⑤ （清）施璜辑，方允惇、施澴等订《还古书院志》卷13《讲义》，道光二十三年刻本。
⑥ （清）吴梅颠：《徽城竹枝词》，不分卷清抄本。

讲学时听众需要遵守的行为准则为主。① 至清初，还古书院重新订立了《会规》，包含《还古会约》《还古会仪》等内容，主要针对书院的讲学活动所作规定，尤其强调讲会应以孔子为宗，辟除释老之学。

> 学以孔子为宗。孔子十五志学，七十从心，其精进之妙，盖有人不知而自知者，此千古学脉也。释老之教，寂灭荒唐，攻乎异端，斯害也已，权谋术数，溺功利而汩本真，学孔子者必不其然。②

还古书院《会规》对讲学内容的规定，在一定程度上反映了当时徽州学人的学术取向。还古书院从明朝万历二十年（1592）创建起，到清嘉庆年间，前后有二百多年的历史，参与讲席的不仅有当地的学者，还有周边县市的著名学者。譬如，方楘如就是应当地郡守何达善（1700～1765）之邀，讲论经义于书院怀古堂。所以这里的讲学内容和规范，可以说是当地宿学所共同追求的核心价值。戴震自蒙学时，就浸润于这样的学风之中，启蒙了他对儒学正统，闻孔、孟圣人之道，辟除佛、老之言的追求。直到晚年，戴震作《孟子字义疏证》以正人心："于老、庄、释氏之说，入人心最深者，辞而辟之，使与六经、孔、孟之书，截然不可相乱也。"③

五 结语

对戴震传记资料的"去光环"化的解读，使我们能反思如戴震一样的"大师"在成名之前的学思历程。在传记资料和作者自述资料都缺失的情况下，传主所生活的时代背景是不容忽视的客观决定因素。首先，戴震作为一个底层士人，读书入仕是贯穿他早年蒙学教育的主轴，无论识字、训音，还是诵读、作文，都是以科举为目标，所以在每个阶段的学习中，科考的内容及与之相配的教辅系统很大程度上圈定了他的知识范围。其次，贫寒的出身，又限定了他所能接触到的知识层次——最基层和最实用的知识是底层士子最迫切的需求。不过，虽然这是普遍性的规律，但是在实际的个案中，个体主观能动性的差异才创造了丰富多彩的思想史。戴震在每

① （清）施璜辑《还古书院志》卷10《会规》，方允惇、施澴等订，道光二十三年刻本。
② （清）施璜辑《还古书院志》卷10《会规》，方允惇、施澴等订，道光二十三年刻本。
③ （清）洪榜：《戴先生行状》，戴震撰，杨应芹、诸伟奇主编《戴震全书》第7册，第8页。

个学习阶段中，都选择了根抵经史、实事求是的知识，不随波逐流、揣摩敷衍，立志高远——以闻孔孟圣贤之道为志，以音声、文字为舟楫，逐步完成对经典的学习。在此过程中，戴震在蒙学知识的基础上，完成了从地方学者向全国学者的蜕变。

中国近现代史学研究

汤象龙经济史学思想探析*

庚向芳

（上海对外经贸大学马克思主义学院，上海　201620）

摘　要：汤象龙是中国经济史学科的主要奠基人，作为中国第一代经济史学的领军人物，师承梁启超、罗家伦。他在20世纪30年代提出的经济史学思想立意高远，以全球视角审视中国经济史学，为经济史学开创了研究方法与学术规范，为中国经济史学科开辟了道路。汤象龙作为北平社会调查所与清华大学“史学研究会”的中坚力量，创造了经济史学科的多个第一，总结他的史学思想能够窥见20世纪30年代中国经济史的发展走向。

关键词：汤象龙　经济史　史学思想

汤象龙（1903～1998），是中国经济史的奠基人之一，为中国经济史建设贡献了毕生精力，他的主要著述《道光时期的银贵问题》《道光朝的捐监统计》《鸦片战争前夕的财政制度》《中国近代海关税收和分配统计（1861—1910）》等都在国内外学界影响甚大，汤象龙对中国经济史学科的发展有特殊的贡献，具有特殊的地位①。目前学界对汤象龙的学术成就、治学态度、治学方法等均有相关论述与评价，但是从史学史角度总结汤象龙的经济史学思想的文章尚不多见。作为经济史学家，汤象龙的史学思想自有其发展脉络。他以先进的史观为指导，从国际化的视野出发，在世界

---

*　本文是2016年国家社科后期资助项目“近代史学转型视野下的民国时期清史学（1912～1949）”（项目编号：16FZS031）的阶段性成果。

①　杨祖义、赵德馨：《特殊的贡献，特殊的地位——纪念汤象龙先生100周年诞辰》，汤象龙研究室编《中国经济史学科的主要奠基人：汤象龙先生百年诞辰文集》，第50页。

史学发展大势中为中国经济史找准定位，凭借深厚的理论功底和对史料的娴熟把握，注重从实证出发，在史观、史料、史法、史才等方面提出独到见解，奠定了经济史学科的理论基础。总结他的经济史学思想，对于了解中国经济史学科的创建与发展有重要的意义。

一　汤象龙经济史学思想渊源

探究汤象龙经济史学思想的学术渊源，首先要追溯到他在求学道路上遇到的几位导师。梁启超是汤象龙走上史学道路的领路人，罗家伦的学术理路直接影响汤象龙选择经济史作为自己的终生研究目标。此后汤象龙被陶孟和慧眼识珠，得以到北平社会调查所做研究生①，并任职于北平社会调查所、中央研究院社会科学研究所，这两个学术机构为他提供了良好的平台。

汤象龙 1925 年考入清华大学，进入大学的第一年就得到梁启超的亲炙，并确定历史学作为专业。1925 年恰逢清华改制增办大学部，汤象龙是清华大学的第一届学生。他虽然读政治系②，但当时清华实行文理并重的通才教育，学生分成普通科与专门科，普通科与专门科学制各两年或三年。普通科“以使学生知中国之以往与世界之状况，籍以明了中国在此过渡时代之意义，并鼓励学生使为择业之考虑为宗旨”③。课程包括国文、英文、数学、自然科学、社会科学、哲学、语言学等通识科目。专门科是“为已选就终身职业或学科之学生作专精之预备”④。梁启超此时担任清华大学国学部教授，为全校学生讲授中国文化史，所以对历史学产生浓厚兴趣的汤象龙，得以选定梁启超为导师⑤。汤象龙多年之后回忆与梁启超的见面，仍记忆犹新：“日前又想起六十多年前梁启超和我的一次谈话

① 北平社会调查所 1926 年成立，1934 年合并到中央研究院社会科学研究所。北平社会调查所的研究生为期一年，主要目的是培养社会科学学生有志深造者的独立研究能力，同时协助本所研究工作，由社会调查所指定题目，派员指导，且每月有津贴。详见北平社会调查所编印《社会调查所概况》，社会调查所，1933，第 5 页。

② 苏云峰编撰《清华大学师生名录资料汇编（1927—1949）》，台北中央研究院近代史研究所，2001，第 166 页。

③ 《北京清华学校大学部暂行章程》，《清华周刊》第 24 卷第 9 号，1925。

④ 《北京清华学校大学部暂行章程》，《清华周刊》第 24 卷第 9 号，1925。

⑤ 《汤象龙先生简历》，汤象龙研究室编《中国经济史学科的主要奠基人：汤象龙先生百年诞辰文集》，第 45 页。

……我说，我已 16 岁多，有时自命不凡，有点自负；但相反，有时感到自己什么也不懂，究竟该如何做人，如何学习？梁先生笑着回答我：'一个人的成长好似修建一条铁路一样，修到哪里算到哪里。首先要有一个志愿，靠自己的主观努力，向着正确的方向走；其次，一个人的成就大小，也要看工作条件和社会环境，是不能完全自主的。'这次谈话给我留下深刻的印象。因此我现在想把我的铁路再向前修一段！舍不得抛弃过去多年努力尚未完成的工作。"① 梁启超是汤象龙走上史学道路的领路人，梁启超"史家第一道德，莫过于真实"，"今后之历史，殆将以大多数之劳动者或全民为主体"的史学观与重视史料收集的方法，影响了汤象龙的一生治学②。

汤象龙选择经济史作为终生奋斗的研究方向，与他的研究生导师罗家伦有密切关系。罗家伦 1920 年毕业于北京大学英文学系，此后在美国、英国、德国、法国的多所大学留学研读哲学与历史。1928～1931 年担任清华大学校长，1928～1929 年兼任清华大学历史系主任，为清华历史系形成"历史与社会科学并重；历史之中西方史与中国史并重；中国史内考据与综合并重"③ 的特点。

罗家伦是近代史学的开山者之一，他注重近代史研究，主张用科学的方法研究近代史，搜集了大量近代史料，并有完整的近代史编写计划。罗家伦认为："做近代的人，必须研究近代史；做中国近代的人，更须研究中国近代史。"④ 史学家应以搜寻与整理史料为己任，"我们不能不放开眼光，扩大范围，随时随地和猎狗似的去寻材料"⑤。罗家伦在清华大学担任校长期间整理并购买大量近代史料，直接带动了清华历史系重视考据的学风。罗家伦认为历史学科与其他学科一样，是经过科学方法检验史料，考

---

① 汤经武：《饮水思源——父亲的恩师们》，汤象龙研究室编《中国经济史学科的主要奠基人：汤象龙先生百年诞辰文集》，第 45 页。

② 汤经武：《为开拓"中国近代经济史研究"而献身——读父亲遗训'自力更生 立身之道 建国之本'感思》，汤象龙研究室编《中国经济史学科的主要奠基人：汤象龙先生百年诞辰文集》，第 39 页。

③ 王学典：《中国新史学的摇篮——为清华大学历史系创建 90 周年而作》，《清华大学学报（哲学社会科学版）》2016 年第 5 期。

④ 罗家伦：《研究中国近代史的意义和方法》，《国立武汉大学社会科学季刊》1931 年第 2 卷第 1 期。

⑤ 罗家伦：《研究中国近代史的意义和方法》，《国立武汉大学社会科学季刊》1931 年第 2 卷第 1 期。

订史实，最后形成科学的史学①。罗家伦制订了完整的近百年通史撰写计划，希望写出中国第一部科学的历史，要做“不理论化、不道德化、不国家化”的历史②，他指出研究中国近代史的学者“做学问应当有不计近功的精神”③。汤象龙的史学思想与罗家伦一脉相承，全盘吸收了罗家伦的史学思想，并应用于中国经济史学建设。由此可见，中国经济史学科的创建与发展是几代学人不断努力的结果。

1930 年，汤象龙进入北平社会调查所工作，深受所长陶孟和的赏识，此后他在北平社会调查所和中央研究院社会科学研究所任职长达 13 年。北平社会调查所成为中国经济史研究的重镇④，离不开所长陶孟和的领导与支持。陶孟和毕业于伦敦大学，是我国近代社会学的奠基人。他虽然不从事历史研究，但是对历史学自有高见，将历史学视为社会科学的一种，认为经济史研究“是社会科学中一门新兴的学科，应该大力发展”⑤。为此，陶孟和选拔人才不拘一格，在人才培养方面独树一帜，新进入社会调查所的研究生选定题目指定导师后，都要投入社会调查所的研究实践。汤象龙得以在进所之后直接参与抄录清代经济档案，此后又领导清代经济档案的抄写与整理，都得益于陶孟和的知人善任。汤象龙在多年之后回忆陶孟和时说：“1932 年成立近代经济史研究组，集中研究人员六七人从事专题研究，每年有多篇研究成果产生，从而由陶孟和教授和我主编《中国近代经济史研究集刊》，这是中国经济史学界最早的一种学术期刊。当时我选定《中国近代海关年税收和分配统计（1861—1910）》这个较大的研究课题，就是得到陶孟和教授的支持和鼓舞的。这项研究工作虽然拖到今天才完成，饮水思源，不能不对陶孟和教授当初的正确领导和对我个人的支持永远铭记在心。”⑥

---

① 罗家伦：《研究中国近代史的意义和方法》，《国立武汉大学社会科学季刊》1931 年第 2 卷第 1 期。

② 罗家伦：《罗家伦致张元济函》，张元济《张元济全集·书信》，商务印书馆，2007，第 468 页。

③ 罗家伦：《研究中国近代史的意义和方法》，《国立武汉大学社会科学季刊》1931 年第 2 卷第 1 期。

④ 吴敏超：《筚路蓝缕启山林：20 世纪上半期的中国近代经济史研究》，《兰州学刊》2014 年第 11 期。

⑤ 汤象龙：《汤象龙自述》，高增德、丁东编《世纪学人自述》第 3 卷，十月文艺出版社，2000，第 320 页。

⑥ 汤象龙：《自序》，《中国近代海关税收和分配统计（1861—1910）》，中华书局，1992，第 6 页。

二 汤象龙的经济史学思想

汤象龙继承了梁启超、罗家伦的史学思想，并将这些史学思想在经济史学建设中发扬光大。作为中国经济史学科的主要奠基人，在长达半个多世纪的研究工作中，他始终不改初心，以严谨的学术态度，孜孜以求的学术精神，在经济史研究领域取得了令人瞩目的成就。他的经济史学思想散见于各类文章中，但是特色鲜明，在历史观、史料观、史学研究范式与书写模式、史家的职责、经济史学风等方面多有创建，为中国经济史学奠定了理论基础。

汤象龙继承发展梁启超的进化论史观，但并不拘泥，使经济史学从初创时期就在先进的历史观指导下展开。1904 年梁启超写成《中国国债史》，被认为是中国经济史学出现的标志[①]，《中国历史研究法补编》中经济专史的研究方法，对此后的中国经济史研究影响深远。汤象龙认为历史的目的首先在于求真[②]，但是“历史是随着时代的进步，常常要改造，各时代需要适合各时代的历史”[③]。史学表达的主体已经由帝王将相转到社会大众，“以往的历史是帝王朝代为联系，目的只在记载与帝王有关的言行，此后的历史应以整个民族和各民族的发展为主体，记载他们多方面的活动”[④]。史学要反映的是人类进化发展过程中多种因素的变化，“叙述文化的进步，经济的变动，社会的变迁”[⑤]，经济史则是这些因素中最为重要的内容，“在我们认识经济在人类生活上的支配力并且现代经济生活占据人、民族、国际的重要地位的时候，我们便不得不说历史的大部分应该为经济史的领域”[⑥]。汤象龙将历史学与科学相提并论，认为：“一切经济史的叙述必须根据事实，不可凭空臆度，所采用的方法应与研究其他的严格的科学无异。”[⑦]

随着经济史研究不断深入，进化论史观逐渐显现出一定的局限性，唯

① 李伯重：《回顾与展望：中国社会经济史学百年沧桑》，《文史哲》2008 年第 1 期。
② 《发刊词》，《益世报 · 史学》1935 年 4 月 30 日第 11 版。
③ 汤象龙：《太平天国史纲 · 序》，罗尔纲《太平天国史纲》，商务印书馆，1937，第 1 页。
④ 汤象龙：《太平天国史纲 · 序》，罗尔纲《太平天国史纲》，第 1 页。
⑤ 汤象龙：《太平天国史纲 · 序》，罗尔纲《太平天国史纲》，第 1 页。
⑥ 汤象龙：《发刊词》，《中国近代经济史研究集刊》第 1 卷第 1 期，1932 年 11 月。
⑦ 汤象龙：《史料参考》，《中国近代经济史研究集刊》第 1 卷第 1 期，1932 年 11 月。

物史观的出现成为指导史学研究的更高层次的理论。严格说，汤象龙可能并未研读过马克思主义，但是他的历史观却与唯物史观有诸多不谋而合之处，他在研究中有意识地践行唯物史观，以“进化论的史观，修正了退落说的历史观；社会的历史观，修正了英雄的历史观；经济的历史观，修正了政治的历史观”[①]。汤象龙自己曾经说过：“当时大家虽然说不上熟悉马克思主义的理论，但都倾向于唯物主义，主要倾向于社会和经济的分析。”[②] 因此有学者评价汤象龙虽然对马克思主义理论没有太多了解，却倾向唯物史观[③]，《中国近代经济史研究集刊》的创刊，是运用马克思主义唯物史观研究中国社会史之深入发展的表现[④]。

汤象龙用全新的史料观，为经济史研究奠定了扎实的史料基础。汤象龙的史料观在“五四”之后成长起来的学者中极具代表性，他重视档案的史料价值，放宽史料的视野，认识到史料推动史学发展的积极作用。20世纪“新材料的发见与整理，在很大程度上决定着中国史研究的路向，决定着中国史研究的学术趋势”[⑤]，近代经济史建立在清代档案的发现与整理基础上。汤象龙高度评价档案的性质与价值，认为“档案是从前政府多少年遗留下来而未曾发表过的文件，从研究经济史的去看，里面可以得到许多关于国家财政和人民经济的统计。”[⑥] 而清代经济档案是研究中国近代财政经济社会法律的最宝贵的原始的资料[⑦]。同时档案“虽然不是每字每句都千真万确的绝对的可靠，可是根据这些资料我们可以改正以往许多书籍上的错误”[⑧]。

汤象龙重视史料在史学研究中的基础性作用。“搜集资料的工作虽是一种不成名不讨好的事业，可是我们不作这种工作，中国经济史将来永远

① 李守常：《史学要论》，河北教育出版社，2000，第9页。

② 汤象龙：《汤象龙自述》，《世纪学人自述》第3卷，十月文艺出版社，2000，第323页。

③ 李根蟠：《开创功 未尽才——2009年3月6日在汤象龙百年诞辰追思会上的专题发言》，汤象龙研究室编《中国经济史学科的主要奠基人：汤象龙先生百年诞辰文集》，第20页。

④ 侯云灏：《“社会改造”思潮的兴起与20世纪的中国历史学》，《史学理论研究》1999年第3期，第61页。

⑤ 谢保成：《民国史学述论稿（1912—1949）》，上海人民出版社，2011，第47页。

⑥ 汤象龙：《〈谕折汇存及华制存考〉书评》，《中国近代经济史研究集刊》第1卷第1期，1932年11月。汤象龙：《对于研究中国经济史的一点认识》，《食货半月刊》第1卷第4期，1935年2月。

⑦ 汤象龙：《发刊词》，《中国近代经济史研究集刊》第1卷第1期，1932年11月。

⑧ 汤象龙：《对于研究中国经济史的一点认识》，《食货半月刊》第1卷第4期，1935年2月。

是没有写成的日子。”[①] 他认为现代经济史在史料范围上应该更宽广，不仅包括档案，还应包括地方政府卷宗档册乃至各种账簿，如农民或家庭的流水账、店铺的生意账、公司营业账以及其他关于量的性质的记载[②]。汤象龙注意到史料与历史学之间的辩证关系，指出“研究者既多，史料之发现自益多；史料益多，则更足引起多数人之研究。此二者互相为因果”[③]。正是有上述史料观，汤象龙成为我国近代经济史资料收集与整理的开拓者[④]，也是将档案运用到经济史研究中的先行者。

汤象龙明确经济史的学科地位，开创了经济史的研究范式。汤象龙指出“经济史是一种‘骑墙’的研究，一方面牵扯到纵的历史，而一方牵扯到横的经济各方面”。因此经济史具有交叉学科的特点，从事经济史研究需要借鉴其他社会科学诸多方法，“史事的批判与资料的审定需要比较放大的眼光，现象和问题的分析复需要经济法律统计等科的知识，非比一种普通的单纯的研究”。针对社会史论战中暴露出来的重理论构建而轻实践的问题，汤象龙主张研究经济史要“从大处着眼、小处下手”进行实证研究，要遵循“个人的兴趣和所学，就每一个问题做广博深湛的探究”[⑤]，这样做出的研究才能避免“发生以前那种空洞的论战，因为一切都根据的是事实，有了充分的事实摆在那里，大家也无庸空谈了”。此外，汤象龙的经济史研究强调史料与理论结合，他认为档案在研究中不仅可以辨别历史记载的真伪，还“可开后来研究史学一新纪元”[⑥]。他的《民国以前的对外赔款》《民国以前海关担保的外债》等论文都是史料与理论相结合的典范，为此后的经济史研究开创了扎实严谨、脚踏实地的研究范式。

汤象龙为经济史预设书写模式，以“专题”开始，终极目标是“通史”。中国史学的近代化过程中一个显著的标志就是史学专科化，专题研究与通史研究成为近代史学的主要研究和书写模式，但是民国时期“专题”与“通史”之间存在明显的不平衡。汤象龙希望打破“专题”与“通史”之间的隔阂，寻找一条由“专”而“通”的道路。因为中国经济

① 汤象龙：《对于研究中国经济史的一点认识》，《食货半月刊》第1卷第4期，1935年2月。
② 汤象龙：《对于研究中国经济史的一点认识》，《食货半月刊》第1卷第4期，1935年2月。
③ 汤象龙：《〈远东集〉书评》，《中国近代经济史研究集刊》第1卷第1期，1932年11月。
④ 杨祖义、赵德馨：《特殊的贡献，特殊的地位——纪念汤象龙先生100周年诞辰》，汤象龙研究室编《中国经济史学科的主要奠基人：汤象龙先生百年诞辰文集》，第50页。汤象龙：《对于研究中国经济史的一点认识》，《食货半月刊》第1卷第4期，1935年2月。
⑤ 《发刊词》，《益世报·史学》第1期，1935年4月30日，第3张第11版。
⑥ 汤象龙：《发刊词》，《中国近代经济史研究集刊》第1卷第1期，1932年11月。

史学科起步晚，与国外学者的差距大，不论是史料的搜集整理，还是专门问题的研究，仅靠某一个人的力量都很难完成，如果要取得成就，必须依靠众多史学工作者的分工合作。“目前我们最急切的办法，当然是集合许多有志的史家作大规模有计划的工作，每个人研究一个时代或一专门范围。从时代划分，我们有各朝代的研究，如唐史、明史。从性质划分，我们有田赋史、货币史。或更进一步的分析，如明代田赋史、清代货币史、太平天国史等等。”① 在此基础上，才能实现由专门史到通史的转化，“我们先有许多专门的研究，然后始有产生完整的历史的可能，正如有许多完好的砖瓦、栋梁，然后始可以建筑坚固的大厦”②。这种由专题而通史的书写模式，揭示出汤象龙对中国经济史学的建设，有比较深远的学术规划，并且勇于尝试实践。汤象龙在北平社会调查所任职时，对近代经济史曾有十年研究规划，惜因战乱以及汤象龙的离开未能完成。

汤象龙对经济史的学术定位以西方史学为参照，对经济史学研究者提出更高的专业要求。他认为史家要了解中国史学在国际史学界的地位，“每每翻阅一部西文的世界史，我们很难看到中国史在全书中占到一个相当的地位，总是五六百页的书中只有五六页或十页，或是一万页的丛书中只有二三十页讲到中国的过去”③。他清楚造成这种状况的主要原因：“一种是中国的文化在他们西洋人治世界史的眼光里没有地位，他们有成见看不起中国的文化，竟将史家的责任放弃而抹杀中国的历史。一种是他们不懂中国的历史，无从写中国的历史。”④ 对于中国史家来说，要树立在国际史学界争得一席之地的目标，“我们要建设一部健全的中国史，我们要增加中国史在世界史中的地位”⑤。同时研究经济史需要自信心与耐力，由于中国经济史研究起步较晚，面对一片荒芜的经济史园地，史家“不能图急功近效……只能一步一步的走，将来中国经济史的写成不一定要在我们的手”⑥。“我们能够在二十年中将经济史的头绪找着，三十年内写出一部像样的经济史，就算不错。”⑦ 这是 20 世纪中国史家对中国史学与世界史学

① 汤象龙：《太平天国史纲·序》，罗尔纲《太平天国史纲》，第 1 页。
② 汤象龙：《太平天国史纲·序》，罗尔纲《太平天国史纲》，第 1 页。
③ 汤象龙：《太平天国史纲·序》，罗尔纲《太平天国史纲》，第 1 页。
④ 汤象龙：《太平天国史纲·序》，罗尔纲《太平天国史纲》，第 1 页。
⑤ 汤象龙：《太平天国史纲·序》，罗尔纲《太平天国史纲》，第 1 页。
⑥ 汤象龙：《对于研究中国经济史的一点认识》，《食货半月刊》第 1 卷第 4 期，1935 年 2 月。
⑦ 汤象龙：《对于研究中国经济史的一点认识》，《食货半月刊》第 1 卷第 4 期，1935 年 2 月。

的清醒认识，也是中国年轻史家在国难当头之时爱国主义与民族主义精神的体现。

汤象龙重视史学评论，为经济史奠定了兼收并蓄的学风。有学者认为史学评论是史学发展到一定阶段的产物，对推动史学研究与史学理论的发展都具有重要作用。① 在经济史学科建设的起步阶段，汤象龙重视史学评论，不仅在《中国近代经济史研究集刊》创办“书籍评论”专栏推介经济史书籍，还撰写中外经济史学书评以推动近代经济史学评论的发展。汤象龙的史学评论兼收中外古今，如 Henri Hauser 的 *Recherches et Documents sur L' Histoire des Prix en France de 1500 a 1800* 出版于 1937 年，是国际物价史研究会在 1930 年 5 月召开各国著名经济学家与经济史学者会议商定的各国物价史研究五年计划的最新成果②；*Principles of Money Applied to the Present State of the Coin of Bengal* 则是英国著名的经济学家 Sir James Stuart Bart 在 1772 年出版的经济学旧作，这部著作中有两节内容与中国密切相关，因此引起了汤象龙的兴趣，将其介绍到国内。汤象龙还很注重在书论中阐述自己对近代经济史的研究心得，对这些著作予以中肯的评价。如评论《远衷集》《谕折汇存及华制存考》等书籍，他不仅对书中汇集史料的主要内容、价值与意义进行评述，还结合这些史料阐述自己对近代经济史料的价值、搜集史料的方法、史料与史学之间的相互关系等的看法；在评论 *Recherches et Documents sur L' Histoire des Prix en France de 1500 a 1800* 时，他对世界各国物价史研究做了简明扼要的梳理；在评价《张季子九录》时，在肯定这本书对研究近代经济史上著名历史人物的重要作用之后，也指出这本书的两个缺憾③。汤象龙经济史学的评论虽然数量不多，却是他史学思想的重要组成部分，使经济史学在创建之初就能够站在中西方史学的交汇点上吸取国内外学术养分，养成兼收并蓄的良好学风。

三 汤象龙对中国经济史的贡献

汤象龙的经济史学思想是他为中国经济史做出卓越贡献的理论基础。中国经济史发端于 20 世纪初，至 20 世纪 30 年代，经济史研究迎来了第一

① 瞿林东：《中国古代史学批评纵横》，中华书局，1994，第 1 页。
② 汤象龙：《书籍评论》，《中国社会经济史集刊》第 6 卷第 2 期，1939 年 12 月。
③ 汤象龙：《〈张季子九录〉书评》，《中国近代经济史研究集刊》第 1 卷第 2 期，1933 年 5 月。

次高潮，不仅有大量的经济史著作问世，而且成立了经济史研究学术社团，创办专业学术期刊，经济史学因此成为一门独立学科。汤象龙在经济史学科建设的上述几个方面均有杰出贡献，创造了经济史学上的若干第一：第一位近代经济史研究生，第一篇从经济角度研究鸦片战争的论文，北平社会调查所第一位从事近代经济史研究的专职研究员，主持第一次大规模清代经济史料的抄录与整理，创办主持第一份经济史学专业刊物，领导发起了第一个以经济史研究为号召的学术团体。汤象龙作为中国经济史学科的主要奠基人当之无愧[①]。

汤象龙是中国第一位近代经济史研究生[②]，师从罗家伦专攻近代经济史，选定的题目是“鸦片战争的经济背景”。1930 年，21 岁的汤象龙发表了学术生涯中的第一篇论文《道光时期的银贵问题》，论证了道光时期由于鸦片大量输入，中国白银大量输出，清政府因此严格禁烟，外国侵略者为了维护其掠夺的既得利益而诉诸武力，导致鸦片战争爆发。这是当时学术上的一个创见，也是我国第一篇从经济角度研究鸦片战争发生背景的专题论文。[③] 这篇论文利用大量清代档案进行论证，为汤象龙的近代经济史研究奠定了基础。此后，他的论文《道光朝的捐监统计》以两千件清代档案为基础，对清代财政困难时期卖官鬻爵以补收入的政策进行剖析。该文曾由南开经济所翻译成英文发表，继而由日本杂志译为日文发表，在国内外学界产生了影响[④]。

汤象龙在北平社会调查所选定海关税收作为研究方向，并很快完成《清季五十年关税及其用途》[⑤]。汤象龙穷尽一生完成的《中国近代海关税收和分配统计（1861—1910）》，是在《清季五十年关税及其用途》基础上的成果。《中国近代海关税收和分配统计（1861—1910）》的资料来自清代军机处档案中各海关监督 1861 ~ 1910 年五十年的报销册共六千件，是汤象

---

① 赵德馨：《汤象龙——中国经济史学科的主要奠基人》，汤象龙研究室编《中国经济史学科的主要奠基人：汤象龙先生百年诞辰文集》，第 17 页。

② 杨祖义、赵德馨：《特殊的贡献，特殊的地位——纪念汤象龙先生 100 周年诞辰》，汤象龙研究室编《中国经济史学科的主要奠基人：汤象龙先生百年诞辰文集》，第 50 页。

③ 汤象龙、罗尔纲、谷霁光：《〈中国近代海关税收和分配统计（1861—1910）〉序言三篇》，《财经科学》1992 年第 4 期。

④ 杨祖义、赵德馨：《特殊的贡献，特殊的地位——纪念汤象龙先生 100 周年诞辰》，汤象龙研究室编《中国经济史学科的主要奠基人：汤象龙先生百年诞辰文集》，第 55 页。

⑤ 汤象龙著《清季五十年关税收入及其用途》，均在北平社会调查所新书出版预告中，见《中国近代经济史研究集刊》第 2 卷第 2 期的广告页。但最后成书时间还需考证。

龙经手收集的全部档案的百分之五。这本书充分利用两套海关税收和分配统计表，论证以海关税务司制度为核心的海关行政权的沦丧，是中国封建经济变成半殖民地半封建经济的契机。书中利用的两套海关税收与分配统计表共计 118 个，均为汤象龙在 20 世纪 30 年代收集档案过程中指导相关人员采用统计方法完成的。这本书的出版为中国近代史、近代经济史和近代财政史的研究增添了新的内容，提供了新的资料，并提出了一些新的见解。该书被学界公认中国近代经济史学研究的一座丰碑。[①]

汤象龙作为北平社会调查所从事近代经济史研究的第一位专职研究员，主持了第一次大规模近代经济史料的抄录与整理。20 世纪初故宫内阁大库档案的发现与河南安阳殷墟甲骨档案、敦煌莫高窟藏经洞经卷档案的发现并列为三大史料发现。藏于故宫博物院文献馆的雍正至宣统的军机处档案，内中有不少的财政金融物价的记录[②]，是研究经济史的宝贵资料，因此北平社会调查所从 20 世纪 30 年起派人抄录清代经济档案。汤象龙自进入北平社会调查所做研究生开始，就参与这项开创性工作。1932 年汤象龙担任北平社会调查所近现代经济史组组长，主要有两个任务：主持全组研究工作，主持选抄整理清政府财政经济档案工作。他最多时同时协调指导 52 人在故宫博物院文献馆、北京大学、中央研究院史语所等机构抄录清代经济档案。1930～1937 年，汤象龙带领北平社会调查所的工作队伍，共抄录 12 万件关于清代经济的原始档案。这批抄录的档案至今仍然是中国社会科学院经济研究所的“镇所之宝”[③]。

除了抄录档案，汤象龙还大胆引进社会科学中的统计方法训练出一批具有专业历史知识的统计人员，根据清政府原有的统计制度，制定出不同的表格，训练这些抄录档案的人员学会使用表格，将原始档案上的数字填入这些统计表格，这样将原始档案转化成计量表格，既减轻了抄录人员的工作量，又为使用者提供了方便。汤象龙及其同事抄录的 12 万件档案，有一半以上实现了统计表格化，可供研究者使用。这种发掘和利用政府档案为我国史学界研究近代史的工作开辟了一个新的园地，汤象龙是我国近代

---

① 杨祖义、赵德馨：《特殊的贡献，特殊的地位——纪念汤象龙先生 100 周年诞辰》，汤象龙研究室编《中国经济史学科的主要奠基人：汤象龙先生百年诞辰文集》，第 55 页。

② 汤象龙：《发刊词》，《中国近代经济史研究集刊》第 1 卷 1 期，1932 年 11 月。

③ 刘方健：《汤象龙百年追思纪念会综述》，《经济学家》2009 年第 8 期，第 166 页。

史在资料方面一个新的开拓者[①]。

1932年，汤象龙主持创办了中国第一份以经济史命名的学术期刊——《中国近代经济史研究集刊》（1937年改为《中国社会经济史集刊》），这本刊物创刊的时间比美国经济史学会出版的 *Journal of Economic History*（1941年5月创刊）还要早八年[②]。该刊以《中国近代经济史研究集刊》为名共出版4卷7期，主编是陶孟和与汤象龙，1937年更名之后共出版4卷7期，主编分别由陶孟和、汤象龙、梁方仲、朱庆永、张荫麟、吴晗担任。在该刊的五任主编当中，汤象龙任职时间最长，对这本期刊的学术风格和旨趣影响最深。第1卷第1期的发刊词，汤象龙对该刊的办刊宗旨与理念，对近代经济史研究的宗旨、目标、理论、方法步骤等都做了阐述，这是建设中国经济史学的第一个比较全面的方案[③]。作为这本期刊的主编，汤象龙不仅自己撰写论文发表，还组织北平社会调查所近现代经济史组以及"史学研究会"的成员积极发表论文，带动了一个活跃的经济史研究作者群，倡导了近代经济史实证研究，有力推动社会史论战后中国经济史学研究的学术大转向。《中国近代经济史研究集刊》虽然出版时间不长，却以专业化的作者队伍及高质量的文章成为中国经济史学发展新阶段的起点，被视为中国学术界研究经济史的创举[④]。

20世纪专业学术团体如雨后春笋层出不穷，这是近代史学转型的重要表现。1934年5月27日以清华同学会为主的史学研究会成立，由汤象龙和吴晗发起，由汤象龙、吴晗、谷霁光、梁方仲、夏鼐、朱庆永、孙毓棠、刘隽、罗玉东和罗尔纲组成，汤象龙被选为总务。这个史学研究会是近代第一个以经济史研究为号召的学术团体，汤象龙虽然年轻但学龄最老，经常组织大家研究问题，开展会务，在短期内创办了《益世报·史学副刊》《中央日报·史学副刊》，发表了大量研究经济史的论文，研究会的会员此后多数成为中国经济史学界的栋梁。经济史研究专业团体的

---

① 汤象龙、罗尔纲、谷霁光：《〈中国近代海关税收和分配统计（1861—1910）〉序言三篇》，《财经科学》1992年第4期。

② 刘翠溶：《中国经济发展史论文选集·导言》，于宗先等编《中国经济发展史论文选集》（上），（台北）联经出版公司，1980，第11～12页。

③ 赵德馨：《汤象龙——中国经济史学科的主要奠基人》，汤象龙研究室编《中国经济史学科的主要奠基人：汤象龙先生百年诞辰文集》，第16页。

④ 《社会调查所出版〈中国近代经济史研究集刊〉》，《中国近现代史研究集刊》第2卷第2期，1934年5月。

出现，被学界认为是经济史学科成熟的主要标志之一[①]，汤象龙在这个研究会中起到的重要作用不言而喻，因此被誉为第一代经济史学家群体的领军人物[②]。

通观汤象龙一生，少年聪慧，名师指点，又遇到了中国经济史的发展高潮。历史赋予了汤象龙良好的机遇，汤象龙也不负众望，为中国经济史做出了特殊贡献。他的史学思想成为中国经济史学的重要组成部分，为此后的经济史学科发展奠定了理论基础。他将学术视为毕生的追求，晚年在身患癌症之后仍然能够坚持完成专著《中国近代海关税收和分配统计(1861—1910)》，这本书“不仅为史学界提供了一部分很有价值的资料，更重要的是提倡一种扎实的治学作风，后者价值似乎更大于前者”[③]。这部跨越56年写就的巨著本身就是中国史家精神最好的诠释。此外，汤象龙的学术经历也可以让我们了解到在20世纪上半叶，学术机构在近代经济史学科创建中发挥的重要作用。不论是北平社会调查所还是中央研究院社会科学研究所，为汤象龙及其同时代的学者提供了稳定的学术研究平台，一旦离开这些平台，史家的学术生命就会受到巨大的影响。专业的学术机构与学者的良性互动，共同推动了经济史学科的创建与发展。这是作为经济史学主要奠基人的汤象龙除了丰富的史学思想及不忘初心的治学精神之外，留给史学史研究后学继续深入探讨的问题。

① 赵德馨：《汤象龙——中国经济史学科的主要奠基人》，汤象龙研究室编《中国经济史学科的主要奠基人：汤象龙先生百年诞辰文集》，第14页。

② 杨祖义、赵德馨：《特殊的贡献，特殊的地位——纪念汤象龙先生100周年诞辰》，汤象龙研究室编《中国经济史学科的主要奠基人：汤象龙先生百年诞辰文集》，第50页。

③ 崔国华：《汤象龙住〈中国近代海关税收和分配统计（1861—1910）〉》，中国近代经济史丛书编委会编《中国近代经济史研究资料6》，上海社会科学院出版社，1987，第162页。

史地教育委员会与抗战时期的史学*

戴　磊
（南昌大学历史系，江西南昌　330031）

摘　要： 史地教育委员会创建于全面抗战时期，是一个学术与政治相结合的机构。该委员会通过加强与学人之间的合作，促进了战时的史地教育改革和学术建设。史地教育委员会具体组织了编纂《中国史学丛书》、编写一般史地读物、举办史地学术演讲周、建立中国史学会等活动，极大地推动了抗战时期史学研究的进步以及史学体制化建设。但不可否认的是，史地教育委员会也是国民政府教育部在战时领导和控制史学界的重要工具。

关键词： 史地教育委员会　《中国史学丛书》　史地学术演讲周　中国史学会

国民政府教育部于1940年设立了史地教育委员会。该委员会的任务有“计划关于中国史地书籍之整理研究事项；计划各级学校关于史地教学之改进事项；审议各学校或团体关于史地学术之研究事项；关于史学书籍及一般史地读物之编撰事项；关于中国地理之调查研究事项；其他有关史地教育之事项”①。史地教育委员会涉及的历史学人众多，并组织了许多有影响力的史学活动，理应是中国近现代史学史研究的题中应有之义。徐文

＊　本文系2020年南昌大学哲学社会科学青年学术骨干培育项目“史地教育委员会与抗战时期的学人及学术”（项目号QN202005）的阶段性成果。

①　《教育部史地教育委员会章程》，《教育部公报》1940年第7期。

珊、王学典、陈力等人在回顾20世纪史学发展史时都提及了该机构。[①] 然而，学界对该机构的研究很不够，相关论著只是附带涉及。[②] 囿于该机构的复杂性，想要在一篇文章中对其进行全方位的论述并不现实。本文拟围绕史地教育委员会与历史学人之间的互动关系以及该委员会所组织的史学活动来进行分析，以期能够拓宽和推进对该机构的研究。

一

抗日战争爆发后，史地教育的重要性日渐凸显。正如郑鹤声所说："史地教育之重要，久为国人所共认，自抗战军兴，较前更为需要。"[③] 史地教育委员会的创建，是现实政治影响下的产物，是为改进战时史地教育，提高国民爱国心、民族自信心的一种计划。而"关于学术文化与政策的厘订……单凭教育行政人员，是不能处理恰当，也不能树立权威的。"[④] 再加上教育部此前已有聘请各领域专家，创建各类委员会的先例。教育部于1940年4月公布了史地教育委员会《章程》。[⑤] 其中规定了史地教育委员会的人员构成、运作规则及其他方面事宜。

史地教育委员会的委员由聘任委员、专任委员、当然委员构成，其中聘任委员的数量要远多于专任委员和当然委员。具体而言，聘任委员

① 徐文珊：《抗战以来中国史学之趋向》，参见孙本文等编著《中国战时学术》，正中书局，1946，第132页；王学典：《20世纪中国史学编年（1900～1949）（下）》，商务印书馆，2014，第804页；陈力：《二十世纪中国史学学术编年》，载罗志田主编《二十世纪的中国：学术与社会》（史学卷）（下），山东人民出版社，2001，第783页。

② 左玉河：《中国近代学术体制之创建》（四川人民出版社，2008，第655页），桑兵《二十世纪前半期的中国史学会》（《历史研究》2004年第5期），吴忠良《南高史地学派与中国史学会》（《福建论坛》2005年第2期），胡逢祥《抗战中的民族主义思潮与现代史学建设》（《历史教学问题》2011年第3期），马建强《抗战中顾颉刚在西南学、政、商三界的通史经营》（《齐鲁学刊》2016年第2期）等研究成果都或多或少涉及史地教育委员会这一机构，但都未能详细展开论述。崔泽枫《抗战时期教育部史地教育委员会研究（1940—1943）》（华中师范大学硕士学位论文，2018）分析了史地教育委员会的成立、运作机制、深层关怀等。但文章对该委员会与抗战时期的学人及学术的关系着墨不多。有鉴于此，本文以中国国家图书馆所藏的史地教育委员会1941年编印的《教育部史地教育委员会概况》《教育部史地教育委员会概况第2号》以及中国第二历史档案馆所藏的相关档案以及相关报刊来展开论述。

③ 郑鹤声：《史地教育之总目标》，《训练月刊》1940年第5期。

④ 陈立夫：《成败之鉴：陈立夫回忆录》，正中书局，1994，第277页。

⑤ 《教育部史地教育委员会章程》，《教育部公报》1940年第7期。

有15~21人，由教育部聘任；当然委员由教育部司长三人、秘书一人、参事一人、国立编译馆馆长、教科用书编辑委员会主任委员构成；专任委员则有1~3人，由国民政府教育部部长从聘任、当然委员中指定。[①] 在首届史地教育委员会委员中，聘任委员为吴稚晖、张其昀、蒋廷黻、顾颉刚、钱穆、陈寅恪、黎东方、傅斯年、胡焕庸、徐炳昶、雷海宗等十九人；当然委员为吴俊升、顾树森、陈礼江、张廷休等七人；专任委员为吴俊升、张西堂、黎东方三人。[②] 此后，史地教育委员会的委员经过改选，人员和数量有一定的变动，但其中的大部分均被续聘。至1943年，聘任委员有吴稚晖、傅斯年、张西堂、张其昀、雷海宗、顾颉刚、金毓黻、曾世英、吕思勉、吴其昌、缪凤林、陈垣、黎东方、蒋廷黻、吴绳海、郑师许、钱穆、李季谷、徐炳昶、胡焕庸、陈寅恪、萧一山、黄国璋、黄序鹓、柳诒徵、陈训慈、蓝文徵、陆懋德二十八人；当然委员为吴俊升、孟寿椿、许心武、陈可忠、洛美奂、顾树森、刘季秋七人。[③] 史地教育委员会的专任、当然委员几乎全由教育部行政人员担任，如吴俊升、顾树森、孟寿椿等都在教育部担任要职。而聘任委员中的大部分为大后方各大高校、研究所的历史学或地理学方面的教授及专家。他们大多担任一系之主任或一所之所长之职，在学界拥有巨大影响和崇高威望。当然，聘任委员中也包括了身在沦陷区北平的陈垣，身在“孤岛”上海的吕思勉等人。能够被史地教育委员会聘为委员，一定程度上表明他们在学界的地位以及影响得到了国民政府的认可。而接受聘任，则是以实际行动表明他们在抗战危局中的政治态度和立场。史地教育委员会的聘任委员，“差不多包括了当时史学界与地学界全体知名人士”[④]。民国时期，学分南北。[⑤] 其中既有傅斯年、顾颉刚等所谓“北派学人”，也有柳诒徵、缪凤林、胡焕庸、张其昀等所谓“南派学人”。这表明在特殊时期，不同派别及个人达成了一种调和。然而在聘任委员之中，历史委员、地理委员的人数未能平衡好。史学委员要多于地理委员，占据了主体。如此，所能达到的实际效果是可

① 《教育部史地教育委员会章程》，《教育部公报》1940年第7期。

② 《史学界消息》，《史学年报》1940年第2期。

③ 《伪教育部史地教育委员会资料》，中国第二历史档案馆藏，全宗号：五，案卷号：467。

④ 黎东方：《平凡的我——黎东方回忆录1907—1998》，中国工人出版社，2011，第204~205页。

⑤ 关于这一点，参见桑兵《近代中国学术的地缘与流派》（《历史研究》1993年第3期）及《学术分南北，有对垒也有交流》（《北京日报》2017年9月4日）两篇文章。

以想见的。正如黄文弼与黄国璋后来在《请教育部增聘地理专家为本会委员以充实本会案》中所说："本会委员史学专家延揽颇多，对于历史教育贡献甚富，惟地理方面委员尚还太少，难收集思广益之效。"[①] 史地教育委员会在吸纳史学专家和地理专家参与教育决策的过程中，实现了学人议政。国民政府教育部则借助该委员会的权威性，推进战时的史地教育改革和学术建设。

史地教育委员会的运行规则为每半年开会一次，由国民政府教育部部长主持。委员会开会遇必要时，得请专家列席讨论。委员会议决事项呈请教育部部长采择施行。[②] 但实际情况是史地教育委员会共召开了三次全体大会。第一次大会于 1940 年 5 月 14 日在重庆教育部礼堂召开。出席人员有教育部部长、次长及各委员。大会决议议案 18 件。[③] 第二次大会于 1941 年 7 月 4 ~5 日在重庆青木关幼稚园召开。出席人员有教育部部长、次长，各委员及国史馆筹备委员会的相关人员、中央党史编纂委员会，列席人员为史地专家及教育部有关人员。大会决议议案 41 件。[④] 第三次大会于 1943 年 3 月 24 ~25 日在重庆教育部大礼堂召开。出席大会者有委员吴稚晖、徐炳昶、傅斯年、蒋廷黻、雷海宗等 20 余人，列席专家有姚从吾、陈安仁、卫聚贤等 30 余人，大会由陈立夫、徐炳昶先后担任主席，委员兼秘书黎东方报告工作概况，决议各案之中，以《改进大学史地各科目》一案最有收获，计共由部中提出问题 40 余案，均经出席专家逐一审议，加以解答。[⑤] 可见本次大会的出席和列席人员不少于 50 人，提出议案有 40 余件，其中有《改进大学史地各科目》一案。另据陈安仁回忆："二十四日上午开史地教育委员会，各大学代表奉令参加，予在会中临时提出《编纂华侨问题丛书》一案，如华侨拓殖史，华侨教育史，华侨革命运动史，华侨抗战史等，与其他各委员提案多通过。"[⑥] 在《第二次中国教育年鉴：第二编教育

---

① 教育部史地教育委员会编《教育部史地教育委员会概况第 2 号》（铅印本），1941 年印行，第 23 页。

② 《教育部史地教育委员会章程》，《教育部公报》1940 年第 7 期。

③ 关于这次大会决议议案的具体名称，参见《教育部史地教育委员会概况》（铅印本），1941 年印行，第 3 ~6 页。

④ 关于这次大会决议议案的具体名称，参见《教育部史地教育委员会概况第 2 号》，第 12 ~15 页。

⑤ 参见《教育部举行史地教育会议》（《教育通讯》1943 年第 9 期）与《文化界：教部举行史地教育会议》（《图书月刊》1943 年第 1 期）。

⑥ 陈安仁：《赴渝出席史学会观感记》，《现代史学》1943 年第 3 期。

行政》（1948 年编纂）中记录了第一、第二次大会的议案，而对于第三次大会的议案未有记录。[①] 故有关第三次大会的出席及列席人员的详细名单以及大会决议议案的具体名称，尚付诸阙如。此外，相关论著在介绍史地教育委员会第三次大会时，往往引用《顾颉刚日记》中的一段话：“教育部史地教育委员会四年中开了三次，决而不行，大家无精打采，故此次议案极少，议一天即毕，且杂以嬉笑。”[②] 这段话是顾颉刚参会时主观心情的反映，真实情形未必尽如他所述，值得商榷的地方不少。譬如第三次大会的议案数量大略与第二次大会持平，并非如顾颉刚所说的“极少”。顾颉刚认为在这次大会上“大家无精打采”，而有资料显示“委员吴稚晖以七十九岁高龄，始终参与讨论，毫无倦怠”[③]。顾颉刚认为史地教育委员会“决而不行”，也非绝对。受制于时局，史地教育委员会在执行议案的持续性以及效果上的确存在不尽如人意的地方，但对相当一部分决议都是有执行的。资料显示，史地教育委员会“关于充实各级学校史地设备，改进史地教育内容，中央党务考核委员会曾经加以考核，认为尚著成效”[④]。

史地教育委员会的正常运行，历史学人在其中扮演了重要角色。首先，历史学人不是简单的大会参加者，而是历次大会议案的重要提出者。如第一次大会中，由历史学人提出的比较重要的议案有：金毓黻等提出的《提请增设历史研究所以提高历史教育案》，黎东方与缪凤林联合提出的《编制历史挂图及年表挂图案》，胡焕庸与黎东方联合提出的《编辑史地定期刊物案》等。第二次大会中，比较重要的议案有：徐炳昶提出的《请拨款筹办搜集抗战史料训练班以利搜访史料案》，顾颉刚、缪凤林、金毓黻、黎东方联合提出的《提议由本会补助设立中国史学会案》，黄文弼、黄国璋联合提出的《请联合全国史地学界组织中国史地学会以增进中国学术案》等。其次，历史学人还肩负着审查议案的任务。以第二次大会为例，此次大会的议案较多，因而分组予以审查（见表 1）。由表可知，各组的召集人为钱穆、顾颉刚、缪凤林、徐炳昶。在他们的主持和引导下，有针对性地审查了相关议案。而各组的审查意见，为教育部的最终决策提供了参考。这是因为“史地教育委员会所做的事，大大小小，都是签奉部长陈立

① 参见《第二次中国教育年鉴：第二编教育行政》，商务印书馆，1948，第 70 ~ 71 页。

② 《顾颉刚日记》卷五，《顾颉刚全集》第 48 册，中华书局，2010，第 46 页。

③ 《教育部举行史地教育会议》，《教育通讯》1943 年第 9 期。

④ 《教育部举行史地教育会议》，《教育通讯》1943 年第 9 期。

夫先生批准以后，再以部长署名的公文，通令各大学或各教育厅局照办”①。最后，历史学人也是议案的重要执行者。尽管议案由教育部“通令各大学或各教育厅局照办”，但许多议案的执行都离不开历史学人的参与，特别是《编纂中国史学丛书案》《提议由本会补助设立中国史学会案》《请由部举行七七纪念中国史地学术演讲周案》等学术议案。本文的第二部分，将会对此展开论述。历史学人同样参与了部分学校史地教育议案的执行。如在第二次大会上，黄文弼、黄国璋联合提出了《请充实各地中学史地教师暑期讲习班以利于教学案》。史地教育委员会于1940年7月联同中等教育司举办中等学校史地教员讲习会，聘请全国史、地专家担任讲师。第一届讲习会自1940年7月7日至8月3日。其科目及讲师安排有黎东方的史地教育改进、钱穆的本国历史、雷海宗的外国历史、陈东原的历史教材组织研究、徐炳昶的历史教学法等。② 另请顾颉刚、傅斯年等人特别讲演若干次。③

表1　史地教育委员会第二次大会分组审查名单

组别	召集人	组员	负责审查的议案
第一组 史地教育方针组	钱穆	钱穆、胡焕庸、黎东方、孟寿椿、王星舟、章绍烈、杨克敬、孙瑞恒、邹树椿、陈东原、吴稚晖	第1、2、3、4、12、13、14、22、23、25、32、34案
第二组 学术团体及研究机关组	顾颉刚	顾颉刚、吴俊升、黄文弼、李之鸥、徐伯瑛、汪元臣、郑颖孙、萧家霖、朱文宣	第9、10、26、28、31案
第三组 教材及设备组	缪凤林	缪凤林、黄国璋、张西堂、许心武、陈可忠、顾树森、赵光涛、滕仰支、钟道赞、江应澄	第8、11、15、16、17、18、19、20、21、24、30案
第四组 文献及考察组	徐炳昶	金毓黻、徐炳昶、张廷休、闻钧天、王献唐、王培仁、李郁、王汝昌、郑莲峰、李焕之、朱康廷	第5、6、7、27、29、33案

资料来源：1. 教育部史地教育委员会编《教育部史地教育委员会概况第2号》，1941年印行，第8~9页；2.《教育部史地教育委员会第二次全体会议记录及有关文书》，1940年12月至1941年6月，中国第二历史档案馆藏，全宗号：五（2），案卷号：174。

① 黎东方：《平凡的我——黎东方回忆录1907—1998》，中国工人出版社，2011，第205页。
② 教育部史地教育委员会编《教育部史地教育委员会概况第2号》，第162页。
③ 教育部史地教育委员会编《教育部史地教育委员会概况第2号》，第162~163页。

二

由《史地教育委员会三年来工作总报告》可知，史地教育委员会组织的学术活动大多倾向于史学方面，地理方面相对较少。其有所成绩者主要有四。

（一）编纂《中国史学丛书》

史地教育委员会原定计划是以“编纂《中国史学丛书》为中心工作”①。这项工作围绕教育部在第一次大会上提出的议案《编纂中国史学丛书案》《编纂中国通史大学教本案》而展开。陈立夫曾说道：“中国的历史在世界现有各国中，称为最古，中国史学的发达，也比较地发达，也比较地是最早。但是我们直观今日，还没有一部媲比于欧美各邦所已有的关于本国历史的大学课本。原因是，过去中国的史书，大都为史料性质，很少有全部一气呵成，能让人一气读下去的。我们要想于短期内改变中国史书的形式，使得它能够在史实的编排上含有逻辑的次序，在史实的叙述上能表现一种有机的整体，原不是一件很容易的事。”② 很显然，在内忧外患的局势之下，过往的史书已不足以因应时代的变化，无法满足学者及民众的需求。因为这个缘故，国民政府教育部“特地组织了史地教育委员会，邀集了各地专家来共同研究这个问题”③。而经专家共同研究，得出的意见是：“从分门、断代、与综合三个方面来同时着手。一方面，先写出政治制度、政治思想、经济、艺术等等各个部门的专门史，作为未来的综合工作的基础。同时，把通史分成十个断代，请十位专家来分工合作。”④ 金毓黻也在日记中写道：“黎东方君来访，谈及教育部新组史地教育委员会，拟从编撰断代史入手，次及分类史。”⑤ 除了着手分门史与断代史外，史地教育委员会决定再请几位先生，每人写出一部通史，以满足“各地大学的急迫需要，也为了供给未来的通史作家，以若干‘先

① 《史地教育委员会三年来工作总报告》（油印本），参见《伪教育部史地教育委员会资料》，中国第二历史档案馆藏，全宗号：五，案卷号：467。
② 陈立夫：《序》，黎东方《中国历史通论·远古篇》，商务印书馆，1944。
③ 陈立夫：《序》，黎东方《中国历史通论·远古篇》，商务印书馆，1944。
④ 陈立夫：《序》，黎东方《中国历史通论·远古篇》，商务印书馆，1944。
⑤ 金毓黻：《静晤室日记》第6册，辽沈书社，1993，第4527页。

锋的记录'"①。史地教育委员会要求各书"于体例上，冶纪传表志为一炉，于分章上，以时间为经以空间为纬，所谓时间，即每一断代之再分期，所谓空间，即中央与地方、本国与四裔，于叙述之方法上，则以政治之演进为体，经济及知识之演进为用，平民之生活为背景，中心人物之事功与伟业为主题"②。

史地教育委员会组织编纂的《中国史学丛书》共包括三辑。其撰稿人均为各个领域的名家，极具代表性（见表2）。所有的撰稿人都由史地教育委员会函征同意，签准发给教育部的正式聘书，并提供一定的稿费。

表2　《中国史学丛书》编纂人员名单

甲辑 断代史十册	陆懋德《中国远古史》、顾颉刚《春秋战国史》、黎东方《秦汉史》、贺昌群《魏晋南北朝史》、蓝文徵《隋唐五代史》、姚从吾《两宋辽金史》、邵循正《元史》、吴晗《明史》、萧一山《清史》、郭廷以《现代史》
乙辑 分门史二十一册	胡焕庸《中国地理大纲》、张金鉴《中国政治制度史》、萧公权《中国政治思想史》、朱延丰《中国民族构成史》、罗仲言《中国国民经济及财政史》、唐君毅《中国哲学史》、方壮猷《中国社会史》、张资珙《中国科学史》、张君劢《中国伦理思想史》、张西堂《中国经学史》、胡小石《中国文学史》、陈东原《中国教育史》、滕固《中国美术史》、郭本道《中国宗教史道教编》、方豪《中国宗教史公教编》、邓永龄《中国宗教史佛教编》、白寿彝《中国宗教史回教编》、刘廷芳《中国宗教史基督教编》、许心武《中国水利史》、向达《中外文化交通史》、金毓黻《中国史学史》
丙辑	陈立夫、黎东方合著《中国历史通论》，陆懋德、顾颉刚等十人合著《中国通史大学教本》，缪凤林《中国通史大学教本》，钱穆《中国通史大学教本》，吕思勉《中国通史大学教本》

资料来源：教育部史地教育委员会编《教育部史地教育委员会概况》，1941年印行，第33~35页。

以当时的条件，想要"从分门、断代、与综合三个方面来同时着手"，难度很大，但是取得了不少成绩。据《史地教育委员会三年来工作总报告》，在1940年度（1940年5月至1941年6月），史地教育委员会收到的稿件有陆懋德的《中国远古史》（十万〇一千字），黎东方的《秦汉史》（五万两千字），贺昌群的《魏晋南北朝史》（七万三千字），吴晗的《明

① 陈立夫：《序》，黎东方《中国历史通论·远古篇》，商务印书馆，1944。
② 江应澄：《教育部史地教育委员会工作近况》，《教与学月刊》1940年第11期。

史》（九万六千字），胡焕庸的《中国地理大纲》（十二万七千字），萧公权的《中国政治思想史》（二十九万四千字），罗仲言的《中国国民经济及财政史》（五十万三千字），方壮猷的《中国社会史》（七万三千字），金毓黻的《中国史学史》（二十万字），傅抱石的《中国美术史》（五万字），邓永龄的《中国宗教史佛教编》（三万两千字），白寿彝的《中国宗教史回教编》（四万二千字），陈立夫、黎东方合著的《中国历史通论》（十万字），钱穆的《中国通史大学教本》（2 册），缪凤林的《中国通史大学教本》（四万五千字）。[①] 在 1941 年度（1941 年 7 月至 1942 年 6 月），除钱穆的《国史大纲》是据成书收入外，收到的稿件还有胡焕庸的《中国地理大纲》（第一次稿七万三千字），萧公权的《中国政治思想史》（复稿二万四千字），黎东方的《中国历史通论》（春秋战国编二十万字），黎东方的《秦汉史》（第一次稿五万两千字），蓝文徵的《隋唐五代史》（第一次稿十三万二千字），金毓黻的《两宋辽金史》（第一次稿八万五千字），缪凤林的《中国通史要略》（第三次稿十三万四千字），傅抱石的《中国美术史》（第一次稿五万字），罗仲言的《中国经济史》（依照本会意见改正稿全部五十万三千字）。[②] 史地教育委员会于 1941 年 5 月与商务印书馆签订发行《中国史学丛书》的契约，收到的稿件，全部交由黎东方审阅，再分别交由钱穆、缪凤林等委员审阅，待审阅意见征得著者同意后才能付印，1941 年度交由商务印书馆付印的有缪凤林《中国通史要略》、金毓黻《中国史学史》、黎东方《中国历史通论·远古篇》等。[③]

（二）编辑一般史地读物

在第一次大会上，教育部提交了《编纂一般史地读物案》并获得了通过。议案提出规划编纂一般史地读物，分为十个丛辑，有《历代名人传记丛辑》《民族英雄传记丛辑》《中国先哲传记丛辑》《嘉言类钞丛辑》《经史评注丛辑》《游记丛辑》《风土记丛辑》《物产志丛辑》《边疆史地丛辑》《沿革地理丛辑》。史地教育委员会为便利进行起见，主张各册不同时进

① 《史地教育委员会三年来工作总报告》（油印本），参见《伪教育部史地教育委员会资料》，中国第二历史档案馆藏，全宗号：五，案卷号：467。

② 《史地教育委员会三年来工作总报告》（油印本），参见《伪教育部史地教育委员会资料》，中国第二历史档案馆藏，全宗号：五，案卷号：467。

③ 《史地教育委员会三年来工作总报告》（油印本），参见《伪教育部史地教育委员会资料》，中国第二历史档案馆藏，全宗号：五，案卷号：467。

行，遇有适当撰述人时，即行分别函约，并选择保留第四至第十各丛辑，前三辑先行着手编纂。①

《历代名人传记丛辑》旨在“供给社会上一般人士以最简短之历代名人传记读物，使明了历史上各种人物活动之成绩，借以获悉其学术思想事业，以为进修之辅导”，共11册，有《中国之哲学家》《中国之教育家》《中国之政治家》《中国之法律家》《中国之经济家》《中国之发明家》《中国之科学家》《中国之工艺家》《中国之艺术家》《中国之文学家》《中国之军事家》。该丛辑各篇之编法，于“有史传原文者，纂集传文，以资征信，于史传原文太略者，加以补充，以生动之语言撰成”。②

《民族英雄传记丛辑》旨在“供给社会上一般人士之民族英雄传记读物，使更明了民族英雄所成就之功烈，以增强其民族意识”，共24册，包括《黄帝》《周公》《孙武》《吴起》《司马穰直》《秦始皇》《汉武帝》《张骞》《马援》《班超》《诸葛亮》《唐太宗》《郭子仪李光弼》《韩琦范仲淹》《岳飞》《文天祥》《成吉思汗》《明太祖》《戚继光》《秦良玉》《史可法》《瞿式梠》《郑成功》《洪秀全》。该丛辑各篇之编法，详述同时代之人物于其事业成就与影响，多附图表，以引起研究之兴趣。③

《中国先哲传记丛辑》旨在“供给社会上一般人士之中国先哲传记读物，以培植其人格修养与学术研究”，共23册，包括《孔子》《墨子》《孟子》《董仲舒》《郑玄》《张衡》《刘知幾》《玄奘》《李白杜甫》《韩愈柳宗元》《周濂溪》《程颢程颐》《王安石》《张载》《朱熹》《陆九渊》《王守仁》《顾亭林黄宗羲》《王船山》《陆世仪张履祥》《颜元》《戴震》《曾国藩》。该丛辑每篇分为事迹、学术、著述三大章。④

在抗战时期，史地教育委员会组织编辑历代名人、民族英雄、中国先哲的传记，有着培植民族自信心、鼓舞热情、灌输真知的考量。正如《编纂一般史地读物案》中所说的：“察史地科目，既经确定为建国教育之中心，则为提高民族意识，辅助人格修养，似宜对于社会上一般人士，亦应供给以浅显明了短小精干之史地读物，裨于业余阅读，更可借以吾先民活动之丰功伟烈，因而增强其爱护国家，复兴民族之观念与志愿，努力工作，共襄建国之大业，是项读物，又可寓指导读书门径，便利学术研究诸

① 教育部史地教育委员会编《教育部史地教育委员会概况》，第14~15页。

② 教育部史地教育委员会编《教育部史地教育委员会概况》，第14页。

③ 教育部史地教育委员会编《教育部史地教育委员会概况》，第14~15页。

④ 教育部史地教育委员会编《教育部史地教育委员会概况》，第15页。

旨，以为初中以上学生之课外读物，借以培植其对于史地研究之兴趣。”①史地教育委员会组织编辑一般史地读物，也顺应了抗战时期编写传记文学的潮流。正如徐文珊所说：“有史以来，中国传记文学的发达，未有过于今日者。无论政府机关，私人著述、出版家，都肯破釜沉舟的大规模编著印行。”② 但相较潘公展主编的《中国名贤故事集》以及顾颉刚主编的《中国名人传》，由史地教育委员会主持的《历代名人传记丛辑》《民族英雄传记丛辑》《中国先哲传记丛辑》成绩并不显著，只完成了少量传记的编纂。截至 1941 年，史地教育委员会函约的有张默生《庄子传》《韩非子传》，罗根泽《孟子传》《墨子传》《荀子传》，傅振伦《刘知幾评传》，黄天明《韩愈传》，黎锦熙《周濂溪传》《张横渠传》，刘国钧《玄奘传》，刘继宣《曾国藩传》，卢美意《朱熹传》，高良佐《国父传》，邬翰芳《中国之地理学家》，刘国钧《中国之哲学家》。③ 1941 年度（1941 年 7 月至 1942 年 6 月）交稿的只有傅振伦的《刘知幾评传》（全稿五万字）、罗根泽的《墨子传》（全稿四万三千字）、黄天明的《韩愈传》（全稿五万字）、邬翰芳的《中国之地理学家》（全稿五万字）等少数几部。④

（三）举行史地学术演讲周

史地教育委员会第二次大会闭幕时，适为“七七”事变四周年之前夕，时任教育部高等教育司司长吴俊升与社会教育司司长王星舟二人提出了《请由部举行七七纪念中国史地学术演讲周案》，商请由此次出席委员赴渝做一星期的学术演讲，以阐述中国文化之精纯部分，作为今后“学战”之基础。他们认为：“查一国之史地学术关系存亡至巨，尤以吾国具有五千年之历史，四百万方里之土地，其潜在力量发挥，于兹次对日抗战者亦昭昭然举世共见。”⑤ “中华民族之文化潜力久经表现，学术抗战之功能正与军事政治经济诸部门之抗战相协同而日益宏伟，今后如何加强民族之自信奠定国家之基础，亦除学战以外，无足与兵战相比。”⑥ 教育部鉴于

① 教育部史地教育委员会编《教育部史地教育委员会概况》，第 14 页。

② 徐文珊：《抗战以来中国史学之趋向》，《中国战时学术》，正中书局，1946，第 124 页。

③ 教育部史地教育委员会编《教育部史地教育委员会概况》，第 35 ~ 36 页。

④ 《史地教育委员会三年来工作总报告》（油印本），参见《伪教育部史地教育委员会资料》，中国第二历史档案馆藏，全宗号：五，案卷号：467。

⑤ 教育部史地教育委员会编《教育部史地教育委员会概况第 2 号》，第 165 页。

⑥ 教育部史地教育委员会编《教育部史地教育委员会概况第 2 号》，第 166 页。

此，便由史地教育委员会选择专家九人于1941年7月7～12日在重庆雨浮支路中央图书馆有系统地进行演讲（见表3），并于讲演完毕后编印专册。①

表3　七七纪念中国史地学术演讲周

时间	人物	演讲题目	演讲人职务
七月七日下午三时	徐炳昶	洪水	北平研究院文学研究所所长
七月七日下午五时	黄国璋	西康的游历印象	中国地理研究所所长
七月八日下午五时	缪凤林	历史的教训与国族的前途	中央大学师范学院史地系主任
七月九日下午三时	顾颉刚	甘青的游历印象	齐鲁大学国学研究所所长
七月九日下午五时	钱　穆	民族争存与文化争存	齐鲁大学研究所导师
七月十日下午二时	张西堂	经济与史学	前北京大学教授，史地教育委员会委员
七月十二日下午三时	金毓黻	由北宋时外患说到现在	中央大学史学系主任
七月十二日下午三时	胡焕庸	地理上之中国与世界	中央大学地理系主任
七月十二日下午五时	黎东方	历史上之中国与世界	前中山大学研究院导师，史地教育委员会委员

资料来源：教育部史地教育委员会编《教育部史地教育委员会概况第2号》，1941年印行，第166页。

七七纪念中国史地学术演讲周的演讲题目大多有着现实观照，意在向民众普及历史、地理知识，增进人们的爱国情感，振奋精神，坚定抗战必胜的信念。这些演讲也引起了《大公报》《扫荡报》《新民报》等多家报纸的关注，扩大了影响面，起到了社会教育的功效。如1941年7月12日的《新民报》以“解释历史分列时期，认定暴敌必然自毙”为标题，对金毓黻的演讲进行了报道。② 为了进一步普及史地教育，史地教育委员会决定全国各个大学每月轮流在各个城市举办史地教育演讲周。以1943年为例，“一月份在成都由私立金陵大学主办，二月份在昆明由国立西南联合大学主办，三月份在重庆由史地教育委员会自办，四月份在迪化由新疆学院主办，五月份在兰州由甘肃学院主办，六月份在西安或汉中由西北大学主办，七月份在洛阳由河南大学主办，八月份在贵阳由贵州大学主办，九月份在蓝田由国立师范学院主办，十月份在雅安由国立康定师范主办，十

① 教育部史地教育委员会编《教育部史地教育委员会概况第2号》，第165页。
② 教育部史地教育委员会编《教育部史地教育委员会概况第2号》，第177页。

一月份在桂林由广西大学主办，十二月份在曲江由中山大学主办”①。史地教育演讲周确实得到了落实。如金陵大学主办了首次演讲周，邀请了校内外史地专家，有陈恭禄、王绳祖、刘国钧、陈锡祺等。② 而且金陵大学主办的首次演讲周在 1943 年 3 月于成都城内外举办公开演讲 10 次，每次听众都达数百人之多。史地教育演讲周“在国内各省已普遍举行过”，即便是在偏远的新疆（见表 4）。

表 4　1943 年度迪化史地教育演讲周

时间	人物	演讲题目	地点	演讲人职务
二十六日下午五时	黄文弼	高昌始末	新疆学院大礼堂	西北大学历史系主任
二十六日	钱海岳	新疆通志	新疆学院大礼堂	前中央党史编纂委员会编纂，新疆边防督办秘书处副处长
二十七日下午五时	丁　骕	新疆地形	维文会	中央大学地理系教授，中央研究院研究员
二十八日下午六时	殷祖英	地理上之新疆	汉文会	西北大学地理地质学系主任
二十九日下午五时	谢宗亚	新疆经济地理	汉文会	新疆省立师范学校教员
三十日下午五时	徐家骥	塔里木河流域的过去与未来	维文会	新疆学院文史系教授
三十一日上午九时	黎东方	宗族之渊源与中华民族之构成	汉文会	教育部史地教育委员会委员，中国史学会常务理事

资料来源：《教厅聘请专家教授举行史地演讲周》，《新疆日报》1943 年 10 月 26 日。

（四）建立史学团体和机构

1. 推动建立全国性的史学团体——中国史学会

在史地教育委员会第二次大会上，顾颉刚、缪凤林、金毓黻、黎东方四人联合提出了《提议由本会补助设立中国史学会案》。议案指出学界对史学之研究“各自为谋，势同散沙，以致今日尚无集体之组织，无法应命”。“兹虽在抗战期间，全国集中力量一致应对，但学术之研究一日不可中辍且贡献于抗战者亦大，是则中国历史学会之设立尤不可缓然，以兹事件应由史地教育委员会通过决议补足设立之原则，再于推定多人起草会

① 《三十二年度史地教育讲演周分地举行月表》，《教育部公报》1943 年第 2 期。

② 《史地教育讲演周——成都区已开始》，《燕京新闻》1943 年第 17 期。

章，克期组织成立。”① 他们寄希望于史地教育委员会组织成立全国性的中国史学会，以团结学人，促进学术进步，发挥学术抗战的作用。另外，在这次大会上，黄文弼、黄国璋联合提出了《请联合全国史地学界组织中国史地学会以增进中国学术案》。史地教育委员会将这两份议案合并在一起审议，认为中国地理学会早已成立，应由本会建议教育部补助设立中国史学会。如此，由徐炳昶、顾颉刚、钱穆、金毓黻、缪凤林、黎东方等担任中国史学会的筹备委员，催生了全国性的中国史学会的成立。正如黎东方1943年在中国史学会成立大会上所说的：“略谓本会，正式发起，为距今两年前之七月七日前夕，当时仅有七人，此七人为徐炳昶、顾颉刚、钱穆、金毓黻、缪凤林、黎东方、张西堂，七人认为筹备之责义不容辞。乃均自认为筹备委员，公推本人负责通讯之责，两年以来至今为止，已同意参加发起者逾二百人。”② 中国史学会发起于1941年7月初，历经了两年的筹备，才在1943年正式成立。在全面抗战爆发之前，史学界同仁已进行过多次尝试，试图建立起全国性的史学会，但都只是建立起学校和区域性的史学组织。③ 若无史地教育委员会强有力的推动，在动荡的岁月里，想要达成这一目标是很困难的。正如穆吉所说：“各方学人又多系由公家资助往返路费而特别邀请来者。筹备如彼其久也，公私所费如彼其浩大也。而成立大会乃竟于两小时内完成，其迅速敏捷真出乎一般想象矣。”④ 顾颉刚在当选为中国史学会总主席后也承认：“各地同仁久有发起中国史学会之意，据本人所知，此次是第三次，以往皆因各种困难未能实现……此次其所以能有今日之成立大会，皆教育部陈部长及黎东方先生扶助之力。”⑤

2. 设置了史料整理编辑机构

史地教育委员会附设有十三经注疏室、抗战史史料编辑室二室。设置十三经注疏室缘于顾颉刚在第一次大会所提交的《拟请标点十三经注疏案》。该议案强调：“唐以前之经说汇萃于《十三经注疏》之中，虽后出益精。前义已多不能自坚，而大辂椎轮，其功为终古所不可废，实为探讨吾国经学、史学之基本材料。”“又以其密行细字，称引綦烦，若不施新式之

---

① 教育部史地教育委员会编《教育部史地教育委员会概况第2号》，第24页。

② 《中国史学会成立大会纪念录》，《史学杂志》1945年创刊号。

③ 参见桑兵《二十世纪前半期的中国史学会》，《历史研究》2004年第5期。

④ 穆吉：《中国史学会成立大会点滴》，《读书通讯》1943年第66期。

⑤ 《中国史学会成立大会纪念录》，《史学杂志》1945年创刊号。

整理，后起学人殆无诵读之望，因欲加以标点分段，附以索引图表，使读者无所困苦，而我国史学之基础于焉奠定。惟工事颇巨，印刷尤艰，非私人之力所可任。”① 有鉴于此，史地教育委员会于1940年7月设立了十三经注疏室，聘顾颉刚为主任，工作地点为齐鲁大学国学研究所，并另酌派教授及战区教员分任标点工作。抗战史史料编辑室于1940年6月成立，负责整理编印抗战以后教育史料，搜集教育部各司每年每月分工作报告，再参以历届参政会本部工作报告进行编排，并对教育部各附属机关及各省教育所、局呈送的有关抗战史料进行编排。②

史地教育委员会的创建给抗战时期的史学界打了一剂“强心针”，提供了重要的制度和组织保障。史地教育委员会通过组织史学活动，将更多学人纳入统一的学术规划，创造了集众化的研究契机和条件，有益于精神之团结，工作之协调。若无史地教育委员会的组织和财力支持，仅凭个人或少数人的推动，想要建立起全国性的中国史学会、编纂《中国史学丛书》、举行史地学术演讲周等大规模的集体活动是无法想象的。但受制于动荡的时局，许多工作都虎头蛇尾，不了了之，较为可惜。由史地教育委员会主持的各项史学规划，将眼光放开到现实上，目标放开到国家、民族上，放大了史学的致用功能，“求真”的旨趣无疑会有所冲淡。

三

随着大环境的改变以及陈立夫、黎东方的离任，史地教育委员会逐渐失去了预设的地位，其工作大多转交国立编译馆、中国史学会等机构负责。而关于史地教育委员会与抗战时期的史学这一主题，我们还应有如下两点认识。

（一）史地教育委员会是国民政府教育部领导和控制史学界的重要工具

史地教育委员会的触角并不局限于教育领域，还延伸到了学术界。关于这一点，傅斯年、顾颉刚等“嗅觉灵敏”的学人已有察觉。如在第二次

① 教育部史地教育委员会编《教育部史地教育委员会概况》，第27～28页。

② 《史地教育委员会三年来工作总报告》（油印本），参见《伪教育部史地教育委员会资料》，中国第二历史档案馆藏，全宗号：五，案卷号：467。

大会上，教育部交议《确定各研究院所部室史地部门分工合作办法案》，并获得通过。傅斯年评价道："史地教育会来一公事，看附件之决议案，完全超于教育范围之外，而是要整个统制一切史学机关，甚至'合并'，深为叹息！"① 顾颉刚在日记中对史地教育委员会推动创建中国史学会的初衷也表示了怀疑。他说道："此次中国史学会之召集出于教育部，电滇黔粤各校教授前来，花费十余万，说教育提倡学术，殆无此事。有谓延安正鼓吹史学，故办此以作抵制，不知可信否？"② 显而易见，史地教育委员会带有抢占学术资源的考量，相当程度上沦为了政治的工具。而作为因战而设的学术机构，史地教育委员会做出的一些决议也扰动了原有的史学生态，不免会与当时占据着学术要津的历史学人的利益发生冲突。如傅斯年就曾致信黎东方，对史地教育委员会试图通过合并的方式来控制国内史学机构表示抵制。傅斯年说："目下教育部增设史学研究所不已，而贵会谈合并，大约是合并他人尔耳。……去年开会后，一到会者告弟云：先生有两案，其一为搜罗各处史料为一处；其二为发掘以前如何无成绩，应由贵会统筹云云。……简直要彻底统制。……学术上之统制，不能增学术之出产，只能消学术之出产……故教育部欲加重某项某项，或减少某项某项，自可依其政策为之，然亦应循名责实，徒标一抽象之原则，彼之目的故不达，而别有恶影响矣。"③ 傅斯年看到了教育部控制史学界的企图，并试图摆脱学术受制于政治的窘境。傅斯年后来在致黎东方的信中亮明了自己的态度，他说："今日怪事甚多，弟决心除自己职务外，不再管闲事。"④ 这其中缘故错综复杂，因为学术与政治已紧密地交织在了一起，无法割裂。

（二）史地教育委员会能够落实各项史学规划，并取得一定的成绩，离不开黎东方的付出

留法历史学博士出身的黎东方，虽有较强的办事意愿，但相较于傅斯年、顾颉刚等人，他的学术组织经验较少，学界资历较浅。他能够在其中

---

① 《傅斯年致黎东方（1942 年 4 月 30 日）》，王汎森、潘光哲、吴政上主编《傅斯年遗札》第 3 卷，社会科学文献出版社，2014，第 954 页。

② 《顾颉刚日记》卷五，《顾颉刚全集》第 48 册，中华书局，2010，第 50 页。

③ 《傅斯年致黎东方（1942 年 4 月 30 日）》，王汎森、潘光哲、吴政上主编《傅斯年遗札》第 3 卷，社会科学文献出版社，2014，第 954 ~ 955 页。

④ 《傅斯年致黎东方（1942 年 4 月 30 日）》，王汎森、潘光哲、吴政上主编《傅斯年遗札》第 3 卷，社会科学文献出版社，2014，第 955 页。

扮演重要角色，离不开教育部的背后支持，特别是他与陈立夫私交甚好，在某种程度上，黎东方可视作陈立夫的代言人。在任职期间，黎东方需履行聘任委员的职责（提出、审查、执行议案等），但不同于一般的聘任委员，他要付出得更多。一是黎东方在议案执行的方面发挥了带头作用。这里以史地教育委员会编纂中国通史大学教本为例。据陈立夫回忆："写通史比较写分门史与断代史，要更容易失败。因此，有好几位先生，都复函婉谢了。但也有几位先生，很勇敢地担负了这一种为别人开路的使命。东方兄是史地教育委员会的委员兼秘书，曾经负了邀约撰述人的责任，便告诉这几位先生说：'倘使你们万一失败，我愿意陪你们失败'。因此，东方兄也答应写一部中国通史，便是这一部《中国历史通论》。"[①] 二是黎东方在人际沟通与协调方面起到了"枢纽"作用。史地教育委员会编辑《中国史学丛书》时，他负责联系和沟通撰稿人。在中国史学会的筹备方面亦是如此。据陈安仁回忆："三月十二日转接教育部史地教育委员会常务委员黎东方先生电知，全国史学会将于二十四日开成立大会于陪都。嘱并转知杨成志、朱谦之、郑师许、雷荣珂、陈啸江、王兴瑞等先生赴会。"[②] 此类例子不便一一胪列。史地教育委员会的内部潜藏着多重矛盾，有学人与学人之间的矛盾，也有陈立夫与朱家骅之间的派系矛盾等。黎东方要在其中起"润滑剂"的作用，难度不难想见。尽管如此，他负责各项工作，还是相对称职的。这也使得黎东方在学、政两界的地位上升，傅斯年评价黎东方是"识大义者，与众不同"[③]。由于黎东方的积极推动，在很大程度上保障了史地教育委员会在战时史学建设方面成绩的取得。

史地教育委员会的创建是特定时期的产物。相较于国民政府教育部所设的其他委员会，史地教育委员会存在的时间较短，在组织规模和影响上都相形见绌。但它未流于形式，为团结抗战时期学人，推动史学研究进步及体制化建设发挥了作用。另外，史地教育委员会在学校史地教育方面也贡献甚多，如修订中学史地课程标准，评选中小学史地教材，编制史地挂图等。这些都有待专文来展开讨论。鉴于史地教育委员会的特殊性和重要性，客观、全面总结其成就及经验教训是十分必要的。总之，我们对史地教育委员会应给予足够的关注。

---

① 陈立夫：《序》，黎东方《中国历史通论·远古篇》，商务印书馆，1944。

② 陈安仁：《赴渝出席史学会观感记》，《现代史学》1943 年第 3 期。

③ 《傅斯年致黎东方（1942 年 4 月 30 日）》，王汎森、潘光哲、吴政上主编《傅斯年遗札》第 3 卷，社会科学文献出版社，2014，第 955 页。

刘大年对西方史学思想的认识与评论

梁艳玲

（社会科学文献出版社，北京　100029）

摘　要： 在同辈学者中，刘大年的学术眼界较为开阔，他重视史学理论的探讨，且对西方现代史学理论多有关注。在强调以唯物史观为指导研究历史之同时，他对西方现代史学各流派中的合理因素并不拒斥，而是具体分析，倡导批判地吸纳，为我所用。这种理性的态度有益于新时期中国马克思主义史学的丰富和发展。

关键词： 刘大年　西方现代史学　认识与评论

作为著名的老一辈马克思主义史学家，刘大年具有较为开阔的学术眼光。他重视史学理论的探讨，指出“以前我们多半用马克思主义的历史唯物主义代替历史学理论。……一方面失之于太狭窄，缩小了它本来的广泛意义；一方面又失之于太宽泛，似乎有了它，历史学具体的理论研究、专门知识就可以不必要了。历史学理所当然要有自己的专门理论”。[①] 他对于西方现代史学有一定了解，其著述常引用西方各家史学理论，且把握准确，这在同时代的中国史学家中并不多见。由于以历史唯物主义为理论武器，他对于现代西方史学的利弊得失往往有独到体认，其批评往往切中肯綮。系统梳理刘大年对于西方史学的认识和评论，当能增进我们对形形色色、瑕瑜互见的西方史学理论的了解，从而以更为理性的态度，正视其得失，汲取其优长，对于中国史学的健康发展或不无裨益。

---

① 刘大年：《论历史学理论研究》，《近代史研究》1985 年第 4 期。

一

西方史学经过长期发展积累，在19世纪70年代逐渐形成独立的现代学科形态。二战以后，科学技术迅猛发展，“技术中心论”“技术决定论”，用科学技术水平去衡量、说明历史的一切蔚为潮流。这种理论在20世纪80年代初的中国史学界得到了一定回应，不少学者倡议将自然科学的“新三论”（耗散结构论、协同论、突变论）与“老三论”（系统论、控制论、信息论）引进史学研究，并期望以之为主导，克服“史学危机”，匡救马克思主义之不足。刘大年注意到这股潮流，在1983年撰文强调，历史唯物主义整个学说体系不但建筑在人类社会历史知识的基础上，也建筑在自然科学成就的基础上，但是马克思从来不认为可以自然科学方法为指导来研究社会历史。“自然科学的成就我们必须充分注意，一切科学的方法我们都应当采用，但必须要和‘技术决定论’、‘技术中心论’等各种否定修改阶级分析论的主张严格区分开来。人们要是决心引用系统论、控制论等，不是作为手段，而是作为思想指导来研究历史，证明这并不是幻想，当然是可以的。不过也可以确信，那不是在历史学之中，而是在历史学之外谈论历史，把历史由科学变为工艺概念、结构的游戏，或者用‘工艺学’代替历史学。”①

1985年，刘大年撰文专门探讨历史学的理论建设问题。“技术中心论”孤立地看待科学技术对历史发展的推动作用，“其中既没有人与人的社会关系，也没有‘历史因素’”，导致“目中无人，见物不见人”。人作为历史主体创造自己的历史，被当作科学技术创造人的历史，“可是谁也无法证明，一切科学技术能够离开人的活动、人的社会关系去自行创造出来，自行成为一个历史的万花筒”②。

刘大年对“技术决定论”的旗帜鲜明的批评并不等于对自然科学方法的排斥。相反，他认为，历史研究者需要克服知识老化，加速知识更新，尤其“需要必备的自然科学知识。缺少了自然科学知识，是一个弱点。而且从博大精深去要求，只有一般自然科学知识还很不够”。“历史研究，特别是历史学理论研究，应该给自己提出这样的任务：用最新的科学成就和

① 刘大年：《关于历史研究的指导思想问题》，《世界历史》1983年第4期。

② 刘大年：《论历史学理论研究》，《近代史研究》1985年第4期。

最现代化的手段，充实、发展历史唯物主义，装备科学的世界观、历史观。克服知识老化，加速知识更新，才有利于实现这个任务。”[①] “自然科学的一切成就我们必须充分注意，一切科学的方法我们都应当采用。” 在他看来，在坚持历史唯物主义的指导地位的基础上，将“三论”等自然科学的方法作为研究手段引进历史研究，不失为有意义的探索。

二

20 世纪三四十年代，德国、比利时有学者宣传用异化论改造马克思主义的阶级斗争学说，主张用“人的斗争”“人的革命”代替阶级斗争。法国存在主义哲学家萨特更是倡导异化史观，将人类历史看作人的异化与造反的永无止境的循环，认为马克思主义学说中存在一个“人学的空场”，并宣称要建立“历史人学”。异化论在中国学术界也得到一定程度的应和。异化论从抽象的、脱离社会关系的人性出发，最终不可避免地会将人类历史归结到人的意识、人的精神，归结为抽象的“人”。

刘大年认为，用人性、人的异化解释历史，规避了一个根本性的问题，即所谓人性、人的异化又是由什么决定的。[②] 异化论在中国学术界的某种回响，是“世界范围资本主义与社会主义两种制度的复杂斗争” 在学术上的投影。“人是马克思主义的出发点” 的命题 “是从费尔巴哈那里搬来的、马克思扬弃了的、多次批判过的人性决定历史论”。历史唯物主义的出发点 “和人性论正好相反。它不是从人的本性、本质去观察、认识历史，而是抛开它们，转而从人类存在不可须臾离开的人的生产、社会联系来观察历史，发现它的前进动力的”。他特别强调，马克思所讲的异化，“是以私有制为前提、为根据的，是私有制、资本主义矛盾的产物”，而并非抽象地讲异化，谈人性。西方学者宣扬的异化论将人的社会关系属性人为地剥离，漠视马克思所强调的阶级事实，将整个历史过程看作 “人” 的自我异化过程，“其实质是要用抽象的人道主义解释历史”。因此 “历史不能从人性得到解释，相反地，人性必须由历史来解释。用人性、人的异化解释历史，就像神学史观中用善和恶解释历史，儒家学说中用君子和小人

① 刘大年：《历史学理论的建设问题》，《刘大年史学论文选集》，人民出版社，1987，第 202 页。

② 刘大年：《历史研究的对象问题》，《刘大年史学论文选集》，第 28 页。

解释历史一样，没有，也不可能说明任何问题”①。换言之，他认为历史进程的决定力量应该存在社会关系、物质生活条件之中；而人的天性正是社会发展、历史运动的结果，人性论、异化论是倒果为因了。

对于蒋介石何以由坚决反对抗日转变到抗日，一些研究强调是蒋的个人思想意志、个性起了关键作用。刘大年明确指出，历史是由有思想意志的人创造的，“个人，特别是掌握极大权力的个人，他们的文化因素、思想倾向、权力欲望等，必定要对事物产生重大影响。谈论历史的人没有哪个看不到这一点。但是个人，不管掌握多大权力的个人，他们的思想、意志、愿望，并不能最终支配历史。……大地主大资产阶级当权势力，在面临民族灭亡大风暴、抗日救亡运动猛力冲击下，何去何从，并不最后取决于蒋个人的态度、意志。他和所有人一样，身不由己。不转变，他所代表的阶级利益、统治权力就有被冲垮、被变换的现实危险”。因而，“适应民族运动兴起大势，保住大地主大资产阶级掌握的统治权力，这就是蒋的内因，这个内因就是蒋的行为与民族利益和全国人民的爱国行为一致起来的内在根据，内在的实质。在涉及整个民族行程的大关节上，把统治阶级的决定性步骤最后归结为某个个人的思想意志、性格等，事情就完全失去了物质的基础，失去了客观的依据”②。

三

新黑格尔主义学派的代表人物贝奈戴托·克罗齐认为，我们称之为“非当代”史或“过去”史的历史，“和当代史没有任何区别。像当代史一样，它的存在的条件是，它所述的事迹必须在历史家心灵中回荡”，因此，“一切真历史都是当代史”，“当代性不是某一类历史的特征，而是一切历史的内在特征”，“只有现代生活中的兴趣方能使人去研究过去的事实”③。斯·贝克尔也认为，“历史事实是以形象的形式存在某人的意识里，

① 刘大年：《历史前进的动力问题》，《刘大年史学论文选集》，第126、121、123、118、119、123页。此文是在《关于历史前进的动力问题——在太平天国学术讨论会上的发言》（《近代史研究》1979年第1期）、《异化与历史动力问题》（《哲学研究》1984年第4期）及《说“合力”》（《历史研究》1987年第4期）三文基础上改写而成。

② 刘大年：《照唯物论思考》，《抗日战争研究》1996年第2期。

③ 贝奈戴托·克罗齐：《历史学的理论和实际》，商务印书馆，1982，第1~3页。

因此，它是现代的，是现在的一部分”，是可以随着某人现在的意识变化的。[①] 这种认识论在中国史学界也有相当大的影响。

刘大年认为，如果从强调历史与现实的密切关联来看，克罗齐的理论有其独到之处。的确，我们研究历史的问题意识来源于现实，研究历史的最终指向仍然是现实，赋予历史研究时代感和使命感是一种正确的价值取向。但是，克罗齐等人的理论夸大了历史研究的主观性，走向了另外一个极端，从根本上取消了历史研究对象的客观存在，“他们完全凭主观对待历史事物，没有给研究问题提供任何合理的因素”[②]，其偏颇是显而易见的。固然，面对同样一个历史事实，不同的研究者由于不同的视角、不同的立场，可能会“横看成岭侧成峰”，得出殊异的结论。但是，我们不能否认历史事实这座“山峰”的客观存在，否则，一切都无从谈起，“横岭侧峰”的主观认识也将无所凭依。因此，克罗齐的理论不可避免地陷入了相对主义认识论的窠臼，容易导致从现实出发而随意俯仰历史。历史研究对象的客观性取消之后，历史研究的科学性也就无所附丽了。

兴起于20世纪60年代的结构主义在西方现代史学中有较大的影响。刘大年对结构主义理论也有所评析。他认为，结构主义“用模式的帮助去解释社会关系”，“承认社会现象中的所谓‘表层结构’是可以观察到的经验现象”，带有唯物倾向。结构主义将社会结构作为历史研究的主要对象，力求克服历史学的简单“纪事”和“个体描述”，其理论有可资借鉴的因素。[③] 但结构主义的局限也不容忽视，结构主义“不承认结构现象以外存在着社会历史运动的客观物质性的东西。结构变成了一切，方法变成了对象”，从而导致其合理的地方往往被湮没。具体表现在三个方面。（1）结构主义者所说的结构并非独立于人的意识之外的客观事物，而是人类心智的产物，是先验性的。它作为一种超阶级的原始范畴，甚而凌驾于人类社会之上，有唯心的倾向。（2）结构主义关注社会生活中的普遍现象，但未能找到现象之间的本质联系，“因此就算把所有结构都整齐划分出来了，整个社会也不能脱离杂乱的堆积，不过由个别事件变成了结构的堆积”。（3）结构主义的原理是同时态高于历时态，而人类社会的一切都在不停变动之中，“历史要研究同时态，但必须从历时态即从它的发展过程中去得

① C. L. Beker, “What are Historical Facts”, *The Western Political Quarterly* 3 (1955): 32.

② 刘大年：《历史研究的对象问题》，《刘大年史学论文选集》，第30页。

③ 刘大年：《历史研究的对象问题》，《刘大年史学论文选集》，第38页。

到了解”[①]。

产生于20世纪初史学危机背景下的“年鉴学派”是西方声誉卓著的一个史学流派。吕西安·费弗尔（L. Febvre）、布洛克（Broc）和布罗代尔（Broudeur）创办了《经济和社会史年鉴》，注重经济史和社会史的研究，主张“总体历史”。刘大年高度评价其革新意义，认为年鉴学派“不仅使历史研究的领域扩大了，而且对一些问题的认识也跟着深入，完全有异于陈旧的历史观念”，“这种史观所以保持它的影响，绝非偶然”[②]，强调建立总体历史的理念值得肯定。但是，由于他们未能找到社会整体性的真正基础，结果往往事与愿违。刘大年以年鉴学派的经典著作——布罗代尔的《1400—1800年的物质文明与资本主义》为例进行剖析。布罗代尔将欧洲16～18世纪的猛烈向外扩张归因于欧洲的饮食习惯，刘大年认为：“这种说法抛开社会生产力发展的水平，把表面的东西夸大为根本的东西。人们很容易看出，它距离历史真实何等遥远！”因此，年鉴学派虽然“有助于打破‘个体描述’那种繁琐主义，但反过去又陷入了一种无‘个体描述’的繁琐主义”。

从20世纪60年代中期开始，年鉴学派又有所发展，由“总体史”一变为提倡“分散史”，主张把历史上社会的人分为宗教人、经济人、政治人去说明解释，提倡历史研究局部化。刘大年指出，“综合”与“分散”虽然形式上相互对立，但“在根本点上它们完全一致”。不管是综合还是分散，“历史事物中并没有内在、统一的联系，各种现象里不存在起决定作用的力量。一切都平列在一起，一切都可以说出彼此间的某种关系，一切又都没有不可舍弃的关系。……各种现象被看做具有同等意义”，“他们都极力躲开历史现象中最本质的、造成整个社会关系客观体系的事物，而在综合与分散的形式上兜圈子”，结果永远难以找到出路。[③]

结构主义、年鉴学派在主观上并不反对阶级划分，但为什么他们在研究中又拒斥了阶级分析的科学方法呢？刘大年分析认为，问题的关键在于科学概念与现实、现象本质上是统一的，但只能最近似地统一，永远不会绝对一致。“社会人群划分为阶级，充分体现了私有制时代最根本的现实、现象，但又不足以把这个时代所有次要、局部、个别的现实、现象囊括无

① 刘大年：《历史研究的对象问题》，《刘大年史学论文选集》，第39页。
② 刘大年：《历史研究的对象问题》，《刘大年史学论文选集》，第40页。
③ 刘大年：《历史研究的对象问题》，《刘大年史学论文选集》，第48～49页。

余”，正是概念与现实、现象的差异，使结构主义、年鉴学派陷于矛盾，最终“接受现象，抛弃本质”，用一些表面现象的、零星的现象代替事物本质，而无法给历史以正确的解释。①

应该看到，对于年鉴学派重视社会史和经济史研究的主张，刘大年是有批判地吸收的。他认为，中国疆域辽阔，民族众多，各地区、各民族的发展极不平衡；中国封建社会延续时间之长、发展程度之高，堪称举世无双；中国近代产生的是半资本主义。将这些因素集合起来，“完全足以自成一个典型，成为一个与西方并列的东方典型”。因此，中国社会史研究应该得到加强，“利用历史和所有亲缘科学的资料”，定能产生重大成果。②重视经济史本是马克思主义史学题中应有之义，但在改革开放之前，中国史学界总体偏重重大的事件，重视战争、重要人物的活动，经济史研究是近代史研究中比较薄弱的环节。刘大年在 1981 年明确提出，中国近代史研究应该加强近代经济史研究。加强经济史研究，有助于克服近代史研究的薄弱环节，突破近代史研究的表面体系，不斤斤于这样那样的框架，做好阐述历史唯物主义的基础工作。③ 这在后来被证明是颇有远见的倡导。

四

20 世纪 20 年代西方名噪一时的哲学家斯宾格勒提出以“文化形态学”为中心的“历史形态学”。他认为，历史是世界上各种文化的共存或连贯，每一种文化都是独特的、不可重复的，是与外界隔绝以及同其他文化毫无共同之处的现象，因此，他所主张的历史分期，应当建立在文化类比的基础上，这就是“历史形态的方法”。刘大年认为，斯宾格勒所叙述的那些文化，“来无影，去无踪，既没有历史的继承，也排除了历史的进步”。斯宾格勒的“文化形态史观”经汤因比（Toynbee）的发展而灿然大备。汤因比将远离历史实际运动和活动的“文明”作为历史研究的对象，认为文明才是人类历史的真正载体；世界各种文明从哲学意义上来说是“同时代”的，在历史面前，不同文明居于平等地位。这种多元文明观，对于根深蒂固的西方中心论不失为一种突破。刘大年认为，斯宾格勒和汤因比的

① 刘大年：《历史研究的对象问题》，《刘大年史学论文选集》，第 91 页。

② 刘大年：《历史研究的时代使命问题》，《刘大年史学论文选集》，第 168 页。

③ 刘大年：《中国近代史研究从何处突破?》，《刘大年史学论文选集》，第 273 ~ 274 页。

史学观念实质上是资本主义现实危机的产物，他们所进行的“文化反思”，无疑是对西方现实社会的一种批判，但其理论缺陷不容回避。“它根本抛开具体的时间、场所、事件和人物，不把某个具体的国家、民族，某个特定时代的社会生活和斗争，作为历史研究的对象，它不在具体的历史运动之中，而在远离历史的九霄云外去谈论历史。因此，他所说的研究对象，本身就从来没有构造成一种对象。”[①] 他们的“文明”体系似乎无所不包，却是建筑在“一片散沙还不如的基础上”[②]。

值得注意的是，刘大年也呼吁加强中国文化史的研究，但他所讲的“文化”并非斯宾格勒和汤因比所说的“文化”，而是有其特定的内涵。刘大年认为，与经济史、政治史、军事史不同，文化史研究的对象是人们的观念形态。他指出：“一定的文化是一定社会的政治和经济在意识形态上的反映；同时，反过来文化又作用于政治和经济。而且这种作用有时表现得比政治更顽强，更带有持久性。”“研究、论述历史，缺少了观念形态这个部分，就好比我们想认识某位人士，但仅仅窥见其躯干，却不知道他的头脑灵魂。”[③] 我们不能夸大观念形态在社会历史发展中的作用，观念形态总是要受到物质生活环境的制约，仅仅从人的思想来说明历史，总是“漂浮无根，落不到实处”[④]。概而言之，他所说的“文化”绝非一个无所不包的大筐，而是历史研究的一个不容忽视的有机组成部分；他是立足于文化与经济、政治的辩证关系来谈文化的，他所倡导的文化史研究与阶级分析并不矛盾，而是紧密结合、不可分割的。

五

美国学者柯文所著《在中国发现历史——中国中心观在美国的兴起》[⑤]，通过对美国学界研究中国近代史的“冲击—反应”、“传统—现代”与“帝国主义”三种主要模式进行批评总结，就中国近代史的研究提出以“中国中心观”为主导范式的新认识，突出了在中国近代史研究中“中国”的历史主体地位，“从整体意义上开始把中国史的研究方法从政治经济学

① 刘大年：《历史研究的对象问题》，《刘大年史学论文选集》，第 42、45 页。
② 帕·索罗金：《汤因比的历史哲学》，《汤因比和历史》论文集，1956 年英文版。
③ 刘大年：《历史研究的时代使命问题》，《刘大年史学论文选集》，第 169 页。
④ 刘大年：《方法论问题》，《近代史研究》1997 年第 1 期，第 22 页。
⑤ 柯文：《在中国发现历史——中国中心观在美国的兴起》，林同奇译，中华书局，1989。

的角度向人类学的区域研究方向实施转换，也就是说，从空间意义上扭转了设问中国历史的方式，所以具有库恩所说的范式变革的作用”[①]。柯文所提倡的“中国中心观”虽然并非一套完整和规范的解释框架，却在大陆学界受到不少研究者的追捧与仿效，“在中国发现历史”成为流行的口号。柯文此书的中文版1989年由中华书局出版，很快售罄，2002年再版，其对中国史学界影响可见一斑。同时，因此书“对中国大陆研究近代史之成果与方法的某些值得商榷的看法，有待我国史学界作出回答”[②]。

刘大年1990年在文章中以相当的篇幅评析“中国中心观”。他认为：“中国主线论批驳那种以为在近代历史舞台上，西方扮演主动的角色，中国只扮演消极、被动的角色，以及批评殖民主义观点的遗留，是正确的和有说服力的。”同时他极有创见地指出：“美国学术界把他们关于近代中国与世界的争论，叫作中国历史‘剧情主线’的争论。归纳起来，也就是一个西方主线决定论，一个中国主线决定论。……倘若有人以为那对立的两条主线，非彼即此，二者必居其一，必定使自己陷进泥坑里，无法自拔。说外国侵入不起决定作用，那等于说，中国是自己把自己变成了半殖民地，变成了被压迫民族的。不会有人听信如此荒唐无稽之言！说中国内部力量不起决定作用，那等于说，中国的民族独立是外部侵略势力开恩赐予的，而不是中国人民战胜了所有强大敌手后所获得的。同样不会有人听信如此荒唐无稽之言！”“‘中国中心观’过于看轻了外部世界的作用，对于外部势力深入到中国社会内部结构里面发生的毒害影响估计不足。他们的‘内部取向’观念有的含糊不清，或者变成了陈旧的心理史观。”[③]

刘大年站在革命史观的立场上对“中国中心观”加以评论。革命史观强调近代史研究的中国主体立场，强调中国近代历史发展的根本动力来自中国内部，这与“中国中心观”所提倡的研究取向是契合的。但革命史观诠释体系中，“帝国主义”是近代中国落后屈辱历史的根源[④]，因而自然不

① 杨念群：《美国中国学研究的范式转变与中国史研究的现实处境》，《清史研究》2000年第4期。收入黄宗智主编《中国研究的范式问题讨论》，社会科学文献出版社，2003，第298页。

② 林同奇：《柯文新著〈在中国发现历史〉评介》，《历史研究》1986年第1期。

③ 刘大年：《中国近代化的道路与世界的关系》，《求是》1990年第22期。

④ 美国学者费惟恺在20世纪60年代曾认为，将近代中国的贫困、软弱归咎于“帝国主义”是在国外找一个“替罪羊”。参见费惟恺《重写历史：中华人民共和国对过去的解释》，《多伦多季刊》第30卷第3期（1961年4月），第280～281页；《披着马克思主义外衣的中国史学》，《美国历史评论》第LXVI卷第2期（1961年1月），第333页。

能认同“中国中心观”对于中国近代史上“帝国主义”因素（包括正面与负面）的淡化。正如日本学者並木赖寿所说：“对十分注重欧美及日本的殖民地主义、帝国主义因素的中国研究者来说，柯文的理论可能是一种‘内因论’，这种理论甚至还会被看成‘西方资产阶级史学’观点。因为强调外来侵略，颂扬反侵略斗争的立场，是和把中国的现行政治体制作为革命历史成果这一观点相联系的。而‘内因论’忽视外来侵略的因素，有可能导致为殖民主义、帝国主义辩护的结果。”① 这一点柯文早已预料：“只要中国人对西方入侵的一段经历记忆犹新，积怨未消，就很难接受一种冲淡帝国主义在他们过去一百五十年历史中之作用的估量。”②

后来对“中国中心观”的诸多评论，大多循着刘大年的论述思路，着眼于中国近代史的发展动因展开“内因”与“外因”之辨析。如汪熙一方面肯定柯文“把自己的理论体系建立在较精密和周全的论证上面，并以各种历史事实加以验证，其基础比较扎实”，另一方面明确表示，“中国中心观”可以称为“内因论”，而“外因和内因这两种取向都不能偏废。须知19世纪中叶以后西方世界撞击中国的大门，并以各种不平等条约为跳板侵入中国，这是历史的事实。但是任何外来冲击不论是正面的还是负面的，只有通过中国内部的因素才能起作用。中国社会内部自有其运动的规律，它必然会向前运动发展，并且最终决定中国社会发展的进程与结局”。“在一定的历史条件下，外因（在这里指西方的冲击）也可以成为主要的一面。……离开了西方的冲击及其影响，很多中国内部的事就无法解释”③。

西方现代史学理论名号繁多，令人眼花缭乱，而且作为西方社会上层建筑的组成部分，西方现代史学理论不可避免地带有意识形态色彩。20世纪60年代初的中国史学界曾经对西方史学及其理论进行初步的研究，但立足于全盘否定，甚而流于政治批判；改革开放以后，有些人又“由于缺少理论思维的训练和锻炼，不免把唯心主义的、违反科学工作者的历史观点看作时髦货，心向往之”，对西方史学及其理论不加具体分析，盲目追随。

刘大年对西方现代史学理论的分析与批评散见于他的论文，虽然未成系统，却不乏真知灼见。在他看来，历史唯物主义是一个开放、发展的理论体系，在新时代必须与时俱进，不断地丰富和完善，绝不能自我封闭，

① 並木赖寿：《P. 柯文的〈在中国发现历史〉》，汪婉译，《国外社会科学》1993年第3期。
② 柯文：《在中国发现历史——中国中心观在美国的兴起》，第209页。
③ 汪熙：《研究中国近代史的取向问题——外因、内因或内外因结合》，《历史研究》1993年第5期。

停滞不前。因此，对于西方现代史学，在坚持历史唯物主义主导地位的前提下，刘大年提倡一种批判地加以吸纳的理性态度，取其精华，去其糟粕，为我所用。他一再指出，对于西方史学理论的探索“应当受到鼓励”①，“要了解、熟悉国外不同流派的学说、观点”②，“国外历史学凡属好的传统，不管来自何方，我们同样也要知道和加以研究”③。概而言之，“一要解除自我封锁，二要分析、批判对待”④。1987 年，中国社会科学院世界历史研究所提出创办一个着重研究西方史学理论、方法、思潮的刊物，刘大年利用他在中国史学界的影响，予以大力支持，是年《史学理论》得以创刊，即为《史学理论研究》的前身。或许有论者认为，刘大年对西方现代史学批评较多，思想偏于保守。但如果注意到当时唯西方理论学说是尚的语境，不难看出刘大年这些论述作为一种反思的现实针对性。他的这些论述未必全然精当，但足以说明老一辈马克思主义史学家有开放的胸襟，并非自我封闭于西方现代史学潮流之外，这种理性态度在今天依然有积极意义。

① 刘大年：《历史研究的指导思想问题》，《刘大年史学论文选集》，第 3 页。
② 刘大年：《“欲登高，必自卑”》，《史学理论》1987 年第 1 期，第 20 页。
③ 刘大年：《历史学理论的建设问题》，《刘大年史学论文选集》，第 201 页。
④ 刘大年：《“欲登高，必自卑”》，《史学理论》1987 年第 1 期，第 20 页。

外国史学研究

近五年来我国的世界上古中世纪史研究*

武晓阳
（北京师范大学史学理论与史学史研究中心、
文科学报编辑部，北京　100875）

摘　要：在过去近五年当中，我国世界上古中世纪史领域的学人，在政治史、经济史、文化与社会史、史学与理论研究、比较研究、学术史以及国外优秀成果的翻译和介绍等方面，取得了丰硕的成果。梳理、总结这些优秀成果，对于我们下一步的研究有重要的借鉴和指导意义。

关键词：世界上古史　世界中世纪史　比较研究

近五年来，我国学人在世界上古中世纪史研究领域取得了一系列重要成果。本文主要以《中国社会科学》、《历史研究》和《世界历史》等权威杂志所刊发的文章以及部分有代表性的著作为关注对象，择要简述如下。不当之处，敬请专家批评指正。

一　政治史研究

在过去的近五年中，史学界在世界上古中世纪史有关政治史研究的领域取得了显著成绩。学者们的研究既有对原始政治文献的阐释、政治思想的探源、具体事件和问题的讨论，也有对政治制度、政治演进道路、国家治理、基层组织结构等重要问题的研究。

---

* 本文系国家社会科学基金一般项目“斯特拉波思想与观念研究”（项目号：16BSS013）的阶段性成果。

王表是两河流域王朝和古埃及的重要史料，是王权作为社会与文化记忆核心内容的历史呈现。对王表的分析与阐释，是研究两河流域和古埃及历史的重要内容。陈飞在《〈亚述王表〉与亚述王权》[①] 一文中，对《亚述王表》的性质、主旨、编纂意图及它在刻画王权方面的特点进行详细阐述。史海波在《古代埃及新王国时期王表的历史解析》中，[②] 对于埃及王表自身的发展历程、编制的目的、新王国时期王表的特征，都灵王表在文献载体、原始底本、抄写方式、结构安排、历史信息等方面的独特性，进行了详细阐释。

西方政治学如何兴起，对希腊政治思想史和政治学而言是一个重要问题。不过，学术界虽然对希腊政治理论讨论充分，但对西方政治学作为一门学问如何兴起这一特定问题却少有探讨。黄洋教授在《西方政治学的前史：公元前5世纪希腊的政治思想》[③] 一文中，追溯了西方政治学的源头。他在文中指出，政治哲学家列奥·施特劳斯对该问题进行过深入分析，认为苏格拉底的哲学和伦理学开创了西方政治学。然而，公元前5世纪希腊人对于政体问题的讨论表明，从公元前470年代开始，希腊知识群体广泛关注和参与政体讨论，提出了不同政体之优劣和最好政体的问题。公元前4世纪，政治哲学家柏拉图和亚里士多德延续了关于政体的讨论，同时他们又深受苏格拉底的影响，将政治伦理纳入思考范围，由此开创了西方政治学。

晏绍祥教授长期致力于古希腊城邦政治、民主制度的研究。近些年来，他发表一系列论文，讨论与雅典、阿尔戈斯等城邦民主政治相关的事件和议题。[④] 他的新作《古代希腊民主政治》[⑤] 对古代希腊政治的兴起、发展、一般特征和历史影响进行了综合研究。作者力图在使用一手文献、充分利用国外已有成果的基础上，在城邦制度框架下讨论古代希腊的政治。

有关伯罗奔尼撒战争及“修昔底德陷阱”的论题与现实联系密切，

① 陈飞：《〈亚述王表〉与亚述王权》，《世界历史》2019年第1期。

② 史海波：《古代埃及新王国时期王表的历史解析》，《世界历史》2019年第3期。

③ 黄洋：《西方政治学的前史：公元前5世纪希腊的政治思想》，《历史研究》2020年第1期。

④ 晏绍祥：《阿吉纽西审判与雅典民主政治》，《历史研究》2019年第5期；《公元前5世纪阿尔戈斯的民主政治》，《世界历史》2019年第6期；《雅典民主政治发端之论争》，《武汉大学学报》（哲学社会科学版）2019年第1期；《雅典陶片放逐法考辨》，《世界历史》2017年第1期。

⑤ 晏绍祥：《古代希腊民主政治》，商务印书馆，2019。

一直受到学术界的关注。史学界三位颇具代表性的学人分别对相关问题进行了探讨。何元国撰写了《修昔底德的伯罗奔尼撒战争原因论探微》[①]；晏绍祥则发表了《雅典的崛起与斯巴达的“恐惧”：论“修昔底德陷阱”》[②]；吴晓群发表了《公元前五世纪中叶的希腊城邦政治与“修昔底德陷阱”》[③]。

罗马共和国时期，尤其是共和国末期的政治形势，对于理解罗马由共和制向元首制的过渡很有帮助。杨俊明的系列文章集中探讨了保民官、庞培和西塞罗与罗马共和国末期的派系斗争问题。[④] 刘小青研究了罗马共和国后期反选举舞弊斗争与共和国衰亡的关系问题。[⑤] 作者认为反选举舞弊斗争的失败，对共和国后期政治的运作与行省治理造成了前所未有的危害。它腐蚀了政治风气，破坏了罗马政坛长期以来形成的显性与隐性的规则，颠覆了共和制度中权力制约与平衡的根本准则，还进一步恶化了行省的处境，加速了共和国的衰落。冯定雄[⑥]从罗马政治统治的视角出发分析犹太人大起义。他认为，犹太为罗马行省之一，犹太人起义为罗马帝国众多起义中之一部分，并无特别之处。学术界之所以强调犹太人起义的特殊性，主要在于：其一，犹太人留下的“记录”比较丰富，在“史料”上影响了后来历史书写者的“历史认识”；其二，犹太起义研究者往往基于犹太视角，忽略了犹太地区只是罗马国家的一部分，其政治范畴不能超越罗马“合约”这一基本事实。康凯对波爱修斯之死事件的研究[⑦]挑战了传统观点。传统观点认为，波爱修斯之死所体现的是东哥特蛮族统治者对罗马元老贵族的迫害。作者通过对当时史料和政治环境的分析，提出波爱修斯的倒台并不是由于蛮族对罗马人的迫害，而是他本人在罗马元老院和东哥特宫廷中诸多政敌的陷害。波爱修斯当时并不认为自己是为了罗马帝国而

---

① 何元国：《修昔底德的伯罗奔尼撒战争原因论探微》，《历史研究》2017 年第 6 期。

② 晏绍祥：《雅典的崛起与斯巴达的“恐惧”：论“修昔底德陷阱”》，《历史研究》2017 年第 6 期。

③ 吴晓群：《公元前五世纪中叶的希腊城邦政治与“修昔底德陷阱”》，《史学史研究》2017 年第 4 期。

④ 杨俊明：《保民官与罗马共和末期的派系斗争》，《史学月刊》2018 年第 11 期；《庞培与罗马共和末期的派系斗争》，《北方论丛》2016 年第 4 期；《西塞罗与罗马共和末期的派系斗争》，《安徽史学》2018 年第 4 期。

⑤ 刘小青：《罗马共和国后期反选举舞弊斗争与共和国的衰亡》，《世界历史》2016 年第 3 期。

⑥ 冯定雄：《罗马政治视域下的犹太人起义》，《世界历史》2016 年第 6 期。

⑦ 康凯：《罗马帝国的殉道者？——波爱修斯之死事件探析》，《世界历史》2017 年第 1 期。

死。董晓佳通过分析典型人物斯提里科的行动，探讨了晚期罗马帝国的政局。①

传统观点认为，西罗马帝国的灭亡，标志着西方由奴隶制社会向封建制社会的过渡，马克垚先生的《“西欧奴隶制向封建制过渡”的再认识》②一文，通过对罗马帝国后期政治、经济、军事和文化等方面的详尽分析，认为很难说西罗马帝国的灭亡具有从奴隶制向封建制过渡的典型意义。李隆国在《重建“神圣的罗马帝国”：中古早期欧洲的政治发展道路》③ 一文中提出，从东西部欧洲的统一性来考察可以发现，不仅拜占庭帝国是神圣的罗马帝国，而且西部欧洲是查理曼统治时期对东部神圣罗马帝国的自觉模仿，其中罗马教宗发挥了辅助作用。

中古德意志政治进程的“问题”由来已久，传统的解释多以单一民族国家、主权国家概念为前提，以中古英、法王国演进道路为标准，把帝国政治和诸侯领地政府作为德意志国家“正常”发展的主要障碍。侯树栋在《对中古德意志政治道路“问题”的思考》④ 一文中提出新的观点。他认为，中古德意志可谓多“国”并存。它既是帝国，也是王国，还是诸侯领地政府组成的松散联合体。多重国家形态显示的是一种多元权力结构并存的格局。它们之间有矛盾和冲突，但又是协调和一致的。帝国政治带给德意志王权的不只是损失和灾难，也有荣誉、尊严和利益。王权无论如何软弱，10 世纪以后德意志作为一个政治共同体始终存在。13 世纪以后领地政府的成长意味着国家权力的分散化，然而分散化的德意志仍然是一个政治共同体，并且为统治集团所认同。

王亚平在《中世纪晚期德意志的邦国制》⑤ 一文中研讨了德国的政治传统、邦国制的形成过程及重要地位。作者指出，在德意志，多头政治的传统导致政治上的分裂割据愈演愈烈，最终形成了“大空位时期”的无政府状态。在“大空位时期”，诸侯逐渐确定了自己领地的边界，形成了封闭且自治的邦国制度。《金玺诏书》最终在法律上确立了邦国制

① 董晓佳：《斯提里科与晚期罗马帝国政局——基于“反日耳曼人情绪”视角下的考察》，《历史研究》2018 年第 4 期。

② 马克垚：《“西欧奴隶制向封建制过渡”的再认识》，《经济社会史评论》2018 年第 3 期。

③ 李隆国：《重建“神圣的罗马帝国”：中古早期欧洲的政治发展道路》，《历史研究》2020 年第 2 期。

④ 侯树栋：《对中古德意志政治道路“问题”的思考》，《北京师范大学学报》（社会科学版）2016 年第 1 期。

⑤ 王亚平：《中世纪晚期德意志的邦国制》，《世界历史》2018 年第 2 期。

的合法性。邦国制并不是封建领地制的延续，而是具有主权、立法以及领地的区域化等早期现代国家的一些要素。它为此后宗教改革时期确立的“教随国定”奠定了政治基础，同时也为现在德国的联邦制政体奠定了政治基础。

国外学界近来有低估查理曼统治时期钦差巡察历史作用的趋势。李云飞在《钦差巡察与查理曼的帝国治理》① 一文中，对钦差巡察给予了肯定性评价。陈志强等在《皇帝阿莱克修斯的帝国政治治理研究》② 一文中，全面阐述了阿莱克修斯一世针对性地推行的帝国政治治理措施。这些措施行之有效，一度整合扩大了皇亲国戚等高级贵族的社会基础，提高了中央集权，扭转了拜占庭帝国的颓势。

16 世纪的英国正处于现代化转型时期，政治体制出现重大变化。这一变化在英国政治发展史上意义特殊，以至于当代比较政治学创造出“都铎体制”这一专有名词。在都铎体制当中，议会占有突出地位，但学术界对其是否具备“现代民主”性质一直争论不休。刘新成的专著《英国议会研究（1485—1603）》③ 从唯物史观出发，围绕议会的成员、职能、权力、国王与两院关系等问题展开详细探讨，力图对都铎政体做出新的解释。刘鹏对英国议会请愿的起源问题进行了讨论。④ 边瑶则研究了都铎中期枢密院制度建设问题。⑤

孟广林的专著《英国宪政王权论稿——从〈大宪章〉到“玫瑰战争”》⑥，在系统梳理、批判借鉴西方学术界已有成果的基础上，以唯物史观为理论指南，运用翔实的文献史料，对中世纪后期英国王权的政治基础、时代属性、权力运作以及观念反映做了多层次、多角度的考量，其中对《大宪章》的历史底蕴、贵族阶层的政治行为与诉求、议会和王权的关系、王位和王朝鼎革事件的性质、“有限王权”的政治理想都给予了新的解读与诠释。作者还对西方史学界“辉格模式”的宪政主义观点予以辨析，进而提出在政治史领域将“思想中的政治”、“制度中的政治”与

---

① 李云飞：《钦差巡察与查理曼的帝国治理》，《中国社会科学》2017 年第 8 期。

② 陈志强、李秀玲：《皇帝阿莱克修斯的帝国政治治理研究》，《华中师范大学学报》（人文社会科学版）2016 年第 1 期。

③ 刘新成：《英国议会研究：1485—1603》，人民出版社，2019。

④ 刘鹏：《英国议会请愿的起源》，《世界历史》2020 年第 1 期。

⑤ 边瑶：《都铎中期枢密院建制两方案探析》，《世界历史》2016 年第 3 期。

⑥ 孟广林：《英国宪政王权论稿——从〈大宪章〉到“玫瑰战争”》，人民出版社，2017。

“实际发生的政治”结合起来做系统辩证研究的新理路。

学者们不仅关注对国家层面组织的研究，还重视对“基层”组织的探讨。侯建新在《西欧中世纪乡村组织双重结构论》[①] 中提出，必须着眼于整体的、长时段的经济社会史，引入“庄园—村庄混合共同体”新概念，厘清二者之间的逻辑关系，建构西欧乡村组织双重结构的分析框架，才能揭示这一时期历史的本来面貌。他表示，在此概念中，“庄园”和“村庄”是平行共存的两种成分，“混合共同体”是对这一组合的定性。封建制下的庄园与久已存在的村庄没有一体化，也没有完全各行其是，而是形成既协作又对抗的关系。这种关系是乡村组织双重结构的基础，也是西欧乡村社会独特的历史特征。

二　经济史研究

土地问题一直是古代经济史研究中的重要课题，学者们始终保持着研究的兴趣。郭丹彤的《法老时代埃及土地私有化现象研究》[②] 一文，对埃及法老时代土地私有化现象进行了历史考察。作者认为，埃及国家始终拥有土地所有权，而国王就是土地的所有者。埃及土地私有化进程发端于国王的馈赠，并通过土地买卖和继承而不断深化和加快。古王国和中王国时期，祭田成为埃及个人土地占有的基本形式；新王国时期，士兵的屯田成为埃及个人土地占有的主要形式。无论是土地买卖、租赁、继承、转让以及由此而来的土地纠纷，都是基于土地私有化而进行的。土地的登记制度则揭示了国家对私有土地的承认，而相关土地法规的制定则基于国家对私有财产特别是小块地产的保护。作者还对埃及的垄断经济、赋税体系进行了比较深入的探讨。[③]

王献华在《“神庙经济”论与早期两河流域研究》[④] 一文中，通过梳理学术史，讨论了所谓“神庙经济”的局限性，强调了神庙在两河流域南部经济发展中的关键性保障作用，提出了构建新“神庙经济”理论的可能

---

① 侯建新：《西欧中世纪乡村组织双重结构论》，《历史研究》2018 年第 3 期。

② 郭丹彤：《法老时代埃及土地私有化现象研究》，《历史研究》2016 年第 4 期。

③ 郭丹彤：《国库与古代埃及国家垄断经济的形成》，《东北师范大学学报》（哲学社会科学版）2018 年第 4 期；《国库与古代埃及国家垄断经济的形成》，《东北师范大学学报》（哲学社会科学版）2016 年第 3 期。

④ 王献华：《“神庙经济”论与早期两河流域研究》，《社会科学研究》2019 年第 4 期。

性。关于两河流域历史上是否使用货币以及何时开始使用货币的问题，学术界历来存在争论。欧阳晓丽在文章《两河流域乌尔第三王朝白银的货币功能探析》[①] 中，利用两河流域乌尔第三王朝时期（约公元前 2112 ~ 前 2004 年）温马省的经济管理文献，考察白银在该省经济活动中的流通过程，进而论证白银所具有的支付手段、价值标准、交易媒介和存储手段四种货币功能以及对温马经济的促进作用。作者认为，在乌尔第三王朝高度集中的再分配经济中，白银所执行的货币功能为参与经济活动的各方（包括缴纳赋税的依附民、温马省政府和王室）都提供了一定的弹性和自由度，发挥了不可或缺的作用。

陈思伟的《公元前 4 世纪雅典海上贸易借贷特征》[②] 一文，论证了公元前 4 世纪雅典海上贸易借贷中人们所创造的信用担保、第三方支付、转账等信用形式，它们使海上贸易借贷不再完全是以金属钱币为中介的货币使用权的转移，而是呈现比较明显的信用意识。作者认为，由于具有分担贸易风险、扩大贸易规模、实现利益最大化的作用，海上贸易借贷属于以营利为目的的生产性借贷。公元前 4 世纪雅典海上贸易借贷中呈现与自身经济发展水平相契合的新特征。他在《埃及与印度次大陆的海上贸易及其在罗马帝国经济中的地位》[③] 一文中，利用穆泽里斯纸草文献，论述了罗马埃及与印度次大陆之间海上贸易的运作过程及其在罗马帝国经济中所具有的重要地位。

马克垚先生《西欧封建经济形态研究》[④] 主要考察了庄园、农奴制、城市和农村公社等西欧封建社会的一些经济形态，逐一阐释了它们的经济实质和法律形式，研究了它们的发展变化以及在社会中的地位。作者根据世界主要国家、民族的历史，综合比较出前资本主义社会的共同特征，揭示了世界历史发展的统一性。徐浩的专著《中世纪西欧工商业研究》[⑤]，分别论及城市化水平、货币化、商人、市场发育及其治理、生产要素市场、工业的组织、生产、管理、机械化以及妇女在工业化进程中

---

① 欧阳晓丽：《两河流域乌尔第三王朝白银的货币功能探析》，《世界历史》2016 年第 5 期。

② 陈思伟：《公元前 4 世纪雅典海上贸易借贷特征》，《世界历史》2018 年第 6 期。

③ 陈思伟：《埃及与印度次大陆的海上贸易及其在罗马帝国经济中的地位》，《历史研究》2018 年第 1 期。

④ 马克垚：《西欧封建经济形态研究》，商务印书馆，2020。马先生经典之作 2020 年由商务印书馆重印。

⑤ 徐浩：《中世纪西欧工商业研究》，三联书店，2018。

的作用等问题。

侯建新的《思想和话语的积淀：近代以前西欧财产观的嬗变》① 和《封建地租市场化与英国“圈地”》② 在中世纪经济史研究领域颇具代表性。在前文中，作者提出，西欧财产观念的形成是特定历史条件的产物，就观念的承袭性而言，它渊源于日耳曼传统与习惯，同时滥觞于古典文明与基督教，是上述三元素的混合物。对中世纪社会生活产生的主体权利概念以及该观念与西欧财产观的逻辑关系的分析，不仅显示了西欧历史的连续性，而且展现了思想和话语积淀的巨大社会历史价值。有关财产权利的讨论，还衍生了“穷人的权利”“少数人的权利”和臣民抵抗权等话题，它表明，中世纪财产权利观念并非单向和僵硬地强调物主的权益，其具有丰富的内涵与深远的影响。在后文中，作者提出，16 世纪前后，地租急剧上扬，广受社会舆论诟病，不过地租变动的前因后果以及地租与圈地的内在逻辑联系，需进一步研究。传统所理解的地租演进历程，是封建地租走向资本主义地租，而作者力图从中世纪乡村生活内部探求其潜在的否定因素。作者认为，英国封建制的某些契约因素支持了中世纪农民经济繁荣，后者的发展最终却对整个封建经济形态提出挑战，这样近代与中世纪的内在联系，地租飙升及其与圈地运动的内在联系，得到了更深入的解释。国际贸易的扩张、养羊业的发展、价格革命等都在发生作用，但最终还要土地本身发生变化，土地和地租市场化才是颠覆中世纪田制的最直接的铺垫。

刘景华在其长文《中世纪西欧城市与城乡关系的转型》③ 中探讨了中世纪西欧城乡关系的演进过程及其动因。作者认为，中世纪欧洲城乡关系是对立关系，一种辩证的对立统一关系。从经济生活层面看，中世纪西欧城乡是共生和互动的：乡村向城市供应资源，城市为乡村提供工商服务。在这种共生与互动的静态表象下，城市实际上导引着城乡关系向近代方向的转变。城市最初以极具渗透力的商品货币关系侵蚀着乡村的农本经济，解构了乡村的封建关系。当城市因其一定的封建属性而束缚了自身发展时，城市要素又向乡村转移，促使乡村工业兴旺，客观上强化了城市和城市资本对乡村的支配力，并使乡村逐渐变成城市的依附者和从属物。在乡

① 侯建新：《思想和话语的积淀：近代以前西欧财产观的嬗变》，《世界历史》2016 年第 1 期。

② 侯建新：《封建地租市场化与英国“圈地”》，《世界历史》2019 年第 4 期。

③ 刘景华：《中世纪西欧城市与城乡关系的转型》，《世界历史》2017 年第 6 期。

村工业基础上形成的新型城市，成为这些乡村工业区的控制中心，近代的乡村城市化模式由此诞生。

马丁在《欧洲宗教改革与瑞士钟表业的崛起》① 一文中讨论了令人感兴趣的问题。作者从宗教改革中探求瑞士钟表业发展、崛起的动因。赵立行的《欧洲中世纪教会经济立法及其伦理》② 一文，力图以基督教大公会议所制定的相关经济立法教规为对象，厘清教会经济立法和伦理之间合理的逻辑关系。

三 文化与社会研究

民族起源、民族认同是文化研究中的重要内容，也是当前国内外学术界关注的重点之一。徐晓旭的《历史语言学、考古学与希腊人种族起源研究》③ 一文，力图通过考察和分析希腊人种族起源问题的研究史，凸显历史语言学和考古学在其中的地位和作用。作者认为，正是历史语言学和考古学，而非相信起源神话包含历史真实性的历史实证主义史学，对该问题的研究发挥了实质性的奠基作用。在历史语言学和考古学主导下的多学科交叉合作、多种方法和理论模式的综合运用，使人们对原始印欧人及其语言和故乡、前希腊底层语言、“希腊人的到来”等史前历史的认识日益走向深入。作者在另一篇文章《古代希腊人族群认同的形成》④ 中，勾勒了希腊人族群生成的过程，以“希腊人”为族称的族群，是原来仅各具其名但又彼此互动且不断发展其多重认同网络的、说希腊语的各个小族群，以安泰莱近邻同盟和奥林匹亚赛会这两种国际性的宗教体制为核心，日益聚合和扩大，最后于公元前 7 世纪初形成的。

徐松岩的文章《古代“希腊”的起源与流变——一项概念史考察》⑤ 主要是对“希腊伪史论”观点的回击。作者勾勒了“希腊”从无到有、从小至大、从古至今的演变历程。他指出，“希腊”（Hellas）意即希腊人所居之地。在希腊人到来之前，古代巴尔干半岛南部断无“希腊”之名。公

---

① 马丁：《欧洲宗教改革与瑞士钟表业的崛起》，《世界历史》2020 年第 2 期。
② 赵立行：《欧洲中世纪教会经济立法及其伦理》，《中国社会科学》2018 年第 2 期。
③ 徐晓旭：《历史语言学、考古学与希腊人种族起源研究》，《史学理论研究》2019 年第 1 期。
④ 徐晓旭：《古代希腊人族群认同的形成》，《外国问题研究》2017 年第 1 期。
⑤ 徐松岩：《古代“希腊”的起源与流变——一项概念史考察》，《北京师范大学学报》（社会科学版）2019 年第 4 期。

元前 3 千纪末开始，一批批希腊人移居该地区并与此前定居此地的皮拉斯基人相互融合，开启了历经千余年的希腊的扩大与皮拉斯基亚的缩小的进程。大约至古风时代之初，希腊的地理、语言、族群、文化内涵基本成型；此后数百年直至近代，虽然随着希腊人移居范围扩大，出现“大希腊”和“希腊世界”的说法，但作为文化、族群和地理意义上的“希腊”，其内涵和范围已经不是问题。希腊被称为“格里西亚”（Graecia）源自罗马人的讹误。历史上希腊地区长期处于异族统治之下，1822 年希腊宣布独立之前确实不存在一个被称为“希腊”的国家，但不容否认的是，以希腊半岛为核心区域的“希腊”历史文化，始终是真实存在的。

张巍在其专著《希腊古风诗教考论》中讨论，希腊古风时代诗如何承载文化的理想成为教育的形式，这种意义上的“诗教”与其他社会和政治制度的关系如何？作者在厘清 paideia 概念的基础上，对上起公元前八世纪下至公元前五世纪早期的诗人，进行了详细分析；从“诗教观念”的角度，分别讨论哲学教育和修辞演说教育如何与诗教鼎足而立，从“诗教施行”的角度，探究“诗教”如何在具体的表演场合上运作，诗歌如何借助表演与“智慧”传达的紧密联系来实现其教育功能，以及诗教与城邦政治生活之间的关系。

希腊化时代是东西方文化交流的繁盛时代，丝绸之路是东西方文化交流的桥梁与纽带。杨巨平和杨共乐的著述，是探讨希腊化时代、丝绸之路文化交流和文明交往的具有代表性的作品。杨巨平的《碰撞与交融——希腊化时代的历史与文化》[①] 一书探讨了希腊化时代文化的发展历程、基本特征和重大影响。他提出，希腊化时代文化经历了三个发展阶段，基本与亚历山大之后希腊人与当地民族的互动程度相一致，多元、统一是其基本特征。它与希腊古典文化的根本区别在于，它是希腊人与被统治民族共存之地的文化，是以希腊人为创造主体、希腊文化形式为基本载体，同时吸收埃及、巴比伦、印度文明等文化因素之后形成的混合文化。它可能只是流行于希腊化世界上层的精英文化，但它的影响会通过钱币、宗教和政治统治的触角伸向广大的社会下层。就欧亚大陆文明间的沟通而言，它承前启后，可谓人类历史上第一次文化大碰撞、大交流、大融合。

杨共乐的《通向世界的丝绸之路》用大量的史料论证了早期丝绸之路的存在，并首次提出：“东西方各文明区之间早在公元前 1 世纪至公元 8

---

① 杨巨平：《碰撞与交融——希腊化时代的历史与文化》，中国社会科学出版社，2018。

世纪就形成了一个较为完整且自成一体的‘丝绸世界’。这个世界从产丝的中国开始，转经中亚、波斯或印度，再到买丝消费的罗马。这是世界上出现的一种独特的跨文明区但同时又超越跨文明区的文明现象。”①

杨共乐总主编的《“一带一路”古文明书系》② 主要研究“一带一路”沿线对人类历史发展有重要影响的古代文明，主要包括古代埃及、巴比伦与亚述、印度、波斯、中国、希腊、罗马等文明。此系列著作，以中西比较、中西交流为研究特色，既注重宏观理论思考与对历史的反思，从当下观察古代文明的整体性变迁，以宏大的视角展示古代文明的兴衰；又注重具体问题的实证性研究，并反映学术研究的最新动态，用中国人的视野来重新观察世界，架构认识世界的话语权。

庞国庆的文章《古希腊文化与拜占庭帝国的塑造——以〈荷马史诗〉为例》③ 重点通过《荷马史诗》讨论古希腊文化在拜占庭帝国基本特征的形成和发展中的作用。陈志强在文章《拜占庭文化的特征》中，④ 总结提炼了拜占庭文化展现出来的特征，认为它具有鲜明的继承性、开放性和传承性，它在地中海世界漫长的中世纪期间，以特殊的方式对古希腊罗马文明进行保护，为这份珍贵的文化遗产披上了基督教的外衣，并将其中诸多内容融合到拜占庭生活方式中。

妇女史和社会史的研究一直受到学者们的重视。金寿福在《从写给死者的信看古埃及妇女的社会地位（公元前 2100 年至前 1300 年）》⑤ 一文中，对古埃及妇女地位高甚至与男性地位平等的观点提出了质疑。温珊珊的文章《公元 1—3 世纪罗马帝国西部的城市捐助人——以共餐捐助为中心的考察》⑥ 对古罗马社会的一个重要群体城市捐助人进行了较为深入的探讨。刘林海的《欧洲宗教改革时期的济贫改革再探》⑦ 一文重新思考了欧洲宗教改革时期的济贫改革。

---

① 杨共乐：《通向世界的丝绸之路》，北京师范大学出版社，2017。

② 杨共乐总主编《“一带一路”古文明书系》，北京师范大学出版社，2018。

③ 庞国庆：《古希腊文化与拜占庭帝国的塑造——以〈荷马史诗〉为例》，《世界历史》2019 年第 3 期。

④ 陈志强：《拜占庭文化的特征》，《外国问题研究》2016 年第 4 期。

⑤ 金寿福：《从写给死者的信看古埃及妇女的社会地位（公元前 2100 年至前 1300 年）》，《历史研究》2017 年第 2 期。

⑥ 温珊珊：《公元 1—3 世纪罗马帝国西部的城市捐助人——以共餐捐助为中心的考察》，《世界历史》2017 年第 6 期。

⑦ 刘林海：《欧洲宗教改革时期的济贫改革再探》，《社会科学》2016 年第 10 期。

四 理论与史学研究

在史学理论的研究中，概念史、观念史、形象史与历史书写等，一直是学者们感兴趣的主题。李希霍芬提出了著名的“丝绸之路”的概念。刘进宝考察了这一概念在中国的形成及其传播的过程。① 李腾研究了“12世纪文艺复兴”概念发展史，② 曹龙虎探讨了“资本主义”概念的生成及使用历程。③ 刘文明阐述了“帝国”概念在西方和中国的流传。④ 周真真则研究了Charity概念在英国的历史流变及其意涵。⑤ 蔡明讨论了美国劳工史研究中“阶级”的概念重构与范式更新的问题。⑥

葛会鹏在《古代埃及人边疆观的演变及其影响》⑦ 一文中提出，边疆最初用来区分埃及疆域内不同区域的界限；之后更多用于埃及和外族疆域的划分。王忠孝的文章《“无远弗届”：罗马帝国早期疆域观的变迁》讨论了罗马帝国早期疆域观的变迁。⑧ 宋保军在其文章中主要探讨了16世纪欧洲基督教徒的奥斯曼观念。⑨

汉晋时期的中国与罗马帝国是世界两端最具影响力的大国，他们之间有一个相传、相闻、相识和相知的过程。彼此对对方形象的了解与认知也有一个变迁的过程。庞乃明在《亦真亦幻大秦国：古代中国的罗马帝国形象》⑩ 一文中主要考察了罗马帝国在中国人心中的形象。吕厚量的文章《论罗纳德·塞姆〈罗马革命〉中的西塞罗形象》⑪ 分析了罗纳德·塞姆

---

① 刘进宝：《“丝绸之路”概念的形成及其在中国的传播》，《中国社会科学》2018年第11期。

② 李腾：《“12世纪文艺复兴”概念发展史：从让-雅克·安培到查尔斯·哈斯金斯》，《世界历史》2018年第3期。

③ 曹龙虎：《“资本主义”：一个基本概念的生成及其使用》，《世界历史》2017年第3期。

④ 刘文明：《“帝国”概念在西方和中国：历史渊源和当代争》，《全球史评论》2018年第15辑。

⑤ 周真真：《Charity概念在英国的历史流变及其意涵》，《世界历史》2018年第1期。

⑥ 蔡明：《美国劳工史研究中“阶级”的概念重构与范式更新的问题》，《世界历史》2020年第1期。

⑦ 葛会鹏：《古代埃及人边疆观的演变及其影响》，《世界历史》2017年第3期。

⑧ 王忠孝：《“无远弗届”：罗马帝国早期疆域观的变迁》，《历史研究》2020年第2期。

⑨ 宋保军：《16世纪欧洲基督教徒的奥斯曼观念探析》，《世界历史》2017年第2期。

⑩ 庞乃明：《亦真亦幻大秦国：古代中国的罗马帝国形象》，《世界历史》2017年第5期。

⑪ 吕厚量：《论罗纳德·塞姆〈罗马革命〉中的西塞罗形象》，《史学理论研究》2016年第3期。

在《罗马革命》中对西塞罗作的负面评价，塑造了负面形象。作者分析了其中的原因，认为塞姆对西塞罗的批评与蒙森等德国史家的相关论述存在表面上的相似之处，但其根源在于，塞姆本人在第二次世界大战爆发前夕法西斯主义政治宣传甚器尘上的形势下形成的、对几乎一切政治制度与政治家持道德批判态度的政治批判史观。

《法兰克人史纪》（*Liber Historiae Francorum*）是墨洛温王朝时期的三部“当朝史书”之一，尽管曾长期受到冷遇，但如今已成为墨洛温王朝史研究领域不可或缺的史料。关于该书的史学价值，学术界通常关注的是它在法兰克史料链条中的承接角色，而对其写作意蕴的考察不够充分。陈文海的《〈法兰克人史纪〉的写作及其社会秩序诉求》[①] 弥补了这方面的不足。他在梳理文本的基础上提出，《法兰克人史纪》虽然对法兰克民族展开多维度的颂扬，但其写作的根本目的在于，通过对法兰克历史的追溯，借助“传统”的力量，为现实中的法兰克社会政治格局寻求注解，并希望能够维持这一格局。不过，《法兰克人史纪》作者的这一理念终究无法实现。于文杰、刘铭在《马姆斯伯里的威廉与诺曼征服历史书写的“中间路径”》[②] 一文中认为，马姆斯伯里的威廉第一次在诺曼征服的历史书写中寻求平衡诺曼人与英格兰人利益与情感的“中间路径”。他叙述了诺曼征服对英格兰的积极影响以及诺曼人对英格兰造成的伤害与压迫，最终营造出诺曼征服的总体正面形象。而这种“中间路径”成为盎格鲁－诺曼史家书写诺曼征服历史的传统。

史学史研究也是学者们关注的重要领域。杨共乐在比较视野下对古典西方史学进行了深入研究。他发表的《修昔底德撰史特点新探》、《修昔底德〈伯罗奔尼撒战争史〉卷一书写方式探析》等系列文章，在辨析ἱστορία、συγγράφω等核心概念的基础上，提出古希腊人的史学之源是多元而非简单的一元，他们的史学存在ἱστορία、συγγράφω两种不同的撰史方式，并有各自的学术航线，这对重新审视西方古典史学的源头、发展路径和典型特征意义重大。张广智先生的《西方史学史》[③] 在国内学术界颇有影响力，2018 年第四版出版。该书系统阐述了始于古希腊迄至现当代的西方史学，纵贯西方古典、中世纪、近代和现当代史学的发展历程。作者在

---

① 陈文海：《〈法兰克人史纪〉的写作及其社会秩序诉求》，《中国社会科学》2017 年第 1 期。

② 于文杰、刘铭：《马姆斯伯里的威廉与诺曼征服历史书写的“中间路径”》，《历史研究》2019 年第 5 期。

③ 张广智：《西方史学史》（第四版），复旦大学出版社，2018。

书中重视考察西方各个时期的史家、史著、史学思潮和流派，意在揭示西方史学的新陈代谢，突出史学思想的发展变化。

陈恒的专著《西方城市史学》[①] 对城市史研究的对象、范围与内容进行了界定，作者指出，城市史研究涵盖的领域非常广泛，不仅研究城市的起源、嬗变，研究城市本身的历史与文化，研究城市与人、自然之间的关系，研究城市设施、居民生活与礼俗的变迁，而且研究那些有关城市的理论。

五 比较研究

比较研究是有效的史学研究方法之一。刘家和先生在中外古史比较研究领域做出了开创性的贡献。他提出比较研究不仅要察同，从异中见同，还要辨异，从同中见异。刘先生在《理性的结构：比较中西思维的根本异同》中从思维和文化的高度探讨中西不同之根源。他指出，理性在中西文明中发挥着关键性作用。理性有不同的内容和类别，不同的理性类别组成不同的理性结构。古代西方的理性结构包括逻辑理性、自然理性、实践理性/道德理性、审美理性，但缺少历史理性，其理性结构以纯粹理性为主导，逻辑理性居于统治地位。中国的理性结构包括历史理性、自然理性、道德理性，有逻辑思想，但未发展出逻辑理性，其中历史理性占有支配地位。逻辑理性主宰了西方的思维，历史理性引领了中国的思维。这种理性结构的不同是中西思维不同的根本原因所在。中西文明之别，关键就在于理性结构的不同。西方文明中逻辑理性占主导和中国文明中历史理性占主导，其根本在于二分法的不同。中西的二分法之不同，其部分原因则可溯源于各自语言之不同。语言特点不同，是中西文化不同之源头。[②] 这对我们研究、审视中西文明具有重要的理论指导意义。

杨共乐在《古代希腊史学特征刍议——比较视野下的思考》[③] 一文中，从中希古代史学比较的视角，探讨希腊古代史学值得关注的特征。他认为，希腊的史学始终受“反历史倾向”（anti－historical tendency）的影响，

① 陈恒：《西方城市史学》，商务印书馆，2017。

② 刘家和：《理性的结构：比较中西思维的根本异同》，《北京师范大学学报》（社会科学版）2020 年第 3 期。

③ 杨共乐：《古代希腊史学特征刍议——比较视野下的思考》，《史学理论研究》2016 年第 3 期。

未能在史学发展的连续性方面有所创造和突破。将大量的演说辞应用于历史著作之中是希腊古代史学的重要特征。这些特征与民族的政治文化传统密切相关。吴晓群致力于古希腊与中国先秦仪式比较研究。她在新作《文化表演与思想阐释——公元前8—前3世纪希腊与中国哀悼仪式中的两个主要环节》[①]中，力图通过对希腊和中国哀悼仪式中两个具体环节的比较，挖掘其蕴含的文化意义。她认为，中希两个古代社会的哀悼和葬礼在早期有着程序及表演行为上的相似之处，但随后表现出巨大的差异，其根源在于哀悼和葬礼背后不同的思想观念。作者在具体个案研究的背后，关注的是中西之间不同的发展路向问题。王大庆教授则对古代希腊和古代中国之间的"竞争"观念进行了深入的比较研究。[②]

3～6世纪在中西历史上都占有重要位置，它们在很大程度上决定了中西历史发展的趋向。在这一时期，中西都经历了政治分裂、新起民族政权的挑战和新宗教的冲击，但在历史现象层面的相似背后，蕴含着深刻的同中之异。中国历史和文明历经危机而得以连续发展，西方历史和文明则在危机中断裂。刘家和、刘林海在《3—6世纪中西历史及文明发展比较研究》[③]一文中，对中西历史发展不同特点和路向的原因进行了深入的比较分析，认为它是由双方的政治、民族及文化等结构差异所决定的。在政治结构上，中国延续了秦汉以来形成的统一的中央集权的郡县制国家和大一统观念，是有机的统一，比较牢固；罗马延续了城邦体制及其理念，是松散的统一，并不牢固。在民族结构上，中国的胡汉关系历史悠久，融合程度深，以地域和文化界定夷夏；罗马与蛮族接触较晚，融合程度有限，更注重以法律身份区分不同的群体。在文化结构上，中国始终保持了儒家为主而又兼容多元信仰的特点；西方由多神信仰转向一神信仰，主流意识形态发生变化。

马克垚先生的《古代专制制度考察》[④]以作为一种政体的专制主义为研究对象，通过对罗马帝国、中世纪西欧、俄罗斯和古代中国在君主权

① 吴晓群：《文化表演与思想阐释——公元前8—前3世纪希腊与中国哀悼仪式中的两个主要环节》，《北京师范大学学报》（社会科学版）2020年第3期。

② 王大庆：《"尚争"与"崇让"：古代希腊和古代中国的竞争观念比较》，《光明日报》2018年6月3日；《试比较古代希腊与古代中国的竞争观念》，《史学月刊》2018年第12期。

③ 刘家和、刘林海：《3—6世纪中西历史及文明发展比较研究》，《北京师范大学学报》（社会科学版）2019年第5期。

④ 马克垚：《古代专制制度考察》，北京大学出版社，2017。

力、法律制度、财政税收、军事制度、工商业发展、社会阶层等多方面的系统考察和比较研究，批驳了以古代西方为民主渊薮、以古代中国为专制统治的东方主义思维。

顾銮斋的《中西中古税制比较研究》[①] 集中探讨赋税基本理论的概念，中西中古赋税基本理论的异同，税权的归属与行使，赋税的征收、支出与管理，主税项的演变和转换，税收组织，赋税结构，特色税项与税法，商税和关税的质量及其与资本主义萌芽的关系，中西中古赋税史的演化路线等问题，从而解答了同为传统农业社会，为何中西中古社会形成了迥然不同的经济政策体系，应当怎样认识中古农业国家必然以农业税作为基础的传统结论等问题。

此外，在比较研究领域，张巍教授承接此前的学术活动，于 2017 年、2018 年分别组织了第四、第五期“古代文明比较研究工作坊”国际会议，以推动古代文明比较研究工作的开展。

六　学术史研究

在过去五年中，学术界也对世界上古中世纪史学科以及相关专题领域进行了学术总结和反思。马克垚先生从总体上论述了自 1949 年新中国成立以来，我国世界史学科从无到有、从小到大的发展历程，其中涉及世界上古中世纪史研究的状况。马先生在肯定世界史学科取得巨大成就的同时，也敏锐地指出了世界史学科在发展均衡性、从业者队伍建设、理论建设方面的局限和不足，指明了世界史学科前进的方向，强调我国的世界史研究要具有中国视角和世界眼光。[②] 晏绍祥教授从世界古代史研究机构的设立、研究队伍建设、人才培养、学术杂志创办、史料翻译与资料积累、国外学术成果译介、研究的热点问题、研究领域拓展、研究成果的涌现等方面论述改革开放以来我国世界古代史研究取得的巨大成就，同时也鲜明地指出世界古代史研究存在起步晚、底子薄，研究队伍规模小且质量参差不齐，学科发展不平衡等问题。作者认为这些问题都是发展中的问题，中国的世界古代史研究未来可期。[③]

---

① 顾銮斋《中西中古税制比较研究》，社会科学文献出版社，2016。

② 马克垚：《70 年砥砺前行的中国世界史学科》，《历史研究》2019 年第 4 期。

③ 晏绍祥：《改革开放以来的世界古代史研究》，《世界历史》2018 年第 4 期。

侯建新教授大体以2000年为界，分两个阶段对我国40年来中世纪史研究进行了回顾与反思。他指出，在第一阶段，研究风格多有宏大叙事的色彩，学术界主要围绕“亚细亚生产方式”与社会形态、欧洲传统社会向资本主义社会的过渡等热点问题展开讨论，在中古中西比较等专题领域取得的成果至今仍有很深影响。第二阶段在研究风格上倾向于中观、微观研究和更加实证性的专题研究；其特点是研究领域拓宽、研究时段延伸，一些薄弱领域研究取得进展，部分传统课题的研究进一步深化，新成果不断涌现。作者也指出，中世纪研究领域需要更加重视原始卷宗等一手史料的使用和积累，需要改变研究队伍体量小、学科布局不平衡的状况，提升原创能力。[①]

侯树栋教授对有关“晚期古代”研究的最新动态进行了梳理、总结与反思。作者认为，晚期古代是最近半个世纪以来书写古代世界结束和中世纪生成的主导概念和模式，中世纪早期史的研究也向诸多传统假设和论断提出挑战。一系列新论断显示了价值观的再定向。从古典文化本位论到多元文化论、从政治史和制度史到宗教文化史、从民族主义到欧洲主义，反映了晚期古代和中世纪早期史研究领域新的价值取向。[②]

此外，也有学者对西方学术界关于希腊罗马世界中的埃塞俄比亚人研究、[③] 西方学术界关于罗马共和国帝国主义动力的讨论、[④] 西方学术界关于欧洲早期中古史研究的最新动态、[⑤] 中世纪盛期英国城市化水平研究[⑥]等专题进行了梳理、分析、总结和反思。这些成果对于我们下一步开展相关领域的研究工作，无疑有重要的借鉴和指导意义。

七　国外代表性成果的翻译与介绍

吸纳国外学术界的优秀成果，是我们学术研究的重要方面之一。在过

① 侯建新：《中国世界中世纪史研究40年》，《世界历史》2018年第4期。

② 侯树栋：《晚期古代和中世纪早期史研究中的新价值取向》，《北京师范大学学报》（社会科学版）2019年第4期。

③ 冯定雄：《社会思潮与史学研究：近代以来西方学界对希腊罗马世界中的埃塞俄比亚人研究》，2018年第5期。

④ 晏绍祥：《西方学术界关于罗马共和国帝国主义动力的讨论》，《全球史评论》2016年第10辑。

⑤ 刘寅：《传承与革新：西方学界关于欧洲早期中古史研究的新进展》，《世界历史》2018年第1期。

⑥ 谷延方：《中世纪盛期英国城市化水平研究》，《世界历史》2018年第4期。

去的五年中，我国世界上古中世纪史研究领域的学人将国外不少有代表性的作品译成中文，成果丰硕，为推进我国该领域的研究做出了贡献。郭小凌、郭子林所译《古代民主与现代民主》,[①] 黄洋所译《古代经济》[②]，晏绍祥、陈思伟所译《希腊史》[③]，朱龙华所译《希腊史：迄至公元前322年》,[④] 王大庆所译《古希腊的经济与经济学》,[⑤] 吕厚量所译《罗马革命》[⑥]《堕落之海：地中海史研究》,[⑦] 孔祥民、刘林海等译《宗教改革史》,[⑧] 徐家玲所译《拜占庭帝国史》[⑨]，等等。其中尤其值得提到的成果是汉译《剑桥古代史》《新编剑桥中世纪史》，此系武寅研究员、郭小凌教授等所主持国家社会科学基金重大招标项目成果。在项目主持人的精心组织下，世界上古中世纪史领域的骨干力量经过多年努力完成了这一浩大的翻译工程，其中的部分作品已经出版。这些作品的翻译出版，必将推动我国世界上古中世纪史学科的发展。

尤值得提及的是，在世界上古中世纪史研究领域，越来越多的在西方受过古典学系统训练的学者回国工作，他们回国后在 *the Classical Review*, *Classical Journal*, *The Journal of Greco - Roman Studies*, *Classical Quarterly*, *Philologus* 等国际高水平的刊物上发表自己的见解，为我国的世界上古中世纪史研究注入了新的活力。

在过去近五年当中，我国世界上古中世纪史领域的学人，无论在宏观研究，还是在中观和微观研究方面；无论在理论探讨，还是在具体实证研究方面，都取得了丰硕的成果。这为我们下一阶段的研究奠定了坚实的基础。

---

① 〔英〕M. I. 芬利：《古代民主与现代民主》，郭小凌、郭子林译，商务印书馆，2016。

② 〔英〕M. I. 芬利：《古代经济》，黄洋译，商务印书馆，2020。

③ 〔英〕乔治·格罗特：《希腊史》，晏绍祥、陈思伟译，北京理工大学出版社，2019。

④ 〔英〕N. G. L. 哈蒙德：《希腊史：迄至公元前322年》（上、下册），朱龙华译，上午印书馆，2018。

⑤ 〔美〕雨宫健：《古希腊的经济与经济学》，王大庆译，商务印书馆，2019。

⑥ 〔英〕罗纳德·塞姆：《罗马革命》（上、下册），吕厚量译，商务印书馆，2018年。

⑦ 〔英〕佩里格林·霍登、〔英〕尼古拉斯·珀塞尔：《堕落之海：地中海史研究》，吕厚量译，中信出版社，2018。

⑧ 〔英〕托马斯·马丁·林赛：《宗教改革史》（上、下卷），孔祥民、刘林海等译，商务印书馆，2016。

⑨ 〔美〕A. A. 瓦西列夫：《拜占庭帝国史》，徐家玲译，北京：商务印书馆，2019年。

学科建设研究

从耿淡如到张广智

——西方史学史学科建设的代际传承

邹兆辰

（北京师范大学历史学院，北京　100875）

摘　要：新中国成立70年来，几代中国学人为建立中国人自己的西方史学史学科体系筚路蓝缕、辛勤开拓、建立基业。20世纪60年代，复旦大学的耿淡如为此付出了艰辛的努力，奠定了初步的基础。改革开放以后，张广智接过前辈的接力棒，在新的条件下继续奋力开拓。如今，复旦大学历史系已经基本完成了西方史学史学科体系的建设，形成了自己独立编撰、全国高校适用的教材，完成了继续深入研究西方史学史的学术专著，开展了与西方史学史相关的重要课题的研究，形成了高标准的学科人才培养机制，并且形成了本专业学人共同认可的学术理念、治学路径。这些，就是中国西方史学史研究的复旦学派的学术旨趣。

关键词：耿淡如　张广智　西方史学史　复旦学派

在中外史学发展史上，不乏两三代学人共同完成一部史学名著的编纂工程或形成某种史学流派的现象。司马谈、司马迁父子共同书写《史记》，不仅完成这部中国纪传体史书的开山之作，而且成为鼓舞历代史家为完成共同追求而前赴后继努力奋斗的精神力量。今天，我们从复旦大学历史系耿淡如、张广智两代学人20世纪60年代以来50多年的奋斗历程上，不难看出这种奋斗精神代际传承的影子。他们都是当代普通的史学工作者，而且一贯主张淡泊名利、勤奋治学，把“谦虚治学，谦虚做人”作为自己的座右铭，把自己所做的一切看成是“垦荒者”的工作。本文的宗旨，在于对他们在西方史学史学科建设的基本理念如何代际传承并在实践中取得丰硕成果的内在学理进行一些初步的探索，为当前中国史学的“三个体系”建设寻求一些启示。

一　中国西方史学史学科建设的开拓者：耿淡如

耿淡如的名字在一般史学工作者特别是年轻的史学工作者中，或许不是一个如雷贯耳的名字。但是，他在他那一代学人中，却是一位备受尊敬的老学者。他在 20 世纪的 30 ~ 50 年代，在国际政治领域、世界中世纪史教学领域，都是一位权威学者。到 20 世纪 60 年代，他又开始了对西方史学史学科建设的开拓。

耿淡如，1898 年 3 月出生于江苏省海门县的一个农家，父母都是不识字的普通农民。7 岁时入私塾受教。1908 ~ 1917 年，在家乡海门念小学和中学。1917 年考入复旦大学文科，1923 年以优异成绩从复旦大学毕业，获“茂才异等”金牌。1923 ~ 1929 年，在海门中学和复旦大学附中任教。1929 年，在一位热心教育的同乡富商的帮助下赴美留学，进哈佛研究院，攻读政治历史与政治制度，1932 年毕业获硕士学位，并归国回上海，任复旦大学政治系教授。1933 年起任光华大学教授，曾任政治系主任，讲授过政治学原理、欧洲外交史、西洋通史、国际公法等课程。新中国成立后，经院系调整到复旦大学历史系任教授，在世界上古史教研室工作。1964 年，开始招收世界中古史研究方向和西方史学史方向的研究生。“文革”时遭受迫害，被关入牛棚。1975 年 7 月 9 日逝世，享年 77 岁。

耿淡如先生的西方史学史学科建设工作是从 20 世纪 60 年代初才开始的。当时，耿先生已经过了花甲之年。为什么他能够在这一个中国学人十分陌生的新领域里进行开拓呢？从 60 年代初到“文革”前夕，只有几年的时间，他为这个学科的建设做了些什么工作？他所做的工作对这个学科的建设有什么影响？这就是我们首先要探讨的问题。

第一，耿淡如先生在世界史方面深厚的学术积淀。

耿淡如先生回国后在政治系任教授，写了大量国际问题研究的文章，除讲授政治学的课程外，也开始了“西洋通史”的教学。当时的中国，没有世界史学科，所谓“西洋通史”课也就是世界史的教学，这表明他从 20 世纪 30 年代初就开始了世界史的教学。当年，曾经在光华大学“借读”

的何炳棣先生写道："教西洋史的耿淡如是翻译名家。"[①] 这表明，35 岁的耿淡如先生不仅已经开始讲授世界史，而且已经在翻译外国名著上很有影响。

在教学和翻译工作之外，耿淡如从 1933 年起开始从事国际问题的研究与写作。1933 年 4 月，他就在《外交评论》上发表《太平洋委托治理地问题之另一观察》一文，以后陆续在《东方杂志》《新中华》《复旦学报》等刊物发表文章，并在《正言报》《新中华》等报纸上刊发时评。2000 年，耿淡如的儿子和学生为纪念他百年诞辰，曾把他发表的有关国际问题的评论文章辑录成《耿淡如先生国际论文集》（上、下册），计有 190 余篇，近百万字。当时《外交评论》对耿文的评价是："耿淡如先生研究国际关系，观察明确，别有见地。"张广智先生在《西方史学史散论》中，从耿先生的大量国际问题评论文章中，选取了 11 篇，包括《美国对华政策之核心》《太平洋日本委托治理地之争端》《美国与国际法庭》《埃及反英运动之检讨》《〈法意〉中所论之中国政制》《达达尼尔海峡设防问题》《巴力斯坦事件之剖视》《美国中立法之回顾与前瞻》《西欧公约问题》《五年来之欧洲政局》《太平洋公约问题》等。他所写的这些文章，所论述的都是国际关系问题上的一些前沿问题，确实是"观察明确，别有见地"。正如张广智先生评论说："在我看来，他是一位具有历史学家底色的国际关系史研究专家，有精湛的历史学，尤其是世界历史方面的素养，无论是东亚形势、欧美政局，还是西亚非洲事端，论前瞻必先回顾，说现在务述往事，因此其文深入而不表象，厚重而不肤浅，以此迥异于泛泛而论、言而无史的文章。"[②] 确实如张广智所评论，耿淡如先生在他人生精力最充沛、思维最敏捷的时期，把他所学的知识（包括世界历史的知识），全部用于对国际政治问题的研究与述评。没有充分的世界历史知识和广阔的国际视野、敏锐的国际问题判断能力，是不可能从事这项工作的。

在从事国际政治研究的同时，耿淡如先生也在翻译事业上取得丰硕成果。耿淡如先生对外语的把握有着特殊的天赋。据张广智先生回忆：耿先生通晓多门外语，如英文、法文、德文、西班牙文，还有拉丁文等。20 世纪 50 年代初，为了在教学与科研中更好地向苏联历史科学学习，先生决心

① 张广智编《耿淡如先生学术编年》，载《西方史学史散论》，复旦大学出版社，2015，第 339 页。

② 张广智：《垂范学林，名满天下》，载《西方史学史散论》，复旦大学出版社，2015，第 322 ~ 323 页。

自学俄文。通过自学，他很快掌握了俄文，并在教学科研中迅即发挥了作用。去世前两年，他因重病住院治疗。在病房里，他不顾病痛的折磨，坚持自学日语，很快能阅读相关文献。他认为任何一门外语，都可以通过自学解决。这种惊人的学习和掌握外语的能力，不能不令人叹服。

从青年时代起，耿先生就把他掌握外语的超常能力运用到翻译工作的实践中。

1933 年 9 月，他与沙牧卑合译的美国历史学家海斯等著的《近世世界史》由上海黎明书局出版。之所以选择这部书，是因为该书“属于通史一类，搜集广博，而无散漫支离之弊，洵通史中之佳作”。他的译风“平实畅达”，由此奠定了他翻译家的地位。

20 世纪 50 年代，由于教学的需要，耿淡如先生据俄文原版大学教材和相关资料，翻译并编写出世界中世纪史讲义。后来他为了给高年级学生开设“近代国际关系史”选修课，又据俄文翻译了三册共 60 万字的《世界近代史文献》，其中第二卷 1957 年由高等教育出版社出版。这一年，耿先生还翻译了苏联史学家斯卡士金编的《世界中世纪史参考书指南》。1959 年 5 月，他与黄瑞章共同编译并注释的《世界中世纪史原始资料选辑》，由天津人民出版社出版。该书包括世界中世纪史原始资料 15 篇，可供高校学生学习世界中世纪史时参考。

他翻译的美国历史学家汤普逊的《中世纪经济社会史》上、下册分别于 1961 年、1963 年由商务印书馆出版，2011 年由商务印书馆作为“汉译世界学术名著丛书”之一再版。1962 年，他开始翻译英国历史学家古奇的名作《十九世纪历史学与历史学家》，部分译作油印刊出，供历史系学生阅读。该书在“文革”前已经译就，但未能出版，直到 1989 年才由商务印书馆作为“汉译世界学术名著丛书”出版。他还参与翻译了英国历史学家汤因比的《历史研究》（下册），1964 年出版。

除了翻译作品之外，耿淡如先生在 20 世纪 50 年代还发表了一些世界史方面的教学参考文章，如 1956 年在《历史教学》上发表的《英国圈地运动》，1957 年发表的《尼德兰革命》，等等。此外，他也有编写教材的经验，如 1936 年与王宗武合作编著的《高级中学外国史》上、中、下三册，由南京正中书局出版。1954 年他主持编写的《世界中古史》交流讲义，由高等教育部代印。该讲义虽然是根据苏联学者科斯敏斯基关于世界中世纪史的相关论著编译而成，但书末附有耿淡如编写的 20 章的内容撮要。这说明，他是具有编写各类教材经验的一位学者。

总之，到 1961 年高等学校文科教材编写会议时，耿淡如先生已经是“垂范学林，名满天下”的著名学者。虽然他没有编写过西方史学史的教材，而且当时还有多位与耿先生有着相似经历和学术影响力的学者健在，但他确实是这个领域中德高望重、成就最丰的学者。他受命主持西方史学史教材的编写确实是最合适的选择。

第二，耿淡如先生对史学史学科性质的定位。

1961 年 4 月，高等学校文科教材编写会议在北京召开。会议制订了历史专业教学方案和历史教材编选计划，耿淡如先生被列为全国科学规划的世界史学史项目主持人。当时，哲学社会科学领域出现了一种求新务实的学术环境，直接催生了史学界关于史学史问题的大讨论。新中国成立以来，还没有统一编写史学史教材的先例。史学史学科的性质如何界定，史学史应该如何分期，史学史应该包括哪些内容，甚至史学史能不能成为一门独立的学科，这些问题都需要讨论。只有把学科建设的基本理论搞清楚，才能引导学科建设走上正确的道路。耿淡如先生积极参加了讨论，并且做出了自己的回答，这就是他 1961 年 10 月发表在《学术月刊》上的文章《什么是史学史?》。此文在史学史学科本身的发展史上是一篇重要的文章，直到 21 世纪都还受到高度重视。张广智先生也对此文的内容进行过解读。这里根据笔者阅读的体会，重新梳理一下。

在国外的史学史领域，对于史学史学科的性质有不同的见解。耿淡如先生认为，西方学者多是把史学史作为历史编纂学。如英国著名历史学家古奇认为：史学史即历史编纂学，它是为了教导或训示作者的同时代人或后辈而编成的并具有或多或少文艺形式的历史事件的叙述。耿先生认为，这意味着大多数英美学者是把史学史归结为历史编纂学史的，他们直接使用“历史编纂学”来代替“史学史”这个名词，并按照这个框架来编写。耿先生认为，苏联历史学家的定义完全不同。他举瓦因什坦在《中世纪史学史》里提出的定义：史学史应该——在和社会发展联系下——研究历史科学的发展，表现在历史学派、历史思潮和所有历史概念体系之合乎规律性的交替，也应该研究历史科学对制定最重要的社会观念方面之影响。另一位苏联学者齐霍米罗夫则认为：史学史是科学，研究人类社会发展的知识积累史、历史研究方法的改进史、各种学派在解释阶级斗争的社会现象方面之斗争史、历史发展规律的揭露史，以及马克思列宁主义历史科学对资产阶级伪科学的胜利史。耿淡如先生倾向于苏联学者的定义，认为他们清楚地指出了史学史应该包括什么，研究什么。他们肯定史学史是一种科学，认定史学史的研究应该在和社会发展联系下揭露社会发展的规律性，并找出史学发展的规律性。

在分析了苏联史学工作者关于史学史的定义以后，耿淡如对史学史的对象与任务提出了若干独立的见解，其中主要有：史学史应该分马克思主义的史学史和前马克思主义的史学史；史学史应该分析历史家、历史学派在思想领域的斗争；史学史应该阐明自身的发展规律；史学史应是历史学的历史，不是历史家的传记汇编和目录学；史学史应和历史哲学史和社会思想史有区别；史学史应该包括历史编纂和历史研究；史学史应结合其他学科来研究；史学史应该总结过去的史学成绩；史学史应该以研究历史的同一方法论来研究；史学史应该对错误的史学思想、流派进行批判。虽然受到了苏联史学家对该问题认识的影响，但可以明显地看出，耿淡如先生已经以马克思主义的史学思想为指导，对史学史学科的研究对象和任务提出了非常清晰的思想路线。这一思想路线对于即将到来的中国的史学史学科建设具有极其重要的指导意义。

第三，耿淡如先生对西方史学史学科建设的实践与基本理念的确立。

1961 年 4 月的高等学校文科教材编写会议确定耿淡如先生为全国科学规划的世界史学史项目主持人后，1961 年底外国史学史教材编写会议在上海召开。这次会议是对 4 月会议的具体落实。参加会议的有北京大学、复旦大学、武汉大学、中山大学、南京大学、杭州大学、华东师范大学等校的教师。与会者认为，应该把外国史学史列入高校历史系的教学计划中，外国史学史主要指西方史学史。会议决定由耿淡如先生主持编写《外国史学史》，由田汝康主持编译《西方史学流派文选》。以此为开端，耿淡如先生开始了西方史学史学科的建设工程。其中主要有两个方面。

一方面是为外国史学史教材的编撰准备资料。

开始一门新学科的建设往往是从编写教材开始，而编写教材必须从准备资料开始。西方学者和苏联学者在资料的积累上比我们早，为我们提供了可以参考的资料，但不能拿过来就用，所以工作就必须从编译资料开始。耿淡如先生这时已经年过花甲，凭借着熟练掌握外语的优势，既翻译英文的资料，也翻译俄文的资料。他从科特威尔的《历史的历史》中摘录了关于修昔底德《伯罗奔尼撒战争史》、李维《罗马史》、奥古斯丁《上帝国》（即《上帝之城》）的资料；他从科斯敏斯基的《中世纪史学史》中摘录了关于奥古斯丁的历史概念、马基雅维里的政治思想与历史著作、维柯《新科学》、伏尔泰历史家地位、兰克历史家地位的资料；从卡尔顿的《历史学导论》中摘录了关于卡尔顿的生活与著作的资料；从凯尔恩斯的《历史哲学》中摘译了关于斯宾格勒的文化形态学的资料；从 B. E. 施密特的《近代欧洲若干历史家》中摘录了关于克罗齐的历史概念的资料；等等。没有这些资料的编译，也就没有后来教材的编写。耿先生把它称为“垦荒者”的工作。他辛勤摘录的这些资料，从 1964 年起就收藏在复旦大学历史系的资料室，今天我们还可以见到耿先生所进行的这些“垦荒者”的工作足迹。

另一方面是进行本科生的教学和研究生的培养。

编写一部适合各高校历史系教学用的教材不是一蹴而就的工作，但它可以从本系教学实践开始。在“文化大革命”开始以前的几年中，耿先生已经给本科生上这门课了。20 世纪 60 年代初，张广智作为本科生系统、完整地听了耿先生上的这门课。1964 年他考取耿先生的研究生以后，又以“助教”的身份参与了最后一次教学。1964 年，耿先生开始了研究生的培养工作，这也是西方史学史学科建设的重要内容。

耿淡如先生在给本科生上“西方史学史”的过程中，建立了自己的西方史学史体系。我们从张广智先生在《西方史学史散论》一书中所披露的耿淡如先生 1964 年给本科生讲课的笔记《古希腊史学述略》、1961 年撰写的《世界史学史大纲》中的《世界中世纪史学提纲》、1962 年 2 月 1 日在《文汇报》发表的《资产阶级史学流派与批判问题》、1962 年 6 月 14 日在《文汇报》发表的《西方资产阶级史家的传统作风》等论著中可以大致看出他的西方史学史教学体系的基本架构。他不是按照英美学者主张的那样，把西方史学史讲成西方历史编纂学史，也不是把它讲成西方史学家传记汇编、西方史学著作介绍一类的课。他是按照与人类社会发展·般规律相平行的趋势，讲述史学发展的历史。他首先讲述了古代东方的史学，认为它是古希腊史学的前奏；接下来讲古希腊史学，认为它在西方史学的新陈代谢中处于很关键的地位，是西方史学的基础与源头。在古希腊史学中，他重点介绍了希罗多德、修昔底德、色诺芬三位史学家。然后介绍了希腊化时期的史学。这次上课，耿淡如讲到古罗马为止。从复旦大学历史系资料室收藏的《世界史学史大纲》来看，他在 1961 年拟定的教学大纲中，计划接着讲世界中世纪史学，包括封建主义史学、人文主义史学（文艺复兴时代）、资产阶级史学初步形成三个阶段。接着一个重要部分是讲资产阶级史学，这一部分从文艺复兴运动开始，讲到第一次世界大战以前。他要对这一阶段西方史学的总体发展进行分析，然后要对西方史学的各种流派进行介绍与批判。通过介绍政治修辞派与博学派、伏尔泰与兰克等西方有代表性的史家，来分析西方史学家的传统作风。在20世纪60年代初的几年里，耿淡如先生的西方史学史课并没有上几轮，但他所开创的西方史学史的基本教学体系被他当年的研究生、改革开放以后复旦大学历史系西方史学史教学的继承者张广智所采纳。张广智除了他自己的教材《克丽奥之路：历史长河中的西方史学》外，还有2000年出版的受到教育部推荐的教材《西方史学史》。这个教材直到2018年第四版，仍然延续了这个体系。甚至我们也可以说，2012年复旦大学出版社出版的六卷本《西方史学通史》也延续了这个基本的体系。这个体系，就是复旦大学历史系西方史学史教学与科研的传统，如果可以称为"复旦学派"或"耿淡如学派"的话，那它的基本思想路线就在于此。

我们可以概括地说，所谓"耿淡如学派"的基本思想路线就是摒弃西方学者把史学史看成与历史编纂学史同一的概念，也不把它当成史家传记汇编或史学著作题解一类的学科，而是主张在马克思主义思想的指导下，在人类社会发展普遍规律的基础上探讨历史学自身的发展规律。这其中包括不同时期、不同流派史学家的史学思想变化发展，历史编纂学和史学研究方法的进步，以及不同史家、流派的学术风格，等等。对西方史学家的学术成就要充分介绍、肯定，对于其历史观方面的错误要进行必要的批判。耿淡如的史学思想，在20世纪60年代，除了受到西方史学家学术思想的影响外，也受到当时苏联学者观点的启示，但他的思想是有中国特点的，表现在他对西方史学家的态度更科学、更客观，没有把苏联学者的"阶级斗争"理论滥用到史学史领域。正是由于这种有中国特点的马克思主义的史学思想路线，在改革开放以来的40多年中，复旦学派学人在西方史学史的研究上才能获得比当年耿淡如先生想象的更大的新成就。

二　改革开放新时期西方史学史学科建设的领军者：张广智

改革开放以后，耿淡如先生的继承者张广智接起了先师未竟的事业。

第一，完成编撰《西方史学史》教材任务。

由于耿淡如先生已经于1975年逝世，所以复旦大学历史系的西方史学史学科建设，是由耿先生在西方史学史学科唯一的弟子、青年教师张广智独立承担起来的。耿淡如先生1961年受高教部委托主持编写《外国史学史》教材，为此会聚了吴于廑、齐思和、张芝联、郭圣铭等一大批史学前辈参与，但此项工作因“文革”爆发而被迫中断。“文革”结束后，教育部曾委托张芝联、谭英华两位先生主编部颁教材《西方史学史》。张广智作为编写组成员参与了这项工作，但因为编写组成员中一些前辈逐一谢世，这项工作也没有完成。

没有现成的部颁教材，就要靠各高校的青年教师自己努力，编写出适合各高校教学需要的教材。那时复旦大学只有张广智一个人在做这事，但前辈未竟的事业总在激励着他。从 1964 年开始，在耿淡如先生的指导下，张广智不仅阅读了一些西方史学名著，还对西方史家诸多个案进行过研撰。比如，1981 年，他曾为商务印书馆撰写《西方“历史之父”希罗多德》，作为“外国历史小丛书”的一种出版。虽然这只是一本薄薄的小册子，但开启了他个人漫长的西方史学史研究之路。此后，他又撰写了关于古希腊史家修昔底德和古罗马史家塔西佗的书。虽然是通俗著作，但这些写作为他日后对西方史学古典时期的研究打下了基础。《历史研究》1982 年第 5 期发表了他的《略论伏尔泰的史学家地位》一文。文章是针对当时国内学界对伏尔泰作为历史学家业绩的忽视而发的，用翔实的资料论述了伏尔泰的史学思想及其在西方史学史上的地位。这篇文章的发表，对开始从事西方史学史研究的张广智无疑是一个巨大的鼓舞。

通过 20 世纪 80 年代的教学实践，张广智在继承前人的基础上又进行了大胆的创新和开拓。他编撰完成了自己教学用的教材，并且把它推向社会，接受学术界的检验，这就是 1989 年复旦大学出版社出版的《克丽奥之路：历史长河中的西方史学》。此书一出，就受到读者的广泛关注和喜爱，激起了一些青年学子对西方史学史的兴趣。有的甚至选择了这个专业，他们说是《克丽奥之路：历史长河中的西方史学》引领他们走进了瑰丽奇异的西方史学领域。当时《文汇报》介绍此书时说：“作者着意把严肃的学术内容（西方史学的发展历程）写得明白晓畅与生动可读，颇具房龙《宽容》一书的风格。”《克丽奥之路：历史长河中的西方史学》在青年学子中竟有这样大的影响，让张广智始料不及，同时也激励了他在教材建设上付出更大的努力。

20 世纪 90 年代，在《克丽奥之路：历史长河中的西方史学》出版以后，张广智在编写西方史学史教材上继续投入力量，不断取得新成果。他主编的《西方史学史》教材被国家教委专家组评审正式列入“高等教育面向 21 世纪课程教材”的选题计划，后又获准成为“普通高等教育‘十五’

国家级规划教材”。这些成绩对于张广智来说非常重要，因为从某种意义上说，这是在完成先师的未竟事业，完成前辈们的共同心愿，因此时时都有一种使命感与责任感在鞭策着他，让他不敢有丝毫懈怠。2000年，教材正式出版，即《西方史学史》第一版，继而在2004年又推出插图本新版。大约七年间，两版就重印了9次，累计印数近5万册。一本专业性很强且专供历史系学生选用的教材，能有这样的成绩，确实是令人欣慰的事。该书出版后，荣获全国普通高等学校优秀教材一等奖，被教育部历史学科教学指导委员会定为“推荐教材”。

张广智教材建设的步伐并没有就此止步。进入21世纪后，《西方史学史》又被列为教育部普通高等教育“十一五”国家级规划教材，张广智必须组织力量对这部教材进行修订。参与这次教材修订的都是他自己这些年培养的博士，经过几年的实践他们已经成为西方史学史教学的重要力量。这次修订，要把国内外学术界相关的新学术成果吸纳到书中来，如新文化史等；还要尽量把西方史学史研究者的新成就、新思考介绍给读者。比如，对古典希腊史学、近代初期的西方史学、19世纪的西方史学、后现代主义史学等部分的修订，都反映了该书执笔者近些年来潜心研究的新成果。教材中扩充了马克思主义史学的内容，加大了对西方马克思主义史学的叙述力度，还增加了中外史学交流的篇章。2010年，复旦大学出版社推出了《西方史学史》的第三版，对于2000年出版的第一版来说，正好是“十年磨一剑”。第三版《西方史学史》出版后，《世界历史》《史学理论研究》等权威刊物都发表了书评，认为它是迄今为止国内最为完备的一本西方史学史教材，是把教材的写作与学术研究进行完美结合的著作。

第三版出版后，西方史学史的研究又有了很多新的进展，他们认为仍有继续修订的必要。他们拟定的宗旨是“编写出一部具有先进性、适应性和有鲜明特色的西方史学史教材”，以满足读者的学习需要和心理诉求。这是因为，“唯其‘先进性’，才能引领潮流，指明方向，尤其为向往时尚、前卫的年轻读者们广泛接受；唯其‘适应性’，才能找准主体，兼及其他，使之满足方方面面的需求；唯其‘有特色’，才能区别良莠，分出优劣，从而在‘群雄纷争’中胜出”。他们希望在修订中，在立论、内容、结构、文字等方面精益求精，使它不仅成为一本读者喜爱的西方史学史教材，而且为有志于西方史学史研究的学者提供门径。参加修订的有吴晓群、陈新、李勇、周兵、易兰、肖超等，他们的参与使教材的修订更能达到上述宗旨。第四版教材在2018年由复旦大学出版社出版。2018年3月，复旦大学出版社举行了第四版教材的新书发布会，宣布这本被各高校历史系西方史学史教学广泛使用的教材发行量已经达到了15万册。

第二，多卷本《西方史学通史》的出版。

在《西方史学史》教材不断修订推出新版本的情况下，2012年复旦大学出版社出版了张广智主编的多卷本《西方史学通史》。这部《西方史学通史》的出版，得到国内专家学者们的广泛关注和高度评价。这部通史的策划是在2003年的“非典”时期。校、系两级领导与张广智共商学科发展的大计时，大家达成了共识：发扬复旦大学历史系在西方史学史学科方面处于国内领先地位的传统优势，在原有成果的基础上，把西方史学史这一块做大，力争在这一领域获得新的突破。于是，编纂多卷本《西方史学通史》，从提出、论证、实施，一步步从构想变为现实。当时国内单卷本的西方史学史的著作可以见到十余种，但没有出版过一部多卷本、大部头的西方史学史专著。即使在国外，也未见多卷本的西方史学史著作。他们认为，多卷本的《西方史学通史》应该以材料丰赡、理念前沿、博采众长、图文并茂为特色，“在求实中创新，欲成一家之言”。张广智曾说：“船已扬帆出海，没有退路，不达彼岸，决不罢休。”这部多卷本通史，由张广智撰写第一卷，即导论卷；吴晓群撰写第二卷古代时期；赵立行撰写第三卷中世纪时期；李勇撰写第四卷近代时期（上）；易兰撰写第五卷近代时期（下）；周兵、张广智、张广勇共同撰写现当代时期。在八年时间中，他们开拓创新、勤奋思索、笔耕不辍。《西方史学通史》的出版，获得了学术界的高度评价。大家认为这是张广智所带领的学术团队在西方史学史领域奋力拼搏所取得的一项总结性的成果。

学者们认为，这部通史内容宏富，纵横结合、气度不凡。它阐述了自“荷马时代”至现当代西方史学发展的历史进程，涵盖了古代、中世纪、近代、现当代各阶段的具体情况和特征。它力图从历时性上揭示历史演变过程中西方史学的新陈代谢；从共时性上阐明时代、社会与西方史学发展演化之关系，格外关注西方著名历史学家、颇具影响的史学流派、重大的史学思潮与史学变革，尤其留意西方史学思想的演变。这部通史在宏阔的西方文化背景中，展示出令人难忘的史学画卷。

张广智先生在说到这部书的特色时指出：如果要说它的特色的话，可以说我们试图既不失全球视野，又不忘恪守自己的主体性，以中国学者的眼光，用现代汉语写作一部体现中国特色的多卷本西方史学史，在被视为西方人“世袭领地”的西方史学史这一领域里，让国际史坛听到中国学者的声音。

当年，耿淡如先生在筹备编写西方史学史教材的时候，也曾经有编纂西方史学通史的愿望，但那时确实没有完成这项工程的条件。1961 年，耿淡如先生在《什么是史学史?》的文章中主张“多做些垦荒者的工作”。他说：“我们应不畏艰难，不辞劳苦，在这个领域内做些垦荒者的工作。比如垦荒，斩除芦荡，干涸沼泽，而后播种谷物；于是一片金色的草原将会呈现于我们的眼前!”那时他确实是在垦荒，经过下一代人的手播散种子。经过这个团队半个世纪的辛勤努力，这片金色的草原已经呈现在人们面前。

第三，西方史学史研究领域的扩展。

张广智和他的团队在进行西方史学史学科建设的过程中，除了最基本的教材建设和反映西方史学史研究水平的西方史学通史的撰著外，还不断扩大研究视角，扩大对西方史学史相关问题的研究。例如，西方马克思主义史学就是他们不断深入研究的一个重点问题。他在 2000 年出版的第一版《西方史学史》教材和 2010 年第三版的教材中，都开辟了“西方马克思主义史学的崛起”的专题。在 2013 年出版的《克丽奥的东方形象：中国学人的西方史学观》一书中，他将“西方马克思主义史学的崛起”作为专章来加以论述。2011 年，复旦大学出版社出版了他主编的《史学之魂：当代西方马克思主义史学研究》，体现了西方马克思主义史学研究的新高度。该书是国内第一部研究当代西方马克思主义史学的专著。全书聚焦史学思想，从阐释马克思主义史学的起源与繁衍、传播与变异、危机与前景入手，集中探讨当代西方马克思主义史学的崛起、特征及其发展变化，分别论列了西方马克思主义的历史理论、西方马克思主义史学的史学观念、西方马克思主义史学与其他史学之关联等内容。从时间上而言，《史学之魂：当代西方马克思主义史学研究》主要论及二战后，即 20 世纪 50 年代以来当代西方马克思主义史学的研究情况；从空间上而言，主要涉及西欧和北美地区，依次论述英国、法国、德国、意大利、美国、加拿大等国的相关研究，尤以英国为重点。此书阐述了当代西方马克思主义史学的源头与历史传统，也彰显了它的时代品格与个性色彩，从而为中国马克思主义史学的发展，提供了有益的借鉴。

在张先生看来，对西方马克思主义史学的研究有重要的学术价值和现实意义。二战后，西方马克思主义史学迅速崛起，打破了国际史学的整体格局，给国际史学界带来了一股清风，平添了许多活力，为人们观察与了解西方史学增添了一扇新窗口。同时，研究西方马克思主义史学，也有助于我们更好地了解和认识经典马克思主义史学，也就是马克思和恩格斯所奠定的史学体系，有助于当代中国马克思主义史学的深入发展与开拓创新。一些西方马克思主义史家仍然恪守马克思主义，坚持唯物史观，我们应从他们的史学理念中汲取有价值的东西。

从20世纪90年代开始，张广智在西方史学研究中的一个新的领域是西方史学在中国的回响，也就是对中西史学相互交流、相互影响的研究。他发表了一系列关于中西史学交流的论文，如《现代美国史学在中国》（《美国研究》1993年第4期）、《西方古典史学的传统及其在中国的回响》（《史学理论研究》1994年第2期）以及《二十世纪前期西方史学输入中国的行程》《二十世纪后期西方史学输入中国的行程》（1996年第1、2期），都可说明他已经注意到这方面的问题。21世纪以来，他有两篇比较重要的文章在《史学理论与史学史学刊》上发表，分别是《关于20世纪中西史学交流史的若干问题》（2002年卷）、《关于开拓史学史研究的几个问题——以西方史学史为中心》（2006年卷），就中西史学交流史的问题，比较系统地谈了看法。之后，他又在瞿林东主编的“二十世纪中国史学研究系列丛书”中主编了《二十世纪的中外史学交流》一书，对此又提出了一些新思考和更全面的论述。

张广智先生不仅通过《二十世纪的中外史学交流》来从学理上阐述百年来中外史学交流的情况，还从他的教学和人才培养的实际中列举事实，说明中西史学交流互动的影响。2013年，在《西方史学通史》出版后，张先生又推出了《克丽奥的东方形象：中国学人的西方史学观》一书，其中第十四章《近现代西方史学的中国声音》中有八篇文章，是张先生为他的博士生的学位论文撰写的序言。这些博士阐发了他们对近现代西方史学的研究与认识，从而显示了“西方史学的魅力”，也是现当代西方史学在中国青年学者中的回响，体现了中西史学交流的思想深度。他认为，这些青年学者向国际史坛发出了“中国声音”，这里的“‘中国声音’，说的是中国学人的西方史学观应体现自身的主体意识和学术个性，拥有自己的‘话语权’”[①]。而张广智为这些学位论文写的序言，也凝聚了他个人对近现代西方史学在这些专题上的思考和见解，同样显示了中国学人的西方史学观，这也是一种“中国声音”。

① 张广智：《克丽奥的东方形象：中国学人的西方史学观》，复旦大学出版社，2013，第232页。

张广智认为，第一，中外史学交流史具有很丰富的内容，值得我们去认真发掘。回顾历史，中外史学交流史可以追溯到古代佛教东传的时代。近代西方传教士来华也为史学上的某种交流开了新河。19 世纪以降，中外史学直接碰撞，至 20 世纪，中外史学交流揭开了新的一页。不论是从俄苏传来的马克思主义史学，还是在欧风美雨浸润下西方史学的大量入华，都对中国史学的发展产生了重大的影响，也为传统的史学史研究增添了新的内容。第二，中外史学交流史为史学史研究提供了一个新视角。前面是从史学史本身所蕴含的内容讲的，这里是从研究者（历史学家）的视角而言的。张广智打了一个生动的比喻：每个游园者似乎都有过这样的体验，从正门进入一座园林，感受到曲径幽廊中包藏着的风韵万千，如果从侧门而入，越过月洞门，眼前显现的又是一个新的空间，由于视角的转换，园林呈现出不同的景观，在学术研究中也是这样。他说："倘如此，我们可否分出一些精力去关注不同国家或地区之间史学文化的相互交汇与相互影响，无异游园时不走正门改走侧门时的那种情景，随着历史学家研究视角的转换，它将为未来的中国的史学史研究开启一扇新窗户，并有望成为史学史研究中的一个新的增长点。"①

60 年来，张广智先生在史学园地里辛勤耕耘，心无旁骛。他把西方史学看成是他的"精神家园"，同时他也引领了无数青年学子进入这个"家园"，并感受到了这个"家园"色彩斑斓的文化魅力。2018 年 11 月，上海世界史学会授予张广智先生"终身学术成就奖"，这是对他几十年来为他所钟爱的这门学科所付出的一切做出的最高奖赏。张广智先生是无愧于这个荣耀的！

第四，张广智对耿淡如西方史学史研究理念的总结。

张广智在改革开放以后的几十年中，继承了先师未竟的事业，完成了耿淡如先生 1961 年接受的主编西方史学史教材的重要任务，并且在西方史学史学科建设的道路上不断扩展、深入，取得了一系列新的成果。但张广智始终认为，耿淡如是一位"先行者"，一位在新中国成立后致力于中国西方史学史学科建设的"耕耘者和奠基者"。他说："每忆及先师，他的人生之路与学术贡献，尤其是他对中国的西方史学史学科建设所作出的贡献，就分外明晰地呈现于我的眼前。"②

① 张广智：《多做些垦荒者的工作!》，载邹兆辰《为了史学的繁荣》，首都师范大学出版社，2011，第 135 页。

② 张广智：《耿淡如与中国的西方史学史研究》，载《超越时空的对话》，北京师范大学出版社，2008，第 456 页。

张广智根据耿先生生前所发表的论著、未刊讲稿等材料，特别是根据他与耿先生交流的体会，归纳出耿先生的学术研究之方法，亦是教书育人之门道，大约有十条。①历史研究务必求实：这是历史研究的基本准则，是现代历史科学工作者应恪守的基本准则。②弄清概念的基本含义，应是从事研究工作的第一步：他在讲授西方史学史时，每章必先讲引论，交代本章所要讲述的概念及其含义。③要熟读原著，认真领悟原著的精神：阅读原著，批判研究，进行独立思考是一种值得提倡的好方法，在对研究生的培养中更需要注意。④结合时代背景与社会特征来考察史学的发展：史学的发展虽有自身的特点，但是若舍去对某一国家或地区时代与社会发展特征的了解，是不会得出什么正确的结论的。⑤注意研究西方史学的新陈代谢：西方史学自古希腊奠立，经历古典史学、中世纪史学、近世史学与现代史学，犹如一条长河，在不断地流，不断地变。唯有在西方史学长河的流变中，方能显见史学思想的进步、史学思潮的衍化、史学方法的革新。⑥注意对历史学家类型的分析：他认为西方历史学家大体可以分为历史思想家或历史哲学家、历史著作家、历史编辑家、历史文学家，不仅要知道每一位历史学家的阶级属性，还应该对他们进行类型分析，以了解他们的特征。⑦注意对历史学家作风的分析：这里所说的“作风”主要指他们如何看待历史，是论证还是叙述这个问题，主要是指历史学家的史学观，这取决于资本主义的发展与政治斗争的形式，也取决于历史学家所属的类型。⑧采用标本与模型研究的方法：这种方法类似于我们说的“以点带面”的方法，如古代希腊史学以修昔底德为标本，古罗马史学以李维为标本。⑨介绍先于批判：不能还没搞清楚被批判的对象，就不分青红皂白，一棍子打死。为了批判，介绍工作是必需的。⑩习明（Seminar）是一种培养历史学专业人才的有效方法：这种方法就是专题讨论的方法。德国史坛巨匠兰克用这种方法培养史学专门人才，取得了巨大成功。耿先生在教学实践中特别是在研究生培养中，也采取了这种方法。

以上这些方法，是张广智总结的耿淡如先生在西方史学史教学中的基本方法，也是他的史学思想的基本理念。而这些方法、这些理念，正是张广智自己在培养本科生和研究生过程中所运用的方法和理念。毫无疑问，它们也是从耿淡如到张广智再到张广智的各位弟子在西方史学史教学与研究中代代相传的基本内容。

三　从耿淡如到张广智：西方史学史学科体系建设代际传承的启示

我们从耿淡如到张广智在西方史学史学科建设的传承中应该得到哪些启示呢？

第一，代际传承是学术发展的普遍规律。

耿淡如先生在“文革”前只招收了张广智一名研究生，故1975年他病故后，张广智一个人继承了他的学术衣钵，在改革开放的新形势下继续从事他未完成的事业，并取得巨大的成果。这种现象从某种意义上来说具有偶然性。但是，从整个史学的发展来看，历史学的代际传承、前后相续地进行某一学派、某一学科建设的情况却是一种普遍现象，是学术发展的基本规律。

翻开张广智主编的《西方史学史》（第四版）我们往往可以看到这种现象。《西方史学史》第四章“近代史学（Ⅰ）”中介绍了“佛罗伦萨历史学派”。1300年访问过罗马的维兰尼，撰写了一部《佛罗伦萨编年史》，他在书中关注世俗事务，歌颂人的价值、人的尊严和人的力量，书中最有价值的是关于佛罗伦萨的经济、商业以及社会情况的记述。他的这部著作，不仅是了解13～14世纪意大利历史的重要著作，而且他所建立的历史编纂传统也为后人所继承，在布鲁尼、马基雅维里、圭恰迪尼的佛罗伦萨史著作中得到充分体现。

在第六章“近代史学（Ⅲ）”中，作者对德国史学的发展进行了重点的论述，指出1811年10月柏林大学的建立为德意志史学奠定了坚实的基础。历史学家把与人类有利害关系的任何一个问题都拿来探讨，从而使无数有倾向性的历史学派发展起来。其中尼布尔、兰克、萨维尼、格林等学者为德意志史学的兴盛做出了卓越贡献。尼布尔的《罗马史》从远古时期写到第一次布匿战争结束，全书以翔实的考证著称，他的著作确立了历史研究方法的典范，使得处于从属地位的史学提升为一门有尊严的独立科学，尼布尔的研究方法成为无数后世史家治史的圭臬。正如史学家蒙森所说：“所有的史学家，只要他们是不辜负这个称号的，都是尼布尔的学生。”事实确实如此。日后德意志史学步入欧洲先进行列，真正让德意志史学执欧洲牛耳的是兰克、蒙森等史学家。正是他们在史学科学化、专业化方面所做的努力，使德意志史学成为19世纪西方史学的中心。

对这种学术发展的代际传承最有说服力的例子是20世纪法国年鉴学派的形成和发展。教材第九章“现代史学（Ⅱ）”对法国年鉴学派是这样说的：“法国年鉴学派在20世纪的崛起与发展是现代国际史学的重要篇章。如果我们把兰克史学称作19世纪史学发展主流的话，那么由年鉴学派所奠立的史学新范型，无疑应是20世纪西方新史学发展的一种主流。”① 年鉴学派由吕西安·费弗尔和马克·布洛赫于1929年创立后，在传统史学还颇具实力的20世纪上半叶，它并没有产生什么重大的影响。年鉴学派真正产生巨大影响，并成为法国史学界的主流，应当是二战以后的事。1946年，《年鉴》杂志更名为《经济·社会·文明年鉴》，拓宽了史学研究的领域，着意把物质文明和精神文明联系起来加以考察，显示出史学力图成为综合学科的强烈愿望，体现了年鉴学派史学的综合史的愿望。年鉴学派第二代领袖和史学大师布罗代尔提出了“长时段”的理论。他继承了年鉴学派第一代倡导的总体史的思想，写出了体现整个学派思想的皇皇巨著。他以三种时段的理论写出了《地中海》一书，而《15至18世纪的物质文明、经济和资本主义》，是历史时段理论的又一次成功尝试，被称为20世纪“最宏大的历史书籍”。年鉴学派在20世纪60年代末经历从第二代到第三代的过渡。第三代历史学家雅克·勒高夫、勒华拉杜里等，把年鉴学派推向第三阶段，在“新史学”潮流的推动下，呈现出一个研究领域不断扩展、研究主题不断丰富的新局面。

第二，学派的形成不妨碍学者学术个性的发展。

我们以耿淡如、张广智两代学人的学术风格为例加以说明。耿先生学的是政治学，从年轻时起就在高校的政治系工作，他除了讲授政治理论方面的课程之外，还发表了近二百篇政治评论文章，他善于对现实政治事务进行评论，这使他提高了学术能力，形成了学术风格，即使他后来转到世界中世纪史和西方史学史的教学与研究，他的这种治学风格也没有改变。他在20世纪60年代初期，在上海的报刊上发表了三篇文章《什么是史学史?》《资产阶级史学流派与批判问题》《西方资产阶级史家的传统作风》，都是理论性较强的文章，文章对西方史学家的史学思想、流派都有一定的批判。

张广智是耿淡如先生在西方史学史方面的唯一的研究生，但他的治学风格不同于他的老师。他在西方史学史领域的写作是从“世界史小丛书”

① 张广智主编《西方史学史》（第四版），复旦大学出版社，2018，第349页。

开始的，陆续写了希罗多德、修昔底德、塔西佗等史学家的通俗读物，获得了社会的认可，也形成了他自己的治学风格。他以教材、论著、讲座等形式，努力向中国学人介绍有关西方史学的相关知识，也在努力打造一种中国读者喜爱的文字风格。仔细阅读他的学术著作，就会感受到他的独具魅力的写作风格。从 1989 年的《克丽奥之路：历史长河中的西方史学》到 2013 年的《克丽奥的东方形象：中国学人的西方史学观》，他的论著有一种突出的个人风格，能把中国人非常陌生的克丽奥女神和她的发展道路描绘得通俗易懂、生动活泼，并且耐人寻味。尽管没有接触过西方史学家的原著，但是通过张广智的描述，读者会感觉到西方史学著作也有很多令人感兴趣的东西，这就是史学的魅力。读了他的书，读者会感觉那些神秘的、古板的西方史著也是有很多引人入胜之处的。这是因为张广智致力于把西方史学当作一种文化现象推介给中国读者。不论历史学家属于哪一家、哪一派，他们留给后人的东西都是一种文化产品，只要我们以这种视角去看待西方史学，就会客观地、历史地认识这些文化遗产，丰富我们的知识，并感受史学的魅力。30 多年来，不知有多少读者从张先生的著作中受益。他的这种写作风格的形成也是有自觉的意识的。他曾说："近年来我行文落墨无求深奥，不嗜饾饤，只以深入浅出和明白晓畅为圭臬，在西方史学这一学术园地中起一点'启蒙教育'的作用，这成了个人为之锲而不舍的追求目标。"①

耿淡如先生在分析西方历史学家的不同风格类型时曾经说过，西方史学家有的形成了学派，有些没有。"学派之所以形成，不仅是因为它们研究历史的实质，而且是因为它们研究历史的作风是不同于它们的前辈或其他同行。""作风主要是取决于对以下一些问题的回答：历史是论证还是叙述？用比喻的说法，历史是法院还是戏院？史家是绘图家还是摄影师？"②在耿淡如先生看来，有些历史学家是在论证历史或判断历史，可以称为论证派或法院派；还有些历史学家主张叙述历史，重建过去，可以称作叙述派或戏院派。虽然没有历史学家单纯属于这一派或那一派，但可以是偏重这一派或那一派的。

按照耿淡如的这种分析，他们师生二人也应该属于不同的风格类型：

---

① 张广智：《克丽奥的东方形象：中国学人的西方史学观》，复旦大学出版社，2013，自序第 1 页。

② 耿淡如：《西方资产阶级史家的传统作风》，《西方史学散论》，复旦大学出版社，2015，第 201 页。

耿淡如属于论证派或法院派，而张广智属于叙述派或戏院派。两位学者治学的基本理念、基本方法是相同的，但是治学风格不同。以后，张广智的弟子，也是会有自己不同的治学风格的，有的可能善于论证，有的可能长于叙述，甚至还会有更多的个性特征。今后，我们在建设中国特色的马克思主义史学过程中，可能会形成不同的学派，也可能会形成不同的学术风格，学者的学术个性在学术发展过程中会更好地得到发展，从而对促进中国史学的繁荣产生积极的意义。

第三，培养和促进学派的形成有助于学术的发展。

纵观中外史学发展史我们可以看到，学派的形成与发展对史学的发展是有积极意义的，正是由于各种史学学派的存在才促成了史学园地的繁荣。当然，所谓“学派”是广义的，情况是多样的。有的是在同一时期，有相同学术理念的学者形成一个学派，相互间没有共同的学术阵地，也不一定有师承关系；有的学派学者之间有共同的思想理念，也有共同的学术阵地或学术环境，学者之间有师承关系；有的学派是专指某一学科的学派，以这一学科中最有影响的大师级学者为首；有的学派是一种学术思潮，可以体现在不同学科的学者之中，也不一定有师承关系。

中国史学在发展过程中出现过各种学派，也出现过“百家争鸣”的局面。历史上如此，现今也是如此。新中国成立以后，中国史学发展获得了特别的发展机遇，老一辈学者发挥他们的传统优势，在各自的学术领域奋力拼搏，形成不同的治学传统与风格，他们的学术理念通过学生得到传承，使不同的学术单位形成了自己的强势学科。例如，北京师范大学的白寿彝先生早在1961年就接受了编写中国史学史教材的任务，改革开放后，他利用北京师范大学的传统优势，建立了学术梯队。有学者把它看成是学派。许冠三在《新史学九十年》中分析20世纪80年代的学术形势时说：“以白寿彝为代表以北京师范大学为基地的史学遗产继承派，则呼吁史学界青年同业，在热衷于面向世界、渴求引进现代自然科学、社会科学成果的同时，千万不要忘记祖国丰富无比的史学遗产——在人所熟知的历史文献学、编撰学与历史文学之外，尚有以人为中心的观点、以历史为人文教育手段暨要求博学、崇尚实录直书等优良传统。”① 耿淡如先生也在1961年承担了编写西方史学史教材的任务，改革开放以后，他唯一的弟子张广智继续老师的事业，在从事学科建设的过程中，培养了大批优秀的弟

① 许冠三：《新史学九十年》，岳麓书社，2003，第595页。

子，他们虽然在全国各高校工作，但同样可以称为“耿淡如学派”或“复旦学派”的继承者。这两个学派，都是以大师为统帅的学科学派。

建立学科学派、发展以大师为统帅的学科学派，是今天学术发展的需要。习近平同志在2004年12月23日浙江省社科联第五次代表大会上的讲话中说道：“浙江历史上出大师、出传世之作，将来也完全有可能出大师、出传世之作，出现以大师为统帅的学科学派，提高浙江哲学社会科学在全国乃至世界的影响力，提高浙江的文化软实力。”① “以大师为统帅的学科学派”是推动哲学社会科学发展的重要力量。历史上如此，今天依然如此。习近平同志很看重学派的作用，他讲到宋代浙江就有“永康学派”，代表人物是陈亮；还有“永嘉学派”，代表人物是叶适。他把他们看作浙江的“文化基因”。

习近平同志关于历史上学派作用的论述对我们很有启发。今天，我们要构建具有鲜明中国特色、中国风格、中国气派的历史学学科体系、学术体系与话语体系，就必须更加注重理论创新与成果创新，鼓励学者做有思想的学问，扶持和保护学派，努力推出具有中国特色、中国风格、中国气派的鸿篇巨制；并且要更加注重学科建设，通过一代又一代人的不懈努力，打造具有领先优势的学科。扶持学派、保护学派，有助于集中人才优势，形成合力，形成梯队，把个人的优势变成学科的优势，对于学科的建设、发展具有积极的意义。复旦大学历史系在西方史学史学科建设上的代际传承的努力所提供的经验，值得我们很好地学习、研究。

① 习近平：《干在实处走在前列——推进浙江新发展的思考与实践》，中共中央党校出版社，2006，第315页。

中华民族认同与历史学科课程思政建设

——以中国古代史课程为例

胡小溪　李　凯

（北京师范大学历史学院，100875）

摘　要： 历史学科课程是思想政治教育的重要阵地。北京师范大学中国古代史相关课程搭建了中国古代史的演进框架，以统一多民族国家的巩固与发展为核心，突出中国制度文化特征，深入探究历史发展的规律，并捕捉历史、史学与史家蕴含的特定的爱国主义价值观，帮助学生建立起历史知识结构，并强化中华民族的认同感。课程挖掘了历史学科中与社会主义核心价值观相匹配的元素，积累了大量教学经验，实现了历史教育与思想政治教育的融合。

关键词： 历史学科　中国古代史　中华民族认同　课程思政

党的十八大以来，党和国家高度重视高校学生的思想政治教育工作。习近平总书记在2016年全国高校思想政治工作会议中强调，“要坚持把立德树人作为中心环节，把思想政治工作贯穿教育教学全过程”，“要用好课堂教学这个主渠道”，“各类课程与思想政治理论课同向同行，形成协同效应”。[①] 2017年，“课程思政”被纳入中央《关于深化教育体制机制改革的意见》，这一命题从地方实践探索转化为国家战略部署；2018年，教育部先后印发《高校思想政治工作质量提升工程实施纲要》《关于加强新时代

---

① 习近平：《把思想政治工作贯穿教育教学全过程开创我国高等教育事业发展新局面》，2016－12－09，http：//jhsjk. people. cn/article/28936173。

高校“形势与政策”课建设的若干意见》，在全国推广“课程思政”。[①] 2020 年，教育部更是将课程思政建设提升到前所未有的重要地位，要求“在全国所有高校、所有学科专业全面推进”，特别要围绕“政治认同、家国情怀”等重点建设课程思政，尤其是专业教育课程，“要根据不同学科专业的特色和优势，深入研究不同专业的育人目标，深度挖掘提炼专业知识体系中所蕴含的思想价值和精神内涵，科学合理拓展专业课程的广度、深度和温度”，在内容供给上进行优化。[②] 上述举措拓展了高校思想政治工作的阵地，使高校思政教育工作不再局限在思政教师、辅导员群体，丰富了思想政治教育的内涵。有学者指出，课程思政要充分挖掘各类课程中与社会主义核心价值观相匹配的元素，将其与课程教学的各个环节进行融合，以达到对学生进行思想政治教育的目的。[③]

历史学科课程是思政建设的重要阵地。近年来，习近平总书记高度重视历史，在多个重要场合就重视历史、研究历史、借鉴历史、把握历史等命题发表一系列重要论述。[④] 中国自古重视治史，历史典籍保存着深厚的精神财富，是中华优秀传统文化的重要构成，也是坚持“四个自信”特别是文化自信的来源。

北京师范大学历史学科历史悠久，是国内史学研究与教育重镇，学科基础教育、专业教育、实践教育等课程丰富。但历史学科课程内容相对更专注于学术前沿，未能充分挖掘课程中所蕴含的思想政治教育资源。1981 年，在中国教育学会历史教学研究会成立大会上，白寿彝撰文指出，历史教育目的任务第一是要“讲作人的道理”，也就是德育，第二是“讲历代治乱兴衰得失之故”，即总结历史得失，第三是历史前途教育，也就是爱

---

① 中共中央办公厅国务院办公厅印发《关于深化教育体制机制改革的意见》，2017 - 9 - 24，http://www.gov.cn/xinwen/2017 - 09/24/content_ 5227267.htm；中共教育部党组关于印发《高校思想政治工作质量提升工程实施纲要》的通知，教党〔2017〕62 号，2017 - 12 - 06，http://www.moe.gov.cn/srcsite/A12/s7060/201712/t20171206_ 320698.html；教育部发布《关于加强新时代高校“形势与政策”课建设的若干意见》，教社科〔2018〕1 号，2018 - 4 - 13，http://www.moe.gov.cn/srcsite/A13/moe_ 772/201804/t20180424_ 334097.html。

② 教育部关于印发《高等学校课程思政建设指导纲要》的通知，教高〔2020〕3 号，2020 - 06 - 01，http://www.moe.gov.cn/srcsite/A08/s7056/202006/t20200603_ 462437.html。

③ 高德毅、宗爱东：《课程思政：有效发挥课堂育人主渠道作用的必然选择》，《中国高等教育》2017 年第 1 期，第 33 页。

④ 谢伏瞻：《以习近平总书记关于历史科学的重要论述为指引加快构建中国特色历史学》，《光明日报》2019 年 8 月 31 日，第 6 版。

国主义教育。[①] 可见历史教育中蕴含着丰富的思想政治教育资源。时至今日，在新时代的特定历史阶段，历史学科仅重视专业知识还远远不够；为满足为国家培养大量高素质人才的需要，将思政教育内容融入历史学科专业课程中，势在必行。北京师范大学历史学科专业课中国古代史相关课程（包括本科生的专业必修课的中国古代史、专业选修课的断代史与专题史，以及研究生的中国古代史前沿）试图搭建中国古代史的演进框架，通过一系列学术问题启迪思考；在传播学术思想的同时，使学生受到优秀传统文化的教育，树立中华民族认同意识就是重要的目的之一。本文以此为例，试图总结经验，探索规律，就正于方家。

一　抓住灵魂

党的十八大以来，习近平同志基于我国统一多民族国家的基本国情，多次强调“铸牢中华民族共同体意识”。[②] 自新石器时代后期以来，中华文明就呈现出多元一体的格局，以中原地区为中心，各主要文化区之间彼此兼收并蓄，推进了各地区的文明化进程。自秦统一以来，中国就是以统一的多民族国家的形态而向前发展。正如瞿林东所言，“在中国历史上，逐步形成的多元一体的民族关系格局，是人们历史文化认同的物质基础，而历史文化认同之思想观念的种种表现，又推动着多元一体民族关系格局的巩固和发展，进而推动着统一多民族国家的巩固和发展。这是一个渐进的过程，是一个不断发展的客观趋势，是中国历史演进的规律之一”[③]。虽然“中华民族”这一文化符号直到近代才被提出，但中华民族“作为一个自在的民族实体，则是在几千年的历史过程中形成的”,[④] 并以非自觉的方式，不断发展着共同的文化传统，在事实上形成了深厚的民族认同。

我们说，民族国家是近代以来的产物，随着民族危机的加深与救亡图存运动的展开，拥有强烈主权意识与政治凝聚力的中华民族逐步形成。但

---

① 白寿彝：《在历史教学研究会成立大会上的书面发言》，《历史教学》1981 年第 11 期。

② 习近平：《决胜全面建成小康社会　夺取新时代中国特色社会主义伟大胜利——在中国共产党第十九次全国代表大会上的报告》，2017 - 10 - 18，http：//jhsjk. people. cn/article/29613458；习近平：《在全国民族团结进步表彰大会上的讲话》，2019 - 9 - 27，http：//jhsjk. people. cn/article/31378052。

③ 瞿林东：《探索民族间的心灵沟通——深入研究中国历史上历史文化认同的传统》，《史学史研究》2010 年第 4 期。

④ 费孝通：《中华民族多元一体格局》，中央民族学院出版社，1989，第 1 页。

中华民族的制度文化因素在中国古代就已孕育，比如农耕文明、中央集权、华夏衣冠、儒家思想、汉字汉语等；虽然古代中国与现代国家有很大的距离，但古人已经营造出一个博大的、带有统一性的制度文化上的中国。古代抓住了这些，就能够获得民心，成为中华正统，保持长治久安；反之则乱。中华民族是一大文明母体，不是若干国族机械的组合，正仰仗于此。正如韩愈《原道》所说："孔子之作《春秋》也，诸侯用夷礼则夷之，夷而进于中国则中国之。""今也举夷狄之法，而加之先王之教之上，几何其不胥而为夷也?"这些因素不仅是中华民族认同的符号，给当时社会带来很大影响，更是中国古代历史发展的重要线索。突出它们，方能纲举目张，讲出历史学科的深度。比如《左传·闵公元年》记载狄人伐邢，管仲对齐侯说："戎狄豺狼，不可厌也。诸夏亲昵，不可弃也。宴安鸩毒，不可怀也。《诗》云：'岂不怀归，畏此简书。'简书，同恶相恤之谓也。请救邢以从简书。"于是齐人救邢。这表明，与蛮夷戎狄犬牙交错的华夏封国之间，存在唇齿相依的认同。

"夷夏之辨"就在中华文明史上从理论的角度不断强化文化传统。围绕"夷夏之辨"，董仲舒、何休等汉代今文学家主张，是"夷"是"夏"，不能从血统、种族等角度进行区别，真正核心的标准应该在于是否遵守"礼"和"信"，如《春秋繁露》中对"晋伐鲜虞"的解读，"《春秋》曰'晋伐鲜虞'。奚恶乎晋而同夷狄也?曰：《春秋》尊礼而重信。……《春秋》贤而举之，以为天下法，曰'礼而信'。礼无不答，施无不报，天之数也"①。对"邲之战"，董仲舒对楚庄王大为褒奖，认为"《春秋》无通辞，从变而移。今晋变而为夷狄，楚变而为君子，故移其辞以从其事"。陈垣先生的代表作《元西域人华化考》，从文学、儒学、佛老、美术、礼俗等诸多角度，阐释了在儒家思想与汉文化被打压的元代，一大批进入中原的西域人（色目人）逐渐服膺于汉文化的历史现象，凸显了中原汉文化在蒙元时代的巨大先进性和生命力。这无疑是主张从文化的角度进行判别，文化认同一旦发生，行事就会皈依礼与信的原则，夷就变为夏；而行事违背社会上共识的原则，夏就变为夷。在这一过程中，先民早已超越血缘与部落神灵的限制，形成一个文化共同体，并不断寻求文化共同体内部的秩序化的途径，尊礼重信的儒家思想就是秩序化的有效方式；更重要的

① 董仲舒：《春秋繁露·楚庄王》，袁长江等校注《董仲舒集》，学苑出版社，2003，第37～38页。

是，先民及时吸收外部的先进因素，革除内部的弊病，保持文化共同体兼收并蓄的开放性。这些观念影响直到清末，在近代中国救亡图存的浪潮中，与西方近代民族主义中“建立多民族国家”的文化民族主义不谋而合。[①] 虽然古代的华夏认同主要是文化上的，和五四运动以来政治上有高度凝聚力与主权意识的民族国家相比，还有相当一段距离，但我们说古人的思想观念为近代民族认同奠定了坚实的文化基础，应当不为过分。

又如主张民贵君轻的孟子，就曾经对人描述他和梁襄王的对话，梁襄王问：“天下恶乎定?”他说：“定于一。”梁襄王问：“孰能一之?”孟子说：“不嗜杀人者能一之。”“孰能与之?”孟子说：“天下莫不与也。”“如有不嗜杀人者，则天下之民皆引领而望之矣。诚如是也，民归之，由水之就下，沛然谁能御之?”（《孟子·梁惠王上》）能够一统天下、停止战争、解救苍生的圣君，自然所向披靡。“定于一”和“不嗜杀人”，就成为人们对仁君的要求，在这一点上，刘邦就比项羽做得好，刘秀也比刘玄做得好。这符合天意人心，是时代对统治者的需求，更是中华民族自古以来的文化心理。淝水之战中，前秦从军事实力看更有优势，但一溃千里。究其原因，除了前秦后方不稳固与苻坚轻敌之外，更深层的还在于东晋仍拥有民心。按谋臣王猛的话说，东晋虽偏安一隅，但它是正统所在；鲜卑和羌才是前秦应该对付的心腹大患。[②] 果不其然，淝水之战前秦败于东晋，原来降于前秦的羌人姚苌叛秦，杀苻坚建立后秦。这说明在相当的历史环境中，华夏文化所系，正是人心所向。古代王朝兴衰、政权更迭以及人心向背，相当程度表现在中华制度文化的贯彻与否上，这构成了历史书写的灵魂与重要线索。

在对学生进行中国古代史相关专业教育的过程中，要引导学生明了对中华民族的认同，就是要深刻认识到，我国各民族相互依存、共同发展；每个民族都是中华民族的组成部分，都是中华民族大家庭的一员，都和这个大家庭血肉相连，休戚与共。我国各族人民从长期的历史经验中深刻懂得“国破则家亡，国兴则家昌”，只有中华民族繁荣昌盛，国家兴旺发达，各族的权利，各族的发展才能得到保证。这也是中国古代史相关课程的立意所在。

---

① 李帆：《辛亥革命时期的“夷夏之辨”——以康有为、刘师培对〈春秋繁露〉两事的不同解读为例》，《辛亥革命与清末民初思想》，社会科学文献出版社，2012，第34~47页。

② 朱绍侯：《苻坚与淝水之战》，《中原文化研究》2018年第4期，第14页。

二 异中见同

社会现象是复杂的，不仅后世对它有五花八门的解读，就是当时人的理解也莫衷一是，但不同解释的背后，很可能存在中国文化的背景。比如，同是针对尧舜禹启之间的权力更迭，就有篡夺说与和平过渡说的不同，哪个可靠？同是针对东周以来的社会乱象，道儒墨法诸家的救世主张判然有别，孰是孰非？同是针对秦亡汉兴的时代变局，到底是哪些因素使然？中国古代史的宏观叙事，不得不涉及一系列见仁见智的历史解释，这在探究性强的研究生课程中最为明显。这就要求我们在历史研究和历史教育的过程中，要特别注意历史的具体分析。白寿彝曾言："再进行具体分析的时候，既不能放过重要的细节，又不能进行孤立的分析。历史现象是复杂的，不把互相关联的各个方面弄清楚，是不易得到正确的成果的。"① 如果说，我们的课程只停留在介绍学术界不同的观点，没有辨析和论证的话，那么对于学生的知识建构益处并不大。如果我们能看到不同解释的实质以及分歧背后的共性，那么教学效果就明显不同。

这就势必对不同的历史解释进行深加工。如何深加工呢？战国时荀子曾提出"信信，信也；疑疑，亦信也"（《荀子·非十二子》），这也是当今学术研究与历史教育的要义。即信可信的现象，是为了求真；怀疑可疑的现象，也是为了求真。在解决问题过程中，前者是认识社会的必要的知识结构，后者是认识社会的严谨态度；无后者则为教条，无前者则为诡辩。中国文化共性的思想背景就是信其可信、疑其可疑的重要依据。比如尧舜禹之间的关系，《竹书纪年》中的确有舜囚尧于平阳、益干启位启杀之的说法，但是它不仅论据薄弱，而且过于血腥，很重要的是与我们了解的"上古竞于道德"（《韩非子·五蠹》）的历史背景不吻合，所以更多学者对此持怀疑的态度，推测它很可能是战国时权谋家好事者为之。② 而诸子思想异彩纷呈，各家学术背后也有着一定的共性：它们都和王官之学有一定的联系，基本都集中在政治伦理学说上，服务于华夏大国君主的政治实践，乃至为未来统一的王朝提供蓝图。这样它们在各自的语境中都存在合理性。导致秦亡汉兴的因素很多，其中秦的集权政策操之过急是最重要

① 白寿彝：《要发挥历史教育应有的作用》，《史学史研究》1984 年第 1 期，第 6 页。

② 李学勤：《走出疑古时代》，辽宁大学出版社，1997，第 50～51 页。

的因素。因为它干扰了农业生产，忽略了黎民百姓的承受力与社会的稳定性，与中华文明的正常秩序相背离。

我们依据中国文化的特征，信其可信疑其可疑，得出可靠的结论，同时对不可信的内容深入剖析，给学生的知识建构与能力培养带来实质性的促进。教育部2018年发布的《普通高等学校本科专业类教学质量国家标准》规定，历史学专业的人才培养目标是“培养学生具有坚定正确的政治方向、扎实的理论基础、广博的历史知识、深厚的人文素养、敏锐的问题意识与思辨能力，掌握历史信息搜集、考证与分析的基本方法，能在历史过程和现实处境中考察特定的历史现象，记录、搜集和处理相关信息，形成合理的见解”。这一目标在历史知识、人文素养、问题意识、思辨能力与基本方法之前，特别强调了政治方向和理论基础。我们认为，中华民族源远流长的制度文化，就是政治方向与理论基础得以扎根的土壤。正如习近平同志所说：“中华优秀传统文化是中华民族的精神命脉，是涵养社会主义核心价值观的重要源泉，也是我们在世界文化激荡中站稳脚跟的坚实根基。”① “绵延几千年的中华文化，是中国特色哲学社会科学成长发展的深厚基础。”② 只有突出中华民族制度文化特征，才能纲举目张，体现历史学科深度的同时，起到思想政治教育的作用。

三　小中见大

由于材料的大量出现以及方法论变化，近二十年来的历史研究呈现“碎片化”的趋势，人们往往批评现在的历史研究只见树木不见森林，缺乏视野。我们认为，学术研究沉溺于碎片化还有情可原，但历史教育也如此的话，就会对历史发展的规律视而不见，既不能给学生带不系统性的知识结构，更不能发挥历史学科的思想教育作用。这就要求历史学科课程以碎片为载体，小中见大，实现“顶天立地”。一方面要“立地”，历史教育从解析碎片开始，没有局部就会丧失整体，不窥一斑就不可能见全豹。但这样的碎片要有典型性，能通过对细节的剖析体现中华民族的制度文化特征。另一方面要“顶天”，研究碎片应当具备全局眼光，不能只作烦琐考

① 习近平：《在文艺工作座谈会上的讲话》，2014－10－15，http：//jhsjk. people. cn/article/27699249。

② 习近平：《在哲学社会科学工作座谈会上的讲话》，人民出版社，2016，第16页。

据，关注细节却忽略大体。这就要对中华民族制度文化的演进轨迹有清晰的认识，并且要明确怎样的历史背景催生了这样的碎片，以此帮助学生理解中华传统文化的来源所在、变化趋势，理解民族文化中的独有内涵与魅力，帮助学生认识中华文化的博大精深。

比如，孟子的“民为贵，社稷次之，君为轻，是故得乎丘民而为天子”（《孟子·尽心下》）就很值得解读。孟子比较了民众、国家政权、君主三者的重要性，将民众作为价值最为重要者，而君主的价值是最末位的。专家指出，此说比之于传统的“民为邦本”有一个重要的进步，那就是命题当中没有让“君”缺失。只有“君”的出现，才能使人们在价值的天平上明显地看到“民”的分量。① 事实上，君权不是一上来就强大的，而是经历了漫长的发展过程。战国诸侯不遗余力地加强权力，就是从西周封建时代向秦汉郡县时代的重要过渡。为了实现政权的长治久安，君主不得不稳定社会秩序、发展生产、在一定程度上推行惠政；为了使权力贯彻得有效，减小上传下达的阻力，君主也势必要对其权力进行包装。这样孟子的民本学说就成为后代君主执政的舆论工具，也成为君主权力的理论约束，对中华文明做出了重要的贡献。

四　变中见常

历史学科最讲变，“人事有代谢，往来成古今”。历史“承担着‘究天人之际，通古今之变’的使命。世界的今天是从世界的昨天发展而来的”②。一方面，我们要通过历史现象更迭的轨迹，正确地定位自己的行为，从历史长河中找到借鉴。另一方面，辩证法告诉我们，有变就有常，这个历史学科中的常，就是人类社会得以正常运作、历史得以发展的规律，而中华民族的制度文化就体现了这样的规律。

大史学家司马迁在“究天人之际，通古今之变”，将“承敝通变”“见盛观衰”的思想融入历史思考之中的同时，也探索历史中的“常”。刘家和指出，司马迁的常体现在两方面。第一，发展经济与致富是人们恒常行动的目标，也是社会和谐与国家强盛的基础。这在《货殖列传》中阐述

① 晁福林：《从“民本”到“君本”——试论先秦时期专制王权观念的形成》，《中国史研究》2013 年第 4 期，第 39 页。

② 习近平：《致第二十二届国际历史科学大会的贺信》，2015 - 08 - 24，http：//jhsjk. people. cn/article/27504654。

得很清晰："夫神农以前，吾不知已。至若《诗》《书》所述，虞夏以来，耳目欲极声色之好，口欲穷刍豢之味，身安逸乐，而心夸矜。势能之荣，使俗之渐民久矣，虽户说以眇论，终不能化。故善者因之，其次利道之，其次教诲之，其次整齐之，最下者与之争。"第二，礼义能保持一个社会的良好秩序，使人们的求富处于一种正常的状态中，不至于因为过度的行为造成社会的动荡与国家的灭亡。这在《管晏列传》对管仲政策的评述中表达出来："管仲既任政相齐，以区区之齐，在海滨，通货积财，富国强兵，与俗同好恶。故其称曰：仓廪实而知礼节，衣食足而知荣辱，上服度则六亲固。四维不张，国乃灭亡。下令如流水之原，令顺民心。"① "常"作为规律性的内容，是在人类社会实践的"变"中展开的，不同历史时期能够表现出相同的"常"；变动不居的人类更迭过程，是历史之"常"的载体，按照"常"的内涵演进。两者辩证依存，构成历史的正常面貌。

我们看到，不管是发展经济还是礼仪伦常，都是中华民族制度文化的重要内容。历史学科揭示社会发展的"常"，不仅能够捕捉到贯穿历史演进的线索脉络，更能看到中华民族制度文化的广度与深度，为今天人们的行为实践提供借鉴。正如习近平同志所言："在中国的史籍书林之中，蕴涵着十分丰富的治国理政的历史经验和宝贵的思想文化遗产，其中包含着许多涉及对国家、社会、民族及个人的成与败、兴与衰、安与危、正与邪、荣与辱、义与利、廉与贪等等方面的经验与教训。"② 《太史公自序》中说："先人有言：'自周公卒五百岁而有孔子。孔子卒后至于今五百岁，有能绍明世，正《易传》，继《春秋》，本诗书礼乐之际？'意在斯乎！意在斯乎！小子何敢让焉。"无疑司马迁说这一番话时带有极强的使命意识，然而我们仔细体会其中深意，就会发现世代掌管典册的司马一家，以传承上古三代以来的文化制度（"诗书礼乐"，就也是常）为己任，在历史长河中（"自周公卒五百岁而有孔子。孔子卒后至于今五百岁"，也就是变）谋其流传悠远，并在特定的时间段（周公—孔子—司马迁）完成文化的突破。历史学科能让学生从处于流变状态的历史个案（特殊）中看出经验与教训（一般），发挥以史为鉴功能，就能在很大程度上引导学生的行为举止，促成其精神境界的飞跃。

---

① 刘家和：《论司马迁史学思想中的变与常》，《北京师范大学学报》（人文社会科学版）2000 年第 2 期，第 29 ~ 30 页。

② 《习近平在中央党校秋季开学典礼上强调，领导干部要读点历史》，《人民日报》2011 年 9 月 2 日。

五　史中见人

历史学科的感染力，在于通过生动具体的过程情节来渗透价值观。在历史叙述中突出人，突出人物在特定历史环境下的所思所想，而不是抽象的历史符号与条条框框，就是教化人心的最好手段。正如司马迁所说："'孔子知言之不用，道之不行也，是非二百四十二年之中，以为天下仪表，贬天子，退诸侯，讨大夫，以达王事而已矣。'子曰：'我欲载之空言，不如见之于行事之深切著明也。'"（《史记·太史公自序》）这样的教化功能素为古人所重。《左传·隐公四年》载，鲁隐公四年（公元前719年）春，卫国大夫石碏之子石厚与公子州吁同谋弑桓公，后来石碏设计把州吁和石厚骗到陈国，一举擒获并将他们杀掉，从而平息了卫国的祸乱，显示了为维护正义而不惜牺牲亲情的大义。《左传》借助"君子曰"表达了自己的立场："石碏，纯臣也，恶州吁而厚与焉。大义灭亲，其是之谓乎!"再如司马迁一生苦难而悲壮，"李陵之祸"后，司马迁发愤著《史记》，在文字中倾注了自己的价值与理想。他花费大量笔墨，塑造了一批正面人物：尧、舜、禹、伯夷、叔齐、周公、管仲、晏婴、孔子、屈原等。司马迁尽力还原历史事件发生的场景，揭示关键事件的意义，表现出他们独特的人格魅力。他们不只是个体的人，也是中华民族制度文化的载体。

历史叙述不仅要发现历史场景中的人，也要看到书写历史的史家。中华文化得以传承，和历代史官的不懈努力密切相关，尤其是那些忠于职守的堪称博闻君子的良史，他们是中华民族精神的缩影。"书法不隐""秉笔直书"的实录精神一直是中国史家追求的核心内涵。《论语》所言"毋意，毋必，毋固，毋我"，"君子于其所不知，盖阙如也"，清晰地展现了孔子尊重客观事实、力戒主观臆测的主张；《左传》中晋国史官董狐、齐国史官太史不惧强权，敢于直书的著名故事至今仍是"良史"佳话；班固在《汉书》的《食货志》中揭露西汉土地兼并恶果，在《外戚传》中描述诸侯及外戚集团奢侈纵欲的不堪，被后人盛赞"不为汉讳"；乃至清末民初梁启超在《新史学》中对中国传统史学进行猛烈抨击之时，其对古代"史官独立"的精神、古代史家秉笔直书的传统仍是高度评价的。①

① 陈其泰：《论古代史家的信史追求》，《人文杂志》2017年第9期，第88~90页。

不仅如此，大批近现代史家贯通中西学术，将中国传统史学与近代社会关联起来，体现了家国天下的情怀与学术救国的使命意识，其思想与实践更是今天历史教育的生动课堂。近代以来风雨飘摇，国运多舛，不少爱国历史学家以书斋为战场，以笔杆为枪杆，将学术研究与救亡图存紧紧相连。如在抗日战争时期，陈垣先生任校长的辅仁大学在沦陷区坚持办学，陈先生坚持不挂伪“国旗”，保护抗日爱国学生，声援师生的爱国义举，还通过撰写《明末殉国者陈于阶传》表扬为国捐躯的志士，以《明季滇黔佛教考》宣扬知识分子怀念故国、抗节不仕的精神。[①]陈垣先生的《通鉴胡注表微》被人们视为将考据、解释与中国史学遗产巧妙融合的经典作品。宋元之间的史家胡三省，通过对《资治通鉴》的大量研究考证，寄托了自己由亡国之恨产生的诸多悲情，与陈垣先生在抗战时期身处沦陷区的处境非常相似。陈先生撰写《通鉴胡注表微》，研究胡三省的心路历程与思想境界，目的在于阐述自己的历史观和民族情怀。正如陈垣先生所言：“北京沦陷后，北方士气萎靡，乃讲全谢山（全祖望）之学以振之。谢山排斥降人，激发故国思想。所有《辑覆》《佛考》《诤记》《道考》《表微》等，皆此时作品，以为报国之道止此矣。所著已刊者数十万言，言道、言僧、言史、言考据，皆托词，其实斥汉奸、斥日寇、责当政耳。”[②] 白寿彝先生自青年起便投身于民族史、中国边疆史地等领域的研究，显示出强烈的爱国精神。他在20世纪80年代总结说：“每一个民族都对祖国历史的创造出过力，也都跟国家的命运同呼吸。在长期的反封建主义、反殖民主义、反帝国主义的斗争中，各民族总是并肩作战。无论在经济的、政治的或文化的方面，每一个民族都从兄弟民族中吸收各种营养以丰富自己。每一个民族的语言也不断地接受兄弟民族的影响。甚至每一个民族形成和发展的过程，也是一个不断组合、分化和融合的过程，总是不断地接受兄弟民族的成员，也不断地有自己的成员参加到兄弟民族里去。”[③] 白先生的爱国主义情怀与责任感，渗透在中国古代史的叙述之中，历史、史学与史家已经融为一体。这并不是像后现代史家认为的那样，史家和文本都被消解了，反而是史家和文本在历史教育实施过程中凸现出来。所以

① 陈智超：《抗日战争中的陈垣先生》，《文汇报》2012年8月27日。

② 刘乃和等：《纪念陈垣校长诞辰一百周年》引援庵先生致席启駉函，刊《陈垣校长诞生百年纪念文集》，北京师范大学1980年铅印本。

③ 白寿彝：《中国通史纲要》，上海人民出版社，1980，第13页。

我们不仅要依据史家阐述的史事构建历史，更要把握史家自己时代关怀、生命体验。

正如白寿彝先生所指出，历史教育是为了培养下一代，为祖国做贡献；历史教学和历史研究都是手段，都是为了达到培养教育下一代的目的；历史工作者要用丰富的历史事实来教育广大人民，让他们对人类的历史前途有更深刻的了解；讲历史，首先通过对历史的阐述，讲清楚做人的道理，尤其是做一个社会主义新人的道理。[①] 对中华民族的认同，是历史教育的重要构成，并且历史学科比其他学科更具有教育优势。一是历史学科内涵丰富，从大量的历史资料中能提炼出思政建设的重要素材。因为没有一门学科像历史学科这样要建立在庞大的知识储备上，"是什么"层面的问题不解决，"为什么"和"怎么样"也就无从谈起。二是历史学科生动具体，在完成历史叙述过程中能够打动人、熏陶人、发人深省。甚至即便历史学科呈现信息的方式是碎片，但碎片生动逼真，窥一斑见全豹。正如晁福林先生指出："看待一个个的小碎片、小问题，需要从大处着眼。例如，作为人类历史社会形态研究一部分的中国古代社会形态研究，正方兴未艾。看中国古代的社会形态，应当有世界通史的视野。"[②] 三是历史学科客观严谨，历史遗产用史实说话，许多共识颠扑不破，更能够树立青年人的理想信念。历史学科即便有理论，理论也建立在人类古往今来的实践经验上，陈寅恪先生曾言："史学之材料大都完整而较备具，其解释亦有所限制，非可人执一说，无从判决其当否也。"[③] 历史学科提供的这些实践经验，不仅是古人认识世界改造世界的尝试，更是历史遗产与人生智慧。《易经·大畜》说"君子以多识前言往行，以畜其德"，白寿彝先生认为这就是要从历史知识里面学到做人的道理；所谓"前言往行"，古人解释为前人的嘉言懿行，指的是积极的、正面的言行，故有益于"畜（蓄）德"；"畜德"的"德"，不只是指品德而言，还应包含见识和智慧。唐代史学家刘知幾说，学习历史，可以"见贤而思齐，见不贤而内自省"（《史通·史官建置》），这是说从正反两个方面得到启示，受到教育。[④] 北京师范大学

---

① 李传印：《白寿彝先生历史教育思想再认识》，《史学史研究》2002 年第 1 期，第 19 页。

② 晁福林：《发挥好历史碎片的大作用》，《人民日报》2015 年 7 月 20 日，第 16 版

③ 陈寅恪：《陈垣〈元西域人华化考〉序》，《陈寅恪史学论文选集》，上海古籍出版社，1992，第 505 页。

④ 白寿彝：《在历史教学研究会成立大会上的书面发言》，《白寿彝史学论集》上册，北京师范大学出版社，1994，第 209 页。

历史学院中国古代史的相关课程在传授学术思想的同时，能够完成立德树人的任务；通过中华民族制度文化一系列因素，学生能够建立起历史知识结构，并强化中华民族的认同感。这样历史学科中同社会主义核心价值观相匹配的元素被挖掘出来，历史教育与思想政治教育融合在一起，达到了学生思想政治教育的新层次。

当代史学评论

学问道德两纯粹

——读乔治忠编《杨翼骧文集》

周文玖

（北京师范大学历史学院、史学理论与
史学史研究中心，北京　100875）

乔治忠教授编的《杨翼骧文集》（以下简称《文集》），由南开大学出版社2019年出版。它是“南开百年史学名家文库”中的一部，是南开大学历史学院迎接南开大学百年校庆的学术献礼。杨翼骧（1918～2003）先生，字子昂，山东金乡县人，著名史学家，在中国史学史学科建设方面做出了杰出贡献，受到学界的尊重和敬仰。此次出版的《杨翼骧文集》，与过去出版的《学忍堂文集》相较，对所收文章进行了分类，增补了从未发表过的许多手稿。这些手稿被编为“教学讲谈”“书信集存”“杂撰鸿爪”等。前有乔治忠教授作的《子昂先生小传》，后附乔治忠教授编的《杨翼骧先生学术年谱》和瞿林东教授的论文《杨翼骧先生与中国史学史研究》。《文集》为我们全面了解、认识杨先生的学术和行谊，提供了更加丰富的资料；对研习中国史学史，亦具有十分珍贵的学术价值。

一　史学史研究的一家之言

杨翼骧先生的史学史研究，有自己的特色，成一家之言，在现代中国史学史学科版图中，具有重要的地位。他自入大学后就对中国史学史感兴趣。从事中国史学史的教学和研究，是他一生坚持的志业。这在他的同侪学人中是很少有的。

首先，杨先生接触中国史学史比较早。他1936年考入北京大学史学系。1937 年七七事变时他因事回故乡。北京大学不久迁往大后方，最终在云南昆明与清华大学、南开大学组成西南联合大学。杨先生历经千辛万苦，1939 年 9 月终于实现复学。他说："我开始对史学史有兴趣是从 1938 年底，并正式立志以此为治学目标。1939 年初，我从武汉经广西到西南联大复学。在南宁由朋友介绍到附近的湘桂铁路工程第三段，找了个抄写公文的工作……那时我看到了梁启超的《中国历史研究法》和《补编》，姚名达在书的夹注中说决定写史学史启发了我，既然中国史学史还没人写，就立志学习中国史学史了。"（《文集》第 386 页。为节省版面，以下凡引《文集》，均采文中注）在读了梁启超的著作后，他"接着读《史通》和《文史通义》，又选读了'前四史'、《资治通鉴》及《四库全书总目》的史部提要。经过七八个月的昼夜读书，使我收获不小，并陆续写出近十万字的读书笔记，更加坚定了学习史学史的意志"（《文集》第 395 页）。

其次，他复学成功后，就把史学史作为最用功学习的课程。当时为他们开设这门课的是姚从吾。姚从吾是原北京大学史学系主任，杨先生在大一时听过他讲的"历史研究法"课。"他知我对史学史有兴趣，让我记笔记时详细记，当时他没有讲稿，只有提纲，想再以笔记整理成讲义。"（《文集》第 386 页）"他新开这门课，让我抄录材料，给他开课做辅助工作。"（《文集》第 499 页）也就是说，杨先生在姚从吾这门课上实际上担负了助教的工作。这门课下来，杨先生的收获很大，一是做了详细的课程笔记，二是很用功地写了一篇《晋代之史学》，内含《晋代史官表》。可惜的是，北大复原回北平时，笔记和《晋代之史学》放到一个书箱中，"学校给托运书箱，不巧途中丢了两个箱子中的一个，笔记也在该箱中丢了"（《文集》第 387 页）。

最后，他开设中国史学史课程之早和讲授中国史学史课程之长，在新中国成立后的那一代中国史学史专家中也是罕见的。杨先生 1942 年毕业于西南联合大学，毕业后到重庆中央图书馆所办的《图书月刊》编辑部工作，其间，发表《〈清史研究初集〉评介》。一年后调回西南联合大学历史系担任助教①。1946 年，西南联大解散，杨先生复原到北京大学史学系任职。作为青年教师，他主要为外系开设中国通史。"在教书之余，我对中国史学史仍有兴趣，继续看书。"（《文集》第 387 页）1946 年，"姚从吾先生调走后，郑天挺先生教史学史，郑先生想让我教，但我不敢教，因选

① 参见乔治忠《杨翼骧先生学术年谱》，《杨翼骧文集》，南开大学出版社，2019，第 505 页。

修课都是教授教”（《文集》第 387 页）。1949 年后，在向达、郑天挺的鼓励、支持下，杨先生开始在北大史学系开设选修课——中国史学史[①]。杨先生回忆说：“1949 年 1 月底北京解放。当年暑假后，郑先生又让我教史学史，我才教。”“当时各大学历史系开此课的很少，清华大学、复旦大学、北京师范大学没开，白寿彝先生当时在北京师范大学好像也没开此课。”（《文集》第 387 页）1952 年全国院系调整，杨先生于 1953 年调到南开大学。他的中国史学史课程之开设断断续续，这与当时的政治气候有关系。但一旦形势允许，杨先生就开设此课。不仅在南开大学开设，他还应邀于 1958 年春季学期在天津师范学院历史系、1960 年 11 月至 12 月在石家庄师范学院历史系、1961 年 11 月至 12 月在安徽大学历史系讲授。

杨先生的史学史研究，是从做史学编年开始的。这已成为他一生研究中国史学史的一个特色。他发表的文章中，有《先秦史学史编年》《三国两晋史学编年》《南北朝史学编年》《五代十国史学编年》。《唐末以前官修史书要录》虽不以编年命名，但也具有编年的性质。这种研究路径，一方面受到姚从吾影响。他说：“我的老师姚从吾第一次在西南联大开史学史的课。他新开这门课，让我抄录材料，给他开课做辅助工作。我从这儿得到的启发，与后来致力于编辑的史学史资料编年有关系。”（《文集》第 499 页）另一方面也受到同学的启发。他说：“有个同学叫游任逵，文学功底深，他善于写诗，吴宓读了他的诗，还以为是老文学家所作，说很想见此人。……当时，他立志要编辑一部全宋诗，我受他的影响，也设计要编辑‘全史学史文’。……编辑《中国史学史资料编年》的想法实际是原《全史学史文》想法的修订。”（《文集》第 381 页）杨先生晚年为编写《中国史学史资料编年》付出了很大的精力。他对这一工作的重要性看得甚至超过撰写中国史学史专著。《中国史学史资料编年》按照年代顺序编排史学事件和资料，勾画了史学发展的延续性。一些条目后面的案语，对一些史家的生卒年代、史著的撰写年代和有关史学事件发生时间等详加考

① 杨先生回忆自己开始上中国史学史课时，有时说向达的推荐，有时说郑天挺的推荐。《杨翼骧自传》云：“在北京大学讲授中国史学史课程的姚从吾教授，后来调往河南大学任校长，这门课就安排郑天挺教授主讲，而郑先生推荐我讲课，我未敢应承，因为在北大，这种专业选修课都是教授主讲。再后来，是向达先生的鼎力推荐，我才开始任课。”（《文集》第 469 页）在《谈治学与做人》中说：“再后来，向达先生鼎力推荐，我才教中国史学史，仍然怕选修的人少，结果还不错，这样提高了信心，治学也可以走上自己的专业道路了。”（《文集》第 381 页）

辨，凝聚了编著者的研究成果，为读者提供了可信、确切的史料，是一套为中国史学史研究深入发展铺路架桥的著述。它与杨先生的品格一样，朴实无华，但在嘉惠后学、促进学科发展方面却具有深远的意义。关于它的价值，已有许多评论①，此不赘述。

杨翼骧先生的史学史研究，比较注重吸收梁启超的有益成果和论述。他对梁启超在中国史学史学科方面的开创地位是尊重的，并坦诚地讲自己研究史学史是从读梁氏的《中国历史研究法》及《补编》入门的。他第一篇史学史习作也受梁启超的启发。梁启超说，中国史学，晋代最为活跃和发达。杨先生就撰写了《晋代之史学》。梁启超在他设计的史学史体系中，第一项就是“史官”。杨先生在自己的史学史研究和指导研究生论文选题时，也比较重视史官制度、官方史学活动。他在《中国史学史讲义》中，给予梁启超很高的评价。在一些谈话中，还为梁氏的史学史体系框架作了辩解。他说：“中国史学的成绩，梁启超说最少应包括这四个方面内容，其实尔后的研究最多也没有超过这些。”（《文集》第 385 页）“梁氏指出的四项内容是‘最少’应‘特别注意’的，而后来的史学史著作却大都没有超出这些内容，而且叙述很不详细；有的只写到清朝，第四部分根本没有写。”（《文集》第 391 页）

杨翼骧先生是从任教于北京大学时期开始他的中国史学史教学生涯的，其教学工作是北京大学史学系史学史教学传承中的组成部分。北京大学是最早开展史学史教学的高校。朱希祖、李大钊、李璜，在 20 世纪 20 年代就开设了中、外史学史（或史学思想史）课程。抗日战争期间，姚从吾讲授该课程。姚氏调离北大后，郑天挺讲授。杨先生开设这门课是接替郑天挺。此外，对史学史著述做出贡献的何炳松，曾在北京大学任教，金毓黻、傅振伦、王玉璋，都出身于北京大学。所以，在史学史学科建设方面，北京大学既开风气之先又有教学传统。对这个传统，杨先生非常清楚，而且有自觉的发扬意识。他在晚年接受学术访谈时曾提到朱希祖的贡献，说：“首先在大学课堂上讲授中国史学史的，应推北京大学史学系主任朱希祖先生。他于 1919 年至 1920 年间开了《中国史学概论》一课，并

① 参见蓝海天《评〈中国史学史资料编年〉第一册》，《史学史研究》1987 年第 4 期；陆申《推荐一本嘉惠后学的史学专著——评杨翼骧先生〈中国史学史资料编年〉第一册》，《历史教学》1988 年第 1 期；陆申《读〈中国史学史资料编年〉第二册》，《史学史研究》1995 年第 2 期；仓修良《读〈中国史学史资料编年〉》，《史学史研究》2002 年第 2 期；瞿林东《杨翼骧先生与中国史学史研究》，《南开学报》2013 年第 5 期。

编写了约有三万四千字的讲稿，内容包括‘中国史学之起源’与‘中国史学之派别’两大部分，因当时尚无史学史这一名称，所以称为‘史学概论’，而实际上讲的是中国史学史（这个讲稿搁置了二十多年未发表，直到1942年才改名为《中国史学通论》，交付重庆独立出版社于次年出版）。”（《文集》第390~391页）他接到讲授这个课的任务后，非常下功夫备课。他回忆道：“讲授内容从上古一直到新中国成立前，分古代和近现代两大部分。古代分八章，每章之后介绍同时期西方史学的情况，并做比较；近现代分资产阶级史学、马克思主义史学二章，前者从梁启超开始，后者从李大钊开始，都讲到新中国成立前。备课时用十六开白报纸写出详细提纲，其中主要是基本材料。边学边教，边教边学，教学相长，收获不小，一年下来积累了六厚册讲稿。”（《文集》第397页）杨先生讲课很受欢迎。他在北京大学的教学评价虽然由于缺乏资料难以知晓，但从在南开大学授课之情形也可见一斑。姜胜利教授说：“先生在南开大学历史系讲授中国史学史，除了本系学生和青年教师外，许多外校的学生、教师以及学术杂志的编辑等也来听讲，每次讲课教室总是人员爆满，不得不临时添加座位。先生的授课风格颇有特色，虽乡音浓重却口齿清晰，发音朗朗；语速适中，抑扬顿挫，急缓有度；语言生动，幽默谐趣，通俗易懂；板书明晰，布局有序，文字工整。而授课内容更是资料丰富，见解独到。”① 据杨先生哲嗣杨培林回忆，杨先生在授课方面投入精力很多：“为了讲好一堂课，他总是精心准备……不仅新课认真准备，就是旧课也一丝不苟，没有半点马虎，照样事先备课，不断充实新的学术信息……对授课内容精熟，讲课时很少有讲稿，但他预先做卡片分类却很仔细，甚至连板书的内容和格式都要设计好。”②

杨翼骧先生的史学史研究，有自己完整的体系。此前出版的《中国史学史讲义》已显示出这一点。主要表现为有自己的学科理论，有明确的分期思想，纵横贯通，对史家、史著、史学现象均有自己独到的见解。《文集》中的《中国史学史绪论》《论中国古代史学理论的思想体系》，将中国史学史的基本理论作了更加明确的表述。关于中国史学史的内容，他认为应包括历史观、历史编纂学、史学思想、史学理论、史官制度、史家的

① 姜胜利：《杨翼骧中国史学史讲义·整理后记》，天津古籍出版社，2006。

② 杨培林：《严谨治学，诚实做人——回忆我的父亲杨翼骧》，载《杨翼骧中国史学史讲义》，天津古籍出版社，2006，第238页。

生平及成就。他认为在中国古代，成部帙的史学理论专著虽然较少，但在各种典籍文献中包含着丰富的史学理论方面的论述，在总体上的发展是十分全面的。中国古代史学理论包括史学宗旨论、史学地位论、史学方法论、史家标准论、治史态度论、修史制度论、史籍优劣论、史学流变论。这些论述构成了一套完整的思想体系。

20 世纪 80 年代，在给研究生讲课时，杨先生谈到自己在有关史学史的基本问题上与其他学者的不同见解。他说：

> 关于中国史学史研究的内容，现在还没有一致的认识，而且也未进行充分讨论。朱杰勤《中国古代史学史》内有的内容，我们认为不必揽入，我们认为需要收入的内容，他的专著却没有在意。在中国史学史应当包括的内容方面，华东师范大学诸位学者与我的看法也很有一些不同之处，仓修良先生也与我的见解不太一致。
>
> 我讲述中国史学史的内容主要是：历史观、史学思想、史官、编纂学、治学方法、史学评论等，其他如史家生平，可以等于一般历史问题。前在上海华东师范大学我做了专题讲座，提出我的这些看法，当时就有人提问：不是史学家的人，他的历史观讲不讲？我回答认为凡对史学有很大影响的历史观都要在中国史学史内讲述，例如商鞅、邹衍、柳宗元等人的历史观点。看来听讲座的先生们并不都予以认可。
>
> 治史方法即历史研究法，属于还是不属于史学史的内容，这是有争论的。我觉得这在史学史的课程上，还是应当讲授。
>
> 刘节先生主张，史学史就是历史编纂学。这个看法把史学史内容压缩了，太狭窄了。(《文集》第 374 页)

杨翼骧先生很少评论他人，但这里他不掩饰他与别人的不同，反映了他坦荡的学术胸襟和对自己学术主张的坚守，体现了他欲以成一家之言的学术旨趣。

二　精湛的研究生培养思想

杨翼骧先生是改革开放恢复研究生招生和实施学位制度后最早的中国史学史专业博士生导师之一。从《文集》新收的文章来看，他与国内大学最早博士点的其他导师都有学术交谊。在如何进行中国史学史教学和人才培养方面，他与其他先生亦有过交流。他与白寿彝先生早就认识。他说：“我很早就知道白先生具有高深的史学造诣，对他十分景仰，但缺少见面畅谈的机会。1952 年，我有机会前去拜访，谈论学术界状况和史学问题。白先生平易近人，十分和蔼，他的河南话与我的山东话语音相近，增加了亲切感，使我留下了深刻的印象。1961 年 6 月，北师大历史系中国史学史编写组编印《中国史学史参考资料》之后，我曾数次与白先生通信，请教有关史学史的问题。‘拨乱反正’、改革开放后，白先生来南开大学，我们在历史系进行一次较长时间的谈话，主要讨论了中国古代史课程的设置问题，也谈了史学史研究的问题。……1995 年 4 月，白先生又约我为多卷本《中国通史》第七卷题写书名。”（《文集》第 494 ~ 495 页）1961 年的《中国史学史资料》第 4 号（1961 年 12 月出版）所载陆懋德编的《中国史学史》目录，即录自杨先生。其编者按云：“本书系北平师范大学讲义，用八开毛边纸四号字排印，未公开出版。本目系杨翼骧先生就原书目录及各页眉上标目，过录惠寄。”杨先生与尹达先生也有学术交流。1981 年夏天，杨先生应尹达先生邀请，到中国社会科学院历史研究所参加硕士研究生学位论文答辩。答辩前夜晚，尹达先生专门拜访杨先生，磋商中国史学史学科的建设问题，谈出自己的设想与规划，征求杨先生的意见和协助。此次论文答辩会，尹达先生还邀请了白寿彝先生、吴泽先生。其间，四位先生对史学史学科的发展问题进行了交谈。（《文集》第 511 页）吴泽先生很重视杨先生的史学史研究成果，他主编的《中国史学史论集》，收录了杨先生的 3 篇论文。1982 年吴泽先生与杨先生共同主编《中国历史大辞典 · 史学史卷》。为了便于审阅词条，杨先生应吴泽先生邀请，亲赴上海，住在华东师范大学招待所工作了五个多月。这段时间，他与吴泽及华东师范大学其他同行多次进行座谈。《中国历史大辞典 · 史学史卷》最早出版，获得好评。它是杨先生与吴泽先生在学术上通力合作的结晶。

杨先生的史学史本科生教学情况已如前所述。从这次收入《文集》的为研究生开列的《中国史学史阅读书目》（简称《阅读书目》）、与研究生的谈话，可以看出他的史学史专业研究生培养思想之精湛。

关于研究生毕业论文选题，他说：毕业论文不同于一般学术文章，要求论据充分，材料丰富。必须有自己的新的见解，不可泛泛而言，毫无新意。写毕业论文不要搞资料整理性的东西，必当有分析，有评论，有独到见解，最好达到一定理论性高度。资料整理的文章或资料编辑之书，可以发表、出版，甚至可以得到学界赞扬，但学位论文不能这样写作，这是个特殊要求。毕业论文选题目很重要。选好题目，可以一路顺畅，事半功倍。

关于研究论题的选择，他也提了几条原则性意见。研究者多而且成果比较成熟者，可以暂缓。有的问题研究得差不多了，尽量不要陷入重复探索，以免劳而少功。有的课题虽然有人研究过了，其成果不令人满意、关涉面还不充分；有些问题研究文章多但多所重复且未深入，都是还可研究的选题。关键是要有自己新的见解。过去未受重视或未得关注的史家、著作、史学事项，如有较大开拓空间者，可以优先作为研究的选题。

对研究生学习中国史学史专业，杨先生非常强调打好基本功。他说，基本功的问题十分重要，可以说每时每刻都在影响对资料的理解和文稿的写作。他举数学家华罗庚、史学家钱穆为例，说他们成为著名教授后，还认真阅读高中课本，因为他们自学成才，担心自己基础不牢。对于中国史学史的基本功，他指出在几个方面需要打好，即古代汉语、四书五经的知识、目录学、中国通史、中国哲学史、中国文学史、辅助学科（文字学、训诂学、校勘学、避讳学）。在强调中国通史的重要性时，他说："通史知识太薄弱，史学史研究无法深入，往往一出口就会造成讹误。"（《文集》第 369 页）另外，要全面系统地掌握史学史知识。研究史学史个案点的问题，也有必要了解全局才行。

《文集》收录的《阅读书目》（1984 年杨先生手稿），可谓上述培养研究生思想的实施。《阅读书目》包括十八类，依次是：马克思主义经典作家论历史科学，20 世纪五六十年代关于史学史基本问题的论文和报道，胡绳、翦伯赞、吕振羽、邓拓等人关于现代史学史的论文，梁启超、何炳松、朱希祖、柳诒徵、杨鸿烈的史学研究法或史学通论类著作，魏应麒、王玉璋、金毓黻、梁启超的中国史学史或清代学术史著作，郑鹤声、姚名达、余嘉锡的目录学著作，中国古代的目录学著作，中国古代的史学评论著作，重要史学家传记，重要史书的自序及上表，近代所作的史学家年谱，有关史学的考证及评论，史学家文集、全集中有关的文章，关于史事的评论，史学名著，中国史学史论集及当代中国史学史著作，西方史学史著作，有关史学的书籍及报刊上有关史学史的文章。关于这个《阅读书目》的使用，乔治忠教授说："这是每届研究生入学时必然发给的攻读书目，历年补充修订，并非固化的文件。不仅如此，面交此文件后，先生要从头到尾将之说明讲解，每篇文、每部书，内容如何，特点如何，何处论述精要，何处存在问题等等，娓娓道来，一举把学生引入专业门径。"

(《文集·前言》) 作为杨先生晚年的博士生，孙卫国教授对杨先生的这个《阅读书目》这样回忆道："记得第一堂课，他给我们三人各发一份《中国史学史专业入门阅读书目》……我们根据书单，逐一阅读相关书籍，有问题则随时向杨先生请教，经过一年多的努力，从而打下史学史的基本功底。"[①] 杨先生这个《阅读书目》，使我想起《史学史研究》1987 年开辟的"读书会"栏目。白寿彝先生在该栏目列了 30 种书，包括经书类、正史类、通体类、学案类、史评类著作，认为它们是研究史学史应重点读的基本书籍。杨先生的《阅读书目》，与白先生列的书籍，有异曲同工之妙。白先生列的书籍主要是为专业的史学史研究打基础，杨先生的书目则主要从培养研究生的角度设计的，出于教学的目的。杨先生讲的研习中国史学史的方法，研究生毕业论文选题的原则，与拙著《史学史导论》根据白寿彝等先生的论述所阐释的理论和方法，有许多也是相通的。《杨翼骧文集》"杂撰鸿爪"栏目还收录了杨先生给自己培养的硕士研究生、博士研究生学位论文所写的"导师评语"。有趣的是，他对硕士研究生学位论文的评语大多是在肯定成绩的同时，指出论文存在的问题；而对博士研究生学位论文的评语主要是肯定论文的优点，缺点几乎没写。这样做的目的，也许就像乔治忠教授说的是"鼓励和鞭策"吧！这对我们的研究生导师来说，也是一个可以借鉴的经验。

三 学问道德两纯粹的高尚追求

杨先生不仅治学态度认真，而且特别注重德行修养，强调治学与做人的统一。他对自己严格要求，对之身体力行，还谆谆教育弟子们也要如此。他为弟子们讲的《谈治学与做人》，出版《学忍堂文集》时所作的《自序》，运用学术史上的真实事例，结合自己的经历和家史，谈学者应如何做人，语重心长，语言质朴，道理深刻。前者虽然是给自己的弟子讲的，但任何一个做学问的人，都能从中受益。

《谈治学与做人》，先讲如何做人，次讲治学态度。他说："学者立足于社会凭的是什么？一是做人，二是治学，治学的人好好做人十分重要，治学要先学会如何做人，治学的目的是做一个有文化素养、品质高尚的人。学问渊博固然很好，但是如果品行不端，也得不到同事、同学和熟识

① 孙卫国：《回忆先师杨翼骧先生》，《中华读书报》2018 年 7 月 25 日。

者的尊敬。”“学者如果要得到人们尊重，学术上需要取得一定成就，而更重要的是品德要好。”“品学兼优、德才兼备，才是国家栋梁、社会精英，须知是品德在前，居于首位。能力越强，地位越高，对品德的要求应当越高。”“要珍视自己是受过高等教育的人，是学者，是教师的身份，言行应当检点，否则不足为人师表”。（上引见《文集》第 377 ~ 378 页）也就是说，作为一个学者，做好学问自然是本分，但这还不够。做学问的人应是一个道德高尚的人，治学应先立德，先把人做好。他认为，对于一般人而言，做人需要注意三点：第一，真诚、宽厚；第二，谦虚、谨慎；第三，尊人、自重。他说：“对人真诚才能得人信任，对事真诚才能成功……不念旧恶，多原谅别人，也是一种美德。”“谦虚能够促进自己学习别人的长处，从而取得进步，并且受人尊重。谨慎是要言行上慎重，行动、言论，要想想是否合乎自己的身份，是否合乎公共的道德标准。学者无论多么清苦，都要保持人格上的清正高尚。”“人是平等的，尊人与自重是同一的，礼貌待人、稳健自重，就不会犯轻佻、浮躁的毛病，这也就是自重。这些看起来都是小事，但在这些小事上不会做人，治学也会受到意想不到的影响。”（上引见《文集》第 379 页）他把自己的文集命名为《学忍堂文集》，并解释缘由说：“‘学忍堂’者，我家的祖传堂号……以祖传堂号作书名，一是表达对祖辈的怀思，二是对后学有所希冀。凡事要忍，忍为美德。前人对联中有‘万事忍为先’一句，而真正做到却着实不易，是则人人须学忍，而后能够忍。血气过刚，毫无忍性，小有不满，暴跳如雷，非读书人气质，十之八九，难成大事。”（《文集》第 501 页）

《谈治学与做人》是 1993 年讲的，《学忍堂文集自序》是 2002 年作的。杨先生之所以赢得学界的真诚尊重，就在于他言行一致，真正践行自己所强调的治学精神和做人原则，做到了二者的高度统一。他学问道德两纯粹，洵为学界之楷模！

四　赘言：与杨先生交往点滴之回忆

杨翼骧先生是我的乡贤，他是山东金乡县鸡黍镇杨瓦屋村人。对杨先生的家世，我在小时候就知道一些。原因是他的姑母就住在我们村，与我家离得很近。据说杨先生 20 世纪 50 年代回老家时，曾到过我们村探望他姑母。而我们家与他家还有老亲戚。他的奶奶是我们周家的姑娘，是我爷爷的亲姑奶奶。杨家是金乡县有名的读书人家，到底多有名，那时年龄小，根本就不懂，老辈人也说不清楚。只记得爷爷说过，他的这位姑奶奶当年说媒的时候，有家境比杨家富、地比杨家多的来提亲，都没同意，只因杨家是书香之家，就愿意了。《文集》中的《杨翼骧自传》云，他们家在清代出过十个进士。那确实是不得了的家族荣光。这位太姑奶奶生了七个子女，除了两个早夭，其他都有学问，有出息。杨先生的自传，说他的父辈均为中学老师。但我知道，杨先生的父亲杨经元，数学教得很好，外号“杨代数”；在抗日战争期间，是著名的抗日游击学校湖西中学的校长；新中国成立后，是金乡一中校长。杨翼骧先生的二伯父杨汉章曾是同盟会会员；抗战期间，在湖西地区开展抗日救国工作；解放战争时期，任晋冀鲁豫边区政府委员；新中国成立后，任山东省政协常委、文史馆馆长等职。杨翼骧先生这一辈，堂、表兄弟不少，大多参加了革命工作，其中杨一辰、杨希文、姚力文最有名。杨一辰是杨先生大伯父的儿子，参加革命很早，新中国成立后担任外经贸部副部长、河北省副省长等职。“文革”时惨遭迫害，“文革”后平反复职。杨希文是他二伯父的儿子，抗日战争期间与日军鏖战，身受重伤，新中国成立后担任山东大学副校长。姚力文是他姑姑家的儿子，《人民日报》农村部主任、高级记者，曾担任国家主席刘少奇的秘书。杨先生在《自传》中说：“我的启蒙老师是我的祖父。在我四岁的时候，祖父开始教我识字、读书。……祖父教私塾时，对学生很严厉，学生不能背诵或不守规矩，就要挨打。后来年老不教私塾了，便在家教自己的孙子，仍很严厉，我的两个堂兄（一名杨翼辰，字德如，后改名一辰；一名杨翼心，字希文，后以字行）跟祖父念书时，也经常挨打。但到了教我的时候，祖父已年近古稀，身体衰弱了，脾气也变好了，从来不打我，而且当我背诵得好时，还赏给零食吃，带我出去玩。后来两个堂兄谈及此事，都很羡慕我。”（《文集》第462~463页）综上可知，杨先生的家庭不仅是书香门第，而且是一个追求进步和革命的家庭。

由于我家与杨家有这点老亲关系，我父亲读书就曾受惠于杨家。我父亲上学晚，报考金乡一中因为年龄偏大受阻。我父亲让杨先生的姑姑带着他找杨经元校长。杨校长给说了话，终于报上名，顺利考上金乡一中。我知道杨翼骧先生是南开大学教授，也是住在我们村的他的姑姑告诉的。我在大学本科阶段，重点学习过南开大学历史系教师合著的《中国古代史》，其中一个原因可能是作者中有杨翼骧先生。此外，他的论文《为什么项羽是农民起义领袖》那时似乎也看过，感觉他论证严密，说理透彻。我真正了解杨先生的学问是在读了研究生之后，特别是读博士研究生之后，知晓了他在史学史领域的地位和造诣。因此，拜见杨先生就成了我读博期间的一个心愿。1997 年 10 月，我在北师大从瞿林东先生读博士二年级，因参加“20 世纪史学名著”编纂工作而到石家庄出差（该丛书由河北教育出版社 2000 年出版），办完事后特转道天津，拜见杨先生。当时我的一个大学同学岳纯之正师从杨先生读博士研究生，我便在他的引导下到杨先生家。杨先生瘦高个，乡音未改，金乡话中特有的字眼还能听到，给人的第一印象是和蔼、实在。一开始，他把我的名字说成“朱文玖”，说他的表弟姚力文曾向他介绍过我。我纠正说，我叫“周文玖”，姓周，老辈与你们家有亲戚。他似乎恍然大悟，说：“是啊，在金乡，杨家、周家、朱家、李家是大姓，杨家与这几家都有老亲关系。”接着，他很快说道：“咱们金乡是个农业县，过去很穷，上学的人少，考上大学的更少。金乡第一个大学生是周冠五的哥哥，他是留日生。”（按：周冠五，金乡县王丕庄人，曾任冶金部副部长，首都钢铁集团党委书记、董事长，是 20 世纪八九十年代中国工业领域改革的代表性人物。）我说到他的表弟姚力文先生，他似乎对这个表弟很自豪，笑着说他当过刘少奇的秘书。由于是同村的缘故，我与姚力文先生接触较多，但我从未问过他在刘少奇身边做什么工作，是从杨先生这里第一次知道姚氏的职务。我请教了杨先生一些专业问题，如我的博士学位论文题目是“中国史学史学科的产生和发展”，我对这个论题的学术价值开始不是很自信，杨先生说很有价值，鼓励我下功夫做，并认为 20 世纪 40 年代，这个学科已初步形成了。我问到金毓黻 20 世纪 50 年代出版《中国史学史》修订本删去最后一章和结论是不是出于谨慎，杨先生认为应该是，因为最后一章讲的是近现代史学，涉及许多近现代的学者。杨先生向我讲述了 50 年代知识分子思想改造时期金毓黻与他的谈话。他说，金毓黻这个人很谨慎，《史学史研究的今与昔——访杨翼骧先生》（《史学史研究》1994 年第 4 期）里面记述了金毓黻对他说的话，但不全，其实后面还有一句，没写进去。金先生最后对他说：“研究史学史，要讲历史观，有危险，我劝你也别搞了。”杨先生还说到北师大是学习史学史的好地方，勉励我努力学习。具体还讲了什么，我现在已记不太清了。翻开当年的日记，只有寥寥的几句：“我与纯之去杨翼骧先生家。从 4 点谈至 6 点。老先生健谈，对我们格外亲切。”这次谈话给我印象深刻的是，他对民国时期史学界的掌故知道得很多，学术界的故事信手拈来，说得引人入胜，所以两个小时不知不觉地过去了。天色已暗，我与岳纯之不得不向先生告辞。杨先生的和善让我感到，像他这样的人，一辈子都不会与别人出现矛盾。他具有天然的令人钦敬的性情魅力。对于他的知识的渊博，吴怀祺先生也有同感，有一次我们谈到杨先生，吴先生感叹杨先生知道的学界故事真多。

后来，我给杨先生写过几封信，把发表我文章《朱希祖与中国史学》的那期《史学史研究》寄给他，向他表示感谢，说读了他的访谈文章才知道朱希祖这位学者。他回信予以肯定，并说朱希祖是大家，有必要继续深入研究。杨先生的回信，虽然都不太长，但字迹俊秀，且解释因为手抖，不得不用圆珠笔。我还把我的博士学位论文托乔治忠教授转交给他，以表示那次谈话对我学业指点的感谢。由于搬家几次，杨先生的回信竟找不着了，这让我很感懊悔。杨先生虽然离开家乡多年，但我觉得他对家乡有很深的情感。他对我个人的关心和热情勉励，寄寓着他浓厚的爱乡情怀。读乔治忠教授编的《杨翼骧文集》，不禁忆起二十多年前拜见杨先生之情景。谨附赘于此，以表达对他的深切怀念。

《青藏高原历史文献集成》（第一辑）的编选特色与学术价值

陈　涛

（北京师范大学历史学院、史学理论与史学史研究中心、铸牢中华民族共同体意识研究培育基地，北京　100875）

2019 年 8 月，史培军、郑师渠总主编，张双智、杜常顺主编的《青藏高原历史文献集成》（以下简称《文献集成》）（第一辑）由北京联合出版公司出版。《文献集成》（第一辑）共 78 册，约 1700 万字，内容涉及地理、物产、政治、军事、经济、宗教、民俗、语言等领域，是由北京师范大学历史学院和青海师范大学历史学院联袂打造，奉献给学术界的一套丰富而翔实的大型基础性文献汇编。

一　《文献集成》（第一辑）的编选特色

事实上，近些年来，各类冠名“文献集成”的大型史料汇编层出不穷，粗略分类，大致有藏学、易学、经学类，如《中国藏学汉文历史文献集成》（195 册）、《中国易学文献集成》（68 册）、《中国易学文献集成续编》（70 册）、《孟子文献集成》（200 册）等[①]；宗教类，如《历代佛教传记文献集成》（136 册）等[②]；地域类，如《山东文献集成》（200 册）、《衢州文献集成》（200 册）、《陕西古代文献集成》（计划出 100 册，已出

① 张羽新主编《中国藏学汉文历史文献集成》，学苑出版社，2002～2009；本书编委会编《中国易学文献集成》，国家图书馆出版社，2013；本书编委会编《中国易学文献集成续编》，国家图书馆出版社，2018；王志民主编《孟子文献集成》，山东人民出版社，2016～2020。

② 李印来主编《历代佛教传记文献集成》，国家图书馆出版社，2015。

20册）、《民国时期宁夏文献集成》（46册）等[①]；行业类，如《中国历代农林文献集成》（100册）、《民国时期医药卫生文献集成》（45册）等[②]；专门类，如《中国古代音乐文献集成》（118册）、《中国大运河历史文献集成》（81册）、《中国茶文献集成》（50册）、《中国文房文献集成》（60册）等[③]。此外，还有珍稀文献的整理，如《水经注珍稀文献集成》（58册）、《徽州民间珍稀文献集成》（30册）等[④]。

因为《文献集成》（第一辑）针对的地域青藏高原，不仅是亚洲内陆高原，而且是中国最大、世界海拔最高的高原，素有“世界屋脊”之称，所以《文献集成》（第一辑）虽然属于地域类型的文献整理，但是又有别于一般的地域文献整理。

此前由学苑出版社出版的近2亿字的《中国藏学汉文历史文献集成》虽不属于地域文献整理，但其内容涉及的是青藏高原。这套丛书收录了公元7世纪中叶至20世纪中期，1300余年间有关藏事史料汉文文献约2000余种，分为《唐宋元明清藏事史料汇编》《清代治藏法规全编》《民国治藏法规全编》《民国藏事史料汇编》《中国西藏及甘青川滇藏区方志汇编》等五部分，具体内容包括：唐蕃史料、宋代吐蕃史料、元代藏事史料、明代藏事史料、清代藏事史料、民国藏事史料、驻藏大臣传记史料长编、蒙藏及青藏关系史料、藏传佛教与藏区风土文献、涉藏典籍文献；清朝治藏法规、民国治藏法规；西藏方志、甘青藏区方志、川滇藏区方志等。[⑤]

《文献集成》（第一辑）包括《汉藏历史辞书辑要》（全20册）、《清代伊犁将军奏议选编》（全18册）、《近代青海考察记与调查资料汇编》（全40

---

① 韩寓群主编《山东文献集成》，山东大学出版社，2006～2011；黄灵庚、诸葛慧艳主编《衢州文献集成》，国家图书馆出版社，2015；贾三强主编《陕西古代文献集成》，陕西人民出版社，2017～2018；李习文、刘天明主编《民国时期宁夏文献集成》，国家图书馆出版社，2018。

② 安晓东主编《中国历代农林文献集成》，学苑出版社，2018；路丽明编《民国时期医药卫生文献集成》，上海科学技术文献出版社，2019。

③ 王耀华、方宝川主编《中国古代音乐文献集成》，国家图书馆出版社，2011～2016；王云、李泉主编《中国大运河历史文献集成》，国家图书馆出版社，2014；许嘉璐主编《中国茶文献集成》，文物出版社，2016；延藏、翁连溪主编《中国文房文献集成》，文物出版社，2018。

④ 李勇先、高志刚主编《水经注珍稀文献集成》，巴蜀书社，2017；王振忠主编《徽州民间珍稀文献集成》，复旦大学出版社，2018。

⑤ 参见《文献巨著：〈中国藏学汉文历史文献集成〉》，学苑出版社新浪微博：https：//weibo.com/p/1001603832271407822369？mod＝zwenzhang，最后访问日期：2015年4月16日。

册）等三部分。该套丛书在编选过程中，既避免了重复《中国藏学汉文历史文献集成》等已出版内容，又体现了自己的特色。具体而言，有三点特色。

其一，重视辞书的整理和编选。

“工欲善其事，必先利其器。”研究青藏高原的历史，各类辞书是必不可少的工具，以往的相关文献汇编恰恰在辞书整理方面挖掘不够。《汉藏历史辞书辑要》辑录宋、元、明、清、民国历史上汉藏语言辞书，共28种，约300万字，具体包括宋代汉文解读梵文佛经的辞书；汉语解读《史记》《汉书》《三国志》、新旧《唐书》、新旧《五代史》《元史》等的夷语；元代八思巴文的翻译；明清《四夷馆考》；清朝乾隆御制五种文字对照的辞书；民国时期编辑的学习藏语的辞书等。这就很好地弥补了目前相关文献整理工作中存在的不足。

其二，重视伊犁将军史料的整理和编选。

“驻藏大臣”和“伊犁将军”的设置是清朝在青藏高原加强统治、维护统一的重要举措。有关“驻藏大臣”的史料汇编在《中国藏学汉文历史文献集成》中已有体现。此次整理出版的《清代伊犁将军奏议选编》约400多万字，不仅系统整理收录乾隆、嘉庆、道光、咸丰、同治、光绪、宣统等朝的伊犁将军萨迎阿、松筠、奕山、布彦泰、马亮、广福、长龄、长庚、那彦成以及新疆巡抚刘锦棠、陶模、联魁等20多位军政大员的奏疏，而且适当补充钦差大臣、陕甘总督等名臣的涉疆奏疏。

其三，重视近代青海史料的整理和编选。

青海东连甘肃，西通新疆，南接川藏，北近河西走廊，地理位置非常重要。清朝雍正二年（1724）设置“青海办事大臣”（乾隆以后因其常驻西宁，故称“西宁办事大臣”），其与“驻藏大臣”“伊犁将军”平级，在维护边疆稳定和国家统一方面发挥着重要作用。近年出版的《青海地方史志文献丛书》[①]，收录青海古代、近代最为重要的一些地方志等文献典籍，为青海史料的整理做出积极贡献。

《近代青海考察记与调查资料汇编》约1000万字，收录清末至民国时期，旅居青海官员、文人游记著作32部，学术研究著作12部，考察报告14部，社会调查文章100多篇，以及《新青海》期刊，成为解近代青海社会、宗教、民族、经济、地理情况的珍贵历史资料。这就极大地推进了青海史料的整理、出版工作。

---

① 本书编委会编《青海地方史志文献丛书》，青海人民出版社，2016。

二 《文献集成》（第一辑）的学术价值

《文献集成》（第一辑）的学术价值主要体现在以下四个方面。

第一，是史学工作者奉献给学术界的一套研究青藏高原的十分重要的大型基础性资料。

青藏高原作为世界上独一无二的自然地理单元，一直为科学界所瞩目，尤其成为国际地学、生物学及资源环境科学等的研究热点和关键区域，相关的研究成果众多。

近些年来，我国青藏高原研究领域有重要影响的自然科学类代表性成果当属“青藏高原研究丛书”。该套丛书包括《青藏高原岩石圈结构演化和动力学》《青藏高原晚新生代隆升与环境变化》《青藏高原生态系统及优化利用模式》《青藏高原近代气候变化及对环境的影响》《青藏高原形成演化与发展》等5部著作。[①]“青藏高原研究丛书”“将青藏高原作为自然与社会的整个系统，集基础研究和应用研究为一体”，“是一部体现多学科、大跨度、多交叉的系统工程的高水平学术专著”，丛书涉及学科多、时间跨度长、空间涵盖广，“在青藏高原研究领域有重要学术价值”。[②]

考古学类代表性成果当属《青藏高原考古》（全10册）[③]。该书囊括自20世纪50年代迄今的学术成果，约600万字，近4000幅插图。《青藏高原考古》立足青藏高原独特的自然地理环境下的历史人类活动，以及地质、气候、生态等科技史料，从田野考古、考古研究、科技考古、文化与遗产保护等方面收录整理青藏高原考古研究的成果，填补了海内外学术界关于青藏高原历史文化、民族考古研究的空白，深层次揭示了青藏高原文化特色与内涵以及生态演变，代表了中国青藏高原考古的顶级水平。

《文献集成》（第一辑）作为研究青藏高原的大型基础性史料汇编，它的出版，既是历史学界为推进青藏高原研究所做的新贡献，又将进一步推

① 潘裕生、孔祥儒主编《青藏高原岩石圈结构演化和动力学》，广东科技出版社，1998；施雅风等主编《青藏高原晚新生代隆升与环境变化》，广东科技出版社，1998；李文华、周兴民主编《青藏高原生态系统及优化利用模式》，广东科技出版社，1998；汤懋苍等主编《青藏高原近代气候变化及对环境的影响》，广东科技出版社，1998；孙鸿烈、郑度主编《青藏高原形成演化与发展》，广东科技出版社，1998。

② 甘怡：《气势磅礴的青藏高原长卷——“青藏高原研究丛书”评介》，《中国图书评论》1999年第4期。

③ 霍巍主编《青藏高原考古》，天地出版社，2018。

动历史学界加强对青藏高原的研究。

第二，在系统了解、研究语言翻译历史方面具有重要学术价值。

西藏作为中国领土不可分割的一部分，自唐朝时就与内地有着密切联系，而汉藏语言翻译在西藏与内地的联系交往中不可或缺。宋元明清时期，中央王朝设立四夷馆，培训翻译人才，其中专门就有汉藏语言的学习。《汉藏历史辞书辑要》中收录的《翻译名义集》《诸史夷语解义》《华夷译语》《西番译语》《西天馆译语》《增定华夷译语（西天馆卷）》等书是研究历史时期汉藏语言翻译史必不可少的珍贵史料。

清代乾隆时期官修的《钦定西域同文志》《御制五体清文鉴》《御制同文韵统》等书，按照地名、山名、水名、人名等分类、编译，采用满、汉、蒙、西番（西藏）、托忒、维吾尔等六种文字标注，以汉字注音，并说明其含义、地名沿革和所列人物简历等。用满、汉、蒙、维、藏五种文字合璧对译，本身就有国家统一、边疆安定的寓意。这些珍贵史料不仅对研究清代新疆、西藏、青海的历史和多民族语言翻译历史具有重要学术价值，而且对探讨清代的国家认同、民族认同和文化认同具有重要意义。

民国时期，汉族同胞组织编撰的《藏汉小辞典》《西藏语读本》《新编藏文读本》《西藏文典》《汉藏合璧分解名义大集》等书，为新中国成立后的汉藏翻译事业提供了有益参考。

第三，在深入研究清代新疆政治、经济、军事、行政管理等方面具有重要学术价值。

"伊犁将军"，全称"总统伊犁等处将军"，始置于清朝乾隆二十七年（1762），废止于 1912 年。伊犁将军是清朝在新疆设置的最高军政首脑，可以节制塔尔巴哈台参赞大臣、乌鲁木齐都统、喀什噶尔参赞大臣，有统率驻军、考察官吏、屯田置牧、组织生产、核征赋税、巡边守土等职能。光绪十年（1884）新疆建省后，巡抚执掌伊犁将军的军政大权，成为军政一把手，伊犁将军只负责伊犁和塔尔巴哈台的防务和军政。《清代伊犁将军奏议选编》通过整理汇编保留至今的部分伊犁将军、新疆巡抚的奏议，不仅可以了解本地官员对新疆行政、经济、屯田、边防事务等问题的看法与对策，而且有助于研究当时中央政府治理新疆的政策与措施。

第四，在深入研究清末民国时期青海历史文化等方面具有重要学术价值。

清末民国时期，一些内地官员、学者到青海地区任职、考察、旅游时留有纪行文字。这些记载不仅涉及当时青海地区的地理、物产、农业、经济、宗教、民俗等内容，而且包括有建设、开发青海的建议。南京国民政府时期，为了建设抗战大后方，中央政府非常重视新疆、青海、甘肃、宁夏、陕西等广大西北地区的开发，大学和政府机构（包括蒙藏委员会）派出多个调查团赴青海地方各县市深入调查，撰成调查报告，真实反映当时青海社会面貌。随着国民政府提出建设新青海的主张，许多专家学者在当时创办的《新青海》月刊、边事月刊等上发表文章，提出建设新青海的对策。《近代青海考察记与调查资料汇编》的出版，则有助于加强对清末民国时期青海历史文化的研究。

总而言之，青藏高原在中国的国家统一和安全方面具有举足轻重的地位。习近平总书记高瞻远瞩地提出“治国必治边、治边先稳藏”的重要战略思想。《文献集成》（第一辑）的问世，既是对青藏高原历史文献的一次系统整理汇编，又是对青藏高原珍贵历史文献的一种保护。它不仅对促进青藏高原的学术研究会产生积极影响，而且对弘扬中华优秀传统文化、传承中华文明具有深远意义。

会议综述

“2019年史学理论与史学史国际学术研讨会”综述

许洪冲
（北京师范大学历史学院，北京 100875）

2019年12月14日至15日，“2019年史学理论与史学史国际学术研讨会”在北京召开。本次会议由北京师范大学史学理论与史学史研究中心、历史学院主办，国内外50余所高校、科研机构的近百位学者与会，就历史学发展中的若干问题进行交流。

北京师范大学史学理论与史学史研究中心主任、历史学院院长杨共乐教授致开幕辞，向大家介绍了北京师范大学历史学院的学术传统和学术风格。刘家和、瞿林东、庞卓恒、乔治忠、保罗·罗斯（Paul A. Roth）诸先生就史学的本质、史学自身发展的前途、已往史学研究中的成就与教训、史学范式的建构等问题做了大会主题发言。本次研讨会分中国古代史学、中国近现代史学、外国史学三个小组进行讨论。在闭幕式前，陈其泰、周少川、牛润珍、邹兆辰、张耕华、尤尼-马蒂·库卡宁（Jouni-Matti Kuukkanen）六位教授在大会上发言，从史学的学术传承，史学的时代使命，史学的学术追求等方面阐述了自己的见解。

本次研讨会宣读的论文涉及历史编纂学、史学方法论、历史理论、史学理论，包括史家、史著和史学现象，传统与西方的因素如何塑造近代以来的中国史学，史学与社会的交互影响等问题。现综述如下。

一 中国历史学的学科体系、学术体系和话语体系

中国史学传统历史悠久，受近代以来中西文化交流与融合的影响，传

统史学的学术体系和话语体系受到冲击，中国现代史学在汲取古代史学和西方史学营养中形成自己的学科体系、学术体系和话语体系。瞿林东（北京师范大学）立足于历史唯物主义，阐述了中国历史学的学科体系、学术体系、话语体系的相互关系。他认为建设“三大体系”是中国国力提升的客观要求，应在马克思主义的指导下，借鉴西方古今史学的积极成果，特别是要总结中国厚重的史学遗产，立足中国，面向世界，兼备大气魄和细工夫。庞卓恒（天津师范大学）认为构建中国特色历史学学科体系、学术体系、话语体系，必须扭转唯物史观公式化、简单化的倾向，重新学习唯物史观。他回顾了古代史分期大讨论的成就和教训，主张通过探讨历史发展的“亚阶段”，深化历史研究。吴英（中国社会科学院历史理论研究所）从社会形态、生产力决定生产关系、存在决定意识三个方面考察了唯物史观解释力下降的现状，指出哲学界、史学界应该密切合作，重构唯物史观的解释体系。李腾（上海师范大学）梳理了“全球中世纪”理论这一新研究视角的内容及在学界引发的思考，对如何突破现有局限提出了相关建议，并特别指出中国学者应该参与到这一理论的构建中来。牛润珍（中国人民大学）提出新时代中国历史学的十大新使命，号召大家通过历史研究解决现实中的重大问题，为民族和国家的发展贡献力量。邹兆辰概述了复旦大学历史系西方史学史专业学科从耿淡如到张广智一脉相承又与时俱进的学术理念和治学路径，总结了“复旦学派”在教材编撰和人才培养机制方面的经验。他认为代际传承是学术发展的普遍规律，学派的形成与学者学术个性的发展两相得益。

通过史实考辨构建中国历史学的发展脉络，发掘其中的理论遗产，是中国史学史研究的一个重要方面。乔治忠（廊坊师范学院）总结出历史学产生的三个社会条件：比较完备的文字和历法、系统性描述和记载社会事件的冲动、普遍的自觉记史意识与记事求真的强劲观念。乔先生认为中国传统史学是上古原发性、持续发展的史学；自公元前 841 年开始，中国出现连续、确切的纪年，标志着中国上古史学产生；神话传说并非史学之源，而是阻碍史学产生的因素；史学并不是因史官产生而产生，史学产生之后才会设置记史、修史的官员设置。中国古代史书中的“类例”是将内涵注入形式之中的一种特殊话语体系。朱露川（北京师范大学）考察了中国古代历史撰述上的类例方法，梳理了中国古代史学注重类例的思想传统，阐发了中国古代史家关于历史撰述类例法的理论性探索，论证其为后代史书设传、叙事都要遵循的一个历史撰述原则。近年来，公众史学方兴未艾，钱茂伟（宁波大学）从公众史学理论角度思考口述史的基本理论，认识到"每个人的大脑会处于不断的历史认知过程中"，将口述史的特点概括为四条：个人本位原则、双向互动的建构、参与人员的低门槛性、当代历史记录性，提出口述史的采访及此后材料研究、未来保真与当下传播限制的等需要重视的问题。

2019 年是中华人民共和国成立 70 周年，史学理论与史学史研究经历 70 年的发展，取得了长足进展，学科理论框架得到完善，具体问题研究不断地深入。梳理和总结过去 70 年中国史学理论与史学史研究领域的发展历程，是本学科进行体系建设的重要环节。赵梅春（兰州大学）借用托马斯·库恩的"范式"理论考察中国史学史学科的发展历程。认为中国史学史研究经历了从梁启超的范式到白寿彝的范式的发展。在肯定这两个范式的基础上，需要探索新的史学史研究范式。周文玖（北京师范大学）则将 70 年来中国史学史学科发展分为四个阶段：沉寂、兴起和初步发展，十年停滞，恢复与开拓新局面，学科的成熟与思变的焦虑。他将梁启超、白寿彝等几代史学史研究者形成的共识总结为"经典史学史"范式。"此范式的特点是通过研究史家、史著、修史机制、史学与其他学科的关系、史学与社会的关系探讨史学成就，揭示史学发展过程，总结史学发展规律。"张越（北京师范大学）回瞰"十七年时期"的中国史学史学科发展的脉络，展现了新中国史学史研究兴起时多途发展的景象。朱洪斌（南开大学）认为改革开放四十多年来，中国史学史大体仍是作为学科史的史学史（把历史学当作一种历史过程来研究）。在他看来，史学史研究应当开阔研究视野和选题视野，要广泛借鉴哲学社会科学的理论，"兼顾学科的开放性与自主性，在各种经验研究中锤炼史学史的分析工具和话语的解释能力"。

除了对中国史学史研究的回顾和展望，与会学者还就若干历史学研究领域的研究史进行考察。廉敏（中国历史研究院）回顾中国古代史研究发展的七十年，认为马克思主义的广泛传播为中国古代史带来了深刻的理论革命，追求历史真实是一以贯之的信念，研究成果也回应了历史教育的现实需求。吴凤霞（渤海大学）从校勘成就、编纂及史料价值、内容阐释三个方面总结评价 70 年来《辽史》研究的进展，认为以文献考辨为基础，认真追溯史料来源的研究路径有效解决了有关《辽史》的诸多问题。时培磊（廊坊师范学院）回顾了近百年来《元典章》的整理和研究史，认为在《元典章》的校补、点校以及在其编纂、内容、特点、价值等方面取得了诸多成就，并指出突破《元典章》现有研究需要多学科的参与。郭琳（西北大学）就70年来国内佛教史籍的研究现状分门别类加以阐说，总结了中国古代佛教史籍的基础研究、佛教史籍研究中的重大问题上的成就，认为在对佛教史籍的基础研究之上，应向更纵深的视野、多学科交叉的方向发展，在研究方法上应注意佛教史籍的信仰性。张昭军（北京师范大学）梳理近百年来中国文化史的研究史，对文化史学的任务、研究领域、研究资料、理论方法的变化予以总结，认为中国文化史研究的未来，应以全球史的视野重写中国文化史，接续传统，植根生活实践讲述普通人的故事。

中国的世界史研究同样要注重学科体系、学术体系和话语体系的建设。传统埃及学以研究古代埃及历史、宗教艺术、建筑等为主，王海利（北京师范大学）指出其存在的问题，认为埃及学应该包括埃及近现代历史以及当下埃及问题的研究。侯树栋（北京师范大学）梳理了传统的蛮族和罗马的争议，结合城市等内容思考蛮族王国与罗马制度的关系，提出应该超越现有的争议，从历史的演进趋向重新观察此问题。

历史学是一门研究过往的学问，史学史是一门反思历史学的学问。研究历史是为了更好地面对未来。中国综合国力以及国际地位的上升，对历史研究者提出了新的要求。历史研究的成果通过历史教育提升全民族的素质，也是民族自信力的建设，必将提升国家文化软实力。

二 中国传统史学与近代史学中的传统因素

在近代，受西方学科体系的影响，经学不成为一门学科。历史学也与之前史部所包含的领域有了较大的差异，中国传统史学向现代历史学转变。立足现代观念对传统史学进行评价，和还原传统史家的知识背景，在中国史学史的研究中都是不可或缺的因素。

曲柄睿（北京师范大学）梳理了先秦天人关系理论形成与发展的过程，探讨天命观、天道观和道论观的内涵，认为三者相互之间的影响、羼杂构成了先秦天人关系的体系，是先秦史论立论的基础。陈金海（中国孔子研究院）辨析《春秋》隐公七年杜注“非执”与经文“以归”的关系，认为杜预立异于《公羊传》《穀梁传》以凸显《左传》义例所蕴含的义理，可见其解经并不仅是事实判断，更是着意于价值判断。刘亮（北京师范大学）讨论了《新语》和《韩非子》的历史见解的相悖之处，认为《新语》各篇内涵与韩非子学派相距甚远，反而更接近荀子。唐明亮（南通大学）以《左传》“宗”“族”“家”“氏”“室”的种属关系研究为例，谈史料研读的历史主义原则。他认为应运用训诂学的方法，并分析古人对话的语境，寻找较合适的概念来完成表述。汪高鑫（北京师范大学）以陆贾、贾谊为中心讨论汉初儒学思想的特征及并追溯其渊源。陆贾重儒尚道，贾谊"颇通诸家之书"，二人"在儒学思想的本色之下，间杂着其他诸子百家的思想"，这种特点在汉初儒学思想发展中具有普遍性。

先秦秦汉史学是本次研讨会一大热点。这一时期材料有限，"深耕"不断，使我们对中国史学的源头和初步发展阶段有了越来越深刻的认识。本次研讨会涉及唐、宋史学的论文各有一篇。吴海兰（厦门大学）以家传、家谱与家状为中心考察唐代私修谱牒，指出入唐以后家传逐步减少，家谱数量增多，取代六朝时期盛行的百家谱和州郡谱，家状大量出现且成为唐代最主要的谱牒形式。程源源（中国国家博物馆）以史书体裁为中心考察吕祖谦的历史编纂实践，对其所著编年体史书、人物传记、类书、史抄等的编纂方法进行分析，将吕祖谦的历史编纂学特点概括为"综合运用多种史书体裁，高度重视史书体例，历史编纂多为'始学者设'"。中国古代史籍的域外传播是近年来史学史研究领域新兴的话题。朱冶（华中科技大学）考述元儒倪士毅《四书辑释》在明清中国和朝鲜半岛的传播史，特别是研究此书对李朝士人的影响。《四书辑释》在朝鲜半岛的地位升格为"更接近朱子本义的'《四书》注疏之最善本'"，对塑造朝鲜王朝士人的价值理念发挥了重要作用，在中朝儒学发展史和文化交流史具有独特意义。

明清史学之间的差异，反映了两代学风的不同。卞利（南开大学）以《续文献通考·节义考》为中心，指出王圻治史重在求真求实，经邦济世，强调正史与野史的互补，倾心于图画在史书中的功能和作用。周毅（安庆师范大学）考察明清时期安庆方志中的"理学传"，认为在方志的编纂中整合了当地理学的学术资源，将其纳入宋明理学的学术脉络，以凸显本地理学传统。而安庆不同时期的方志，通过不同的书写策略呈现出王学或朱学的倾向。董根明（安庆师范大学）通过比较桐城派学者管同与梅曾亮的史学思想，考察嘉道之际桐城派史学思想由"义理"转向"致用"的过度特征。管同释古以期变今，梅曾亮探寻兴亡之乱的根源，二人俱注重史学的经世致用。刘开军（四川师范大学）借鉴文学选本研究的理论与方法，以为"选"也是一种史学批评方式，通过比较纪昀与刘知幾在史学上的共识，来说明"古代史学发展中所面临的基本问题和某些特定的语境没有发生根本性的变化"。而两人的不同之处，则体现了纪昀的汉学风格。王记录（河南师范大学）考察乾嘉时期的经史关系：汉学兴盛使史学领域形成了重考据、轻议论的学风，以治经之方法治史，在历史编纂中重史实、轻笔法，很少在历史哲学上用力；史学对经学的作用则表现在以史学挽救经学的颓势（不能解决现实问题），以史事论证经典。但是，汉学影响下的史学，无法对历史运动等历史客观性的问题做出系统解释，于是有人“试图将汉学的求真务实与宋学的思辨议论结合起来”，“在史学上做到事实真和义理明，以便更好地适应社会的发展”。姜海军（北京师范大学）考察章学诚的经学思想，认为“六经皆史”并非扩大了史学的范围，而是力求突破经学、史学、师法、家法、朱学、陆学等理念的限制，从历史视野出发探寻六经的本旨。在他看来，章学诚认为经学乃“载道之器”，“六经皆史”是要强调六经及经学为明道、行道的工具。王学斌（中共中央党校）论述徐世昌为表彰北学先贤编纂《大清畿辅先哲传》，抬升颜李学派等北学代表人物的地位，意在取得更多的学术话语权，重振北学。

传统史学不只是学问，它有真切的意识形态优势。不过，在史学学术化的进程中，政治权力对历史学的影响开始受到越来越多的质疑。近代史家大都有传统学问的功底，经学对他们的历史观点有潜移默化的影响。李玉莉（河南师范大学）以地域为单位考论近代史学与经学的关系，着重分析常州学派、扬州学派、浙东学派、蜀学派的史学家受经学家派的影响，揭示经学师承在史学家派的形成过程中所扮演的角色。王应宪（华东师范大学）研究近代中国国学教育的重镇无锡国专，对其经学课程、教员教法以及尊孔读经的文化理念详加论述，提供了认识民国经学总体状况的一个案例。近代史家的治史方法，在接续了清代考据家的风格的基础上更进了一步。单磊（北京师范大学）从多个方面展示吕思勉史学札记对赵翼考论成果的补充深化和质疑驳正。他总结道，赵翼、吕思勉的史学札记皆由读书所得累积而成，并非出于功利性，多关注治乱兴衰的史事。二人使用“钞书”作为撰写札记的先行方式，但著作分类和排次明显不同。陈勇（上海师范大学）梳理钱穆治古史地理的成就、理论与方法，对其在此领域研究成果的得失进行了分析，认为钱穆重视古史地名考证是受疑古思潮、中原文化中心说的影响，使用“地名原始”“地名迁徙”“地名沿革”三通例考证古史地名。陈勇认为“三通例”的适用范围和以古迹征史、以音似证地的方法存在风险。崔岩（南开大学）考察了两部同名《民国人物碑传集》的渊源，对金毓黻、卞孝萱二人选取入传人物的断限、选材标准、编排方式、人物道德立场进行比较，指出各自的优点与不足，并对两部碑传集语言特点与近代文化变迁的关系进行了初步探讨。

三 中国史学的现代化与中西史学比较

中国近现代史学史与西方社会科学理论息息相关，一些留学西方与日本的学者是中国史学现代化的主体力量。陈峰（山东大学）追述了傅斯年、陈寅恪对史语所社会经济史研究的支持与指导，全汉昇等人在此研究领域的建树，认为“史语所学人的中国社会经济史研究与史语所注重史料的整体学风相契合”，推动了中国社会经济史研究的史学化，扩展和深入了社会经济史研究。徐国利（上海财经大学）认为何炳松“新史学”的主要贡献在以传统史学方法论阐释新史学方法论，以传统通史理论阐释和建构新通史理论，以“中国本位的文化”作为新史学理论体系建构的基石，在内容和方法上自成一家。王传（华东师范大学）梳理西方人类学研究理念在中国史学界的传播以及中国历史学家的借鉴与运用。他在论文中讨论了近代中国学者应用体质人类学方法研究中国人种的起源，以及运用文化人类学的方法研究中国上古史的案例。颜克成（云南民族大学）认为人类学、民族学补证传统文献的不足，能够促进民族史研究。他梳理了缪凤林反驳中国民族“新西来说”“巴比伦说”的观点，并与民国其他学人在中国民族来源问题上的观点相比较，展现了近代史学的一个侧面。李孝迁（华东师范大学）认为横阳翼天氏的《中国历史》是理解 20 世纪初年中国社会、政治、史学变迁的稀见文本，故对此书的形成背景、史源、宗旨和影响做出完整的论述。此书精心整合日本明治维新以来中国史教科书，再三强调种魂、国魂，宣扬民族主义，振奋民族精神。在体例、内容或插图等方面，为此后中国史教科书作了示范。王川（四川师范大学）于陈寅恪、杨树达的世谊及学术交往加以梳理，就二人的治经治史之法加以比较，认为二人治学重视校勘、惯用长编考异之法。张峰（西北大学）以王崇武为例，探讨光环之外的史家群体，揭示其治史的成就、方法和影响，“重返历史现场”，还原其在民国学术史上的地位。

马克思主义史学同样受到与会学者的关注。李勇（淮北师范大学）梳理了郭沫若的《中国古代社会》民国时期遭受的关于史料、理论及殷周社会性质方面的批评，认为郭沫若的自我批判和自我辩护，使其古史研究的许多方面趋向细化，如奴隶制、封建制的界定，马克思的亚细亚生产方式说，《周易》、农事诗的时代性，井田制，先秦诸子，中国古史分期说。但其研究古代社会的方法，私有制社会分期理论则没有变化。郭蔚然（北京科技大学）对延安时期中国共产党的历史教育实践作了初步探讨，认为马克思主义中国化背景之下的中国史教科书“呈现出政治化倾向和现实化应用交织的特点”，为同时期马克思主义史学的发展提供了范式。谢辉元（中国历史研究院）力图通过梳理民国学术史，揭示侯外庐《中国思想史》不同版本的演进过程。在他看来，第一阶段是中国思想史之“唯物的”观察，第二阶段以社会史视角阐释思想史且凸显了阶级话语，第三阶段则是两条路线斗争主线与学脉演化路径的挖掘。陈其泰（北京师范大学）认为白寿彝先生治学具有使命意识和坚韧精神，在其史学实践中确立了“立体式著史”的目标，通过史书体裁反映时代特点，白先生还对中国史学史学科体系的建设做出了重大贡献，晚年则致力于中国史学史研究和多卷本《中国通史》的编纂，以推动全国史学发展自励。周少川（北京师范大学）在论文中指出刘乃和先生继承和弘扬了陈垣学术，深入古代典籍的研究并构建历史文献学学科体系的基本框架，在古代史和妇女史研究中发展实证学风，重视通过历史教育和历史知识的普及来发挥史学的社会作用。

在比较视野下研究中西史学，是中西历史比较的一个方面。王成军（陕西师范大学）认为同与异在刘家和先生比较史学理论中成为理论和方法，并通过同与异的历史性、同与异的逻辑性、辩证的异同观等三个方面对此加以论证。赵满海（曲阜师范大学）以古礼研究为中心考察文化人类学与中国近代经学向史学嬗变的关系，指出文化人类学的理念给传统礼学资料的研究提供了必要性和可能性，改变了人们对礼之实质的看法，近代学者也更加重视经书的史料意义。邓锐（陕西师范大学）阐述了中国和古希腊史学的起源都具有从“普遍历史”到“特殊历史”的哲学背景。中西史学起源的理性与观念路径有明显的文字线索、思想脉络与逻辑理路，反映了“以形而上观念统摄形而下事实”是史学起源的条件，但两者具体起源过程也表现出不同的文化特征。陈安民（西南大学）对王夫之和维柯的学行进行分析，指出二人的学问均不显于当时，前者是由于文化的高压政策，后者则是由于思想与时代有所抵牾，二者思想中兼具有革新性与保守性。王振红（淮北师范大学）在中西比较的背景下，认识到先秦史学是中国上古环境的产物，对此问题的研究需要破除现代认识论和科学思维的影响，体认先秦思想文化的语境和具体的社会环境。赵少峰（聊城大学）就近代中国新式出版机构土山湾印书馆的历史与出版取向进行研究，指出其旨趣与其他印书馆不同，致力于出版研究中国传统学问的书，其出版的法文《汉学丛书》是“东史西渐”的重要载体，是中西文化交流的见证。

四 历史书写与历史之真

西方早期史学是“我之思想”的注释，造就了后现代主义思潮。后现代主义对历史学的冲击，带来了更加多样的历史学研究方法。无论是历史研究还是史学研究，许多学者关注“历史书写”，提高对史料的怀疑程度，同样是追求无限靠近的历史之真。与会学者深入讨论史学中的真，既有对真的概念、求真方法的理论思考，也有对历史书写过程中史家、学派的求真思想和求真方法的探索。

刘家和（北京师范大学）论述“史学是一门跨学科的科学”，史学是一门求真、求善、求美的学问，应该通过跨学科研究重新塑造被现代学科体系分解的史学。张耕华（华东师范大学）研究历史陈述之“真”的界定。他认为史料、技术或思想观念可能会导致历史陈述不获普遍认可，深层的原因是利益关系或社会实践所达到的程度不一致。骆扬（陕西师范大学）考论春秋笔法及其在历史书写中的客观性。他指出《春秋》所记录的史事经过了史官的判断，史官的判断分两个层次：一是史实，即礼法传统对史实的认定；二是史官的书写规则，即用合适的语言表述史实。《春秋》试图通过凸显主体性的方式更好地展示历史之真，其记载存在客观事实与主观认识之间的张力。“春秋笔法是一种书写客观历史之真的特殊总结。”外国史学中的历史书写，特别是围绕史家的思想背景和社会背景对历史书写展开研究。保罗·罗斯（美国加州大学圣克鲁兹分校）探索托马斯·库恩如何在《科学革命的结构》中建构一种关于常规科学的叙事，认为只有通过对科学进行叙事性的重构，才有可能理解今天所谓的“科学”何以取得当下的地位。尤尼－马蒂·库卡宁（芬兰奥卢大学）的观点是：“史学知识就是要做出正确的主张”。学术行为和主张正确，观点就会受到保证，从而成为知识。这需要通过批判史家共同体所规定的、判定主张正确与否的规则，以改变通向知识的方法。孙立新（北京师范大学）对民主德国马克思主义史学家哈克穆特·茨瓦的学术贡献进行了阐释，并结合马克思主义史学的无产阶级立场，谈了史学的求真等若干重要问题。

西方历史与史学的研究，向来注重从史事中提炼出理论。与会学者就西方史学起源与发展时期历史著作背后的历史书写问题展开了讨论。李渊（北京师范大学）注意到希罗多德对梦的预示性和自然属性的不同理解，认为这与希罗多德选取史料时受到不同传统影响的有关，并在希罗多德笔下形成了有机的融合。徐松岩（西南大学）对修昔底德史料考信的方法进行了归类和研究，注意到修昔底德隐藏了某些关键史实，容易使后世研究者落入其陷阱。李永明（北京师范大学）认为修昔底德求真思想中客观和主观、特殊和一般的矛盾根源于其人性说。修氏“试图从变动不居的历史现象中认识和把握普遍真理与规律”，其笔下贯穿了变与不变之间的张力：历史不断变化，历史变化的根本原因——人性则是不变的。吕厚量（中国社会科学院世界历史研究所）讨论西西里边疆的正、反两种历史形象，其正面形象在希腊古典盛期的衰落是由当时雅典知识精英选择性遗忘和偏见造成的。我们的历史研究则应努力还原“文明中心论视野下‘边缘’地区的真实历史地位”。英国中世纪早期著名史家比德的历史著作中记述了许多神迹故事，郑鹏（中国国家博物馆）认为其神迹书写是历史书写的重要组成部分，具有重要的史料价值。教诲说是比德记述神迹之意图的较好解释，传统的皈依说和加持说都应该服从于此说。刘林海（北京师范大学）以晚期古代时期罗马世界的历史及文明的发展为大背景，探析3~6世纪西方史学的发展特点，他特别重视基督教认同、族群认同引发的历史书写转向问题。吴晓群（复旦大学）分析从古代到中世纪西方史学如何通过构建蛮族人的形象为当时的文明奠定话语基础，以说明西方文明史书写范式的形成、特征及影响。张井梅（苏州大学）提出文艺复兴与历史转型时期新旧之间的历史书写越来越具有世俗化、科学观念、进步观念等特点，同时她围绕历史整体观念的生成、新世界史观的形成和民族历史的书写展开了讨论。邓京力（首都师范大学）认为全球思想史是一种跨文化研究，并说明其在去中心化的同时，也在重建新的叙事结构。全球思想史也是思想史和全球史新的结合。王利红（北京联合大学）结合歌德的时代背景分析歌德与历史学，认为歌德对浪漫主义历史学的形成具有深远影响。张俊（四川大学）通过分析平面的和立体的两种相对主义、道德情感学说和个体性学说等若干具体问题，对传统历史主义认识论的某些观点提出了新的看法。

史学方法论是贯穿整个研讨会的隐含主题，外国史学组的诸位学者就此展开专门论述。吕和应（四川大学）述评克罗齐的“语文学批判”，指出其借鉴了德国哲学中“正确性”与“真理性”的区分，其历史著作中援引黑格尔的自由观，一定程度上沿袭了德国哲学对19世纪德国史学的批判。陈新（浙江大学）在分析学术史的基础上，对自柯林武德以来的历史证据、证明若干问题做出深入研究，指出证据的提出与史家提出问题相关，类比证明在历史研究中具有重要意义，证据、证明与现实关系密切。李恒（河南大学）提出叙事实体理论是安克斯密特叙事主义历史哲学发展的重要基石，并从建构、认知、解释等三个维度探讨了安克斯密特叙事实体理论。苏萌（河南大学）探讨安克斯密特历史表现理论的前提，分析了表现理论的重要性、可行性，及其适用性，认为其具有重要意义，但不能通过表现解决历史叙事的问题。董立河（北京师范大学）分析了后现代主义对历史符合论的批判，并在此基础上讨论了麦卡拉对此问题的认识和研究，特别是提出了替代符合论的"真理批判理论"。这是麦卡拉对抗后现代主义挑战的重要措施。

中国史研究者同样参与到实践历史书写理论中来。周祥森（河南大学）对山西洪洞大槐树移民传说的来源、解释、"洪洞""大槐树"的意象进行探索，并对历史传说的研究方法进行反思，认为我们今天能够理解和认识的东西还是相当有限，研究此类问题需要有正确的问题意识，即要注意问题是从历史本身产生的。以土改运动为主题的革命美术作品是以视觉形象手段参与对共和国革命史的历史书写和记忆重构。邱锋（兰州大学）分析图像建构的土改运动叙事，考察图像的历史背景和现实使命（革命的文艺为革命的政治服务），总结出图像叙事的三层次结构：表达的现场化，表达的功利化，表达的历史化。他认为"随着时间的推移，客观性现实和表达性现实距离越来越大。"朱发建（湖南师范大学）借助数据库资源梳理改革开放以来"后五四时代"的历史记忆研究，指出不同记忆主体（包括研究者）对五四运动的多重了解，深化了对五四历史记忆的认识。

本次研讨会共收到论文85篇，大家就史学理论与中国史学史、史学理论与外国史学史的研究现状和一些重要问题展开热烈讨论。特别是以往研究成果的总结和未来研究应着力方向的问题，引起了学者们的普遍关注。一些学者认为，史学史研究应当开阔研究视野和选题视野，也要广泛借鉴哲学社会科学的理论，"兼顾学科的开放性与自主性，在各种经验研究中锤炼史学史的分析工具和话语的解释能力"。外国史学中的历史书写，特别是围绕史家的思想背景和社会背景对历史书写展开研究。史学的真，对真的概念、求真方法的理论思考，全球视野、鲜明的比较意识。在研究西方历史时，注意在全球史的视野下，以中国的同类问题作为参照物，这些中西史学的比较研究，加深了对西方史学特征的观察与认识，也使我们认识到中国的世界史研究是包含着中国关怀的历史研究。逻辑性的理论思考和经验性的实证研究之间存在着张力，应注意理论研究与实证研究相结合的重要性。

此次国际学术研讨会为中国学者和西方学者的学术交流搭建了平台。中西学者研究史学理论与史学史的路径和方法各有不同，各有优长与不足。中国学者对本国史学的研究，立足于几千年来积累的史学遗产，血统中带有传统史学的基因，以中国立场看待西方史学，比较中西史学的不同，由此发现差异和相同之处。特别是中西史学理念相同之处，为中西史学理论的交流与突破，提供了很好的参考。西方史学理论自成体系，研究水平很高，但对中国史学的了解并不深入，甚至并不了解。中国史学理论学界对西方学术的关注和了解其实已经很充分，未来的重点是面向世界，立足本国，形成自己的史学理论体系。这需要对中西史学都有深入的研究和批评。

中华人民共和国成立七十年以来，史学理论与史学史的研究取得了长足的进步，不仅学科理论框架得到了完善，在具体的问题研究上也不断地深入。与会学者同时也在反思过去研究中存在的不足，为将来拓展研究边界寻找着力点。

《史学理论与史学史学刊》稿约

《史学理论与史学史学刊》为教育部普通高等学校人文社会科学重点研究基地北京师范大学史学理论与史学史研究中心主办的研究论集，是国内外史学理论与史学史工作者发表研究成果的阵地，欢迎中外专家、学者惠赐稿件。

1. 本刊设有历史理论与史学理论、中国古代史学、中国近现代史学、外国史学、中外史学比较、史学批评、图书评论等栏目。

2. 来稿一般应在1.5万字以内，重大选题可适当放宽至2万字。稿件使用A4型纸张打印，并请将稿件的电子版通过电子邮件发给我们。限于经费原因，恕不退稿，作者如果在3个月内未接到刊用通知，可自行处理稿件。

3. 本刊实行匿名评审，请作者不要在来稿上署名，另纸附上作者姓名、性别、出生年月、职称、工作单位、通信地址、邮政编码、联系电话、电子信箱等相关信息。来稿避免使用有可能透露作者个人信息的表述，诸如参见拙文、拙作等。

4. 来稿应遵守学术规范，尊重前人研究成果。禁止剽窃、抄袭与一稿两投行为，凡发现有此类行为者，5年内不受理该作者的任何稿件。

5. 来稿请寄：北京市新街口外大街19号北京师范大学史学理论与史学史研究中心《史学理论与史学史学刊》编辑部。

邮编：100875

电子信箱：history1101@163.com

《史学理论与史学史学刊》编辑部

《史学理论与史学史学刊》匿名审稿实施办法

为保证本论集用稿的学术质量，进一步提高刊物的学术层次，给广大读者奉献高水平的研究成果，我们实行稿件匿名评审制度。具体实施办法如下。

1. 来稿请勿在稿件中出现署名和与作者有关的背景材料，作者简介请另附在一张纸上，内容包括姓名、性别、出生年月、工作单位、职称、通信地址、邮政编码、联系电话、电子信箱等。来稿避免使用有可能透露作者个人信息的表述，诸如参见拙文、拙作等。

2. 来稿请直接寄往或送达编辑部，勿寄个人或托人转交，以免造成延误。

3. 本编辑部收到稿件后，由编辑人员登记，然后将原稿匿名送交有关专家审阅，就稿件的写作质量和学术水平做出评定，提出初审意见。

4. 编委会根据专家初审意见，对来稿学术质量进一步讨论，就稿件是否具有新观点和学术价值诸问题形成一致意见。

5. 责任编辑根据上述意见初步提出是否采用的建议，初步决定采用的稿件送交主编，最后由主编终审，决定是否刊登。

《史学理论与史学史学刊》编辑部

图书在版编目(CIP)数据

史学理论与史学史学刊. 2020年. 上卷: 总第22卷 / 杨共乐主编. -- 北京: 社会科学文献出版社, 2020.8
ISBN 978-7-5201-6887-8

Ⅰ. ①史… Ⅱ. ①杨… Ⅲ. ①史学理论-文集 ②史学史-文集 Ⅳ. ①K0-53

中国版本图书馆CIP数据核字(2020)第128110号

史学理论与史学史学刊 2020年上卷(总第22卷)

主 编 / 杨共乐

出 版 人 / 谢寿光
组稿编辑 / 宋月华
责任编辑 / 罗卫平

出 版 / 社会科学文献出版社·人文分社 (010) 59367215
地址: 北京市北三环中路甲29号院华龙大厦 邮编: 100029
网址: www.ssap.com.cn
发 行 / 市场营销中心 (010) 59367081 59367083
印 装 / 三河市东方印刷有限公司

规 格 / 开 本: 787mm×1092mm 1/16
印 张: 22.25 字 数: 369千字
版 次 / 2020年8月第1版 2020年8月第1次印刷
书 号 / ISBN 978-7-5201-6887-8
定 价 / 128.00元

本书如有印装质量问题, 请与读者服务中心 (010-59367028) 联系